日本中世の民衆・都市・農村

小西瑞恵　著

思文閣出版

凡　例

以下の史料名は略記する。


『開』　『開口神社史料』　小葉田淳監修『開口神社史料』開口神社、一九七五年。

『鹿』　『鹿王院文書』　鹿王院文書研究会編『鹿王院文書の研究』思文閣出版、二〇〇〇年。

『鎌』　『鎌倉遺文』　竹内理三編『鎌倉遺文』吉川弘文館、一九七一～一九九三年。

『観』　『観心寺文書』　東京大学史料編纂所編『大日本古文書　家わけ第六』東京大学出版会、一九一七年、一九七九年復刻。

『勘』　『勘仲記』　『増補史料大成　勘仲記』臨川書店、一九六五年初版～。

『金』　『金剛寺文書』　東京大学史料編纂所編『大日本古文書　家わけ第七』東京大学出版会、一九二〇年。一九七九年復刻。

『戦』　『戦国遺文　三好氏編』　天野忠幸編『戦国遺文　三好氏編』全三巻、東京堂出版、二〇一三～二〇一五年。

『大』　『大乗院寺社雑事記』　全一二巻。

『大日』　『大日本史料』　東京大学史料編纂所編。

『天』　『天龍寺文書』　原田正俊編『天龍寺文書の研究』思文閣出版、二〇一一年。

『平』　『平安遺文』　竹内理三編『平安遺文』東京堂出版、一九四七～一九五七年。

「三」　「三浦家文書」　研究代表村田路人『三浦家文書の調査と研究』大阪大学大学院日本史研究室・枚方市教育委員会、二〇〇七年。

『山』　『山科家礼記』　豊田武・飯倉晴武校訂『史料纂集　山科家礼記』続群書類従完成会、一九六七年～。

『離』　『離宮八幡宮文書』　『島本町史　史料篇』（一九七六年）・『大山崎町史　史料編』（一九八一年）所収。

もくじ　日本中世の民衆・都市・農村

第一部　中世都市論——大山崎と堺を中心に——

第二部　**畿内近国の荘園と武士団**

第一部

中世都市論

――大山崎と堺を中心に――

第一章　都市大山崎の歴史的位置

はじめに

大山崎ないし山崎（京都府乙訓郡大山崎町と大阪府三島郡島本町山崎の地域）は、戦前から大山崎油神人についての商業史的研究によってよく知られてきた。[1] これとは別に、清水三男は戦前に大山崎上下保について〈神社の保〉として取り上げ、京都における祇園社領の保や松尾社領西七条の六箇保や宇治の番保とともに分析している。[2] ここでは地域的結集組織としての保と商業との関わりが指摘されているが、これらの保を都市の地域区画の単位として把握する視点はみられない。

大山崎を都市として初めて分析したのは、戦時中に書かれた原田伴彦の『中世における都市の研究』で、山崎を人口一五〇〇人ないし二〇〇〇人以上の離宮八幡宮の〈社寺関係都市〉として分類している。離宮八幡宮門前町の山崎では、「山崎諸侍」という土着的武士層がいるとの指摘や、中世末期の金融に関する都市法制への注目もある。[3] また、戦後の『日本封建都市研究』に載せられた「中世都市の自治的共同組織について」では、惣町結合の形成と内部組織について大山崎の例もあげて分析し、都市自治体が農村の共同的な自治組織の関連の上に形成されたこと、ピラミッド型の惣町組織のあり方について述べ、惣町結合の性格を地侍的門閥的町民（＝商人）の動向が都市共同体の性格を決定するとし、封建的統一と中世的惣町組織の解体について述べている。[4] しかし、大山崎を都市としてみる見解が、ただちに一般的になったわけではなかった。

私は、二つの論文で大山崎を中世都市として分析した。(5)『島本町史』の編纂過程における新しい中世史料の発見により、原田伴彦の都市論の段階では不可能だった大山崎の内部構造の解明が可能になったからである。従来は、八五九年（貞観元）に離宮八幡宮が成立したと考えられていたので、大山崎は離宮八幡宮の門前町とみられてきたが、私は離宮八幡宮の成立についての史実が不明であることを実証し、従来の見解を否定した。そして、大山崎の地主神が天王山山頂近くに祀られた天神八王子社であり、大山崎上下十一保の惣町共同体が天神八王子社を紐帯にしていたことを明らかにした。

これ以後、大山崎を都市として分析する脇田晴子・今井修平・仁木宏・福島克彦らの研究が続き、(6)大山崎は学説史の上で中世都市としての位置を確立したといえる。私はここで改めて大山崎の諸研究を振り返り、都市大山崎の歴史的位置について論じたいと考える。大山崎についての実証面での研究成果は、この規模の中世都市としては驚くほど豊富で高度なものがあるが、それでは、大山崎が中世都市のうちで、どのような特質を持ち、どのようなタイプに属する都市なのかという問題について、統一的な理解が確立しているとは思えないからである。ふたたび、都市大山崎を検討するゆえんである。

一　都市大山崎の学説史と問題点

すでに触れたように、私は「地主神の祭礼と大山崎惣町共同体」で、大山崎上下十一保の住人等は地主神の祭祀組織を通じて組織されていることを初めて明らかにし、鎌倉時代初め（一三世紀初頭）の藤原定家による『明月記』の記述から、大山崎の二つの祭礼を検討し、大山崎神人は石清水八幡宮を紐帯とする宮座（すなわち商業座）を通じて組織され、その第一の重役が四月三日の日使神事だとした。これは例年、頭人を差定する形で施行され、それを日使頭役と呼び、そこから日使神事のことを日使頭祭とも呼ぶ。また、私は、この基底に、地主神である天神八王子社（元は山崎神社・自玉手祭来酒解神社）を紐帯とする祭礼が存在していたことを明らかにし、『明月記』にみえる四月八日・一〇日の祭礼が山崎の祭礼だとした。『島本町史』の編纂過程で発見された戦国時代から江戸時代にかけての七冊の「童使出銭日記」（藤井光之助氏所蔵）が、地主神の祭礼の実情を詳細に示してくれたからである。(7) そして商業座の展開と大山崎十一保の成立を、惣町共同体として分析した。保という地域区画は、地縁的結合の単位であり、支配の側からみれば行政区画でもあるが、しばしば〈町〉と称されるところからも明らかなように、町の同義であり、保を単位とする地縁的結合体を惣町共同体と規定できるとした。

次に、「中世都市共同体の構造的特質」において、私は宝積寺文書から一二五七年（正嘉元）の「山崎長者等山寄進状（一志則友等山寄進状）」を紹介し、鎌倉時代に八人の長者衆が存在したことを明らかにした。この長者は「天神八王子大政所長者」と呼ばれる地主神の祭祀組織の長であり、在地の有力者であり、大山崎神人の長でもあった。大山崎の宮座と惣中の組織、および石清水八幡宮を紐帯として構成される油神人の宮座（商業座）との関連について述べている。また、大山崎における〈―保―頬〉といった都市的地域区画と都市的景観の成立についても論じている。

続いて脇田晴子は『日本中世都市論』の中で、自治都市大山崎の成立とその構造を詳細に分析し、自治都市成立の普遍的要因を追求した。私が解明した二つの祭礼については、ほぼ同一の理解であるが、保の成立については、「荘園寺社領も国衙の管轄も度外視した地域区分であり、そのことから両国にまたがる山崎津を管轄した使庁の設定した地域区分に端を発していると推測される。保の設定、保刀禰の任命は使庁が行なった、と考えたい」と推論している。とくに大山崎の所領構造について、大山崎が中世を通じて、石清水八幡宮領はもちろん、相応寺領・成恩寺（西願寺）領・春日神社領大山崎石井荘・円満院領関戸院・山門領などの寺社領が存在していたことを明らかにし、不入・検断権獲得と惣の構造について、〈神人在所〉の不入権の獲得が鎌倉時代末期に達成されたこと、応仁・文明の乱によって惣中が自検断を獲得したことを明らかにし、侍衆（社家＝神人、すなわち特権的座商人）の老若による多頭的共和制的支配による自治都市の構造を論じている。惣中が自治権を獲得する過程や自治権の内容の分析は詳細であり、また近世における離宮八幡宮の神領としての社家支配が自治都市として存続することも論じている。

また今井修平「近世大山崎離宮八幡宮領の構造――中世都市共同体の近世的変貌――」は、『大山崎町史』の編纂作業を経て発表されたもので、従来の近世都市研究は、幕藩制構造論や国家論の中から生まれたものが多いため石高制・兵農分離に規定される近世的特質に関心が集中し、三都（江戸・大坂・京都）や城下町に対象が限定される傾向があることを指摘し、畿内都市の多くは中世都市の系譜を引くものが多いのに中世都市から近世都市を連続的に捉えた研究が最近ほとんどないという現状に鑑み、中世自治都市であった大山崎が近世になってどう変化するかを追求した仕事である。中世史の学説整理については、ほぼ脇田晴子の成果に基づき、離宮八幡宮は本所の石清水八幡宮に対抗した油神人によって大山崎に祭られていたと推定されるが、それ自体は所領を有していなかったことを確認している。また離宮八幡宮文書は大山崎惣中文書であるとしている。離宮八幡宮文書は、一六七八年（延宝六）に作られた「大山崎惣中」の墨書を持つ木箱に納められ、離宮八幡宮に伝えられたものであり、離宮八幡宮が大山崎惣中の近世的存在形態だったことを示唆していると述べている。

今井説の重要なところは、大山崎油神人（侍衆＝特権的座商人）が離宮八幡宮の社家という身分集団になることによって、初めて中世自治都市としての構造を存続できたとしているところである。しかし、彼らは封建地代に寄生するだけで近世的経済発展からはとり残されて衰退に向かうとし、代わって発展の担い手になったのは中世に地下人と称された一般町人だったのではないかと推論している。そして、近世の都市住民は一般的には、このような被支配身分の町人階級だったのではないかと結論している。この点で、中世自治都市の共同体と近世都市を構成する地縁的共同体とは質的に相違するとし、近世の大山崎については、自治的（共和制的）性格を認めるとしても、その担い手が社家として領主身分化することによってのみ可能であったのだとしている。この点についての評価が、脇田説とは異なると思われる。

次に、仁木宏編『大山崎宝積寺文書』は、宝積寺文書の全容を初めて明らかにした仕事である。そこでは、宝積寺文書が宝積寺現蔵分・尊経閣所蔵分・京都大学総合博物館所蔵分・その他のものから構成されていることと、その伝来について述べている。また仁木宏は、「中世都市大山崎の展開と寺院——平安~織豊期の都市構造——」で、九~一六世紀の都市大山崎を舞台に、都市の性格と寺院のあり方の関わりを追求し、とくに、中世後期、大山崎が神領とされ都市民が神人として特権を拡大していった時期に、都市民と寺院はどのような関係を取り結んでいたのだろうか、と問いかけている。ここでは各寺院の草創と権門による都市分割と寺院支配、室町幕府の成立と大山崎の神人在所としての確立、宝積寺の幕府への接近と新たな展開（他の都市寺院の衰退）が論じられ、一四世紀以降に多数の新しい寺院（寺庵）が成立する事実については、〈イエ〉の寺庵の創設だとしている。羽柴秀吉による一五八二年（天正一〇）から一五八四年（天正一二）の山崎城の後、中世都市・自治都市としての大山崎は終止符を迎えて消滅し、公権力と都市共同体が直接かつ唯一対峙する近世都市が完成していくとする。江戸時代の大山崎は、中世の神人に系譜を引く有力都市民が社家中として幕府からその行政を委任されていたというのが、仁木宏の近世都市大山崎の見通しであり、近世都市大山崎の歴史的評価については、脇田晴子や今井修平とは明らかに異なっている。

また福島克彦は、『自治の街、大山崎』（大山崎町歴史資料館発行）で、大山崎における保の復元図や大山崎寺院配置図などを作成し、大山崎の実証的研究の成果として最新の内容を示している。

これまでみた大山崎の都市史的研究を総括してみると、従来のように離宮八幡宮が八五九年（貞観元）に成立したと考える見解は皆無であり、中世の大山崎が離宮八幡宮の門前町だとする原田伴彦の分類は完全に否定されたといえる。たとえば、離宮八幡宮が中世には所領を持たないことが明らかになっているが、その事実は離宮八幡宮の成立がかなり遅れたものであることを示している。離宮八幡宮は室町時代に成立したと考えるのが、現状では研究者の共通した見解だといえるだろう。現在でも離宮八幡宮には氏子集団・組織がなく、大山崎に存在するのは自玉出祭来酒解神社（中世・近世では天神八王子社）の宮座・氏子集団であり、離宮八幡宮の名は、その縁起類を除けば、離宮八幡宮文書の文明年間と思われる細川勝元書状にみえる「離宮之神前」が初見だからである。

従来の研究で見解が分かれるのは、第一に大山崎の保がいかにして成立したかという問題である。第二に中世自治都市としての大山崎の位置づけの問題、第三には中世都市大山崎と近世都市大山崎の歴史的評価の問題である。これらの問題を検討しながら、他の中世都市との関連性についても論じ、都市大山崎の歴史的位置を明らかにしたいと考える。

二　港湾都市大山崎についての諸問題

大山崎の地には、六五三年（白雉四）に孝徳天皇が山崎宮を造らせ、七二五年（神亀二）九月には、行基が山崎橋を造っているように、古くから景勝地として知られ、交通の拠点でもあった。とくに平安京の時代になると、都の西郊に位置し水陸両交通路を兼備するこの地域には山城山崎駅が設置され、港湾は淀津と並ぶ交通の要衝として、山崎津・河陽津と呼ばれ、都の外港的機能を果たすようになった。津頭に集落が早くから成立していたことは、八一三年（弘仁四）二月の「津頭三十一家失火」（『日本後記』）や八六四年（貞観六）八月の「山崎橋南四十余家流失」（同前）が示し、八五五年（斉衡二）一〇月一八日には「山城山崎津頭失火、延焼三百余家」（『文徳実録』）とあるから、すでに一〇〇〇人以上の人口があったことが分かる。住民としては運送業者や遊女たち以外に、酒造業者や魚塩商売をはじめとする数々の商家が立ち並んでいた。

平安時代の民衆の動向を知るためのものには、『本朝世紀』にみえる九四五年（天慶八）七月から八月にかけての志多羅神騒動がある。山崎郷刀禰等が大群衆を率いて神輿六基を石清水八幡宮に移座した事件である。これによって、山崎郷が刀禰層によって統率されていたことが分かる。九七四年（天延二）閏一〇月に、検非違使が山崎などの津廻りをおこなった際に、刀禰を先頭に看督長・府生・志・尉・佐が列を作って廻り、政所に着くと、刀禰が進める過状を取り調べたという（『親長卿記』）。山崎津には刀禰の行政庁としての津政所があり、検非違使庁の役人等が監督・巡回をおこなっていたが、刀禰にも最下級の裁判権と犯人検察の権限が認められていた。

このように、一〇世紀の山崎郷が刀禰によって統率され、また畿内港湾を管轄する検非違使庁が刀禰を支配機構の末端に据えている事実から、脇田晴子は大山崎上下十一保の成立について、検非違使庁が保を設定し、保刀禰の任命もおこなったと考えた。この説の可否を検討するためには、検非違使庁が管轄する他の畿内港湾都市の事例を考察し、保や保刀禰が設定・任命された事例があるかどうかを検討しなければならない。ただちに問題となるのは、淀津の場合だと思われる。淀津については、小林保夫や田良島哲らによる研究が発表されているので[8]、参照してこの問題を検討したい。

まず小林保夫は「淀津の形成と展開――淀十一艘の成立をめぐって――」の中で、淀津に居住する商売船が一一艘あったが、それは八幡神人一一人の持船で、この淀一一艘は石清水八幡宮を本所とする座的性格の強い船仲間であったことを再確認し[9]、一四四三年（嘉吉三）に発給された過書には「海上」の字がなく、「河上」すなわち淀川・木津川・宇治川・桂川の河川での通行権のみを保障したもので、兵庫関で課役が徴収されたとしている。

さらに、この八幡神人は、鎌倉時代には成立していた淀魚市と密接な関係があった。淀にも津刀禰が存在したが、その職務は交通に関与し津の維持管理に当たるもので、一定の得分を有していた。検非違使の津廻りが恒常化される以前の九世紀中頃には、すでに津頭で下級官人として活躍していたと推論する。鎌倉時代になると、従来の津刀禰や問に代わって、津沙汰人や船差しといった権門に従属しつつも、中央の官衙とも一定のつながりを有する人々が重要な役割を担ってきたとしている。また田良島哲「中世淀津と石清水神人」では、中世の淀津の諸地域は、河原崎（この一部が淀と推定される）・下津（現在の大下津付近）・水垂（近世の水垂町と一致する）・納所（淀小橋の北の地区）であったことが明らかにされている。

これらの研究を検討しても、淀では保による行政区画はみられない。検非違使庁が管轄する畿内港湾都市において、保が統一的な行政区画であったとすることができるのだろうか。淀津の地域は淀川の中洲である「島之内」にできた街であり、三川合流地点にあたるために、島之内と小橋でつながる納所の集落、桂川の対岸には水垂・大下津の集落が存在するといった地理的条件であり、これらの各拠点の複合的な集合体が淀津を構成していた。木津川を挟んだ西側の堤防上に存在する木津の集落も、淀津と密接な関係があった。このような地形では、大山崎でみられるような、まとまった行政区画はありえなかったと思われるから、他の事例を次に検討したい。

淀津以外に検非違使が巡検する港湾都市の例としては、大井津・梅津や近江の大津があるが、ここでも保という行政区画を見出すことはできない。ただ古代では、政治的軍事的緊急時に淀渡とともに宇治橋と山崎橋が警護されており、大山崎上下十一保と同様に宇治には一番から十番までの番保が存在するが、これは検非違使庁が設定したのではなく、地主神である宇治神社（宇治離宮明神、現在の宇治上神社と宇治神社）の祭祀組織に起源を持つものであることは、別稿ですでに詳しく述べたところである(10)。大山崎の場合、一〇世紀頃に津刀禰が存在し、山崎郷刀禰が郷を率いていたことは確かであるが、津刀禰が山崎郷刀禰と一致したとしても、すでに保が成立していたというのは推論であるために、津刀禰が保刀禰であると結論することはできない。保の成立は鎌倉時代には認められるが、これらの保に属する人々は八人の長者衆によって統率されている。そして大山崎では、刀禰はかなり後世まで存在していた事実がある。一三九六年（応永三）五月三日、山崎刀禰等が菖蒲と艾を進上したことが、一条経嗣の日記『荒暦』に記されている。この事実は『執政所抄』に淀津の刀禰が摂関家に対して菖蒲を三〇駄負担していた記述がみえることを想起させ、長年の慣行であったと思われるが、この記録から大山崎では刀禰と長者が併存していたことが分かる。淀津では、鎌倉時代になると津刀禰に代わって津沙汰人と呼ばれる下級荘官的性格の強い者が、津の管理者となって現れる。鎌倉時代の山崎津の実態についてでは史料がないが、長者衆が津をも管轄していたとするのが妥当ではないかと考える。

一〇四八年（永承三）一〇月に、関白藤原頼通の高野山参詣に際し、検非違使右衛門志村主重基が仰せを奉って、「淀・山崎刀禰散所等」に一二艘の板屋形船を造らせて奉仕させたことが、『宇治関白高野山参詣記』にみえる。大山崎には摂関家の散所があった。一二五三年（建長五）に注出された近衛家所領目録（近衛家文書）には、山科・宮方・草苅・淀・山崎の散所がみえる。この摂津山崎にあった散所は、淀の散所と同様に河川と陸路に及ぶ運送機能を持つものだった。長者衆のなかには、おそらく摂関家の散所に関わりを持つ有力者が含まれていただろうと考える。畿内在地領主で長者職を持つ河内水走氏や和泉和田氏が、商業や流通と密接な関係を持っていた事実を想起すべきである。(11) 平安時代からみえる津刀禰は実権を失い、消滅していく運命にあったが、従来からの儀礼がおこなわれる際に、その職掌を果たしていた者が、史料に留められたものであろう。

次の課題は、港湾都市としての大山崎の実態と歴史的な位置である。大山崎を畿内港湾都市の典型的なケースとして、自治都市の成立とその構造を論じたのは、脇田晴子である。しかしながら、そこでは大山崎の港湾の実態や港湾がどのように管理されていたかについては、まったく問題とされていない。この問題を解明するための史料があまりにも少ないとはいえ、畿内港湾都市としての歴史的な位置づけをおこなっている以上、この問題を検討しておく必要があるだろう。古代から山崎津が大きな機能を果たしていたのは確かであるが、中世でも山崎津は同様な機能を果たしていたのだろうか。具体的な山崎津の実態は史料にはみえないが、私は同様に機能していたと考える。なぜならば、史料に「山崎胡麻船」がたびたび出てくるし、朝廷や幕府から大山崎は諸関所津料の免除（勘過）を認められているからである。山崎胡麻船は山崎津に出入港したと考えるのが自然である。一三九九年（応永六）七月二一日の沙弥定景書下状によると、住吉浦で漂蕩船積物内殿御灯油荏胡麻を住吉百姓等が取り散らしたとして、すべて大山崎方に返付するように命じているが、これも山崎胡麻船が漂流したものであった。また、一三二七年（嘉暦二）三月、播磨国福泊雑掌良基等が山崎神人を語らい、往反の船に狼藉に及んだという六波羅御教書案が残っている（「東大寺文書」）。大山崎神人の悪党的行為を示す事件であるが、この事件も、大山崎神人等が日常的に船舶を使い、瀬戸内海を往復していたことを証明している。

近年、新しく京都燈心文庫の所蔵となった史料が、従来から知られていた東京大学文学部所蔵の「兵庫北関入船納帳」に続くものであることが明らかにされ、両者を合わせた『兵庫北関入船納帳』の研究がおこなわれている(12)。これは、一四四五年（文安二）から翌年正月までに兵庫北関に入港した船舶の記録であるが、その中にたびたび山崎胡麻船の記録が出現する。たとえば、一四四五年（文安二）一二月一日に入港した船の記録に「別宮山崎コマ四十一石　五斗　正月十日　若大夫　三郎太郎」とあるが、これまでの研究の成果によると、これは別宮を船籍所在地とする山崎胡麻四一石を積載した船の関銭が四五文で、納期は正月一〇日、船頭名は若大夫で、問丸名は三郎太郎という意味である。船籍所在地の「別宮」とは、阿波国板東郡萱島荘（徳島市川内町別宮地区）に属する中世の湊としての別宮で、地名は石清水八幡宮領萱島荘に勧請された八幡宮の別宮（現在の別宮八幡宮）に由来している。一三二九年（元徳元）一一月二日の六波羅御教書によると、六波羅探題は、阿波国柿原

表　『兵庫北関入船納帳』にみえる山崎胡麻船

入港年月日	船籍所在地	積載品目・数量	関銭	納入月日	船頭名	問丸名
文安2・2・9	塩飽	山崎胡麻83石	275文	29日	二郎五郎	道祐元ハ豊後屋
〃　3・26	観音寺	山崎胡麻60石 豆	667文	4・9	与五郎	豊後屋
〃　3・26	塩飽	山崎胡麻96石5斗	175文	4・4	泊太郎左衛門	道祐
〃　10・28	中庄	山崎胡麻30石			祐道	祐道
〃　10・28	牛窓	山崎胡麻120石	55文	11・17	掃部	衛門九郎
〃　11・2	番田	山崎胡麻50石 米塩	353文	11・7	大蔵	衛門九郎
〃　11・7	那波	山崎胡麻44石			衛門二郎	衛門二郎
〃　11・7	平山	山崎胡麻24石5斗 塩	430文	11・15	太郎左衛門	太郎左衛門
〃　11・8	牛窓	山崎胡麻48石	スリハチ六束6文公事45文札	11・13	枝舟掃部	掃部
〃　11・17	鴌箸	山崎胡麻20石			岡内	左衛門四郎
〃　11・22	宇多津	山崎胡麻46石5斗			四郎二郎枝舟 三郎太郎	三郎太郎
〃　11・23	尼崎	山崎胡麻40石			太郎	
〃　11・26	那波	山崎胡麻44石 大豆5斗	53文	当日	衛門二郎	衛門二郎
〃　11・26	中庄	山崎胡麻46石	当日		祐道	祐道
〃　11・26	牛窓	山崎物45石	169文		藤七大夫	衛門四郎
〃　11・26	牛窓	山崎物61石	45文	12・7	掃部二郎	二郎
〃　11・26	番田	山崎物50石	320文	12・15	大蔵	衛門九郎
〃　11・27	牛窓	山崎物150石	45文	12・7	掃部	掃部
〃　12・1	別宮	山崎胡麻41石5斗	45文	正・10	若大夫	三郎太郎
〃　12・7	宇多津	山崎胡麻34石			六郎太郎	
〃　12・9	平山	山崎胡麻51石5斗 豆蕎麦塩	383文	12・14	与平四郎	二郎三郎
〃　12・15	那波	山崎物32石5斗 米豆	150文	12・15	形部二郎	木屋
〃　12・15	番田	山崎物75石	103文	12・22	大蔵	
〃　12・16	牛窓	山崎胡麻163石5斗			掃部	
〃　12・16	船上	山崎胡麻13石	45文	当日	吉内	衛門□郎
〃　12・18	鴌箸	山崎物胡麻26石	45文	2・23	六郎四郎	衛門四郎
〃　12・18	鴌箸	山崎物胡麻10石			二郎三郎	二郎三郎
〃　12・19	塩飽	山崎物20石5斗	55文	12・27	五郎二郎	五郎二郎
〃　12・20	中庄	山崎胡麻37石	45文		二郎中務	孫ヵ
〃　12・20	番田	山崎胡麻50石 豆塩			大蔵	衛門九郎
〃　12・28	塩飽	塩山崎物	1貫46文	正・10	太郎兵衛	道祐
文安3・正・10	那波	塩山崎物	那波塩3斗		衛門二郎	太郎

四郎入道笑三師房ならびに国衙雑掌以下の輩が吉野川に新関を構えて内殿灯油料荏胡麻を押し取る行為を、停止する命令を出している。年未詳一〇月一九日の阿波国目代に宛てた権律師某奉書も、この問題に関連するものである。別宮は吉野川が形成した河口の三角州上にあり、大山崎神人が油原料の荏胡麻を買い付けて船積みする拠点としての湊であったと想定される。

ほかに瀬戸内海に面した地域に存在する八幡宮別宮としてよく知られるのは、松原八幡宮である。この松原別宮が鎮守として存在するのは、一〇世紀末頃に八幡宮極楽寺領松原荘が成立した所であり、現在の兵庫県姫路市白浜町付近にあたる。大山崎神人で井尻保に根拠地を持つ井尻氏が、八幡宮社家から預所職を任命されており、一三六〇年（延文五）の例では、御神楽御供米一一石三斗のほか、惣御年貢一二〇石を橋本津に沙汰するのが役務であった。この井尻氏も、大山崎神人が船舶を利用していたことを示す実例である。『兵庫北関入船納帳』にも、松原を船籍地とする船がたびたび入港している事例がみられるが、いずれも「松原」と記載されており、積載品もほとんどが米で、ほかに塩と豆が出てくるが、これも「松原年貢内」の品物である。この年貢船は多くが八幡過書（所）物とされ、関銭を免除されている。

ほかの船籍所在地としては、宇多津（香川県宇多津町）や塩飽島（香川県丸亀市沖の備讃瀬戸に浮かぶ島々）がみえる。宇多津は一三六二年（康安二）に讃岐に渡った細川頼之が館を置いた所で、戦国時代に至るまで讃岐の守護所となっている(13)。前述した別宮の位置する萱島荘も守護所勝瑞（藍住町）に隣接していたため、湊を重要視した守護細川氏が一五世紀を通じて支配権を強めていた。

室町時代の大山崎は幕府守護権力による特権保護で油商業の独占権を保持していたから、このような便宜に拠るのは当然であろう。また、塩飽島は優れた造船・航海術を持った塩飽水軍の根拠地であり、大山崎がこのような瀬戸内海の水軍と関わりを持っていた事実は、注目されるところである。瀬戸内海の水運に実権を持った勢力との結びつきがなくては、大山崎の荏胡麻油商業も不可能であったということであろう。公権力から特権を確認されることによって、さらに商業を有利に展開する努力も続けられた。一四七九年（文明一一）一二月一四日の室町幕府奉行人連署奉書によると、室町幕府は八幡宮大山崎神人等の訴えによって、河上関々が荏胡麻以下運上船に関料等を賦課するのを免除した。これは本来、諸関渡について勘過が認められていたのを、あらためて確認したものである。

このような事例からみて、中世の自治都市大山崎は、港湾都市としての性格を保ち続けたと結論できる。しかし、近世になって安価な菜種油が一般に広く普及し、特権的座商業の既得権が否定されるとともに、大山崎を最大の生産地とする荏胡麻油商業は衰退に向かった。近世の大山崎を港湾都市として位置づけることができるのかどうかは、はなはだ疑問であり、港湾都市としての大山崎は、ほぼ中世の終わりとともに終焉を迎えたと結論したい。

三　大山崎・京都・淀

このように中世の都市大山崎を港湾都市としての視点から再検討すると、大山崎が自治都市として孤立していたのではなく、少なくとも西日本の各地と有機的に連関していたことが分かってくる。もちろん大山崎は水路の拠点であるばかりではなく、西国街道に沿った陸路の要衝でもあったから、宿駅都市としての規定も同時に必要であり、後で検討するように、古代から近世を通じて、一貫して宿駅都市としての性格を保持している。

大山崎と最も密接な関係を保ち、大山崎の荏胡麻商業と切り離せない重要性を持っていたのは、いうまでもなく京都である。京都は荏胡麻油の最大の消費地であり、鎌倉時代から常設店舗が設けられた所であった。一二七九年（弘安二）五月に、八幡神人重能が日吉神人を称する蓮法法師から盗人の嫌疑をかけられ、蓮法が重能の妻女と息女をからめとり、息女を責め殺すという事件が起こった（『仁部記』）。この時、大山崎神人は、八幡神輿を盗み出し入洛するという入京嗷訴事件を起こしているが、京都に重能一家が居住していたことから、大山崎神人が京都に店棚を構えていたと分かる最初の史料であるとともに、これ以後頻発する大山崎神人等の強訴事件の最初の記録でもある。また一三〇四年（嘉元二）に大山崎神人一三名が八幡宮社頭に閉籠した事件でも、八幡宮社務が彼らを捕縛しようとした際、五名が神前で自殺するという「神人悪党」のふるまいをした。この閉籠事件の理由は不明であるが、自殺した五名のうちの助二郎は「山路（崎カ）神人京都住人」であったことから、大山崎住京神人の商業特権なり身分なりに関するものだったと推測される。

一三六三年（貞治二）六月にも、住京大山崎神人の祇園社馬上役のことについて、大山崎神人等が神輿を奉じて入京するという強訴入京事件を起こしている。この事件は、祇園社の当年の馬上役を差し付す目代が追捕狼藉の罪科を犯したためであり、幕府は祇園社目代を越中国に流刑にするという裁断を下した。この馬上役とは、祇園社祭礼（祇園会、現在の祇園祭）の際に、祇園社中心の祭礼である神輿渡御に付随する馬上鉾やそれら神事のための費用を負担するもので、賦課方式は神事頭役制で、毎年頭人を差し付すやり方であった。この事件で大山崎神人が強訴入京したのは、住京神人に馬上役が賦課され、事情ははっきりしないが住京大山崎神人の追捕狼藉に及ぶという事件に発展したからである。この事件の本質は、住京大山崎神人に賦課される謂れのない馬上役が賦課されたということではなく、祇園会敷地住人原理[14]からみて賦課されることに問題はないが、新興大山崎神人が洛中富家として差定されたいきさつに問題があり、祇園社目代という差定者が追捕狼藉を犯したために事件となったものだと思われる。この背景には、おそらく京都の既存の土倉商人と新興の八幡宮神人等の対立があったと考えられる。そして大山崎神人が祇園会に奉仕することによって、京都住人としての、また洛中新興商人としての住京大山崎神人の位置は確立していったのである。

鎌倉時代の住京神人は、これまでにみた一二七九年（弘安二）の「八幡神人重能山崎御神神人」や、一三〇四年（嘉元二）の「山路《（崎カ）》神人京都住人助二郎」といった例が示すように、大山崎から京都に進出した油商人だと考えられる。一三七六年（永和二）の大山崎住京新加神人等被放札注文には、六四人の新加神人等が、大山崎十一保のうち五位川保を除く十保の保ごとにまとめられている。彼ら六四人も基本的には大山崎から京都に進出した油商人だが、名字・姓のない者から構成されているところから、鎌倉時代に台頭する有力都市民層（清原・河原崎・津田・松田・井上・井尻・疋田氏ら）とは階層的に異なる新興商人だと考えられる。出身地の保単位に編成されているところからみて、荏胡麻の独占的買い付け（仕入れ）・製造・販売の特権を持つ大山崎本所神人から卸された荏胡麻油を販売したものと思われる。一四四五年（文安二）四月三日に日使頭役を勤仕した人名として「三条タカツシトイヤ（高辻問屋）」の名前がみえる（「蜷川家古文書」）。大山崎で製造される荏胡麻油を京都で配給する問屋であったと考えられる。

一四六五年（寛正六）八月にも、「京中油問」のことについて問題が起こったため、山崎雑掌疋田藤江が幕府側の蜷川親元へ申し入れをしている（『親元日記』）。これは、神事に従わないために商売の事を押さえたから、御用の事は（大山崎方に）仰せ付けてくれという申し入れであった。一方、大山崎から京都へ振り売り（行商）に出る油商人も多くいたことは、『七十一番職人歌合』に出現する「山崎油売り」によって周知のところである。一三九六年（応永三）に、東寺境内商人通行の禁を溝口保在住の二郎が破ったことが問題になっているが（『東寺百合文書』さ）、彼も行商人であったと思われる。ほかにも、一五八三年（天正一一）の「中村売子弥次郎」や一六〇一年（慶長六）の溝口保の小売弥衛門・辻保の日帰五郎衛門・関戸保の日帰弥二郎、一六三二年（寛永九）の「伍位川日帰彦五郎」といった人名は、同様な行商人であった（万記録）。

大山崎住京新加神人等被放札注文が出された時期は、京都が〈四面町〉から〈四丁町〉に発達していく時点にあたっており、新加神人等は面（通り）と頬によって店舗の所在を表示されている。これは片側町の景観を示すものである。彼らは大山崎の保ごとに編成されているとはいえ、その居住地により、京都での地縁的共同体の結びつきから自由ではなかった。前述したように、一三六三年（貞治二）六月に住京大山崎神人の祇園会馬上役のことについて、大山崎神人等は強訴入京事件を起こしている。祇園会馬上役は五条ないし六条以北で四条を中心とした住人を対象としたと分かっているが、彼らの大部分は馬上役が賦課される地域に居住していた。実際に一条兼良撰の『尺素往来』には、「祇園会御霊会今年殊結構、山崎之定鉾、大舎人之鵲（笠鷺）鉾」とある。これは大山崎住京神人等が奉仕したものであり、大舎人座という北野社座商人が出したと思われる鉾もあった。のちには祇園会（祇園祭）は町組主体の山鉾を中心とした祭礼になっていくが、この場合は祇園社中心の祭礼である神輿渡御に付随する馬上鉾で、それらの神事のための費用負担方式としての馬上役が賦課されていたのである。作山はすでに一四世紀の後半に記録があるが、一五世紀前半期の作山が現行の山鉾の母型で、その頃から山鉾が町によって経営されるようになったと考えられる。

彼ら住京神人等は油商売だけでなく、紺・紫・薄打・酒麹等諸業商売を許され、万雑公事を免除されている。諸業商売を兼業するのは、中世商人の営業形態の特徴であるが、万雑公事免除の特権によって、彼らは保護されたのである。やがて彼らは錦小路西洞院に八幡宮を建立し、結びつきの紐帯としたが、大山崎を本所神人として、その管轄から独立することはなかった。荏胡麻油の原材料は西日本の各地から大山崎に集められ、そこで荏胡麻油に製造され、京都や各地に配給されたからである。その意味でも、陸路水路の拠点としての大山崎が占める位置は、決定的なものがあった。次に検討する淀魚市をめぐる淀と大山崎との深刻な対立も、このような大山崎の商業・流通上に占める重要な位置に、その本質があった。

一三八三年（永徳三）に、八幡宮淀魚市神人等が八幡宮放生会を違乱し八幡宮社頭に閉籠するという事件が起こった。これは、大山崎神人等が「塩商売新市」を開設するという動きに対し、淀魚市神人等が強硬に反対したもので、幕府から大山崎神人等に告文請文（起請文）を捧げるべきことが命じられている。この事件は、大山崎神人等が荏胡麻商売だけでなく、既存の淀魚市に対抗して新しい塩商売新市をも開設しようとしたため起こったもので、大山崎神人等は新市の開設を断念したが、淀魚市神人等も神職を解かれ処罰された。

小野晃嗣が述べているように、淀川を経由して京都方面に搬入を目的とする商売塩ならびに相物は、必ず魚市に着岸して魚市で売買することになっており、淀魚市神人が独占していたのである[16]。これより後世の史料ではあるが、『兵庫北関入船納帳』にみえる山崎胡麻船の船籍地は瀬戸内海沿岸に位置するものが多く、塩や相物を運搬することは荏胡麻商売上の利益にもかなっていた。しかし淀からすれば、淀川下流に位置する大山崎に新市場を開設されたならば、淀魚市の特権は壊滅的な打撃を受けることが分かっていた。それでは、大山崎では以後塩相物をまったく扱わなかったのかというと、大山崎内に塩屋という屋号がみえるから、淀魚市を通じて塩相物の商売を続けたものだろう。西岡に塩流通の拠点があったらしいことも、大山崎が間接的に塩の流通に関与し続けたことを推測させる[17]。このように、中世の大山崎は商業・流通の拠点としての歴史的位置を持っており、港湾都市と宿駅都市として評価できると思われる。

四　中世都市から近世都市への変容

中世の自治都市大山崎は、惣中による支配を存続させて近世都市に変貌した。その評価については、意見が異なるとはいえ、その継続性について否定する見解は存在しないだろう。それでは、中世都市から近世都市への変容は、どのようにして可能となったのだろうか。

まず土地所有権の問題について、中世から近世への変革を考えてみたい。この問題について、脇田晴子は、一二六一年（弘長元）四月二六日に井上式部が田の作手職を買得し、翌日清原時高と嫡子僧が井上式部丞に田一反小の本役所当一〇合升油三升の収納権を四貫文で売り渡している例をあげて、井上式部がこの田についての作手職と本役所当収納権を集積している事実によって、上級の（荘園）領主的土地所有権は否定されていると述べている（京都大学所蔵宝積寺文書）。この溝口保の清原時高は長者の一人で、執行でもあった人物である。また同様に、一四九九年（明応八）に清繁禅尼の宝積寺への仲興寺領畠一反の寄進状があり（同前）、ここでも本役として毎年油四合を嶋抜方へ納めることになっているが、嶋抜方とは大山崎神人で長者も勤めている大政所座の成員である。このように個人の本役収取権（すなわち領主得分権）の買得がみえることから、脇田は本役徴収権を領主から買得することが進んでいた事情が考えられるとしているが、個人の本役収取権（すなわち領主得分権）の買得が、惣中＝社家共同支配地になる過程は不明だとしている。

次に、この問題について検討してみたい。まず、井上式部が清原時高・嫡子僧から本役所当の収取権を買得している田一反は、前日に式部が尼清阿弥陀仏・清原時重から買得した作手田と同一としてよいが、作手職も本役所当収取権ももともと清原氏にあったから[18]、それが井上式部に渡ることによって特別な変化が生じたとは考えられない。清原時高は宝積寺の執行長者で息子も僧であったから、おそらくこの田は、宝積寺の仏神事祭礼費用か執行としての得分に関係したものだと考えられる[19]。それは、一二五七年（正嘉元）一〇月の山崎長者等山寄進状（一志則友等山寄進状）にみえるように、神事に当たった山主（源兼時か）が神事の役料として宝積寺に寄進した山一所が、長者中の管理に任されていた事実から推測できる。また、一四九九年（明応八）一二月に清繁禅尼・井上式部丞宗在が宝積寺に寄進した畠一反の本役（の一部か）が、毎年油四合の嶋抜方への沙汰であったことについても、清繁禅尼の私領畠は仲興寺御領内とあり、仲興寺との関係が不明である。嶋抜方は一五四八年（天文一七）四月一一日の笠役銭請取状に嶋抜佐渡兼正が大政所長者八人の一人としてみえ、長者として得分収取権を持っており、単純に本役所当収取権を領主から買得することが進んでいたとは結論できないのである（井尻家文書）。

私は、以前に明らかにした、伊勢の港湾都市大湊の前身である塩の生産地、伊勢神宮領大塩屋御園において、南北朝時代から、まとまった御園の土地が次々に売却・買得されたのち、一四三二年（永享四）に一〇人の大塩屋惣里老分衆が、領主久阿から四五貫文で買得した屋敷を一二人の村人に配分し、また所領検断職や大塩屋預所職を惣里老分衆が買得するという形で、伊勢神宮領としての荘園領主的土地所有権や支配権を変革していく過程と比較すると[20]、錯綜した所領構造を示す大山崎では、惣中が大山崎全体の土地所有権や土地支配権を獲得するといった大湊のような変革は不可能であったと考える。

それでは、大山崎における近世的土地所有関係の成立は、いかにして可能となったのであろうか。この疑問に答える解答として、私は、本能寺の変直後の秀吉による大山崎の城下町化が、決定的な結果を招いたと考える。豊臣政権と大山崎惣中について、今井修平は、油座は消滅し、経済的基盤が消滅したとしている[21]。そして山城検地後の大山崎の領有関係は、一五八九年（天正一七）一二月の社家諸神人等持高目録写にみえるとしている。これは、「御朱印写」ともいい、一七一六年（正徳六）に社家の疋田民部によって写されたもので、朱印とは秀吉の朱印である。これをみると、離宮八幡宮が二一石、天神八王子社が二九石の合計五〇石を与えられているのをはじめ、その社家諸神人衆が祭礼における役職に対して、合計一五七石四斗の石高を与えられている。この史料の後半部分には、日頭人并童使頭人衆として一七人の有力町衆が四九石六斗、四寺庵が三〇石七斗、惣中年寄として九人が三〇石九斗を認められているほか、居屋舗方として一二石三斗がみえるのは、町屋の維持を図ったものと考えられている（疋田家文書）。これによって大山崎惣中の構成者は、近世的な土地所有権、すなわち、大山崎における領主的土地所有権を認められたのである。織田政権の成立は惣中を政権の支配下に置いたが、基本的に惣中のあり方に変化をもたらさなかったとされるのに対して、豊臣政権は土地所有関係の問題をとってみても、大山崎惣中を近世的支配秩序に組み込んだといえる。この意味で、仁木宏が中世都市大山崎に終止符を打ったのは羽柴秀吉であると結論しているのも、充分に理解できる。

一六〇一年（慶長六）七月に徳川家康が判物を出して、大山崎（惣中）に領域の土地をことごとく返すとして、独自の自治的領有権を認めたのをはじめ、徳川政権は代々この特権を認め続けた。しかし、今井修平が述べているように、大山崎惣中は中世都市共同体のまま近世にまで存続したという結論を認めるとしても、それは形骸として存続したのではないかと、私は考える。一七世紀頃から大山崎が山崎八幡宮（離宮八幡宮）を中核として神領化していくのも、中世以来の階層構造を守るためであった。土地所有関係については、幕府から付与された持高を社家に配分する社家役田という賀茂社の往来田と同様な土地制度を通じて、中世以来の階層的支配秩序を固定化していった。この役田に関する規定としては、配分方法を定めた嶋法度が、一六三七年（寛永一四）・一六六五年（寛文五）・一七一〇年（宝永七）に定められている。「嶋」とは、ある一区画をなした土地のことであるが、ここでは役田のことである。賀茂社の往来田とは、京都の賀茂別雷神社（上賀茂社）でおこなわれていた特殊な土地制度で、同社の氏人（社家）の共有の田地を一四〇人分に区分し、年令順に一四〇人まで給与されるというものである。賀茂社の場合は、賀茂氏の一族の間で田地を平等に配分するという制度が数百年間も続いたものであるが、大山崎の場合は惣中が一種の土地の共有制度を実施したもので、賀茂社に劣らず稀有な実例であると思われる。賀茂社との相似性が示すように、近世の大山崎惣中は、離宮八幡宮の社家の組織として存続していったのである。この支配秩序は惣中が財政的に破綻する一九世紀まで存続した。一八五六年（安政三）財政難に陥った大山崎は、一般町人を賄方に登用して改革を試みたが、時すでに遅く、改革は失敗している。

惣町の議会としての会合についても、中世の大山崎惣中が「算用之御会合」（万記録）といった具体的な機能を持つ寄合を開催していたのに対して、近世における神領化の過程で、会合は神事としての性格を帯びて儀式化していった。離宮八幡宮の神事としてみえる「会合初」は、毎年正月一一日におこなわれ、「御神事会合初」といわれる。ここでは、大山崎の最高責任者である当職（任期は六年）六人が文書を読み上げ、執事役を選定したという。その様子を描写した一七九九年（寛政一一）の『諸国奇遊談』には、社殿の外で男女を交えた人々がこれを見物しているところが描かれ、この「会合初」が一種のセレモニーであったことを教えてくれる。

おわりに

これまでみてきた都市大山崎は、どのような都市のタイプとして規定できるのだろうか。中世については、高度な自治性をそなえた畿内港湾都市、ないし大山崎油神人の本拠地としての商工業都市と規定することができる。しかし、近世については、羽柴秀吉による城下町化を経て自治都市としては変容していき、徳川政権の時代には神領化していったから、離宮八幡宮の神領としての門前町と規定するのが妥当であろう。中世・近世を通じての都市としての規定ができないというのではない。古代以来、大山崎は交通の要衝としての重要性を保ち続けた。徳川政権からも、のちには領域からの収入を前提に、宿駅人馬の継立が惣中に無償で義務づけられたのである。したがって、古代から近世まで一貫した都市の性格としては、宿駅都市という規定が可能である。この意味での都市大山崎の役割は歴史的に重要なものがあり、中世ではそれに加えて港湾都市・商工業都市としての役割が顕著だったと結論できる。

（1）　小野均（晃嗣）「油商人としての大山崎神人」（『社会経済史学』一巻四号、一九三一年。のちに『日本中世商業史の研究』法政大学出版局、一九八九年、所収）。魚澄惣五郎・沢井浩三『離宮八幡宮と大山崎油商人』（星野書店、一九三

三年）、同『離宮八幡宮史』（一九三三年）。豊田武「大山崎油商人の活動」（『歴史地理』六二巻五号。のちに豊田武著作集第三巻『中世の商人と交通』吉川弘文館、一九八三年、所収）。脇田晴子『日本中世商業発達史の研究』御茶の水書房、一九六九年。
（2）清水三男『日本中世の村落』（日本評論社、一九四二年。岩波文庫、一九九六年）「第二章　保と村落」。
（3）都市を徳政から除外するいわゆる「徳政免許」について述べている。
（4）原田伴彦『中世における都市の研究』（講談社、一九四二年。のちに復刻、三一書房、一九七二年）、『日本封建都市研究』（東京大学出版会、一九六七年）。
（5）小西瑞恵「地主神の祭礼と大山崎惣町共同体」・「中世都市共同体の構造的特質」（『日本史研究』一六六・一七六号、一九七六・一九七七年。のちに『中世都市共同体の研究』思文閣出版、二〇〇〇年、所収）。
（6）脇田晴子『日本中世都市論』東京大学出版会、一九八一年。今井修平「近世大山崎離宮八幡宮領の構造」（『ヒストリア』第九七号、一九八二年）。仁木宏編『大山崎宝積寺文書』（京都大学博物館の古文書第八輯、思文閣出版、一九九一年）、同「中世都市大山崎の展開と寺院」（『史林』七五巻三号、一九九二年）。福島克彦『自治の街、大山崎』（大山崎町歴史資料館、一九九七年）、同「中世大山崎の都市景観と「保」」（中世史サマーセミナー報告レジュメ、二〇〇〇年）。
（7）大山崎関係の史料は『島本町史　史料篇』（一九七六年）と『大山崎町史　史料編』（一九八一年）に収められている。また、吉川一郎『大山崎史叢考』（創元社、一九五三年）も史料を網羅している。なお本章では、「離宮八幡宮文書」はいちいち註記しない。
（8）小林保夫「淀津の形成と展開――淀十一艘の成立をめぐって――」（『年報　中世史研究』第九号、中世史研究会、一九八四年）。田良島哲「中世淀津と石清水神人」（『史林』六八巻四号、一九八五年）。
（9）この問題については、淀十一艘過書船の編成主体を公方御物船とする三浦圭一の批判がある。しかし、註（8）の小林論文による実証によって、石清水八幡宮を本所とする座的性格の強い船仲間のようなものであった、とすることで決着したと考える。
（10）小西瑞恵「中世都市の保について」（『大阪樟蔭女子大学論集』三八号、二〇〇一年）、本書第一部第三章を参照。
（11）畿内在地領主については、小西瑞恵「水走氏再論――畿内型武士団の特質と構造――」（阿部猛編『日本社会における王権と封建』東京堂出版、一九九七年。のちに『中世都市共同体の研究』思文閣出版、二〇〇〇年、所収）、同「河内・和泉地域における南北朝内乱――楠木氏・和田氏を中心に――」（『大阪樟蔭女子大学論集』二〇・二一号、一九八三・一九八四年）を参照。

（12）林屋辰三郎編『兵庫北関入船納帳』（燈心文庫、中央公論美術出版、一九八一年）。

（13）松山宏『日本中世都市の研究』（大学堂書店、一九七三年）八一頁参照。

（14）瀬田勝哉「中世の祇園御霊会――大政所御旅所と馬上役制――」（原題「中世祇園会の一考察――馬上役制をめぐって――」〈『日本史研究』二〇〇号、一九七九年〉。のちに『洛中洛外の群像――失われた中世京都へ――』平凡社、一九九四年、所収）参照。

（15）秋山国三・仲村研『京都「町」の研究』（法政大学出版会、一九七五年）一五二頁参照。

（16）小野晃嗣「卸売市場としての淀魚市の発達」（『歴史地理』六五巻五・六号、一九三八年。のちに『日本中世商業史の研究』法政大学出版局、一九八九年）。

（17）この問題については、第一部「第二章　都市大山崎と散所」で詳細に述べている。

（18）元は一一八四年（元暦元）一一月五日に、源末友が清原江太に売った田であった（京都大学所蔵宝積寺文書）。

（19）この田は、乙訓郡唐津里十三坪にある「こいらい（越来）の田」で、井上式部→僧専観→刑部入道→阿闍梨静珍→律師御房・尼御前を経て、一三三五年（建武二）二月一八日に尼教阿から「宝積寺修二月壇供田」に売り渡された。また、一三四六年（貞和二）八月二六日に藤原房俊から溝口之治部左衛門に売り渡された「字大溝ノ西縄」にある田一反（八幡宮領山崎御供田内）の本役は、「俗別当方用途百文」と、「信聖追善」のため円明寺本堂に出す米三斗であった（京都大学所蔵宝積寺文書）。

（20）「大湊会合の発達」・「会合年寄家文書から見た都市行政」（『中世都市共同体の研究』思文閣出版、二〇〇〇年）。

（21）今井修平「大山崎油座の近世的変貌」（『神戸女子大学史学』三号、一九八四年）。

第二章　都市大山崎と散所

はじめに

私は第一部「第一章　都市大山崎の歴史的位置」において、石清水八幡宮大山崎神人の本拠地である都市大山崎の学説史を検討し、どのような都市のタイプとして規定できるのかを論じた。その検討によると、中世の大山崎は高度な自治性をそなえた畿内港湾都市、ないし大山崎油神人の本拠地としての商工業都市と規定することができた。しかし、近世においては、羽柴秀吉による城下町化を経て自治都市としては変容していき、徳川政権の時代には神領化していったから、離宮八幡宮の神領としての門前町と規定するのが妥当であると考えた。中世・近世を通じた都市としてのタイプが規定できないのではなく、古代以来、大山崎は交通の要衝としての重要性を保ち続けた。

『延喜式』によれば、奈良時代には山城国には岡田駅（跡地は京都府木津川市）・山本駅（京田辺市）があり、ついで河内国楠葉駅（大阪府枚方市）、淀川を渡って山崎の下流大原駅（大阪府三島郡島本町）・殖村駅（大阪府茨木市）と続いていた。これが奈良時代の山陽道で、山崎は山陽道から外れていた。しかし、長岡京遷都とともに水陸交通の要衝として山崎の位置が重要になり、朝廷によって山崎橋が架けられ、長岡京造営物資の陸揚地として山崎津が営まれた。平安時代には、羅城門（京都市南区）から下植野を通って山崎に入る久我畷が新設され、山崎駅が置かれた。山崎には橋も津もあることから、山崎駅の重要性は増していった。律令制の解体とともに公営の山崎駅は廃れたが、早くから馬借・車借といった運送業が発達していたから、物資の運送はこういった専門業者の手に任されていった。一一世紀半ばに成立した藤原明衡の『新猿楽記』に、東は大津・三津（坂本）を馳せ西は淀の渡・山崎を走る馬借・車借として、字は「越方部津五郎《おちかたべの》」、名は「津守持行《つもりのもちゆき》」がみえる。(1) 架空の人物だが、運送業者の好例といえよう。

近世の山崎は、京都・伏見から出発する西国街道の最初の宿場で、芥川（高槻市）を経た次の宿は郡山（大阪府茨木市）であった。したがって、古代から近世まで一貫した都市のタイプとしては、宿駅都市という規定が可能である。この意味で、都市大山崎は歴史的に重要な役割を占めており、中世ではそれに加えて港湾都市・商工業都市としての役割が顕著だったというのが結論であった。現在でも、この結論についての考えは変わっていない。しかし、宿駅都市という古代から近世まで一貫した都市大山崎の規定については、史料的制約があり、実証が充分ではなかったと思う。

ここでは従来から課題として残されてきた大山崎散所の実態について解明したいと考える。新史料の発見と公開によって、大山崎散所について検討できるようになったのが、本章を書くに至った最大の理由である。

一　散所についての研究史と問題点

最初に、散所についての研究史を概観して問題点をあげる。

散所が研究の対象となったのは、一九一五年（大正四）一月の『中央公論』に発表された森鷗外の「山椒太夫」という安寿と厨子王の物語を一つの契機に、同年四月、民俗学者柳田国男が「山荘太夫考」で散所の芸能民について述べたのが初めである。一九一九年（大正八）には歴史学者の喜田貞吉が雑誌『民族と歴史』を発刊し、自ら編集した「特殊部落研究号」に「散所法師考」を発表し、室町時代以前の史料に、サンジョがすべて「散所」と記されていることを確認した。一九三九年（昭和一四）に森末義彰が発表した「散所考」は、中世の散所の存在形態を明らかにしようとした実証的かつ本格的な研究だったが、散所の定義は、「一定の居所なく随所に居住せる浮浪生活者を指す」に留まっている。(2)

太平洋戦争後には、一九五四年（昭和二九）に林屋辰三郎が「山椒大夫の原像」「散所――その発生と展開」の二論文を発表し、散所の歴史的研究に一時期を画した。とくに後者では、古代社会における身分的差別が中世社会では地域的表現をとりながら散所と河原とに集約されたこと、散所においては地子物（年貢）を免除される代わりに住民の人身的隷属が強いられたこと、さらには散所の民が商人・職人の源流をなし、散所は座を中心とした商工業の形成の前提条件をなしたことなどが提唱された。(3)林屋説で重要なのは、後者において散所の分布および性質から、散所の形態を三類型に分けた点であると、私は思う。それによると第一は、荘園領主の直下に位置して諸種の雑役を奉仕するもので、京都や奈良という都市の周辺に発生する。東寺散所や石清水八幡宮の法会の所役を勤めた散所、北野社の池浚いや掃除の雑役に従った西京散所、祇園社の社辺の散所や犬神人などである。第二は、荘園領主によってその年貢輸送路に設けられ、物資の運搬、管理などの雑役を勤めるもので、水陸交通の要衝に置かれ、京都・奈良を中心として集中し、交通路線に同心円的な距離をもって存在する傾向がある。摂関家の場合、京都から東へは山科・大津・坂本など、西へは淀・山崎・水無瀬・長洲・垂水というぐあいである。時には「宿」「夙」といわれる非人法師の集団地域と相通ずる場合が多く、仁治年中（一二四〇～四三年）奈良坂の非人が清水坂へ打入り放火するという事件では、清水坂の長吏法師と共に丹波国金木宿・河尻小浜宿・鷹井宿等々の法師原が淀津において戦ったが、これらの宿々は長吏の下に統率され、真立宿（真土宿の誤り）(4)は清水坂の末宿、伊賀国杵木屋宿は北山宿の末宿、山城国菱田宿は奈良坂の末宿というふうな本末関係を持っていた。

第三は、荘園内にあって狩猟・漁撈などに携わり、供御などの所役に従うもので、やがては商人化して公事役のような経済的負担を負うに至るものである。例としては、元は東大寺領猪名荘の一部で神崎川ないし猪名川の河口西岸の海辺長洲浜の在家住人が増加し、九五六年（天暦一〇）頃までに独立して成立した摂津国長洲荘があげられている。(5) 以上の散所の類型化とともに、林屋辰三郎が楠木正成を「散所長者的性格をもつ」と指摘したことも、研究史の上で重要である。(6)

この林屋説に対して、渡邊廣が紀州を中心に散所を検討し、「本」に対する「散所」という用い方が散所の本来の用い方ではなかったか、と述べているが、(7) 一九六九年（昭和四四）、脇田晴子は『日本中世商業発達史の研究』で林屋説に対する根本的な批判を試みて、散所とは「本所」に対する「散在の所」という意味で、そこに属した人々が賤視（蔑視）されたわけではなかったが（第一次的散所）、その後、土地に対する権利を強めることができなかった人々（非農業民たち）がその居住地域と合わせて賤視の対象となるに至った（第二次的散所）のであり、後者がいわゆる中世の散所なのだと主張した。これを契機に、林屋・脇田双方の間に激しい論争が起こった。

実は一九七〇年代から、「散所」を冠する人々が天皇・院・摂関家に近侍する中下級官人だったとする丹生谷哲一や中原俊章の研究が発表されていったが、散所研究は語義論を中心に展開していき、そのなかで林屋説が再検討される機会が少なくなっていった。私は一九七七年の「中世都市共同体の構造的特質――中世都市大山崎を中心に――」で、鎌倉時代に登場する八人の山崎長者衆は中下級官人的存在であり、摂関家山崎散所長者に関係する有力者が含まれていたと論じた。(8) しかし、研究史の動向は、林屋説と散所の発生に関わる中下級官人説との融合化には向かわなかった。

以上が散所についての研究史の大まかな整理であるが、散所研究の現状と課題は、ここから始まる。散所研究の転換に決定的な役割を果たすことになった丹生谷哲一は、「散所」は「本所」に対する語で、本来は「散在する」意であるという語義から出発する。その散所論は律令官職制での中下級官人との関係の深さを実証するもので、散所は衛士・随身・雑色などの中下級の律令官人が、その本司を離れて院宮諸家に奉仕している状態を指す語で、散所衛士・散所随身などと用いた。のちには院宮諸家自体を本所として、院の散所召次、摂関家の散所雑色、社家の散所神人などの用法が現れる。彼らは院宮諸家に奉仕することによって一般の公事・雑役を免除されるのを原則としたが、国家的大儀の際にはその限りではなかった。散所の語には本来賤視はなかったが、中世後期になると声聞師と同一視され、河原者・非人と同類の呼称になるという。のちに丹生谷哲一は、散所には一一世紀頃の成立期より、卑賤視を伴うものも伴わないものもあったが、時代が下るにつれて、卑賤視されるものの身分的呼称として定着していった、と自説を論述した。散所の職能を特徴づけるのは、呪術的雑芸能であるという立場からの散所論である。[9]

散所研究の現状を示す成果として、世界人権問題研究センター編『散所・声聞師・舞々の研究』[10]には、共同研究によって洛中・山城・近江における散所の実証的研究がまとめられている。一九七〇年代後半から散所研究は停滞したが、一方、散所の人々が携わった芸能や陰陽道の研究は進展してきたので、それらを統合した新たな散所研究が目指されたものであった。

同書第四章には、宇那木隆司の「散所研究の現状」という報告をもとにおこなわれた、共同研究者（執筆者）九人の座談会が収録されている。戦前・戦後の散所研究については、前述した内容と重複するので省略するが、一九六〇年代に豊田武が中世賤民の三類型として「散所」「河原者＝エタ」「宿者＝非人」に区分していることを、現在の被差別民研究につながる見解としてあげている。[11]一九七〇年代以後の散所研究は、被差別、賤視に関わらない散所を実証的に明らかにした丹生谷哲一の身分制研究を画期とし、以後、黒田俊雄・大山喬平・網野善彦に代表される身分制研究が発表されたが、現在では、非人と総称される中世の被差別民に、非人・河原者・散所の三類型を立てるという丹生谷哲一説で大方の一致をみているという。しかしながら、中世における散所の全体像は現段階でも明らかにされたとはいえない。散所について研究史の整理がまだ充分でないことと、史料自体があまりにも少なく、あっても断片的で、散所の全体像や歴史的変遷を解明しきれないところに問題があったと思う。その意味で、以下に検討する大山崎の散所と宿の事例は、多くの検討材料を提供すると考え、実証と分析に取り組んでいきたい。

二　摂関家山崎散所と長者衆

（1）摂関家山崎散所

前節で述べた散所研究について、総合的かつ全体的な展望を述べているのは、三浦圭一の散所論である。それによると、散所はもともと京都・奈良などに本拠を置く権門勢家の家政期間の一機構として、洛中・洛外や畿内近国の交通要衝地に配置され、また二四時間の結番体制をとって邸宅堂宇・屋敷境内の番や掃除に当たり、物資の輸送・保管に当たっていた。その家政を分課する集団は、とくに巨大な荘園の領有者である天皇家・摂関家のもとで端緒的に形成されたが、中世を通じて中央の貴族・寺社の諸権門に分割されていき、都市そのものの巨大化と対応して散所集団は全体的に増加し、京都内外においては室町幕府の都市政策の一環として掌握されてきたことが注目される。私的な被官関係の展開や、戦国期から散所村・声門師村が形成されるという散所の集団的な変貌もみられた。以上が三浦圭一による散所についての研究史の要約である(12)。

三浦によれば、最も典型的な変貌を遂げたのは、山崎散所であるという。三浦は、摂関家の山崎散所は、中世後期にはその存在をまったくとどめていないと述べた。散所は鎌倉時代中末期以降、山崎の地を払って移住したのではないかと想像されるほどであるが、在地しながら散所身分を脱したのではないかと思われる可能性も認められるとして、一三三〇年（元徳二）八月、山崎地下人佐伯友重が、父四郎大夫入道道阿の遺領で息女阿久利に相伝されていた山崎岩上保内の春日御領内屋敷の手継証文が一三二八年（嘉暦三）九月二三日の山崎焼失の際に焼失してしまったとして紛失状を書き、山崎長者衆の署判を求めている事実をあげている（疋田家文書）。その屋敷地の西には播磨大路が走っていたが、三浦は、離宮八幡宮の正面から橋本に向かって淀川（また桂川）に至る道のことであるとした。

摂関家の山崎政所・納殿は摂津国内にあり、散所（者）も摂津国内に居住屋敷が与えられていたと考えられるが、三浦は、亜久利相伝の屋敷が摂関家領と関係深い春日神社領内であったことと、「大夫」という父の名に注目した。この岩上保を擁した春日社領は、一五三〇年（享禄三）までは本役徴収を続けながら存在していた[13]。また、山城国山崎には九条家領山城国小塩荘に含まれる荘田が点在し、一五二二年（大永二）段階の作人として妙喜庵・松田対馬扱いの正伝庵や円通庵・松田弥六・松田弥二・松田新左衛門・松田左衛門・林弥三・柴垣・鍛冶屋弥三郎など山崎住人が多数みえる。これらの事実から、三浦は、山崎上六保中岩上保内に散所屋敷を与えられていた摂関家散所が、春日神領内の屋敷を相伝して売買し、また後裔が摂関家領小塩荘山崎分の作人として登場する姿を描いてよいように思われると述べた。

三浦圭一によれば、山崎における散所のもう一つの痕跡を示すのが、下五保に属する蔵内保である。「大山崎上下保神人等」という呼称の初見は、一三三六年（建武三）正月三〇日の阿蘇宮令旨である（西明寺文書）。江戸時代には上下十一保の詳細が分かるが、上下は山城・摂津国を指すのではない。上六保は山城国乙訓郡に属すが、下五保はすべて摂津国にあるのではなく、蔵内保と関戸保が摂津国島上郡にあった。一五九五年（文禄四）に筆写された倉之内諸社鎮座本記によると、「倉之内」という保の名は御倉神が鎮座したからだという。蔵内保のことを在地住民は「御倉町」とも称していることから、かつて私は、この地に摂関家の山崎納殿《おさめどの》が営まれていた可能性が強いことを明らかにした。一三八二年（永徳二）一〇月七日の彦六御倉町屋敷売券（疋田家文書）には、彦六が相伝の御倉町の屋敷を妙同庵主に三貫五〇〇文で売却しているが、「さる法師丸きゃうたい（兄弟）」の状を二通添えている事実が重要である。三浦圭一は、この納殿のあった蔵内保を、関戸保の西に接していま倉ケ堀の小字名が残っている辺りを指す町名ではなかったかとし、この納殿の周辺に散所（者）が集住していた可能性は高いとしている。散所は「法師」「大夫」と称されることが多かったから、「さる法師丸」も散所の可能性は大きいし、売主彦六も散所と関係があったかもしれないと述べたのである。

摂関家山崎散所についての三浦説を要約すれば、岩上保と蔵内保に痕跡が認められるが、中世後期にはその存在が確認できず、散所は移住したか、あるいはその身分を脱したのではないかというものである。もし、この三浦説が正しいとすれば、散所研究における画期的な成果といえる内容だと考えるので、次に詳しく検討していきたいが、その前に、訂正しておきたい事実がある。播磨大路は中世の山陽道で西国街道（山崎街道）のことであり、離宮八幡宮の正面から橋本に向かって淀川に至る道は「御車道」と呼ばれる。古代の山崎では、離宮八幡宮は建立されておらず、そこにあった山崎離宮（河陽離宮）の正面から南に延びる御車道の先には、山崎橋が対岸の橋本に向かって設置されていたとされる。

実は、三浦説で問題となっている岩上保内の春日御領内屋敷は、西国街道の東側にあった。御車道と播磨大路（西国街道）とがT字型に交わる場所が山崎の辻であり、辻保の区域に含まれる。ここでの辻祭が山崎の在地の祭礼で、天王山にある山崎の地主神天神八王子社を基底とする四月三日の石清水八幡宮日使頭祭に引き続いて、四月八日からおこなわれた。この辻のある部分が山崎の中心地であったことは、三浦説の通りである。現在の離宮八幡宮も、かつての辻保の区域に位置している。しかし、岩上保は辻保とは直接には接していない。岩上保は大山崎上下十一保のうち、山城国乙訓郡内にあった上六保に属す。西国街道の南側に接している下五保の井尻保を除いて、西国街道はいずれも十保の中を走っているが、最北にあった五位川保の南が溝口保で、溝口保の南側に隣接するのが岩上保であった。この溝口保と岩上保の間は、天王山から桂川（淀川）に流れ下る高橋川が境界になっていた。この高橋川を下れば、山崎津に通じたと考えられる。

山崎の摂関家散所についての史料的初見は、あまりにも有名な次の史料である。

一〇四八年（永承三）一〇月、関白藤原頼通の高野山参詣に際し、検非違使右衛門志村主重基[14]が仰せを奉って、「淀・山崎刀禰散所等」に一一艘の板屋形船を造らせたことが、『宇治関白高野山参詣記』にみえる。この山崎散所はおそらく摂関家山崎納殿に付属したもので、頼通は高野山参詣の帰途、その乗船に侍った江口・神崎の遊女たちに、この納殿の桑糸二百疋等を分給したことを、西岡虎之助は明らかにしている[15]。『宇治関白高野山参詣記』によれば、一一艘を蔵人所・僧料・贄殿・政所・御随身等の船に分けたのは、検非違使右衛門志村主重基と蔵人所司内蔵允藤原良任[16]で、椋橋御荘夫三〇人・摂津大江御厨夫三〇人を水夫等として分け、桂鵜飼二〇艘・宇治鵜飼一四艘を召して補助役を勤めさせた。淀川水系の淀・山崎・椋橋荘・大江御厨・桂・宇治などの山城・摂津の民衆が水夫等として、一〇月一一日の淀渡から山崎南岸への航行に動員された。この時に頼通は石清水八幡宮にも参詣している。

一二五三年（建長五）一〇月二一日に注出された近衛家所領目録（陽明文庫所蔵[17]、『鎌』七六三一号）には、散所として、山城国は山科・淀・宮方、摂津国は草苅・山崎がみえる。平安時代末、摂関家領をほぼ惣領した藤原忠通（一〇九七〜一一六四年）は、その大部分を長子基実に、一部を女子聖子（皇嘉門院、崇徳中宮）に譲り、基実が伝領した所領は、その没後は妻白河北政所（平清盛女盛子）が管領し、のち長子近衛基通（一一六〇〜一二三三年、妻は盛子妹の寛子）に伝わり、近衛家領が成立した。摂津国山崎政所に属する散所は、淀（左方・右方）散所と同様に、河川と陸路に及ぶ運送機能を持つものだった。山崎政所は、「京極殿堂領」と記される。京極殿は頼通の子師実（一〇四二〜一一〇一年）の通称で、一一世紀後期に師実が宇治市の東部丘陵地に造営した別業のことでもある[18]。師実は、妻麗子の兄弟で村上源氏の源顕房女賢子を養女として、白河天皇（一〇五三〜一一二九、在位一〇七二〜八六年）の中宮に入れている[19]。

ここで摂関家散所に関して指摘しておきたいのは、散所を管理する官人と所役を勤める散所者（散所雑色等）といった身分差が存在することである。散所雑色は、摂関家に所属し政所の支配を受けて雑役を奉仕する代わりに、他の課役を免除される特権を持った身分の者であった。次にみるように、摂関家山崎散所に散所雑色として身を寄せた東大寺領水無瀬荘の前荘司秦重時等作人（田堵）六人と、摂関家散所を管理した下毛野氏については、具体的に実証することができる。

（2）散所長者下毛野氏と山崎長者衆

下毛野氏については早くに森末義彰が論じ[20]、近年、中原俊章や熱田公、高橋昌明によって研究が深められてきた。山城国乙訓郡調子荘（長岡京市調子付近）を領有した下毛野武茂は、嘉禎（一二三五〜三八年）の頃には、大阪市東淀川区の淀川沿いにあった近衛家領摂津草刈散所を管理し、さらに淀右方散所、近江穴太荘（散所）も管理していた[21]。下毛野氏はこのほか、能武が淀左方散所、武致《たけむね》が洛中の田地や屋敷地と摂津垂水東牧内西時枝名二三町などを保持していた（『鎌』一二一九三号）。高橋昌明は『古今著聞集』巻第一六の「下野武正山崎を領知の事幷びに競馬に負けて酒肴を供する事」にみえる武正が武守（武茂の父）の祖父であることから、武正が藤原忠通から賜った山崎の所領を、摂津国内にあった山崎散所の沙汰権であったと推測している。傾聴すべき説ではあるが、大山崎（京都府郡乙訓郡大山崎町・大阪府三島郡島本町山崎）内の史料に下毛野氏関係のものがみえないことが、この説の弱点である。

この問題に関連して、丹生谷哲一は、検非違使庁に仕える看督長の出勤状況を記した一連の注進状のなかで、一〇三五年（長元八）六月から八月の左衛門府生坂上時通が報告した注進状に、左看督長として「調使（調子）行友」が記されることを明らかにした（九条家本延喜式裏文書、『平』二―五二九～五三七号）。調子行友は看督長という下級官人として検非違使庁に上番する一方、山城国紀伊郡石原郷（京都市南区石原町）における田畠開墾活動の中心となり、一〇三三年（長元六）三月、その開発田畠を同郷刀禰たる資格で権大納言領として立券している（『平』二―五二三・五二五号）。刀禰調子行友とともに立券に当たった紀伊郡司「上勝」は、坂上時通の同僚の左衛門府生上村主（上勝）重基で、看督長行友は「左府生重基使」でもあった。調子行友は、一〇四七年（永承二）一一月二五日に若狭守橘某から「木津納所行友」として、東大寺の封米六五石六升八夕を下されている。若狭国雑掌秦成安の申告によれば、封米の内容は、正米五〇石・雑賃一五石余・海路賃二石五斗余・運寺賃一二石四斗余であった（『平』三―六四九・六五〇号）。丹生谷哲一は木津納所行友を中世問丸の先駆的形態と見なすことができると述べ、一〇四八年（永承三）の頼通の高野山参詣に奉仕した上村主重基とともに、淀・山崎の刀禰等のなかで行友も一緒に活躍していた可能性を指摘した。以上の実証によって、摂関家をめぐる中下級官人の存在形態が具体的に明らかにされたのである。

次に、この実証を踏まえて、鎌倉時代の山崎の長者衆について再検討していきたい。以前に明らかにしたように、一二五七年（正嘉元）一〇月一〇日の山崎長者等山寄進状（一志則友等山寄進状）には、長者散位一志則友・長者兼大行事散位清原・長者□守□□・長者左馬允清原・長者左近将監菅原・執行清原時高・長者清原宗時・安主文章生長ら八人が、山主源兼時とともに連署している。先年頃、山主（源兼時か、その父か）が宝積寺の神事の役料に山を寄進したため、関係文書類は長者中に渡され、安主散位長宗忠・執行散位菅原則高が惣別に付けて領知してきたが、源平闘諍以来その文書等が失われてしまったため、紛失状を立てたという内容であった（『鎌』八一五七号）。長者衆は大山崎の神事祭礼を執行するだけではなく、紛失状を立てる際の文書への連署など山崎郷の郷務に携わっていた。注目されるのは、宝積寺の神事の役料に寄進されたこの山に、長者の所従等は来て入ってはいけないと書かれている事実である。下人や所従が非人と同じく一一・一二世紀に形成された中世的存在であるとしたのは、小山靖憲の「中世賤民論」[22]である。その違いは、下人や所従が、程度の差こそあれ主人に人格的に隷属しているのに対し、非人は、基本的には特定の主人を持たない存在であることだという分析は、正しい。山崎長者衆は所従等を支配する身分・階層であったが、非人との関わりは明らかではない。

第一章で検討したように、鎌倉時代末には大山崎に保が出現する。注目されるのは、大山崎上下十一保のうち、溝口・中村・井尻・藤井・関戸の五保までが、それぞれを名字とする五氏を擁していることである。一二五七年（正嘉元）の長者八人のうち、（長者）執行清原時高は一二六一年（弘長元）の田地売券では「溝口保清原時高」と名乗り、溝口保を根拠地にしていた（京都大学所蔵宝積寺文書）。溝口保は天王山に鎮座する地主神山崎神社（自玉手祭来酒解神社《たまてよりまつりきたる》、のちの天神八王子社）の御旅所がある五位川保とともに祭礼の主役童使（童子・天童）を出す保であり、童使年中行事覚書と、一四八五年（文明一七）から一六六二年（寛文二）に至る七冊の「童使出銭日記」が存在する（藤井家所蔵[23]）。

「祇園社記　第二十三　大政所之記全[24]」に「社記別記」を引用して円融天皇（九五九～九九一、在位九六九～九八四年）の九七四年（天延二）六月一四日、御霊会を初めておこなった際、旅所の敷地に高辻東洞院方四町を寄付して大政所と号し、当社一円進止の神領とした、とみえる。大政所とは祇園社の例では御旅所（敷地）を指す。大山崎では天王山に鎮座する天神八王子社（酒解神社）から一の鳥居、二の鳥居、三の鳥居と麓に降ると、溝口保に到達する。溝口保に入る手前を左に（北側に）折れると、五位川保の御旅所に着くのである[25]。前に私が明らかにしたように、「童使出銭日記」にみえる「大政所両座」とは、五位川保と溝口保の座を指すものである。五位川保と溝口保に宮座が存在したのは、それぞれが天神八王子社の出入口であったからで、溝口保に長者四人が結集しているところから、中世の長者八人は五位川保と溝口保の大政所両座に結集していたことが分かる。

次に大山崎十一保と長者衆との関係であるが、溝口・中村・井尻・藤井・関戸の五保までが、それぞれを名字とする五氏を擁していることから考えて、それぞれの氏はもともと保と切り離せない関係にあったと考える。以前に私は、一五六八年（永禄一一）一二月の大山崎惣中連署状にみえる二五氏から成る一七四人と保との関係について、「童使出銭日記」にみえる神役・頭役負担者等の記載から考証した一覧表を作成したが、戦国時代に入ってからの史料であるためか、二五氏は一一保に分散して居住しており、保と座役との相互関係は明確ではない(26)。前章で論じた都市の保の成立過程からみて、一一保と座役とは密接な関係にあったと考えるが、鎌倉時代に成立した一一保は、西国街道の両側町として発展し、町としての地域区画になっていったと考える。具体的に、井尻保と井尻氏について検討してみたい。

一三一一年（応長元）に秦（井尻）助長は預所から相応寺惣追捕使職三分一を宛行われ、一三八一年（永徳元）には惣追補使井尻助尚が相応寺領内の孫太郎屋敷について沙汰した。翌一三八二年（永徳二）には童石丸が相応寺惣追補使職の相続を認められ、世襲であったと分かる（井尻家文書）。相応寺は現在の離宮八幡宮西南付近にあった寺院で、八六六年（貞観八）権僧正壱演の創建に成るという（三代実録）。創建当時の寺域は、東は橋道、北は大路、南は河崖と記されるが、しだいに衰退したものらしい。江戸時代には移転して、離宮鳥居前大路南の小堂になり、やがて廃絶した（山州名跡志）。井尻氏と井尻保とが切り離せないことの史料は、一五三七年（天文六）の「井尻保井尻左衛門尉殿」という「童使出銭日記」の四冊目の記載まで時代が下がる。

井尻氏は南北朝時代には石清水八幡宮社家の雑掌として、八幡宮宿院極楽寺領播磨国松原荘（兵庫県姫路市）

の預所を勤めた。一三五三年（文和二）に秦助吉・法眼道義・沙弥円浄が松原荘預所得分について契約し、一三五九年（延文四）には社家雑掌大山崎井尻助吉が松原荘の下地を打ち渡され、翌一三六〇年（延文五）には石清水八幡宮別当家奉書によって松原荘の預所となっている。その職務は御神楽米供米一一石三斗・惣御年貢一二〇石を、石清水八幡宮境内の橋本津（京都府八幡市橋本）に沙汰することで、未進懈怠なく忠実に神役を勤めれば、預所職は助吉の子孫に世襲されることになっていた（井尻家文書）。以上からも明らかなように、井尻氏は淀川水系から瀬戸内海を船で往復していたのである。

しかし、一三六七年（貞治六）七月には、石清水神人等が播州の神領をめぐって八幡宮に閉籠する事件が起こり、八幡一神輿が宿院を出て入洛し、武士が防禦のため東寺に向かうという騒動になった。この八幡神人の嗷訴は、武家の成敗が落居したため、神輿が宿院から本殿に帰座することになったが（師守記）、その成敗とは、八月二八日の足利義詮御教書が示すように、播磨国松原荘を神人助吉（井尻と号す）が競望して嗷訴に及び当荘に打ち入った罪科を処罰するもので、井尻助吉は松原荘の預所職から罷免された（石清水菊大路家文書）。一三六八年（応安元）六月一八日には、管領細川頼之が神人閉籠嗷訴および神輿入洛の防禦を石清水祠官中に命じている。翌一九日には、右中将三条西公時が奉じた、祠官一同に社頭警護を命じた後光厳天皇の綸旨も出されている。同日、石清水八幡宮寺長吏御教書を[27]「朝実」[28]が奉じた。これは、安居頭役の二重成（二重負担）を社務駿河小路孝清が免除したものであったが、閏六月三日の室町将軍家御教書写によると、石清水八幡神人山崎井尻弥四郎（助吉）が閉籠を企てるという風聞について、管領細川頼之が社務や祠官等に厳重に対処するよう命じている。[29]

一三八一年（永徳元）には井尻五郎四郎助尚がふたたび松原荘領家方の預所職に補任され、年貢内四分の一を宛行われた。さらに、井尻氏は一四二九年（正長二）、一四三三年（永享五）、一四四七年（文安四）、一四五九年（長禄三）、一四九〇年（延徳二）には、赤松庶流春日部流（赤松円心の次男貞範を祖とする春日部家）の給主・給人として、摂津国鳥養牧（大阪府摂津市東部）や播磨国井河荘（兵庫県神戸市西区伊川谷町）・美作国豊国荘（岡山県英田郡美作町）・播磨国五箇荘内野口村（兵庫県加古川市）の下地を宛行われている（井尻家文書）[30]。

次に、藤井氏と藤井保は切り離せないと思われるが、一〇四一年（長久二）二月に東大寺領水無瀬荘（大阪府三島郡島本町広瀬・東大寺付近）の地子官物の免除を請うた荘司丹後掾藤井安吉が先祖かもしれない。一〇五九年（康平二）一一月、水無瀬荘地子一石七斗の代わりに、馬一頭を進めた藤井重元は安吉の子か一族であろう（『平』九―四六二二、三―九四二号）。

一〇四五年（寛徳二）五月、水無瀬荘の作人の不法を禁止するため水無瀬郷刀禰住人等に下された関白左大臣（藤原頼通）家政所下文の案主は清原氏であった。不法をおこなったのは前荘司秦重時等作人（田堵）六人で、新券文を作り、水無瀬荘領の畠四カ所を「行願寺別当幷山崎住人等」に売却し、あるいは八幡宮の寄人と称し、あるいは殿下散所雑色と称し、年来荘田を耕作しながら地子物等を納めない、というものだった（『平』二―六二三号）。彼らについて、森末義彰は水無瀬郷の散所とし、近衛家所領目録にみえないのは一時的に身を寄せたからである、と述べたが、私は摂津国山崎にあった摂関家政所が管轄する山崎散所に身を寄せたものと考える。行願寺（元は京都市上京区小川新町、現在は中京区行願寺門前町）は、『大鏡』に藤原道長の子息顕信が一〇一二年（寛弘九）剃髪入道したことがみえる天台宗寺院である。一〇〇四年（寛弘元）頃、革聖《かわひじり》行円上人（生没年不詳）の創建と伝え、革堂と呼ばれ、創建当時から貴賤の崇敬を集めた[31]。年来の作人（田堵）六人は、僧法道・尾張為道・秦重時・物部常延・同近頼等で、行願寺別当（名前は不詳）幷山崎住人等に水無瀬荘の畠四カ所を売却し、散所雑色として摂関家に身を寄せたのである[32]。

この下文には前述の水無瀬荘司藤井安吉解も引用されているが、署名の末尾にみえるのは、左衛門小志坂上（時通）と上村主（重基）と考えられ、彼らは摂関家下家司であった。上村主（上勝）重基は、一〇四八年（永承三）一〇月の頼通の高野山参詣に奉仕した検非違使で、坂上時通も一〇二八年（万寿五＝長元元）から一〇三七年（長元一〇＝長暦元）まで「左衛門府生」とみえる検非違使だった（『検非違使補任』第一）。藤井安吉は荘司（荘官）で丹後掾という中下級官人であり、摂関家下家司の上村主重基や坂上時通とは面識があったと考える。一一二六年（大治元）の「住人条々申文　散所雑色有国状」が東大寺領（水無瀬荘）文書目録にみえ、住人に散所雑色有国がいたことが分かる（『平』七―三七〇〇号）(33)。

一四四三年（嘉吉三）一〇月、基国寺住持基阿弥陀仏が関戸院内関戸保南頬にある屋敷一所を、九五貫文で関戸保越後殿に売っている（基阿弥陀仏屋敷売券、井尻家文書）。円満院末寺関戸院に納める本役は、毎年油四升九合余、小公事六五文で、このほかの万雑公事はなかった。この売買の口入（媒介者）は、関戸左近将監則貞で、左近衛府将監を冠する。翌一四四四年（文安元）閏六月、関戸院にある御神楽料屋敷が、やはり関戸保住人越後殿に一八貫六〇〇文で売られた（円理屋敷売券、同前）。この「ヨコ屋敷」の下地は御神楽田で東西に二分され、本役として毎年六月に二〇〇文、一一月に二〇〇文で御神楽を勤仕した。売主として田所惣追補使円理・宗助・宗国が連署し、この御神楽田は円満院領関戸院の沙汰人・田所物追補使が重代相伝する屋敷地でもあったから、関戸保を本拠とする関戸保越後殿は、関戸院の沙汰人・田所物追補使で、関戸院に本役として油や小公事を納め、六月と一二月に神楽を勤仕していた。この時期の口入人の多くは売買人の縁者であるから、関戸左近将監則貞は関戸保越後殿の縁者だと考える。

すでにみたように、岩上保には春日社領があった。一五三〇年（享禄三）正月二一日の嶋抜兼元屋敷売券によると、岩上保にある嶋抜兼元の先祖相伝の家屋敷が岩上保の疋田与三郎殿に四二貫文で売られているが、本役は春日領で一二月末に類地のように納め、ほかの万雑公事はないと記す（疋田家文書）。次の第三節で取り上げる三浦家文書によると、岩上保には穀倉院領屋敷地(34)もあった。すなわち、一一七一年（嘉応三）四月一三日の林国弘屋敷地売券によると、林国弘が穀倉院屋敷地を林国友に売却している。先祖相伝の私所領だという穀倉院屋敷地の値は十合定め胡麻四石で、地子は油一升（本斗定）であった。林氏は平安時代からの大山崎住人で、穀倉院に油を納める役職にあった(35)。前述したように、九条家領小塩荘の一五二二年（大永二）の小塩荘帳写の山崎分に、林弥三が一反の作人としてみえる。

疋田氏は、『親元日記』一四六五年（寛正六）八月六日条に「山崎雑掌疋田藤江」が将軍足利義政に仕えた蜷川親元を訪ね、京中油向（問か）(36)の事について、神事に従わないため商売を押さえたから、御用の事は仰せ下されるようにと申し入れている。蜷川親元が父親当《ちかまさ》の後を継ぎ政所代になるのは、一四七三年（文明五）である。この事由は大山崎の洛中油商人が神事（日使頭役）を勤めないことに対する制裁で、疋田氏は大山崎惣中を対外的に代表する存在であったことが分かる。一五四八年（天文一七）一〇月二九日、大転経院公弘知行の春日御領灯油料大山崎石井荘本役が疋田三郎左衛門に売られている事実が示すように、穀倉院領屋敷地のある春日社領岩上保を拠点に勢力を伸ばす疋田氏の、惣中での存在は大きかったと思われる。

蔵内保は鎌倉末期の長者の一人、内蔵則高と関わりがあるかもしれない(37)。八六〇年（貞観二）に大安寺僧行教が八幡神を宇佐から男山に勧請した翌八六一年、河陽離宮は山城国府とされ、九〇八年（延喜八）一一月に離宮の建物は山城国に下げ渡された（朝野群載）。国衙徴税に関わった官人として『中右記』一一一二年（天永三）一二月一八日に検非違使の宣旨を受けた右衛門府生内蔵経則(38)が知られるが、このような歴史的環境を考えると、内蔵則高も同様な地下官人であった可能性が高い。

岩上保の西南に隣接する鷹保は、鎌倉期の下毛野氏（調子氏）が鷹飼職を相伝した実例にみるように、散所を管理する官人（山崎での長者）が鷹飼職を持った過去に由来があると推測できる。下毛野氏と秦氏は、河内国交野・禁野の御鷹飼であったという（調子家文書）。また、時代は下るが、一五九九年（慶長四）八月、摂津広瀬・桜井両村（大阪府三島郡島本町）内一五〇石が、豊臣氏の五大老から溝口源太郎に宛行われている[39]。溝口保と関わる溝口氏は、この時、武士身分に属したことが分かる。

以上から、鎌倉時代の山崎では摂関家の散所に関わりを持つ有力者を含む長者衆（中下級官人層）が、保や津を管轄していたことをあらためて確認できたと考える。港湾都市であった大山崎では、鎌倉時代に八人の長者衆が地域を管轄していたが、畿内在地領主で長者職を持つ例についても、私はこれまでに検討を重ねてきた。皇室領大江御厨山本・河俣執当職を持ち大江御厨の現地管理人であった河内国水走氏や、金剛寺・春日社領の和泉国和田荘を本拠とする和田氏、山城国宇治の槙島惣官・宇治離宮社の長者であった槙島氏などである。また摂津国の渡辺氏・遠藤氏が、交通運輸や商業・流通と密接な関係を持つ武士団であった事例が例証となる[40]。八人の長者衆に統轄される都市山崎とは存在形態が異なるが、摂関家の淀散所等を管理した下毛野氏は、大山崎の長者衆と散所との関わりを実証する具体例となる[41]。

大山崎がどのように支配されたかについて、次節で扱う三浦家文書に注目すべき史料がある。それは一三四六年（貞和二）八月の清原重継屋敷売券で、重継が先祖相伝の私領屋敷の文書を紛失した際、検非違使庁に申請して諸官の紛失状を給わり、一三四五年（康永四）二月の社家の御下知ならびに紛失状の案文を添えて藤井左衛門次郎殿に売っているものである。この中村の屋敷は、「八幡御領内蔵寮内中村口六丈五尺限奥西願寺御領」と記され、石清水八幡宮領内蔵寮内にあり、奥の西願寺（成恩寺、一条家の氏寺）[42]領に接していた。南北朝時代に入ると、北朝の光厳上皇院政期において検非違使庁が紛失状の承認に関わっている。ちなみに、一三四〇・四一年（暦応三・四）に検非違使庁が関わった紛失状が『九条家文書　三』に三通存在する。それによると、左衛門少尉中原朝臣・明法博士兼左衛門大尉尾張権介中原朝臣・大判事兼明法博士左衛門大尉坂上大宿禰等の名がみえる。清原重継屋敷の売買においても、おそらく彼らによる紛失状が出されたものであろう[43]。

しかし、この中村屋敷文書をもって、検非違使庁が都市大山崎に支配を及ぼしていたと結論することはできない。中村屋敷は八幡宮領内蔵寮内にあるため、検非違使庁から紛失状が承認され、八幡宮社家の下知が必要とされたのである。石清水八幡宮内の治安・警察の任に当たる〈宮検非違使〉との関係も問題となるが、それについては後述する。この屋敷は一三五三年（文和二）に岩上の左衛門三郎殿に売られ、一四六六年（文正元）には、井上藤左衛門尉宗賀から岩上保澄心庵慈栢蔵主に売却された（『三』）。

一三九六年（応永三）一〇月一二日、山崎溝口の二郎が侍所より下された東寺内商人通行の禁を破り、侍所に請文を出している（『東寺百合文書』さ—七五）。一四世紀中頃から西国街道や鳥羽作道等が集まっていた東寺口に関が置かれたもので、一四〇四年（応永一一）四月、東寺は堂舎の修造料を賄うために、東寺南口にて公事銭を取ることを室町幕府に求めた（『東寺百合文書』く—一）。この際、商売人からは二銭文、馬で運ぶ場合には一匹につき三銭を徴収したが、「山崎米商人」も同様としている。首都京都でも、幕府侍所が洛中支配・商工業支配をおこなうようになっていた。

中世の大山崎に山崎橋はなかった。九九五年（長徳元）、一条天皇の石清水行幸の時には、すでになく、数百艘の船で船橋を架けている（『日本記略』長徳元年一〇月二一日条）。山崎関や山崎駅も廃絶し、摂関家山崎政所および散所が位置した蔵内保（および岩上保）を拠点にする交通運輸機能は転換を迫られた。山崎津も淀津への舟運が開けた後は、繁栄を淀津に奪われている。鎌倉時代には、塩・塩合物を扱う卸売市場として淀魚市が発展し、淀津の繁栄をもたらした。一方、大山崎神人等の荏胡麻油商売は中世を通じて繁栄し、瀬戸内海から淀川水系にかけて「山崎胡麻船」が活躍したから[44]、山崎津が衰退することはなかったが、荏胡麻油商売と西国街道の宿駅を中心にした水陸の交通運輸機能の再編成が求められたのである。中世後期の大山崎に摂関家散所が痕跡しか認められないのは、このような事情が背景としてあると考える。次の課題は、中世後期の散所や宿について検討することである。

三　三浦家文書と宿長史

（1）三浦家文書にみえる宿

すでに検討したように、中世後期の山崎散所については、三浦圭一による重要な指摘がある。しかし、このような研究成果を受け継いで、さらに検討を進めていくためには、史料的制約という壁があった。この壁を打ち破ることになったのが、大阪大学大学院日本史研究室・枚方市教育委員会による『三浦家文書の調査と研究――近世後期北河内の医師三浦蘭阪蒐集史料――』である。[45]三浦蘭阪（一七六五～一八四三年）は大山崎岩上保を本拠にする社家の松田勘解由邦秀の次男で、母方の三浦家に養子に入った人物である。蘭阪が三浦家に持ち込んだ清源庵文書と松田家文書の所在を確認した際に作成した清源庵文書目録も存在する。清源庵は一四八六年（文明一八）に松田家によって創建され、明治初期には岩上保の西南に隣接する鷹保にあった尼寺である。大山崎清源庵と松田家に伝来した古代・中世文書五四点等が新たに公表されたため、これまで解明できなかった諸問題について検討できる可能性が開かれたのである。

山崎散所に関連して論じると、三浦家文書には「宿みかわ」と「宿備中おとと《（弟）》七郎・宿備中」が発給者になった史料二通が含まれている。この重要な事実について、次に検討していきたい。

一四三九年（永享一一）三月三日の宿三河田地売券によると、宿みかわ（三河）はあかめの荘内の田一段を円通庵に売却している。円通庵は溝口保にある地蔵寺末寺で、一三九六年（応永三）に松田氏一族によって創建された。赤目荘は乙訓郡内で現在の向日市にあった荘園で、初見は一四七八年（文明一〇）とされる。年未詳の中院流家領目録草案に、山城国として「久我久世・赤日庄・小野御領」が記されるので、成立は鎌倉時代に遡ると推測できる（『久我家文書』第一巻）。本家・領家は賀茂社領（造営料所）・金光寺領（大炊御門西洞院）・中院流家領とされる(46)。

宿三河について、田村正孝は宿氏とし、下植野付近を拠点に活動していた国人であると述べている(47)。一四六〇年（長禄四）一一月二八日の宿備中田地売券で、宿備中が角田《すみた》にある田一段を岩上保の弥七郎に売却した際の証文についても、同様に宿氏としている。字角田は現在の大山崎町大字大山崎の桂川に面した所にあった。「宿みかわ」と「宿備中おとと七郎・宿備中」について、長岡京市内の下植野付近を拠点に活動していた国人であるとした根拠について、田村正孝は何も述べていない。これらの田地売券の写真をみると、前者では本文中に「宿のみかわ」と書かれているし、後者では「宿」を名字とするにしては、あまりに小さく書かれている。それらの事実から、宿氏とするのではなく宿を指すものと考える。一五七一年（元亀二）一〇月一八日の清源庵常住田畠屋敷等目録は、三浦家文書のうち清源庵常住の田畠屋敷等の文書一覧であるが、前述の宿三河と宿越後等が所有した土地の項目は、「宿久ノ越後」「宿久ノ三河」と記される。宿越後は「字寺かど」にある一反、本役一〇〇文下ウヘノ（下植野）へイ分（斗代二石二斗）と、「字田楽田」にあり宗三寄進分の一所（斗代六斗）を所持している。「宿久ノ　参河」の次の項目には、「同所　越後」と記されているから、宿氏ではなく、宿の越後・宿の三河であることは明らかである(48)。

また、宿三河が賀茂社領赤目荘内の田一段を所持していたことは、『執政所抄』の御賀茂詣事に摂関家が人夫役一七〇人余を出した事実を想起させる。人夫役は「山城荘々散所・野口牧」に掛けられたものだった。同様に宿備中や宿三河が角田にあった田一段を所持していたことは、同地が現在の離宮八幡宮に近く、桂川に面した所にあった事実から、山崎散所との関連を思わせる。

なお、散所と宿については、最近では別個に論じられることが多いが、すでに述べたように、林屋辰三郎は交通の要衝にある散所という第二の類型を検討するなかで、散所と宿との相似性を述べている。散所と宿が共に交通運輸機能を有することは定説なので、関連させて論じていきたい。

(2) 宿と下植野率分所

宿は平安時代末期から各地の街道沿い、河海の港津、河原、峠のふもとなど交通の要衝にできた集落で、旅宿・運輸業者の設備、遊女の溜まりなどが中心となって形成されていた。宿の民家は一般に「宿在家」と称され、住民は宿地子・間別銭《けんべちせん》などの諸税を領主に納入し、宿に定住すること、ならびに交通・運輸上の宿の特性に由来するが、職業(生業)に関する特権を保障されていたとされる。宿在家の統轄には、おおむね長者(宿長者)と呼ばれる身分の者が当たっていたようで、その本体は各地の武士であったらしい。

その事情が詳細に分かるのは鎌倉時代の東海道で、源頼朝は一一八五年(文治元)一一月、駅路の法を定めたのをはじめ、一一九二年(建久三)一一月には東海道の駅家のことについて国ごとに奉行を定め、一一九四年(建久五)一一月には東海道諸駅の早馬が整備された。東海道の宿は、地域の政治・経済の拠点(古代の国府や駅家の所在地、商業の要所)、峠や大きな川を控えた交通の要衝や海上交通の拠点に成立した。宿の経営には武士が関わっていることが多かったが[49]、武士以外にも、なんらかの理由でこの長者の地位を得ていた者がおり、その中には宿の遊女の統率・管理を業とした遊女の長も含まれていた。宿にたむろする人々(宿者)は、武士・農民・遊女・馬借・車借・大工・細工・鍛治・鋳物師・傀儡子など種々さまざまであったが、ほかに非人と呼ばれた乞食浮浪の民も食と仕事を求めて宿に集まり、宿の周縁部に仮住いの地を得て、集団をなすことが少なかった。

とくに近畿以西の諸国では、平安末期以来、非人を構成員とする非人宿が、主として大寺社の差配のもとで編成・固定されるようになり、これが特別の賤視の対象となっていくにつれて、中世末から近世初期における被差別部落の形成につながった。この非人宿の場合、大寺社などから権限を委ねられた僧体の長吏・長吏法師が統轄の任に当たった。[50]近世において、被差別部落の一部の名称として宿・夙の語が広まり、その地域の住民を宿の者・夙の者と呼びならわしたのは、その地域が前代の非人宿の系譜を引くものと認識されたためと推察されるという。[51]一二四四年（寛元二）前後の奈良坂非人と清水坂非人の争いで著名な宿非人長吏とその配下の者たちは、姓名ではなく代わりに国名を名乗った。宿筑後・宿若狭・宿土佐・宿尾張などと呼ばれたし、自らもそう称した。

実は、石清水八幡宮の境内には散所法師が居住していた。森末義彰によれば、修正会の咒（呪）師の鬼役勤仕を命じられたものであったという。一三〇八年（延慶元）一二月一五日の検校法印御房（善法寺尚清）に宛てた右大将源具守御教書[52]がその史料で、「内殿長日御香幷正月十四日夜達魔以下」を元のように境内散所法師等に沙汰するよう命じたものである。この散所法師は、第一節の散所の学説史で述べたように、石清水八幡宮の法会の諸役を勤めた散所法師である。丹生谷哲一は、醍醐寺についても、すでに一二世紀頃には、その西惣門辺に居住して修正会に千秋万歳を演じた散所法師の存在が知られること、また、追儺の鬼走りの時にツブテが打たれたが、この鬼役を演じた人々についても、本来、賤民的な散所法師の勤仕であったろうという能勢朝次の指摘があることと、を述べている。[53]

石清水八幡宮の組織と機構について詳述した伊藤清郎によれば、組織は(A)祠官（検校・別当等）、(B)神官（神主・俗別当・禰宜等）、(C)三綱（上座・寺主・都維那等）から成る。機構は(a)所司・諸職、(b)諸奉行から成り、(a)には①政所、②公文所、③達所、④供所、⑤馬所などがあり、①から政所下文・政所外題、②から公文所下文・公文所廻文が発給される。(b)諸奉行には、①公家幷弥勒寺正宮、②諸院宮幷僧家、③諸家幷越訴、④武家幷諸荘園、⑤諸座神人幷甲乙人、⑥山上幷諸坊領、⑦検断、⑧巫女・山・市、⑨堺内・山城・楠葉検断、⑩南田

井・図師、⑪酒、⑫安居取次、⑬力者・炭薪、⑭田楽、⑮小綱、⑯染殿・紺掻・あくわら・宿所、⑰革染、⑱菓子・湯、⑲銅細工・中間・人夫・童子・刀禰、⑳絵所・朱砂・仏師、㉑掃部所・檜物・御簾・贄殿・土器、㉒作所・鍛冶・壁・檜皮・厩・中屋・桟敷、㉓柿渋・橘皮・木柴・塗師・蒔絵・筆生・念珠引、㉔油、㉕大番・御門兵士、㉖神人奉行などがいる。

このうち、八幡宮内の治安・警察の任に当たるのは、神人奉行の一つ執行勾当に統率されている巡検・下部・非人であり、八幡宮領で紛争が起きると巡検使以下が八幡使として現地に下向する。八幡宮の巡検勾当は〈公家検非違使〉に準ずるものとして〈宮検非違使〉とも呼ばれ、赤衣を着けて神境の警護に当たり、修正会の追儺儀礼や咒師猿楽を統轄する後戸官人（後戸判官）として修正会以下の仏神事に従う存在であった。

具体例としては、一二二六年（嘉禄二）九月三〇日の石清水八幡宮の率塔婆会神事で相撲や舞が奉納され、見物人が群参していた際、巡検勾当（宮検非違使）の平盛親と石王丸という垂髪の芸能者が争い、石王丸が平盛親を殺害するという事件が起きた[54]。巡検勾当の同僚たちがこの事件について訴訟したところ、翌一二二七年（嘉禄三）六月二八日に石王丸が所属する興福寺は、濫訴の帳本巡検司等を搦め出すべしとして石清水八幡宮寺衙に牒状を送った。同年七月、八幡宮は興福寺衙に宛てて八幡宮寺牒状で返答した（『鎌』三六二五・三六四二号）。相論は興福寺と石清水八幡宮との争いに発展したが、同年八月一四日の石清水八幡宮別当幸清に宛てた後堀河天皇綸旨が示すように、石王丸の代わりに使庁に出頭した師匠（執行少別当権少僧都）光真を流罪に処し、奉行官人（中原）章宗の官を解くことで決着した[55]（『鎌』三六四八号）。この石王丸は、一二八一年（弘安四）七月頃、「法勝寺猿楽摂津国河尻寺住人春若丸」が数十人の悪党と組んで殺害した、法成寺猿楽者の大和国住人石王丸と同一人物ではないかという（『鎌』一四三九七・一四三九八号）。修正会ではなく率塔婆会神事で起きた事件で、石王丸は興福寺に所属する芸能者（猿楽法師）であったが、その実態は賤民的な非人法師とみていいのではないかと考える。彼らが「御堂後戸猿楽長者弥石丸」に率いられていたことも注目される。

また、石清水八幡宮の執行勾当―巡検―下部―非人は、検非違使庁における別当―検非違使―看督長・下部―非人の組織とまったく同じとみてよく、同様な存在であったと考えられるという。(b)㉖の奉行に統率された八幡宮神人は、紛争が起きて強訴に及んだ時などには請文を提出しており、自らの意思を明確にできる集団として存在していた(56)という点に、非人との相違が明らかであると私は考える。

一三五〇年（観応元）四月二六日、光明寺領内の字ヒウチ畠一反大（一反二四〇歩）が一二貫六〇〇文で、僧尭盛と舎弟尭性から宿伊賀に売り渡された（僧尭盛畠地売券、京都大学所蔵宝積寺文書）。所当は五斗の庄例定めとある。光明寺は現在の長岡京市粟生にある西山浄土宗総本山で、一一九八年（建久九）法然の弟子蓮生（熊谷次郎直実）の開創である。法然から念仏三昧院の号を賜り、蓮生は法然を開山とし、第二世となった。たびたびの火災のため、光明寺文書は戦国時代以降の約二〇〇点を残すのみだが、西岡光明寺とも西山光明寺とも記す。さらに、一三六三年（貞治二）六月一日、覚賢（下野殿）が光明寺領内の田地一反（宿後）を宝積寺八講田に寄進した。この八講田の年貢注文と思われるものが、貞治年間（一三六二～六八年）八月六日にあり、合計一石五斗の年貢は越後・豊前・近江の分担になっている（覚賢田地寄進状案・下野殿寄進田地年貢注文、京都大学所蔵宝積寺文書）。光明寺領の畠地が宿伊賀に売り渡されたこと、さらに宝積寺八講田に寄進された光明寺領の田地が「宿後」にあったことは、三浦家文書にみえる宿との関連から重要である。

一五二二年（大永二）の山城国小塩荘帳によると、九条道家（一一九三～一二五二年）が自身の終焉の地として京都東山毘沙門谷（京都市東山区）に建立した光明峯寺に寺領として施入した小塩荘は、現在の大山崎町から京都市西京区・伏見区、向日市・長岡京市にわたる地域に散在していた。そのうち、神足村・青龍寺と調子村・下植野村・久貝村・円明寺・山崎との間に、「しゅく村」「北しゅく」がある。宿村の作人は兵衛三郎・よ四郎・

三郎二郎で、田地は四段である。北宿も四段であるが、作人は「中あん」だけである。また、宿村の兵衛三郎が耕作する一段は山崎せいしん方へ渡ると注記があり、よ四郎が耕作する一段の定米三斗二升一合も、山崎（井上）式部方に渡ると注記される。井上式部は大山崎惣中の構成者であり、いわゆる殿原（門閥的町民）層である。宿村の作人らは山崎との関係が深いことが分かる。「政所賦銘引付」一四八一年（文明一三）三月五日に、中西・井上治部入道・津田大炊助と寺庵の実相坊（実相庵）・澄心庵宅蔵主は、水無瀬家雑掌に荘年貢を抵当に高利で金を貸して問題とされた(57)。一五二二年（大永二）の小塩荘帳の場合も、山崎せいしん方や井上式部方に渡るとされた土地や定米は、借銭の結果だと考えられる。

この宿村・北宿については、現在の大山崎町字下植野にあった率分所との関連で考えるのが妥当だと思う。率分所は率分関ともいい、内蔵寮などの中央官衙が、地方国衙から上納されてくる通常経費の不足分を補う目的で設置した関所である。関所として置かれた率分所の早い例では、徳治年間（一三〇六～〇八年）に京都の東三ケ口に設けられた内蔵寮率分所がある。内蔵寮・内膳司・御厨子所・内侍所・主殿寮・御服所・左衛門府・右衛門府などの寮司に分属したが、その収益の大半は内蔵寮領は山科家、御厨子所領は万里小路家、主殿寮領は壬生家、左右衛門府領は東坊城家・菊亭家、というように長官の手に入り、一部が官衙の経営費に充てられたと推測される。また、京都七口で徴収される紙公事や絹布等駄別役も一種の率分関であったために、その所在地は京都七口率分所と呼ばれた。

ここで問題となる下植野村は、小泉川・小畑川・桂川に三方を囲まれた平地にあり、円明寺村の東に位置した。京都への水陸の流通路にあたるところから下植野には率分所が置かれた。『教言卿記』の一四〇五年（応永一二）七月一九日条に、「下上野率分所」は山門領との事書を山門雑掌大林坊が申し入れに来た事実がみえる。内蔵頭山科教言は、公方様（義満）御物が近日無沙汰のところ、このように申し入れてきたが故実なしと記し、幕府・内蔵寮と山門（延暦寺）との間で、率分所支配をめぐる係争があったことが分かる。一四〇六年（応永一三）三月一一日条には、山城四宮川原率分所沙汰人職のことについて、園城寺と内蔵寮との係争事件がみえ、幕府奉行人仲沢入道（法名行靖、中沢氏綱）を奉行として、三井寺（園城寺）が支配するとの事書が山科家に届いているから、同様の事態が起こっていた。京都市山科区にあった四宮川原率分所は、内蔵寮領で山科家が管領し、園城寺が沙汰人職を知行するという重層的支配関係にあった。一四〇七年（応永一四）六月二九日条には、教言が「樟葉・下植野率分所」について、幕府奉行人美濃入道（法名常廉、飯尾貞之）を通じて裏松殿（権大納言日野重光）に訴えようとしたが、披露に時間がかかり、日野重光邸によく出入りしていた倉部（子息山科教興）も働きかけをおこなっている。日野重光は義満正室日野康子の弟で、武家伝奏・南都伝奏として公家や寺社の訴訟を朝廷や幕府に取り次いでいた。七月五日には、河内楠葉率分所についてのみ裁許され、足利義満の御教書が出された。一四〇八年（応永一五）一〇月二〇日にも、下植野率分所の事について、目安に管領銘を加えている。管領は斯波義重（義教）で、奉行は同じ飯尾貞之である。同年一一月一一日、楠葉率分所について河内守護代遊佐入道長護から内蔵寮雑掌に打ち渡すべしとの下知状が出された。その後も、山科家に河内楠葉率分所からの進上物や年貢は届いているが、下植野率分所からの収入は記されていない。下植野率分所は山科家の管領を離れたものと推測される。

その理由は明確ではないが、山門（延暦寺）の主張を考慮すると、下植野率分所が包括される小塩荘が、一二〇三年（建仁三）の実全座主以前に延暦寺領であったという故実が考えられる。慈円の辞退により実全が座主になったのは一二〇二年（建仁二）七月で、一二〇三年八月に、以仁王（高倉宮、一一五一〜八〇年）の子真性僧正が座主になっている。実全は徳大寺公能（実能の子）の子で、西塔院家・妙法院門跡であった[58]（『鎌』一三一〇・一四〇六・四四二八号）。承久の乱後、後高倉院（後鳥羽上皇の兄守貞親王、一一七九〜一二二三年）の院政の時、小塩荘は摂津野間荘（兵庫県伊丹市）と交換され、摂津野間荘が妙法院門跡領（延暦寺領）となった（妙法院文書、『大日』六―八―三三五～三四一）。実全が後高倉院の加持祈禱をおこなう験者であったためで、以後、野間荘は門弟相伝の所領になったという。これには、鎌倉幕府が後高倉院の皇子茂仁《ゆたひと》を後堀河天皇として擁立したという背景がある。この故実は、後高倉院の皇子で、一二二七年（安貞元）から一二二九年（寛喜元）に天台座主を勤め、一二三二年（貞永元）に再任された尊性座主が、実全を師とする妙法院門跡であった事実から確認できる。光明峯寺領小塩荘は、一二五〇年（建長二）一一月の九条道家惣処分状が初見である（『鎌』七二五〇号）。

さらに山崎の宿を考える際に、一二四四年（寛元二）三月、奈良の奈良坂非人と京都の清水坂非人の争論に登場する〈山崎の吉野法師〉が、問題になる。清水寺先長吏法師は、その苛法の政を糾弾する長吏の下座八人に清水坂を追い出され、命からがら河尻の小浜宿（摂津国川辺郡小浜）に逃げ籠もった。この下座八人のなかに山崎の吉野法師がいた。先長吏に味方する法師らが多数で上洛しようとし、山崎の吉野法師と淀津の相模の辻で戦っている。山崎宿とは史料にみえないが[59]、清水寺長吏は清水寺の寺僧であるから、吉野法師も、清水寺の寺僧として長吏の下座に属しながら、山崎および淀津で活動していたと考えられる。淀津の相模の辻は、一一三四年（長承三）四月の淀相模窪領在家所課注文案・一一三五年（保延元）五月一〇日の淀相模領在家幷雑事注文にみえる三条家領相模窪御領に近接した「辻」だと考えられる（『平』二三〇〇・二三二二号）[60]。相模窪は三条家の淀別荘に付属する所領であった。おそらく、吉野法師が拠点にした山崎宿は、淀に近い下植野に位置したと考えられる。山崎宿と清水坂非人との結びつきは、鎌倉時代に遡ることが断定できるのである。

（3）石清水八幡宮と神人役

さらに石清水八幡宮との関係から、この問題を考えてみたい。

大山崎神人等が八幡宮に奉仕した神事は、四月三日の日使神事（日使頭祭）だけではない。一四〇七年（応永一四）八月一日の宮寺政所下文によると、放生会御綱引神人役を大山崎二四人が勤めている[61]。この年に御綱引神人を命じられたのは、草内（京田辺市）一〇人・大住（京田辺市）一〇人・淀荘（京都市伏見区淀付近）一六人・大山崎二四人・今福（大阪市）一二人の合計七二人だった。大山崎神人は八幡宮の主要な神事である放生会の御綱引神人役を、最多の人数で奉仕したのである。同じく御馬副神人役は河原崎神人六人で、御鉾持神人八人も河原崎神人が勤めた。河原崎とは乙訓郡大山崎町付近にあった石清水八幡宮の河原崎荘の地である[62]。一四〇六年（応永一三）の放生会にも「御鉾持神人八人」「威儀御馬副神人六人」の役を奉仕している。

『京都府の地名』は「しゅく村」について、下植野小字宮脇内に地名として宿院があり、一六八四年（貞享元）成立の『雍州府史』によると、八幡宮宿院で元は河東にあったが[63]、年々洪水に遭ったため、村を河西（山崎東北）に移したもので、今に至り放生会の供奉を勤め、神輿遊行に従うとしている。一七一一年（正徳元）成立の『山州名跡志』も位置を「円明寺東南十町計」として同様に説いているところから、宿村の地をここに比定すべきであろうという。以上からみて、三浦家文書にみえる「宿みかわ」や「宿備中おとと七郎・宿備中」と「宿越後」、また、京都大学所蔵宝積寺文書にみえる「宿伊賀」については、宿氏ではなく、石清水八幡宮宿院に由来する「宿村」ないし「北宿」を指すと考える。下植野に率分所（率分関）が置かれていた事実からみて、当地の「宿」は単なる地名にとどまらず、交通運輸に携わる人々の集住地であった。山門との関わりもあり、宿三河・宿備中・宿越後や宿伊賀は、宿法師（長吏法師）を指すものと考える。宿法師と下植野の関係については、三浦家文書の一五七一年（元亀二）一〇月一八日の清源庵田地目録に宿三河・宿越後が作人としてみえるが、宿法師が耕作する一反が「字ハスサキ」と記され、大山崎町下植野の字州崎（小畑川に沿って桂川に至る細長い地域）であることからも実証できる。(64)

宿の支配をめぐる対立や係争は、戦国時代に入った頃から激化する。

一四六一年（寛正二）五月一二日、前述した下毛野氏の調子武春は、山崎口の紙駄別課役銭代官職に任命された（調子家文書）。紙駄別課役を課した山崎口とは、下植野の率分関かもしれないと熱田公は指摘している。確かに、京都七口で徴収される紙公事や絹布等駄別役も一種の率分関であることから、京都七口率分所といわれた。調子氏は近衛家に奉仕を続ける一方で、足利将軍家（室町殿）の御家人として臣従していた。『看聞御記』一四三八年（永享一〇）八月一四日条に、上卿として放生会に参行した将軍足利義教の一行の随身として、下毛野氏（武春・武豊・武親・武冬）と秦氏（兼枝・兼任・久枝・久倫）が従ったのがみえる。(65)近衛の府生で八代将軍足利義政の随身も勤めた調子武春は、嘉禎（一二三五～三八年）の頃、近衛家領摂津草刈散所や淀右方散所、近江穴太荘（散所）を管理した下毛野武茂の子孫にあたる。なかでも、淀右方散所は桂川（淀川）沿いの大下津（京都市伏見区淀大下津町）近辺に位置した。大下津は北は水垂村、東・南は桂川（淀川）、西は下植野村に接していた。調子武春が山崎口の紙駄別銭課役代官職に任命された理由は、鎌倉時代からの下毛野（調子）氏の実績にあると考える。

なお、調子（中弥六）武冬は、一四三五年（永享七）一二月、山崎澄心庵春首座に、調子字ハサマの田一反を一〇貫文で売却している。本役は毎年一〇〇文で万雑公事はなく、一〇年を過ぎたら本銭返しで請け返せるという条件であった。一四三七年（永享九）一二月には、調子武春が澄心庵正音渇食の料足一一貫文を預かり、「たなふち田」一反を預けている（調子家文書）。この時の請人は円明寺西の明照と下植野の林で、前述した林氏が下植野を本拠にしていたことと、山崎澄心庵が寺庵としての金融活動を活発におこなっていたことが分かる。

一四六七年（文正二）三月六日の大山崎神人中宛山城国守護代名倉泰家奉書[66]（『離』）によると、大山崎神人等が、下植野の兵士の関役徴収という違乱を訴えている。応仁の乱の開戦直前で、細川方か山名方の兵士が下植野の関を占拠したものであろうと考えられる[67]。山城守護は一四六四年（寛正五）から山名是豊[68]であった。山名持豊（宗全）の次男で備後[69]・安芸守護を兼ねた是豊は、この時将軍足利義政と管領細川勝元に与し、父とは対立する立場にあった[70]。

一五二五年（大永五）一〇月の八幡宮寺政所下文は、一一月一四日遷宮鏡澄神人役七人を山崎に勤仕するよう命じた（石清水菊大路家文書）。この時、遷宮宿神人役を西岡五〇人が命じられたことが注目される[71]。私は、遷宮宿神人役を西岡五〇人が奉仕したというのは、下植野にあった宿が遷宮宿神人役を奉仕したことだと考える。

そもそも、石清水八幡宮と西岡との関係は、どのようなものだったのか。具体的に考えられるのは、淀魚市を媒介にしたつながりである。一三八二年（永徳二）八月一二日の石清水八幡宮寺長吏御教書は、大山崎神人等に対して塩商売新市についての請文・告文《こうもん》を出すように命じた（『離』）。これは、塩商売新市を願い出た大山崎神人等に対して、請文・告文を捧げるよう命じたもので、塩・塩合物を扱う淀魚市は、新市に反対して八幡宮社殿に閉籠している。八幡宮神人等は、米・塩・塩合物・蠟・漆・材木・紙など多様な商売に従事しており、戦国期には「神職商売」と主張していた[72]。

石清水八幡宮の沙汰を示した史料ではないが、一三八三年（永徳三）三月九日の室町幕府奉行人連署請文は、山崎塩商売新市について他所の商売を停止すると述べている。同年三月一二日、管領斯波義将は、山崎新市について請文を捧げた上は、違反すれば罪科の沙汰があるとし、河上の新関を破却した。新市に反対して八幡宮社殿に閉籠した淀魚市神人等に対しては、社頭を退散し神事に従うよう命じている[73]。

その後の経過は明確ではないが、のちの大山崎には塩商売に従事する商人がいた。一五二〇年（永正一七）三月に始まる万記録には、一五六一年（永禄四）の「御修理頭人数」として、買屋与一・大名屋弥衛門・塩屋孫左衛門・塩屋弥七兵衛・塩屋与左衛門の五名が修理費用を負担している（『離』）。塩屋は卸売市場としての淀魚市の配給系統にあったと考える。年未詳で後欠の「就商売之事申条」（八坂神社文書）とこれに続く「北風文書」[74]は、「就商売之事、淀魚市与西岡宿人等子細一端申上候、当坂者事　山門西塔院転法輪堂寄人、祇園御社犬神人」と述べ、淀魚市側と西岡宿人等の間に対立があったことを示している。それによると、譜代百姓西岡宿は、年来塩商売をしてきたが、近年初めて淀魚市の御方様が公事を徴収すると命じた、というのである[75]。網野善彦はこの史料について、一六世紀初頭、諸国を自由に往反《おうへん》して塩を売る権利を与えられていると主張、淀の魚市で公事を徴収された不当を訴えた清水坂者《きよみずのさかのもの》が塩の売買に携わったのは塩のキヨメの機能と関係があることはいうまでもないと述べた[76]。これらの事実から分かるように、西岡宿は塩売買に携わり、山門（延暦寺）および祇園社・清水寺の管轄下にあった、と私は考える。

淀魚市は鎌倉時代には成立していた。一一八八年（文治四）九月一五日、天王寺へ向かう後白河上皇一行は、鳥羽の南楼辺ならびに草津辺の河水が浅く船が着けられないため、「魚市」で乗船している（『玉葉』巻五四）[77]。この草津について、『京都府の地名』は、古代には桂川に草津という港があったが、現在、横大路村域内に草津の地名が残るとする。『京都魚市場の沿革』[78]も、横大路は鳥羽の南端横大路村（京都市伏見区横大路）の北端にあたり、草津の港と称したと記している。

一二一六年（建保四）八月二八日の大風洪水で京中官衙や比叡山延暦寺の堂舎が多く顚倒する被害を被ったが、後鳥羽上皇の離宮水無瀬殿（大阪府三島郡島本町広瀬付近）の殿舎が顚倒流失したため、後鳥羽上皇の院司を勤めていた権大納言久我通光によって、翌年には島本町百山付近に新御所が造営された。『明月記』一二一七年（建保五）二月二四日に、伝聞として、「河陽上下公私土木之営、所分給地、面々経営、被移魚市、上下故有商売之宮」とみえる。桂川・宇治川・木津川の三川合流地帯を中心とする淀川河畔における災害復興の状況が読み取れる。当時の河陽（淀川の北側、山崎をも呼ぶ）では土木建設が一種のブームになっており、魚市が一定の商業的繁栄を示していたこと、さらに魚市の地を移したことが分かる。

承久の乱後、新しく後院別当に就任した西園寺公経は、鳥羽殿の管理を家司橘知宣に命じるとともに、後院領は、地頭請の荘園も地頭が年貢を別当に進上する荘園も、年貢を停止して鳥羽堤を造営するように、幕府側の担当奉行と考えられる二階堂行村に下知したという[79]。

遅くとも西園寺実氏（一一九四～一二六九年）の時までに、鳥羽殿とそれに付属する機関・所領一三ケ荘等は、西園寺家が知行するようになっていた[80]。一二三二年（貞永元）七月、中村地頭代某が六波羅に淀魚市荘下司豊田為盛との対決を申し入れた時、六波羅から「本所西園寺家」に申し入れをおこなっている（『鎌』一七〇八九号）。一三九一年（明徳二）六月の淀魚市問丸陳状が示すように、淀魚市も西園寺家が知行していた。しかし、一三九六年（応永三）六月二七日の室町幕府奉行人奉書によれば、西園寺家とその庶流京極（西園寺実俊の子の権大納言公兼）家が、山城国鳥羽一三ケ荘魚市同下司職美豆乃牧木嶋宇多荘等について、三分の二と三分の一を共同所有していた。さらに、一四三一年（永享三）三月、西園寺実永（実俊の孫、従一位右大臣）が将軍足利義教の怒りに触れ、家領三分の一を没収され、一四三一年一〇月に亡くなった。京極家の西園寺実光（改名して実種）も一四四八年（文安五）一〇月に死去した。この際、京極家は得分権（家領三分の一）を失ったものと思われる。遅くとも文明年間（一四六九～八七年）には、三分の一の得分権は、三条西家のものとなっていた[81]。

塩公事については、『実隆公記』一四九九年（明応八）三月一六日条に、東坊城和長（大蔵卿・権大納言、正二位）の被官滝口山守二郎左衛門尉某が西岡寺戸の塩公事代官を希望し、実隆はこれを補任したことがみえる。一五〇七年（永正四）九月九日条に、淀魚市座の公用銭加増に関して、三条西実隆と交渉する「河原崎石見守」

がみえる。この河原崎石見守は淀郷の殿原衆（地下侍衆）で、京・大山崎・八幡などで多角的な同族経営をおこなっていた石清水神人の河原崎一族であった[82]。一五一〇年（永正七）四月四日・八日・二一日条には、魚市代官を希望する者が淀魚市において公事を徴収することなく、西岡において執沙汰せんとすること、魚市代官（河原崎氏）の子が上洛して実隆に西岡新公事に反対の意を表明していること、が分かる。

年未詳で後欠の「就商売之事申条」（八坂神社文書）および「北風文書」にみえる淀魚市側と西岡宿人との対立とは、この問題を指す。清水坂者は山門西塔院転法輪堂（釈迦堂）寄人で祇園感神院に属して犬神人と呼ばれ、犬神人は山門による京都支配の末端に位置づけられていた。西岡宿は山門領といわれる（内蔵寮領[83]）下植野率分所と深く関わると考える。さらに、前述した譜代百姓西岡宿は年来塩商売をしてきたが、近年初めて淀魚市の御方様が公事を徴収すると命じたとみえる西岡宿は、当地の宿村か北宿を指すと考える。

一五一一年（永正八）二月、細川高国は西岡寺戸（向日市）の竹田又六に、恩賞として大山崎から京都までの塩合物の運搬馬一〇匹を与え、山崎口（西国路）・竹田口（奈良道）・木幡口（奈良道）・大江山口（山陰道）関の管理等を命じた[84]。竹田又六は五〇人衆を動員できる武士であった（『東寺百号文書』り―一一〇）。しかし、一五一一年一〇月に徳政一揆が蜂起し、一〇月三〇日には山崎通路を塞いでいるから、高国の命令がどこまで実行されたのかは不明である（『実隆公記』）。

細川高国は一五二五年（大永五）一一月からふたたび管領になったが、一五二六年（大永六）に近習波多野元清の弟で柳本賢治の兄にあたる香西元盛を誅殺したため、元清と賢治は敵対する四国の細川晴元方に寝返り、一五二七年（大永七）正月に乙訓郡に入り、二月三日に寺戸城（向日市寺戸町古城）で合戦がおこなわれた。この時、高国に味方したのは利倉千代石で、兄清三郎の戦死により高国の感状をもらっている（尊経閣文庫所蔵文書）。二月五日に山崎に入った賢治は四国勢と合流し、二月一三日の桂川合戦で勝利し、高国勢は近江に追いやられた。竹田又六は山崎の実相庵に在陣していた柳本賢治方に属したと思われる（『東寺百合文書』り―一七〇、一五二八年〈享禄元〉閏九月一日の竹田又六宛柳本賢治折紙[85]）。

一五二七年（大永七）二月八日には、分一徳政令により、寺戸の衛門三郎男が買得した塩立場を幕府が確認している。これは、寺戸新次郎男に対する塩駄賃一三貫六〇〇文の債権の代わりに、塩立場の嵯峨・高田・生田《おいた》・池裏・畑・高雄・栂尾七カ所（京都市右京区）を衛門三郎に売却したが、徳政に事寄せて新次郎が棄破しようとしたので、衛門三郎男は幕府に一〇分の一の分一銭を納め、七カ所の塩立場（営業権）を獲得したものである（「賦引付」「頭人御加判引付[86]」）。西岡寺戸が塩流通の重要拠点であったことが分かる。大山崎の塩屋ら塩商人も、下植野の宿等を介して、寺戸の塩商人等と結びついていたものと考える。淀魚市は、一五四四年（天文一三）の石清水安居頭差符に「淀魚市御綱引神人八木彦左衛門」とあるように、衰退しつつも存続していた。

山崎には摂関家散所のほかにも諸家散所に奉仕する人々が居住していたと思われるが、これ以上の詳しい事実は明らかにできない。乙訓郡については、後述するように、散所についての具体例を知ることができる。

（4）　淀川流域の八幡神人と散所民、馬借

ここで注意しておきたいのは、八幡宮大山崎神人の第一の重役とされた四月三日の日使神事が、大山崎だけの神事ではなかった点である。一二四四年（寛元二）に別当法印耀清が注進した石清水八幡宮護国寺幷極楽寺恒例仏神事物次第（石清水文書）の四月三日条によると、「所々村細男《せいのお》」が舞曲を奉仕している[87]。この「所々村」とは、大山崎側の史料である年未詳の当宮四月三日御□職掌之次第頭人交名（井尻家文書）によると、関戸院・芹売・瓦屋・木津・橋本・水落・淀・今山崎であった。

芹売は不明であるが、一四五二年（宝徳四）四月一〇日の惟貞田地去渡状の端裏書に「せりう田」、すなわち、

芹売（生）田がみえる（『三』四三）。所在地は芹川という京都市伏見区を流れる小川付近だと思われる。この芹川は竹田に発し、下鳥羽、横大路を南流する。また、その川に沿った下鳥羽の地名でもある。水落は水垂村（水足村）で、現在の京都市伏見区淀水垂町のことであろう。すでに述べた下植野（大山崎町字下植野）の東に位置している。瓦屋も不明であるが、一四三三年（永享五）八月一五日の放生会御幸の際、訴訟のため舞殿に押し寄せた「河原村駕輿丁神人」に関係があるかもしれない(88)。

山城国綴喜郡河原村は、淀の中島地区にあった河原郷で、近世の淀城建設の際に撤去された河原町があったという。また、山城国葛野郡にあった河原荘とすれば、京都市西京区徳大寺町付近にあった。平安末期、左大臣藤原実能（鳥羽天皇皇后璋子の兄）が京都衣笠に建立した徳大寺の所領に起源を持つが、一四五五年（康正元）の注文には妙法院（山門三門跡の一、新日吉門跡）領とある。一四九五年（明応四）の桂川用水差図などにみえ、西岡諸郷の一つとして用水の共同組織に加わっていた。

今山崎は今山崎荘（山崎荘）で、現在の京都市南区上鳥羽付近にあった西園寺家領である。一二七四年（文永一一）七月一二日に、西園寺実兼は田地五反を普門寺領にするよう今山崎荘官等に命じている。鳥羽殿の四至内にある鳥羽今山崎には八幡宮に奉仕する其駒《そのこま》神人の屋敷があった（『鎌』一一六八九・四五一二号）。其駒神人は石清水八幡宮の駒形神人（馬喰《ばくろう》）の座に属していた。

以上のうち大山崎にあった関戸院のほかは、桂川・宇治川・木津川の流域を含む淀を中心とした地域にあたり、八幡宮から命じられた職掌の頭人が出ていたのである。

中世後期の下人については、下人身分から解放される具体例が指摘されている。三浦圭一が実証したように、一四四三年（嘉吉三）六月二八日、興福寺大乗院門跡の直轄領である奈良鵲郷に居住していたと思われる鵲又四郎は、家父長である上田行春とその妻から連署の放状が与えられて、自身の身代金一〇貫文を支払うことによって自分で自分を買得し、下人身分（被官・所従などとも記される）からの解放を得た。下人鵲又四郎は、奈良についてたえず塩問屋と接触しながら塩流通の一翼を担っていたと推定している。

また、中世後期の散所民や宿者について、三浦圭一は隷属性や卑賤視から解放された可能性を指摘した。山崎について、上下保に居住していた散所が中世後期にはすべて他に転出したと考えることは、正当を得たものではなく、山崎町の発展のなかで散所身分としての地位を脱したものと考えるべきであろう、と述べたものである。三浦説の場合、摂関家政所に属した山崎散所の管理者を含むと思われる長者衆（中下級官人層）と、散所民（散所者）とが区別されていないところに問題が残されている。三浦が述べたのは、摂関家散所の痕跡であり、散所民が散所身分を脱したものとする実証ではなかった。

したがって、三浦圭一が具体例として実証したのは、奈良の下人鵲又四郎の例のみである。一般的に、下人身分からの解放があったかどうかについて、私は一二五七年（正嘉元）一〇月一〇日の山崎長者等山寄進状に記された「長者所従等」が解放されたかどうか、というのが問題なのだと考える（『鎌』八一五七号）(89)。一方で、三浦は、民衆史における差別構造、すなわち、惣村といった共同体の形成とそれからの排除が未解放部落成立の決定的意味だとしている。大山崎のような惣町共同体が形成された都市で、被差別民として支配されてきた民衆は、どのような変遷をたどったのだろうか。

もともと摂関家山崎散所、あるいは山門領（内蔵寮領）下植野率分所と関係し、石清水八幡宮に奉仕する下植野の宿に属したことは実証できないが、次にみる馬借三一人は、大山崎惣中に公認された運送業者であった。近世の山崎は西国街道の宿場であり、円明寺村境より東大寺村境までの一九町三〇間ならびに南北一五町を宿内町とした。この離宮八幡宮領山城国乙訓郡山崎宿は、字五位川町にある本陣・脇本陣それぞれ一軒で、旅籠屋は八軒（うち一軒は池田屋）(90)、宿内人別一〇四二人、総家数二六一軒と記される（山崎通宿村大概帳、『離』）。

一六〇六年（慶長一一）、摂津・河内・和泉の国奉行だった片桐且元は、馬継に関する覚書を出し、京都・伏見から西国街道を通る際、馬継ぎをして荷を積み替える場所に大山崎と広瀬を定めている。徳川政権からも、領域からの収入を前提に、宿駅人馬の継立が惣中に無償で義務づけられた。一六一七年（元和三）、三右衛門以下馬借三一名の「馬借中」が大山崎惣中に略押を連ねて提出した連判状には、公儀（幕府）が定めた駄賃を撰銭せず守り、夜中・雨風に関わらず、同一駄賃で務めることを誓っている。彼らは離宮八幡宮の東側の馬借所（問屋場）で運搬業務に当たっていた[91]。

一六九七年（元禄一〇）一一月、山崎宿の助郷高が、西岡の村々に割り付けられた。「山崎助馬万人用割付帳」（井ノ内村、石田政房家文書）によると、乙訓郡では、井ノ内・馬場・神足・古市・調子・開田・友岡・粟生・長法寺・下海印寺・金ケ原・勝竜寺・奥海印寺・浄土谷村の一四カ村だった。葛野郡は一一カ村であったが、乙訓郡四二九石五斗、葛野郡三〇石の「かわた村分」が引かれている。一五九四年（文禄三）九月、摂津高浜村に検地がおこなわれた際に、「かわた」を肩書にする耕作者三人の耕地七筆がみえる[92]。大阪府三島郡島本町に位置した「高浜の渡」は、古来「楠葉の渡し」としても知られ、河内国に渡る交通の要衝であった。山城国でも乙訓郡と葛野郡の村々に、皮革業等に従事する被差別民の集落である「かわた村」があったことが分かる。一八六八年（慶応四）になっても乙訓郡に助郷役が掛けられたため、同年三月、山崎宿駅助郷人足の免除を願い出ている[93]。

中世後期の乙訓郡には、久我荘東西散所や鶏冠井《かいで》村内散所が存在していた。久我荘東西散所の実態を明らかにした山本尚友によれば、一三九六年（応永三）および一三九九年（応永六）の久我家領の検注帳に、散所の所持地が記載され、合計二町八反に及ぶ[94]。のちの史料によって、久我荘内に東西二つの散所があったことが分かるが、慶長期（一五九六～一六一五年）以降は史料を欠いている。

山本尚友は鶏冠井村内散所の実態も明らかにしている。平安末期に徳大寺家の別業として鶏冠井殿が営まれて以降、鶏冠井荘（京都府向日市）は徳大寺家の荘園となり、一部は三鈷寺（善峰寺往生院、京都市西京区大原野石作町）に寄進されていた。また、九条道家が設定した小塩荘の荘田も当地にあり、一五二二年（大永二）の小塩荘帳写には「かいて村」として九筆一町余が記載される。年未詳だが、久我荘法久寺一色百姓方田数・年貢帳の中に鶏冠井の住人が名請けしている田があり、その一つが「サン所　二郎五郎」のものであった（『久我家文書』第一巻）。二郎五郎は鶏冠井荘内にあった散所の住人であった、と山本尚友は述べている。一七四三年（寛保三）頃の山城国乙訓郡鶏冠井村記録（京都大学大学院文学研究科図書館所蔵）には散所が「産所」としてみえ、村高一〇〇三石のうち、三〇〇石は「院内」分の高として村高からは省かれている。「院内」は、近世期に散所の後身の集落を指す呼称である。理由は「依ふ浄穢多並ニ御省被成候」と記され、不浄だから穢多並みに省くというのである。この散所は鶏冠井村に対して「随ひ証文」を提出するとともに、向日町と同様に六年に一度寺請状を村に差し出すことになっていた。この散所（産所）は江戸末期の史料にも記され、一八七一年（明治四）には、散所の弥左衛門が二畝歩の屋敷地（南には坊城家領、北には園家領があった）を鶏冠井村内の正親町家領に所持していた。

寺請状に関連して検討するならば、江戸時代の乙訓郡には「金福寺下」の「昇揚村　金蔵寺」や、「西岡開田北村　惣道場　金蓮寺」、また、「金福寺下・教徳寺下」に「赤井村　惣道場　宝善寺」が、公儀には表立てない形で存在していた（『本願寺末寺帳――穢寺下帳』のうちの「五畿内　穢寺下帳[95]」）。開田村は長岡京市のほぼ中央に位置し、一三四四年（康永三）の寂照院仁王像胎内文書が初見である[96]。一八七五年（明治八）に着手された『京都府地誌』によれば、人数七一四で牛一五頭、船一艘、荷車一二両を有し、寛永年中（一六二四～四四年）僧玄作開基の金連寺《こんれん》（現浄土真宗本願寺派）を記載する。一八六〇年（安政七）三月、非人の埋葬を、開田村の役人中に家族が願い出た非人埋葬願が残っている（開田区有文書）。その非人は摂州能勢郡森上《もりがみ》村（大阪府能勢町）生まれの五兵衛という者で、不幸せのために親子四人連れで住所を立ち退き、非人になって露命をつないでいたが、病気になり、村方の世話介抱も及ばず亡くなったため、墓地を拝借したいというのである。家族は妻と二人の娘で、いずれも爪印を押している。開田村の北側に、被差別民が身を寄せる地域として開田北村が存在したのである。

一七八九年（寛政元）七月、長法寺村（長岡京市長法寺）番人の非人庄助は、村の墓場に妻の埋葬が許可されたことを村方役人中に感謝している（非人庄助口上書、佐藤久夫家文書）。数年非人無宿であった庄助の場合は、猪《しし》番幷日傭いなど、また秋作稲番に村方より召し抱えられたものであった。

赤井村については、一五〇七年（永正四）一一月に作成された九条家領の小塩荘年貢納帳に、たびたび「あかい」や「あかいのかわら」「かわらあかい」が作人の肩に付記された地名としてみえる。一五二二年（大永二）の小塩荘帳写にも、古河村・落合村と樋爪村・水足（垂）村との間に、「あかゐ村」と「同かわら」があった。小林保夫は、一二八八年（正応元）六月一〇日に伏見天皇が殺生禁断を命じた地域の南限「赤江」は「赤日、赤井」とも呼ばれ、平安京の外周部南端にあたり、久我から山崎に至る久我畷の途中にある桂川の渡河点である、と述べた(97)。私も、桂川と久我畷に挟まれ淀と古川の間の河原に位置したと考える。一二九九年（永仁七）正月、後宇多天皇が石清水八幡宮に行幸した際、赤江・大渡の組船（の船差し）等が奉仕したことがみえる。さらに、和泉国御家人和田助家が、一三三三年（元弘三）四月八日の山城国赤井河原における六波羅攻めに長男助康を参戦させたという和田文書があり、『太平記』にも当地の合戦がみえる。

この赤井村について、高橋昌明は現在の京都市伏見区横大路の辺りとする。現在の伏見区淀の辺りは、当時は乙訓郡・紀伊郡・久世郡の三郡にまたがり、大きな巨椋池の西端にあたり、桂川・宇治川・木津川が淀川に合流する複雑な地形であった。桂川の流路が大きく変わっているため、赤井村の位置を確定することは難しい。前述したように、古代には桂川に草津という港があったが、横大路村域内に現在、草津の地名が残るという。『京都魚市場の沿革』も、横大路は鳥羽の南端横大路村（京都市伏見区横大路）の北端にあたり、草津の港と称したと記す[98]。

赤井村が、現在の京都市伏見区横大路の辺りとすれば、紀伊郡であり、山本尚友が明らかにしているように、そこには「横大路村内散所」があった。南東には宇治川、北西には桂川に挟まれる位置にある横大路村の名は、すぐ北の鳥羽に営まれた鳥羽離宮の横大路から来たものと伝えられるが、瀬戸内海水運の北端に位置し、ここで陸揚げされた荷を京に運ぶ陸運の担い手として発展してきた村であった。集落が確認されるのは、『看聞御記』一四四三年（嘉吉三）五月六日条で、鳥羽でおこなわれた印地打ちで横大路の者が殺されたために、横大路から鳥羽へ押し寄せ、近隣を巻き込んだ騒動になったという記述である。

近世の村高は一七二九年（享保一四）段階で二一八〇石余、そのうち東福寺領がほぼ半分を占めた。近世初期の東福寺文書には「サン所」の記載が散見する。山本尚友は、大日本古文書『東福寺文書』の別添地図「横大路村絵図東福寺領」にみえる「サンセウ口」の近辺に散所の屋敷地があったと推定するが、近世の散所の動向については不明のようである。桂川に面していたため、淀船の津となり、またそれに伴う運送業を生業とする者が多かったという事情は、近世でも変わらず、下鳥羽横大路の魚問屋業者・運送店「荷附《にづき》」が成立した[99]。

おわりに

以上に述べた内容を、箇条書きにまとめて結論としたい。

①鎌倉時代に摂津国山崎にあった摂関家政所に付属した散所は、山城国内の岩上保と摂津国内の蔵内保に痕跡

を留める。秦氏を名乗る井尻氏は井尻保を根拠地とし、石清水八幡宮社家雑掌として宿院極楽寺領播磨国松原荘の預所であるとともに、室町時代には赤松庶流春日部流の給主・給人として、摂津国鳥養牧や井河荘・豊国荘・五箇荘内野口村の給地を宛行われていた。関戸氏と関戸保、藤井氏と藤井保、中村氏と中村保、溝口氏と溝口保などの例にうかがえるように、鎌倉時代の長者衆は大山崎内の保を根拠地にして山崎津を管轄していた。

②大山崎の長者衆には、摂関家の山崎散所の長者に系譜を引く中下級官人・荘官である有力者が含まれていた。摂関家の草刈散所や淀右方散所・左方散所等を管理し、山城国調子荘を本拠とする下毛野氏（調子氏）が摂津国内山崎散所の沙汰権を持ったとする高橋昌明の説については、井尻氏が本姓とする秦氏が下毛野氏を圧倒する存在であったこと、大山崎内に下毛野氏の関係史料がないこと、都市大山崎では八人の長者衆が地域を統轄するという水平的構成であること、から考えて認められない。

③三浦家文書の公刊によって、大山崎岩上保を本拠とする松田氏に山城国小塩荘内の田地を売却した宿備中や宿三河が、大山崎と関係深いことが分かった。この宿三河と宿備中、また宿越後や宿伊賀は、田村正孝が述べたような乙訓郡下植野を本拠とする国人宿氏ではなく、宿長吏法師（宿法師）と考えるべきである。小塩荘内に「宿」「北宿」がみえ、円明寺村の東には下植野率分所・関が置かれた。「宿村」は、下植野小字宮脇内に地名として宿院があることから、当地に比定するのが正しい。また、塩商売に関してみえる「西岡宿」も当地の宿を指すと考える。

④近世の山崎は西国街道の宿場であり、円明寺村境より東大寺村境までを宿内町とした。一六〇六年（慶長一一）、京都・伏見から西国街道を通る際、馬継ぎをして荷を積み替える場所に大山崎と広瀬が定められた。徳川政権からも、領域からの収入を前提に、宿駅人馬の継立が惣中に無償で義務づけられた。一六一七年

（元和三）、馬借三二名が大山崎惣中に連判状を提出している。公儀が定めた駄賃を撰銭せず守り、夜中・雨風に関わらず、同一駄賃で務めることを誓ったもので、神領としての大山崎惣中社家層に馬借中は支配されていた。太閤検地の際、摂津高浜村に、「かわた」三人が耕地を所持し、山崎宿駅の助郷役を掛けられた西岡の村々には、「かわた村」があった。

⑤中世後期の乙訓郡には久我荘東西散所や鶏冠井荘内散所・清目、赤井村の後身としての横大路散所が存在していた。近世の鶏冠井村散所は院内として、穢多並みに不浄とされていた。また、江戸時代の長法寺村や開田村には、非人の一家が身を寄せていた。散所は近世社会に至り、被差別身分としての様相を露わにみせていった。

（1）日本思想大系八『古代政治社会思想』所収、岩波書店、一九七九年。

（2）「散所考」を訂補、『中世の社寺と芸術』「第四篇　散所」とした（畝傍書房、一九四一年）。

（3）「山椒大夫の原像」（『文学』第二二巻二号、一九五四年）、「散所――その発生と展開」（『史林』第三七巻六号、一九五四年）、のちにいずれも『古代国家の解体』（東京大学出版会、一九五五年）所収。

（4）網野善彦の史料紹介「非人に関する一史料」に詳しい（『年報　中世史研究』創刊号、一九七六年）。また、渡邊廣「非人の宿について」（『未解放部落の史的研究』吉川弘文館、一九六三年）。

（5）荘名の初見は一〇九〇年（寛治四）である。東大寺は当地の漁民から在家地子を徴収し、神崎川河口一帯の港湾を管掌する検非違使庁も庁役を賦課したため、住民は関白藤原教通の時に摂関家散所として身を寄せ、次いで女小野皇太后宮藤原歓子が伝領した。長洲散所は三八人から成っていたが、藤原歓子の死後、その小野御所が仏寺になり常寿院を号したため、長洲御厨（長洲荘）は常寿院領となった。一〇八四年（応徳元）鴨御祖社の社司鴨県主惟季は日次御贄の鮮魚を求めて社領の田地とこの散所を交換し、鴨御祖社領長洲御厨が成立した。彼らは鴨社の供祭人となり、官役・国役を免除され、漁業・交易・交通に従事し、のちには浜在家数百家（千軒）が鴨社供祭人と称した。彼らは浜を開発し農業も営んだため、東大寺と鴨社との争論が続いたが、鴨社と長洲住民の関係は変わることがなかった。

(6) 楠木正成については、本書第二部「第二章　悪党楠木正成のネットワーク」を参照。

(7) 「散所のことなど」(註(4)『未解放部落の史的研究』所収)。

(8) 『中世都市共同体の研究』(思文閣出版、二〇〇〇年)第二章。

(9) 丹生谷哲一『日本中世の身分と社会』塙書房、一九九三年。以下の引用はこの著書による。

(10) 思文閣出版、二〇〇四年。

(11) 豊田武「中世賤民の存在形態」「散所と河原者」(豊田武著作集第七巻『中世の政治と社会』吉川弘文館、一九八三年)。

(12) 三浦圭一『日本中世賤民史の研究』部落問題研究所出版部、一九九〇年。山崎散所については、とくに「第二部　中世後期の社会と賤民」「第一章　中世後期の散所について」が中心である。

(13) 一五三〇年(享禄三)正月二一日の嶋抜兼元屋敷売券(疋田家文書)。

(14) 右史生から左衛門府生・志へと昇進した検非違使上村主重基であることを、中原俊章が述べている(『中世公家と地下官人』(吉川弘文館、一九八七年)五〇頁)。重基は摂関家の下家司であった。中原が引用しているように、検非違使左衛門府生上村主重基については、丹生谷哲一が「山城国紀伊郡石原荘の形成をめぐって」で、紀伊郡司を兼ねていたことなどを明らかにした(註(9)前掲書、初出一九七五年)。

(15) 西岡虎之助「荘園における倉庫の経営と港湾の発達との関係」(『荘園史の研究』上巻、岩波書店、一九五三年)。

(16) 藤原良任は、一〇三〇・三一年(長元三・四)頃の上野国交替実録帳に新任の「上野国司介従五位上藤原良任」としてみえる(九条家本延喜式裏文書、『平』四六〇九号)。

(17) 京都大学博物館図録七『荘園を読む・歩く――畿内・近国の荘園――』(思文閣出版、一九九六年)に全文の写真が掲載され、一四五四年(享徳三)の写であると分かる。

(18) 日本歴史地名大系二六『京都府の地名』平凡社、一九八一年。京極殿跡については、『宇治市史　五』(一九七九年)四三三頁や、『宇治市埋蔵文化財発掘調査概報』第一二集(宇治市教育委員会、一九八八年)の「京極殿跡発掘調査概要」参照。摂政・関白頼通と贈受二位藤原祇子の子の藤原師実の号は、京極殿また後宇治殿。一〇七五年(承保二)叔父の関白教通が没し、関白となる。一〇八六年(応徳三)堀河天皇が践祚して摂政、八八年(寛治二)太政大臣、九四年（寛保元）関白となるが、同年長子師通（一〇六二～九九年、後二条殿）が関白を引き継いだ。

(19) 丹生谷哲一『検非違使――中世のけがれと権力――』（平凡社、一九八六年）一三四頁の系図を参照。

(20) 『中世の社寺と芸術』畝傍書房、一九四一年。以下の森末義彰の引用は同書による。

(21) 中原俊章は「中世随身の存在形態――随身下毛野氏を中心として――」（『ヒストリア』六七号、一九七五年、のち『中世公家と地下官人』吉川弘文館、一九八七年、所収）。熱田公は『京都府の地名』平凡社、一九八一年。高橋昌明は『長岡京市史』本文編一、一九九七年。いずれも以下の引用は、これらによる。

(22) 歴史学研究会・日本史研究会編『講座日本歴史四　中世二』東京大学出版会、一九八五年。

(23) 『島本町史　史料篇』、一九七六年。

(24) 『増補続史料大成四五　八坂神社記録三』臨川書店、一九七八年。

(25) 大山崎町町制三〇周年記念『自治の町、大山崎』（大山崎町歴史資料館、一九九七年）に、詳細な保の復元図や寺院配置図がある。

(26) 「式内自玉手祭来酒解神社旧祭礼行列正式」（河原崎貞輝筆、一八九五年）にみえる大政所の下の「上ノ座」「下ノ座」は、上下保に対応し、それぞれから毎年頭役負担者（祭礼費用負担者）が差定された可能性がある。惣中という地縁的自治組織が成立していたから、「上宿老」「下宿老」に対応するものとも考えられる。

(27) 石清水八幡宮長吏御教書は、公文所下文が検校あるいは別当の袖判、少別当・権寺主等の連署が付き、「依長吏仰、下知如件」「依政所仰、下知如件」で止められる形式を持つことを考慮すれば、連署を欠き「依長吏仰、執達如件」という御教書形式であることから、社務＝検校法印御房駿河小路孝清の御教書である。

(28) 朝実としては、一三四三年（康永二）一〇月一六日に百大夫社棚守職を尼御前に譲った朝実がいる。尼御前一期の後は朝実が知行相伝するとある。なお百大夫社預は一三七八年（永和四）に法心が請け、一四一六年（応永二三）に預を請けた法橋乗禅は、百大夫殿の御社は朝乗法橋の重代相伝の社で清水の娘御前に譲るとしているため、朝実は祇園社および清水寺の関係者として間違いないと思われる（一二二八号「朝実譲状」・八〇七号「百大夫社預法心請状」・八〇八号「百大夫社預法橋乗禅譲状」〈『増補　八坂神社文書　上巻』臨川書店、一九九四年〉）。

(29) 『石清水八幡宮社家文書』（八木書店、二〇〇九年）五～一〇号参照。

(30) 小西瑞恵『中世都市共同体の研究』(思文閣出版、二〇〇〇年) 四七〜五一頁参照。赤松春日部家については、渡辺大門「赤松春日部家の基礎的研究」が発表され、実証的研究が進んでいるので参照されたい(『戦国期赤松氏の研究』岩田書院、二〇一〇年、初出は一九九九年)。

(31) 行円は比叡山横川に本拠を置いた聖で、円仁が創建した延暦寺北塔(横川)との関係が深かった。行願寺は一〇一〇年(寛弘七)に、去年一〇月の「例普賢講炊料」として衛門府から三石を下行され、同年一〇月にも今月の普賢講炊料三石を衛門府から下行されている(『平』二―四五五・四五八号)。一〇六六年(治暦二)八月一三日の御祈願所年中相節帳によると、行願寺安居料五石・油一斗が支出されている(東寺所蔵永承三年高野御参詣記裏文書、『平』三―一〇一〇号)。

(32) 一三一一年(延慶四)、後伏見上皇の女御広義門院寧子(西園寺公衡女)のお産の際、御誦経の諸寺諸社のなかに、藤原氏の祈願寺であった法成寺と行願寺がみえる(『公衡公記』第三巻)。

(33) また、一〇九一年(寛治五)の摂津国左近衛将曹中臣近友請文によると、中臣近友が東大寺領摂津国島上郡水成瀬村の田二町五反三四〇歩を請負っている。近友は左近衛府将曹(主典)という左近衛府の中級官人で摂関家随身、白河院随身だった(『平』四―一二九一号、五―二二五六・二二五七号)。

(34) 穀倉院領敷地は、「穀倉院別当渡領山崎油公用」として永禄年間まで存続したことが分かる。一五六二年(永禄五)三月二日の室町幕府奉行人連署奉書案は、治部藤通と松田盛秀の連署で松田対馬守(盛秀)宛になっており、岩上保の松田氏との関係が推測できる(史料纂集古文書編『京都御所東山御文庫所蔵地下文書』八木書店、二〇〇九年)。松田対馬守盛秀は、一五二二年(大永二)の小塩荘帳写に「松田つしまあつかい」としてたびたび名がみえる(九条家文書)。

(35) 一三三三年(元弘三)五月、開田林太郎兵衛尉実広が南朝方に出した軍忠状があるが、一三三六年(建武三)八月には、林太郎兵衛真弘(実広)が足利尊氏の被官仁木頼勝に上申した軍忠状があり、一三三八年(建武五)六月には、林真弘が山崎の警護に当たったことを、丹波守護仁木頼章に上申した軍忠状がある。岩上保にある穀倉院屋敷地の売買に際してみえる林国弘・林国友は、現在の長岡京市内に拠点を持つ開田林氏と同族であろう。一三三六年(建武三)以降は、室町幕府・北朝方の国人として活躍した一族である。一四四五年(文安二)一一月五日の林刑部新開地譲状(『三』)によると、林形部は「水無瀬荘内きしのした」(大阪府島本町大字東大寺岸の下)にある新開田を子の大郎三郎に譲っているが、一四六六年（文正元）七月にも、大山崎町にあった相応寺領内畠のうち「新嶋畠」一反余を知行している（居士某畠地譲状、井尻家文書）。

(36)「油問」は三条高辻問屋のことと考える。一四九二年（延徳四）四月の日使頭役勤仕記録（蜷川家古文書）参照。

(37)一三三〇年（元徳二）八月二四日の阿久利女屋敷手継文書紛失状（疋田家文書）。

(38)中原註(21)『中世公家と地下官人』二三一頁参照。内蔵経則は一一一二年（天永三）一二月一八日に検非違使に補任された。これ以前は外記か官の史生を勤め、円宗寺寄検非違使でもあった。

(39)豊臣氏大老連署知行宛行状案（註(23)前掲書所収『毛利家文書』三）。

(40)畿内在地領主については、小西瑞恵「水走氏再論――畿内型武士団の特質と構造――」（阿部猛編『日本社会における王権と封建』東京堂出版、一九九七年。のちに小西瑞恵『中世都市共同の研究』思文閣出版、二〇〇〇年、所収）、小西瑞恵「河内・和泉地域における南北朝内乱――楠木氏・和田氏を中心に――」（『大阪樟蔭女子大学論集』二〇・二一号、一九八三・一九八四年）参照。

(41)下毛野氏の場合、鎌倉時代後半になると、武秋が管理していた「惣《すべ》ての散所領」が天王寺執行の幸順なる人物によって押領され、連年の訴訟が展開される。幸順は四天王寺執行職を勤めた幕府御家人、遠藤渡辺氏の一族らしいこと、遠藤系図にみえる「光順」かもしれないこと、を高橋昌明は推論している。

(42)西願寺は辻保にあった天台宗寺院。一二二八年（安貞二）に妙香院門跡良快（一二二九～一二三二年天台座主）が兄九条良平に譲り、成恩寺と改められたが、良平は洛中九条坊門万里小路に移転させた。この成恩寺は、一二七九年（弘安二）に一条実経が新しく創建した東福寺末の寺院である。

(43)森茂暁『増補改訂　南北朝期公武関係史の研究』（思文閣出版、二〇〇八年）五五〇頁の新補注3（本文三三五頁一覧表参照。一三四〇年（暦応三）六月の比丘尼観明文書紛失状・一三四一年（暦応四）四月二五日の比丘尼如空文書紛失状・同年一二月一一日の不断光院如光文書紛失状（断簡）。

(44)前章参照。

(45)研究代表者村田路人、二〇〇七年三月。

(46)『日本荘園データ一（畿内・東海道・東山道）』（国立歴史民俗博物館「博物館史料調査報告書」六、一九九五年）参照。

(47)「中世都市大山崎の展開」(『三浦家文書の調査と研究』大阪大学大学院日本史研究室・枚方市教育委員会、二〇〇七年)。

(48)「宿久　しゅく」は現在の大阪府茨木市内にある地名で、古くは「すく」とも称した。摂津国島下郡四郷のうちの宿久郷で、中世では宿久村、あるいは「宿久荘」として勝尾寺文書(『箕面市史史料編1・2』一九六八年)に頻出する。ここでは、「宿　しゅく」と同じ表記として扱う。

(49)新城常三『鎌倉時代の交通』(吉川弘文館、一九六七年)、『静岡県史　通史編二　中世』「第一編第三章第一節　幕府の成立と宿の盛衰」(一九九七年)参照。

(50)長吏については、盛田嘉徳「長吏法師考」(新装版『中世賤民と雑芸能の研究』雄山閣出版、一九九四年)があり、①役務を持つ者の長(寺社の統轄者)、②追捕の役を持つ者の頭、③非人の集落の頭、の三つの意味を解説している。上述の例は②③の「追捕、護送、監視などの労役を負わされていた非人たちの頭」という意味で、近世頭初の頃まではほぼ一般的に通じていたという。

(51)渡邊廣『未解放部落の史的研究』(吉川弘文館、一九六三年)や『世界大百科事典』第二版の横井清「宿」の解説参照。

(52)石清水文書(『鎌』一三四七九号)。源(堀河)具守は基具男で、一二八〇年(弘安三)一二月一五日の満月(師走の月)に三二歳の春宮権大夫源具守が冷泉富小路殿に伺候したことを、春宮(熙仁親王、のちの伏見天皇)に奉仕する近臣女房の一人藤原経子が記す。西園寺実兼は三六歳で春宮大夫であった(「中務内侍日記　上」、新日本古典文学大系五一『中世日記紀行集』岩波書店、一九九〇年)。

(53)丹生谷註(19)前掲書、二〇八頁および註(20)参照。能勢朝次『能楽源流考』岩波書店、一九三八年。

(54)丹生谷註(19)前掲書、二一八〜二三三頁参照。

(55)「奉行官人」は、一二〇八年(承元二)四月三日付明法勘文の「奉行官人明基朝臣」や、一三一五年(正和四)五月二六日付高倉章敦施行状の「奉行官人高倉大夫判官章(敦)」の例では、検非違使中原明基や中原章敦を指す(『鎌』一七二七・二五五二一号)。ここでも中原章宗としたいが、章宗は一二四四年(寛元二)から一二四七年(宝治元)まで左衛門尉の検非違使を勤め、一二四八年（宝治二）には左衛門少尉正六位上・防鴨河判官であるため、章宗罷免の史実は不明である（『検非違使補任』）。

(56) 伊藤清郎『中世日本の国家と寺社』（高志書院、二〇〇〇年）「第Ⅱ部第一章　石清水八幡宮」。初出は「中世前期における石清水八幡宮の権力と機構」（『文化』第四〇巻一・二号、一九七六年）。

(57) 水無瀬家雑掌は、一四七九年（文明一一）に、山崎実相坊から一三貫文、山崎近聴軒から五貫文の借主として、一四八一年（文明一三）一二月二五日に五分の一の分一徳政を申請している（桑山浩然校訂『室町幕府引付史料集成』上・下巻、近藤出版社、一九八〇・一九八六年）。

(58) 一四四一年（嘉吉元）一一月に、室町幕府は御厨子所率分所を復活させた。その時、今堅田率分所の代官は杉生坊であったが、一四六八年（応仁二）頃は延暦寺西塔院である。奥野高広『皇室御経済史の研究』正篇（国書刊行会、一九八二年）三九四頁参照。

(59) 小山靖憲による「賤民論」に図1「畿内と周辺地域の非人の宿」があり、山崎宿も明記されている。註(22)参照。

(60) 戸田芳実『初期中世社会史の研究』（東京大学出版会、一九九一年）二〇二頁。

(61) 『石清水八幡宮史』史料第二輯、五一二～五一九頁。「当宮縁事抄」は六七二頁。

(62) 一〇七二年（延久四）九月の太政官牒によると、乙訓郡にある川原埼地畠八町と在家（元は空閑地二町）は、在家公事を淀津で勤めていたが、神威と号して国務に従わなくなった。八幡宮によれば、川原埼地の淀住人「與等（淀）益宗男左衛門志真文」は、除病延命のために八幡宮に土地を施入し地子を神用に充てている。また、住人は、「四衛府供御所狩取宮寺神人諸家散所雑色」を称するが、法印定清以来、分付帳になく、寄人の子細を知らないという。この時は、公験がないため荘号の停止を命じられたが、一一五八年（保元三）一二月の官宣旨では、河原崎荘として石清水八幡宮并宿院極楽寺の荘園に含まれている。

(63) 現在の京都府八幡市男山東北麓、一の鳥居内頓宮の北に極楽寺跡があり、八八三年（元慶七）本宮初代別当安宗が寺田等を施入して建立した別当寺が極楽寺であるという。石清水文書に極楽寺は「宿院極楽寺」とも散見するのは、のちに放生会の際、極楽寺に隣接して、あるいは境内に三所大御神が神幸する頓宮御所が設けられ、「宿院」と称されるようになったためであるという。

(64) 京都大学文学部博物館の古文書第八輯『大山崎宝積寺文書』（仁木宏編、思文閣出版、一九九一年）一九頁に、字須崎の位置を明示した「大山崎とその周辺」の地図がある。

(65) 一三一一年（延慶四）の『広義門院御産愚記』に摂政鷹司冬平（一二七五～一三二七年）が下毛野武豊を召進めている。この家系は代々「武豊」を名乗ったものか。

(66) 一四六五年（寛正六）の山城守護代名倉泰家書下（折紙、古典籍下見展観大入札会出陳文書。「長福寺文書・補遺」〈『遙かなる中世』一三、一九九四年〉）と、一四六六年の山城守護代名倉泰家遵行状案三通が、『東寺百合文書』カ―一四一・一四四、ヤ―一一九にある。

(67) 日本歴史地名大系二六『京都府の地名』平凡社、一九八一年。なお、相田二郎『中世の関所』（有峰書店、一九七二年）一四四頁参照。

(68) 一四五六年（康正二）とされる山名是豊書状は、一四五二年（宝徳四）の山名持豊書下に倣って、洛西梅津の長福寺領備後国府中上山・金丸名（広島県府中市）等の内裏反銭の催促停止を命じている。山名氏は山名時熙以来、長福寺の檀那だった（石井進編『長福寺文書の研究』〈山川出版社、一九九二年〉所収の八九四・九〇五号文書）。

(69) 山名是豊は山名教豊の後を受け継いで備後守護になったが、応仁の乱で東軍に属したため、国元での攻防で一四七五年（文明七）に是豊は撤退し、翌年、備後は教豊の子政豊の支配下に入った。

(70) 水野恭一郎「応仁文明期における守護領国」（『武家時代の政治と文化』、創元社、一九七五年）。

(71) 『石清水八幡宮史』史料第三輯、六四四・六四八頁。

(72) 鍛代敏雄『戦国期の石清水と本願寺――都市と交通の視座――』法藏館、二〇〇八年。

(73) 永徳三年三月九日の室町幕府奉行人連署請文写（『石清水八幡宮社家文書』史料纂集古文書編、八木書店、二〇〇九年）。

(74) 部落問題研究所編『部落史史料選集』第一巻、一九八八年。

(75) 『増補　八坂神社文書』上巻（臨川書店、一九九四年）所収の一二五三号文書。

(76) 序章「中世の「非人」」（谷川健一・大和岩雄編『民衆史の遺産　第五巻　賤民』大和書房、二〇一四年）。

(77) 高橋貞一『訓読玉葉』第七巻、高科書店、一九九〇年。

(78) 奈島藤助編・発行『京都魚市場の沿革』(一九二六年)。
(79) 大村拓生『中世京都首都論』(吉川弘文館、二〇〇六年)「第二部第一章　鳥羽と鳥羽殿」参照。
(80) 網野善彦「中世前期の瀬戸内海交通」(海と列島文化九『瀬戸内の海人文化』小学館、一九九一年)。
(81) 小野晃嗣「卸売市場としての淀魚市の発達」(『日本中世商業史の研究』法政大学出版局、一九八九年。初出は『歴史地理』第六五巻第五・六号、一九三五年五・六月)。乾奈保子「室町後期公家経済の一考察」(『年報　中世史研究』第五号、一九八〇年)。末柄豊「西園寺家文書について」(『遙かなる中世』一九、二〇〇一年)。小野博司「室町後期における三条西家領の伝領と支配」(『法政史学』第三五号、一九八三年)。
(82) 鍛代敏雄『戦国期の石清水と本願寺――都市と交通の視座――』(法藏館、二〇〇八年)七〇～七一頁参照。
(83) 一三三三年(元弘三)五月二四日に内蔵寮官貞有が記した内蔵寮領等目録には、「東口四宮川原率分」や「長坂口率分」がみえるが、山崎近辺の率分所はみえない(宮内庁書陵部所蔵文書)。
(84) 竹田氏は幕府の山城西岡御家人である。一三三六年(建武三)七月、西岡寺戸郷内竹田掃部左衛門入道成忍一族が、足利尊氏に味方して領家職当名田畠半分の地頭職を宛行われ、御家人として忠節を励むよう感状を与えられた。一三五〇年(観応元)一二月にも、寺戸郷地頭職を尊氏から安堵されている(『東寺百合文書』さ―四〇、『大日』六―三―六〇〇)。一四八七年(長享元)閏一一月三日には、乙訓惣国の代表者六人のうちの一人として竹田掃部左衛門尉仲重がみえる(『東寺百合文書』を―三二二の山城国西岡国衆神足友春等連署書状)。
(85) 細川高国の近習から細川晴元方に寝返った柳本賢治については、馬部隆弘「「堺公方」期の京都支配と柳本賢治」という詳細な研究が発表された(『ヒストリア』第二四七号、二〇一四年)。
(86) いずれも『室町幕府引付史料集成』下巻(『向日市史』史料編、一九八八年)参照。
(87) 『石清水八幡宮史』史料第二輯、二一七頁。
(88) 「永享五年引付」(『石清水八幡宮社家文書』一一一三頁)。註(29)参照。また、「河原町」については註(72)前掲書、八六頁参照。
(89) 河内国水走氏についていえば、鎌倉時代末の藤原康時の下人等一三人、南北朝時代の藤原忠夏の所従等一六人と各々子孫等が解放されたかどうか、という問題である。

(90)　一七四五年（延享二）七月の悪党取締付御請書（『離』）は、火付けなどの悪党取締まりの対処について大山崎の宿屋二八名が確認したものである。五位川保一六名・溝口保一名・岩上保二名・舟橋保二名・辻之保三名・関戸保二名・倉之内保二名が印を押している。

(91)　同年三月二九日の大山崎馬借中連判状（『離』）、大山崎町歴史資料館の第七回企画展の図録『西国街道と大山崎』（編集・執筆福島克彦、一九九九年）参照。

(92)　一五九四年（文禄三）九月の摂州芥河郡高浜村検地帳写（関西大学所蔵西田家文書、『島本町史　資料篇』一九七六年）。「かわた」を肩書きする与二郎・孫二郎・彦五郎が記載される。

(93)　御親征助郷人足免除願写（森本芳博家文書、『長岡京市史　資料編三』）。

(94)　世界人権問題研究センター編『散所・声聞師・舞々の研究』（思文閣出版、二〇〇四年）所収。

(95)　杉本昭典「史料紹介　穢寺帳」（仲尾俊博先生古稀記念『仏教と社会』永田文昌堂、一九九〇年）。

(96)　次の非人願も『長岡京市史　資料篇二』一九九二年、所収。

(97)　小林保夫「淀津の形成と展開――淀十一艘の成立をめぐって――」（『年報　中世史研究』第九号、中世史研究会、一九八四年）。

(98)　註(78)前掲書。

(99)　同前。

第三章　中世都市の保について

はじめに

保については、奈良時代に始まる律令制下の行政末端組織として近隣五戸で組織された五保が、最も古いものとして知られている。これとは別に、平安京における行政区画としての条坊制では、一戸が一門、八門が一行、四行が一町、四町が一保、四保が一坊となる定めだった。五保においても保長が決められたが、条坊制の一単位としての保でも、保ごとに保刀禰が置かれた。中世の保として一般的なのは、荘・郷・別名と並んで出現する所領単位としての保である。この保は、一一世紀中頃の国衙領の再編過程で、在京領主（都市領主）や在地領主によって開発・申請され、成立したものとされている。

ここで取り上げる保は、以上の三種類の保のいずれとも異なるタイプのもので、戦前に、清水三男によって神社の保と位置づけられたものである(1)。すなわち、京都では祇園社領内の葱町保・瓜町保・芹町保などの保、あるいは北野社の西京七保、宇治にみられる一番から十番までの数字を付された保、大山崎上下十一保などである。これらの保は、京都やその近郊に発達した都市で成立しているから、私は神社の保であるとともに、中世都市の保として一般化できると考える。戦前の福田徳三・川上多助の先駆的な研究を受けて、佐藤進一・高柳光寿・五味文彦・網野善彦らによって、鎌倉の保についての研究が進展してきたからでもある(2)。鎌倉における保は、行政区画としての保で、神社の保ではないが、京都の保を前提として登場したことは、いうまでもない(3)。

畿内近国の保のなかで、とりわけ、石清水八幡宮大山崎神人の本拠地としての大山崎十一保は、近来その内実が実証的に明らかにされ、また大山崎住京新加神人等が大山崎の保単位に組織されている事実から、中世都市の保の解明について、豊富な資料を提供してくれる。大山崎十一保について、私は前に詳しく述べたことがあった(4)が、その際には保の町化、すなわち惣町共同体の形成を中心に論じ、このような保の成立過程や歴史的位置についての検討が充分ではなかった。いまここで取り上げたいのは、以前に将来の検討課題として残しておいた諸問題である。その間に、中世都市の保に関する仕事もいくつか発表されているので、従来の研究史はもちろん、最近の新しい研究成果も参照しながら、問題を考えていきたい。

一　学説史と問題点

平安時代以後に現れる諸種の保について考察をおこなった仕事としては、戦前の清水三男『日本中世村落の研究』の「第二章　保と村落」がある。なかでも「第二節　神社の保」において、清水三男は祇園社領の四条南北保・井戸田保や、八坂保・大政所保・荒町保・高畠保・瓜町保・葱町保・芹町保を例に、検断の保と、商人たる神人の結合体としての保について論じた。検断の保については、祇園社領四条南北保（葱町保を含むか）に近来検非違使俸禄として宛行うと記されているところから、京都にあって保の警察を司る者が、保内に自己の私領を確立し、その保護者として神社を仰ぎ、その保に寄せて、自らは神社の検非違使として保の上分年貢を宛行われたのではないかとしている。祇園社の警察事務に当たった者は、祇園社に仕えて神人と称したが、神人分として葱町保・瓜町保・芹町保を記すとともに、堀川の材木商人たる神人や小袖商神人・袴腰座神人を併記しているところから、これら保民が神人だったと述べている。

瓜町保（八条坊門東洞院）の所課は地子一石五斗・正月七草菜・四月在家別莚一枚・盆供・一二月薪七九把、芹町保（七条坊門室町）は丈別准布一段・悲銭丈別七文・七草菜・盆供・薪代丈別七文で、農産物を所課とし、屋地子を徴収されている。清水三男は、瓜町保の方が農村的性格を示すのに対して、芹町保は家の間口の丈数により課された准布や代銭であるから商業課税であり、芹町保の神人は農産物を商う商人だとしている。また芹町保は丈数一六丈というきわめて狭い地域であり、条坊制の保の一小部分を占めるにすぎないところから、葱町保・瓜町保・芹町保については、検断の保とは異質な商人たる神人の結合体としての保を、別に考えるべきだと論じている。神人の保のほかの例としては、松尾神社領西七条の六箇保神人と大山崎神人の上下保があげられ、神人の保とは異なる商工業の座と保との関係を示す一例として、宇治の保が提起されている。

清水三男の仕事は、畿内近国における中世都市の保についての問題点を最初に提起した、重要なものだと考えられる。なぜならば、政治都市として計画設定された平安京の商工業の発達という中世都市化のなかで、条坊制の保がどのように変貌していくかという問題を、祇園社領を具体例として検討し、検断の保と神人の保という類型化をおこなっているからである。しかし、これだけの分析では推測にとどまり、保の発達過程についても実証的に不充分である。また検断の保・神人の保とは異なる商工業の座と密接な関係を示すという宇治の保についても、その実態に関しては推論にとどまっている。

中世京都の保に関連して、一〇世紀から一三世紀の京都の都市的変貌を警察制度から論じた、黒田紘一郎の重要な仕事がある。(5) 黒田は律令国家の都城制に基づいた京都の地割すなわち行政単位である条・坊・保が、一四世紀初頭においても行政上の単位としてあり、区画表示の形式を有していたことを確認したうえで、保が制度上の原則として四町の構成を実態としていつ頃まで持っていたかは不明であると述べている。たとえば、一三四三年（康永二）三月の「祇園社領内犯科人跡不及使庁綺、社家致其沙汰勘例注文」（注進状案）にみえる大政所敷地は、

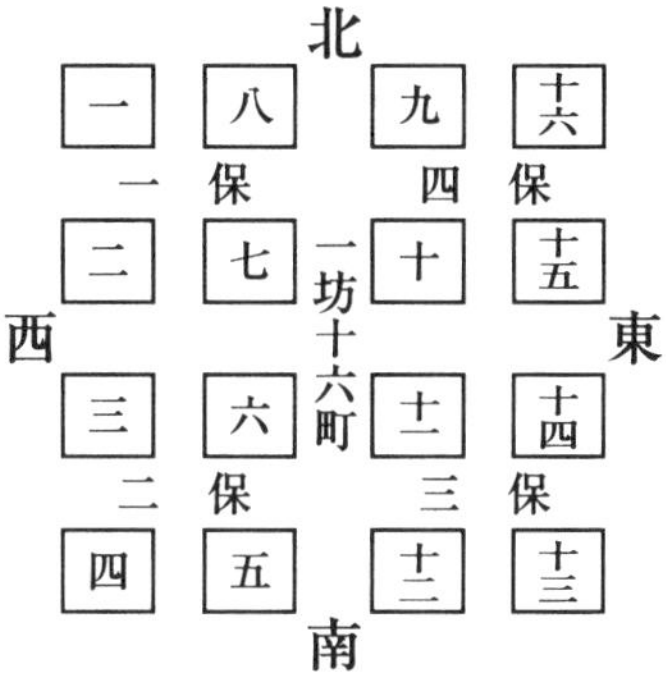

一二五〇年（建長二）の史料では大政所保とも表現され、一三三九年（暦応二）に大政所敷地内の地について紛失状が出された際、保務として証判が押されているところから、一四世紀前半でも大政所敷地が保と観念されていたことは事実であるという。しかし、この場合の保は四町の構成を持つものではないという。その事実を証明するために、黒田が例にあげているのが、一三八五年（至徳二）六月二日の足利義満寄進状で、この時、義満が寄進した五条坊門南東洞院一保敷地は、『八坂神社記録』の頭注によると「西一保」とあり、このことを参考にすると、義満の寄進した保は律令的古典的な四町の保ではなく一町のことであり、北五条坊門南高辻・西烏丸東東洞院の一町だったと予想され、行政上の単位としての保の実態は、一三八五年段階ではもちろん、一二五〇年（建長二）においても保＝四町の区画ではなくなっているという（図参照）。その事実は、「葱町保四条坊城」「瓜町保八条坊門東洞院」「芹町保七条坊門室町」という表示形式が明白に示しており、前述の一三四三年（康永二）の注進状案にみえる八坂保・高畠保・光堂保[6]も、同様であろうとしている。

次に黒田は京都の保刀禰について考察を進め、一〇世紀から一二世紀の警察制度の概要を、検非違使庁と京職に組織された保刀禰や市刀禰の実態から説き明かしている。また、一二世紀から一三世紀の警察制度については、使庁と京都守護・六波羅探題・在京武士の関係から検討しているが、一〇世紀から一二世紀の保刀禰は、一三世紀になると使庁直属の保官人（保検非違使）として出現すると結論している。使庁―保官人と在京武士の職掌の最大の相違点は、後者の犯罪者の追捕権に対して前者の住宅破却の検断権であるという。中世の京都が荘園制的土地所有によって分割されていたことは周知の事実であるが、京中の所領においても、本所検断は荘園領主権と

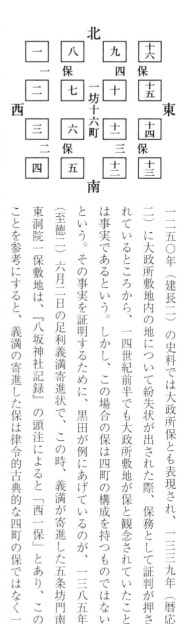

して存在していた。以上のような事実を前提として、黒田は一三四三年（康永二）の注進状案を例に、使庁検断と本所検断との関係を明らかにしている。すなわち、時代が下るにつれて、本所検断としての住宅破却は、侍所を背景にした使庁の直接的検封というように、本所検断権が破綻していくという。このことは使庁の侍所への解消過程を示すものであるが、このような本所検断を前提にすれば、原則的には使庁―保官人の検断権が本所領以外の「京中在地人」に適用されるものであることが確認できるというのが、結論であった。

一三四七年（貞和三）八月二九日の感神院別当得分注進状[7]によると、四条坊城の葱町保と四条南北保が感神院別当得分から離れて検非違使の俸禄に充てられている事実について、黒田は、祇園社感神院の本所検断権が破綻し、保官人としての検非違使によって本所検断権が補完されていたことを示すものであろうと明言している。この黒田紘一郎の仕事によって、京都の都市的変貌と行政区画としての保の発達過程、すなわち条坊制の保（四町）が鎌倉時代には中世的保（町）へ変化している事実と、清水三男が問題にした祇園社の検断の保の担い手が保官人（保検非違使）であることが提起されたため、保についての研究史は新しい段階を迎えた、と私は考える。しかし、依然として、清水説が提起した検断の保と神人の保との関係については問題整理がされなかったし、京都における条坊制の保から発展した町としての保が、ほかの中世都市の保にそのまま該当しないのはいうまでもない。

この黒田紘一郎の説に対して、五味文彦は「使庁の構成と幕府――一二～一四世紀の洛中支配――」[8]において批判を加えた。五味論文が提起した問題は多岐にわたるが、ここで必要な範囲で①②の問題を指摘する。①一〇世紀から一二世紀の保刀禰は一三世紀に使庁直属の保官人（保検非違使）として出現するとした黒田説は、保刀禰＝保官人とするもので誤りである。②黒田説が提起した保官人について、四条坊城の葱町保を俸禄としたのは、「寄検非違使」である。使庁の洛中内の寺社本所領対策には寄検非違使が当たったから、このような検非違使を

〈寺社寄検非違使〉と呼ぶことを提案する、としたのである。この批判に対して、最終的に黒田紘一郎は五味説を全面的に認め、その提言に賛意を表しているが、そこで研究を中断したため、自説の最終的な結論は出されなかった。(9)以上の①②の問題については、現在では五味説を正当として検非違使（庁）研究が進展している。

問題が残るのは、黒田紘一郎と五味文彦では分析視角が異なるため、黒田説が提起した京都の中世都市化の過程に対する検討が、五味説の場合、具体的でない点だと考える。確かに五味は、赤松俊秀や秋山国三の研究(10)を基に、町尻小路を中心に発達した三条町・四条町・七条町等の「町」が成立し、保刀禰が基盤とした地域組織と異なるため保刀禰が消えていくと述べている。また、「使庁は、保を単位に保検非違使を派遣して、各保の警察・行政を掌握していった」とも述べたが、保官人（保検非違使）が基盤とした保はどのような保であるかが明確ではなかった。一保＝四町の保は崩れ、「町」（赤松説が明らかにした町通＝現在の新町通）と交差する三条通・四条通・七条通に町座（常設店舗）が成立したが、使庁は条坊制の保を基盤にしていたと理解されるのである。保官人の管轄範囲については、佐藤進一の指摘により、いくつかの保をまとめた管轄地域に保官人が割り当てられたとする。東洋文庫所蔵の「制法」により、洛中は一二の管轄地域に分けられ、それに保官人が宛てられたのである。(11)五味は、その一二の管轄範囲＝保の範囲は横大路と横大路の間であったことが分かると述べている。(12)森茂暁も一三四一年（暦応四）一一月と推定される東洋文庫所蔵「制法」には、一条以南・土御門以南・近衛以南・中御門以南・大炊御門以南・二条以南はそれぞれ条ごとの計一二に区分された諸保に担当検非違使が配置され、保証証判もそれに対応していることを指摘している。(13)

本来、保官人とは、行幸の路作りに関わって一二世紀前半の一一一四年（永久二）二月八日に「保検非違使」としてみえるのが初見である（『中右記』）。(14)公家新制では寄宿人を掌握する任務を帯びて現れ、鎌倉期には検断権（警察権・刑事裁判権）を行使していたことも学説史が示すところである。その保官人が紛失状に署判する、すなわち住人の屋地所有にも関与するようになった契機については、諸説意見が分かれる。また、鎌倉期に検非違使の署判が全くみられない紛失状も存在する。

近年、一二世紀から一四世紀に至る京都とその周辺で作成された紛失状をまとめて、文書保証システムから中世京都における都市行政を検討した大村拓生は[15]、署判者として、京職官人・保刀禰・在地人（近隣住人）・使庁官人・保務をあげその人数を示した。その分析によると、鎌倉後期にそれ以前の在地証判のみから保司（保官人）証判、さらに実務に携わる検非違使全員が署判する諸官連署型紛失状もみられるようになり、一三一〇年代には諸官連署型紛失状が不可欠なものになるが、当該期は地口銭の成立期でもあり、それと対応したものだという。証判の範囲も京内だけでなく京外、さらに建武期には山城国外にまで保証機能を拡大させていった。また洛外有力寺社領は寄検非違使、洛外の田地は拒捍使とは明記されない証判で、地域ごとに区分されていった。その一方で在地証判は、近隣住人というより地主と呼ばれる有力者のみに限られるようになったが、戦乱と闕所により地主所有権の淘汰が進み、京内の敷地は朝廷から給与・安堵されるものとなり、紛失状の意味は形骸化するようになった。また観応の擾乱以後は紛失状そのものが少なくなり、検非違使も地子徴税請負人化していくと大村は論じている。

本章は都市の保の実態を明らかにすることが課題なので、清水三男が提起したいわゆる〈神社の保〉がいかに管掌されたかという視点から、寺社寄検非違使の問題を取り上げておきたい。五味文彦は、寄検非違使は幕府が山門奉行・東寺奉行・八幡宮奉行・東大寺奉行等の行政・裁判上の取り次ぎをおこなう奉行を設定したため、その機能はこれらの奉行に移行したと述べた。応安年間（一三六八〜七五年）から、東寺と最勝光院寄検非違使との間の俸禄をめぐる相論が起こるのは、寄検非違使の役割の低下に起因しているという。五味説では、山門奉行や八幡宮奉行は、一三七一年（応安四）頃には『花営三代記』に見出せるとした。しかし、一三一七年（文保元）五月の東寺僧綱等申状が、仁和・円宗[16]・石山寺傍例に準じて、一三一二年（正和元）に初めて東寺に設置された寄検非違使を停止するよう訴え、翌一三一八年（文保二）四月五日に後宇多上皇の院宣は東寺寄検非違使の俸禄を停止し、これを受けた仁和寺御室令旨と東寺長者御教書が、同四月七日に停止を命じている（『鎌』二六二二〇・二六六二八・二六六三二・二六六六三号）。寺社寄検非違使が有名無実化し、俸禄だけが既得権として寺社から徴収されていたものを、東寺の場合は停止したことが分かる。

　次に、問題の祇園社の寄検非違使について検討する必要がある。史料は検非違使を勤めた瀬多家に伝来した案文[17]で、一三三六年（建武三）の動乱で文書を紛失した藤原藤久が、当知行を確認するため近隣証判・諸官証判を求めた一三三九年（暦応二）六月一日の藤原藤久地券紛失状案である。瀬多家は祇園社寄検非違使の職務にもあった。この藤久紛失状案によると、藤久の署判に次いで、親族六名の署判、屋地の所在する五条坊門東洞院高辻以北東頰の近隣に位置する因幡堂執行権律師覚昭の名と「任実正加略《ママ》了」との文言があり、その次に確認のために覚昭に尋ねたこと、当知行が行顕の外題安堵によって承認されたことを明記した、防鴨河判官左衛門尉中原朝臣（秀清、前佐渡大夫判官）の署判があり、続けて傍輩証判によることを記した一・一・二名の検非違使証判が記されている。

　この案文は諸官連署型紛失状と違って、紛失状認定の根拠が記されるとともに、その立場が保務であることが明記されている。この形態の紛失状を、大村拓生は保務・諸官連署型紛失状と呼び、諸官連署型紛失状の形式の新たな展開を示すもので、一三三九年段階に求められる可能性が高いと主張している。一三四二年（暦応五）三月の左京四条東洞院の当知行を確認するための法印俊聖地券紛失状案も同じタイプである（瀬多文書、祇園社記続五、『増補続史料大成　八坂神社記録四』）。これは前述した当該期訴訟制度整備と通底したもので、一三四一年（暦応四）一一月と推定される東洋文庫所蔵「制法」には、条ごとの計一二に区分された諸保に担当検非違使が配置され、保証証判もそれに対応している。このような保務の分担構成を揺り動かしたのが観応の擾乱、およびこれに連続する正平一統という政治的変動であったとされる。

使庁は洛中の刑事事件の管轄を主業務の一つとしたため、必然的に室町幕府の侍所と機能の面で接触することになった。森茂暁は、紛失証判が使庁の手を放れることは使庁機能の壊滅を意味し、いつから幕府の手に完全に握られたか明確な時期は分からないとするが、遅くとも一三九六年（応永三）には幕府の地方頭人によって紛失状の安堵がなされた明証があると述べている。[18] 橋本初子は、評定―裁許―執行の三段階の文書三通が、一つながりに機能する庁裁文書は、一三八一年（永徳元）七月一〇日の庁例（検非違使庁下文・別当宣・小六条敷地証状・検非違使庁諸官評定文案）を最終例として、これ以後みられなくなることを明らかにしている[19]（『鹿王院文書の研究』[20]二一三～二一六号）。すでに知られているように、一三八五年（至徳二）に幕府地方奉行の屋地裁判がおこなわれている事実が重要となる（武家事書案、『増補八坂神社文書』下巻一の一二五五・一二五六号）。

洛中地に限らず諸国に散在する所領を紛失証判の対象とする場合は、また別の方式で処理されたというから、個々の事例を実証的に検討する必要があることになる。本章の課題に含まれる洛中以外の中世都市の保についても、これからの検討課題になる。後述するように、たとえば石清水八幡宮の組織には、宮検非違使が存在していた。[21] 以上は、保をめぐる学説史の概略についてまとめ、今後の検討課題を指摘したものである。

二　宇治の番保について

（1）宇治神社（離宮明神社）と番保

戦前の清水三男による神社の保という位置づけを継承しつつ、宇治の保について実証的に再検討したのは、川嶋将生である。[22] 川嶋は宇治の番保について、保は〈まち〉とも訓じ、宇治神社の神役を負うところから出発したと推測され、大山崎離宮八幡宮・祇園社・北野社の例からみて商業的活動と結びついていた組織であり、このような組織の結成ということ自体、町中の自治的結合と衆議が必要であり、宇治の歴史を特徴づけるとして、その重要性に着目した。

宇治の一番から十番までの番保は、一四四九年（文安六）七月一三日、宇治郷七番保《ほう》のたい二郎が七番保北西の屋敷一所を堀九郎左衛門に三貫文で売却したと「宇治堀家文書」（田中忠三郎氏所蔵文書）(23)にみえるのが初見である。川嶋は、その他の史料も大部分が室町時代も後期に集中していて、居住地を示すための地名的なものとして用いられているにすぎないため、保の実態を明らかにするのはいささか困難であると述べている。

しかし、私はこの屋地売券（巻一—五）に、「但地口惣人の分、本もんしょ（文書）のごとく（如）□□□□（商カ）賣いたし申候所しち（実）也、但御公事ハ毎月一人つゝの分ニ御用ハ□可申候、仍為後日うりけんの状、如件」とあるのに注目したい。読めない部分もあるが、地口（家屋の道路に面する間口）が問題となり、公事については毎月一人ずつの分を負担することが記されていると思われる。屋敷に「地口惣人の分」が付いて売られているとすれば、宇治の保でも、京都と同様に地口銭が徴収される制度が成立していた可能性がある。

宇治郷には、一四九〇年（延徳二）七月一九日、須厳が屋敷を三貫文で元隣坊に売却した屋敷売券（巻一—一三）も残る。在所は四番保クホ次郎太郎分・同平二郎分とあり、南限が大道であったから、新町通り（宇治橋通り）に面していたが、宛所が大館（駿河殿）取継金持兵庫方で、(24)地役は家別に「三日イナコキ立木一荷の時米五合、入柴一荷の時米一升を地主から出す外の諸公事なし」と記される。大館氏は室町幕府の吏僚家として知られる。この大館駿河殿は、一四三一年（永享三）一〇月一〇日の室町幕府奉行人連署奉書にみえる「大館駿河入道常安」(25)と姓・官途が一致する。大館駿河入道は、海老名駿河入道了元と丹後国嘉悦《かや》荘（京都府与謝郡加悦《かや》町付近）内近重名をめぐって相論となった。(26)嘉悦荘は殿下渡領で、幕府（将軍足利義教）は領家の押妨をやめ了元に返付するよう命じているから、大館駿河入道常安は領家（摂関家）方に属していたことが分かる。幕府は一〇月一七日には、当荘領家職を氏長者・摂政二条持基（一三九〇～一四四五年、足利義教猶子）が直務するべきことを鷹司左兵衛督（房平）に伝えている(27)。屋敷売券の大館駿河殿も摂関家に近い人物であったと考える。地口銭はその土地に居住する百姓に対して賦課されるのが原則である。この屋敷は須袋分の欠所のため本券がなく、大館駿河殿の「売券手継」と新券文によって須厳から売却されているという特別な事例のためか、地口についての記載がないため、これ以上は推測するしかない。

たとえば奈良では、『大乗院寺社雑事記』所収の「小五月郷絵図」と、興福寺蔵「大乗院領図」に、室町時代の道や辻子が描かれている。小五月郷とは、天満神社（奈良市高畑町）の祭礼五月五日の小五月会に参加する郷で、鎌倉時代から形成されていた。元は元興寺が管掌した天満神社は、室町時代には東大寺・興福寺が管掌するようになっていた。小五月銭は在家の間数に応じたもので地口銭・間別銭《けんべつせん》といい、四月に各郷の刀禰によって集められた(28)。

百瀬正恒「中世都市京都と奈良」は、一四二八年（正長元）と一四六〇年（長禄四）の『大乗院寺社雑事記』、一五二五年（大永五）の『御領内元興寺領地口銭帳』（内閣文庫蔵）を主な史料に、元興寺領と大乗院に分けて町の展開過程を検討している。それによると、一四二八年（正長元）の間口銭の総額は八六貫文であった。一五二五年の地口銭帳は、春日大社の田楽頭役方のための地口銭が元興寺と大乗院領に課せられたもので、一間は七尺、間別三〇文とされた。これには町ごとに間口の間数と住人が個別に書き上げられ、町の数は四四町であった。この奈良の例をみると、宇治の場合も、番保の地口・間口に応じて祭礼費用等を負担する制度が成立していたのではないかと考えられる。

川嶋将生は、宇治の番保について、番数をもって表示し、ほかの例のように特別の固有名詞でないのが大きな特色であり、この番保は、おそらくは宇治神社への番役奉仕と深い関係にあったのだろうとして、これらの保の中に、麹屋・魚屋、あるいは職種は明らかではないが奈良屋という屋号を持つ商家、さらには茶園という記載から茶を商いとする商人の居住を予測させるものなど、さまざまな商いに携わる人々が多く存在していた事実を述べている。

宇治における商業の発達を検討する場合、奈良ほど史料に恵まれているわけではないが、室町幕府から山城国宇治郷に下された一四六九年（文明元）一二月一九日の宇治郷市場課役条々が存在する。それによると、市場で諸商人は各人別一〇銭文宛（立売は五銭文宛）、毎月六ケ度市場課役を沙汰すべきこととあり、盗犯輩は商売物を押置き注進するべきことも定められている（『中世法制史料集』第二巻室町幕府法、一九九・二〇〇条）。関係文書により、宛所は前官長者小槻長興宿禰が代官として任命した池田木工允と分かる。山科言国の家礼大沢重胤は、下男をしばしば宇治に遣わして米を買わせている。一四六八年（応仁二）二月一三日には、一駄分を代一貫三〇〇文で購入し、同一五日にも買いに行かせた。同二月二九日には、「宇治市へ衛門二郎米一駄かいに行也」と記している（『山科家礼記』）。

『壬生家文書』にも山城国宇治市関係文書案と題する六通があり、一五〇三年（文亀三）九月一三日にも、三通の室町幕府奉行人連署奉書が官長者大宮時元・沢蔵軒赤沢朝経・当所沙汰人中宛に出された。この時は「宇治郷市場諸商売公事銭」と呼ばれ、やはり毎月六度で守護分は除くとしている。管領細川政元内衆赤沢朝経は「宇治之守護方」とあるが、山城南方上三郡（相楽・綴喜・久世郡）守護代で、守護所が宇治槇島城にあった。[29] 一五二八年（享禄元）一〇月一九日には、同じ内容で後奈良天皇綸旨が出されている（図書寮叢刊『壬生家文書』一、二二九号）。この時の上三郡守護は細川晴元にあたる。

商業座については、一五二五年（大永五）二月一三日、山城守護奉行東雲軒士沢が、先年来争論となっていた宇治室麹座について、「其方」幷堀与三衛門方に尋ね、森氏の縁者三室戸の岩崎祐利に対して、堀氏の当知行が認められたが、「其方」とは宛所の「当保麹座中」を指すものである。この麹座は宇治神社の神人が属する麹座とは考えられない。川嶋将生も述べているように、この保内の人々が宇治神社の神人と称した史料は存在しない。宇治神社の氏子区域内で商業活動をおこなっていたからには、離宮祭その他にあたってなんらかの奉仕を宇治神社におこなっていたと推測され、そこに番数を付する保が成立したとする川嶋説は正しいが、「当保麹座」とあるように、保と麹座とは切り離せない関係にあり、堀氏の当知行が認められた。前述したように、一四四九年（文安六）七月一三日に、堀九郎左衛門が宇治郷七番保《ほう》のたい二郎から七番保北西の屋敷一所を買得したが、「堀家文書」（田中本古文書）の多くは堀家を中心とする文書群で、堀家が買得した土地に関する史料が圧倒的に多い。当時土地集積を始めていた堀家は、初期の宇治茶園の主要な経営者であった。堀家は茶の流通にも関わっていて、一五四八年（天文一七）一一月一五日の茶売口譲状（巻二一―二三）には、「永代売渡申越前朝倉殿へ之茶之売口とい（問）之事」とあり、堀次郎左衛門尉平国が毎年朝倉氏に茶を売る権利を永代、二〇貫文で堀与三兵衛方に売り渡している。朝倉氏からは、毎年路銭（旅費）等として二貫七〇〇文、礼物として綿二把を受け取っていた。

川嶋説が重要なのは番保の復元をおこなったことで、十番保のうち八番保までは、地名などから新町通り（宇治橋通り）に沿って存在したことが分かる。九番保と十番保については、一五〇二年（文亀二）八月に、長者酒波光興・公文所大江光盛が、宇治十番保右衛門太郎掃門に離宮拝殿造営のため大夫職を補任すること、保内はその心得をなすべきことを命じた史料が残る（『兎道旧記浜千鳥』[30]）。後述するように、長者酒波光興は宇治離宮明神の右方長者槇島氏で、楽人狛氏の系譜を引いている。この史料から川嶋は、十番保は宇治神社の膝下にあったと推論し、対岸の宇治橋の東にある現在の東内・又振町近辺（十番保）、乙方町（九番保）としたものである。妥当な見解で、この時、大夫職を任命された右衛門太郎掃門の十番保を中心に、宇治の番保は造営のための費用を負担したと考えられる。

宇治の番保の初見は、川嶋説の通りであるが、それより一〇〇年近く遡る一三五八年（延文三）一〇月二一日に、富家殿内多田郷山を「宇治保人」が違乱し、これについて平等院供僧中より領主近衛道嗣に使者法印実賢が派遣されている（『愚管記』＝『後深心院関白記』）[31]。道嗣は、先日供僧等に（善処するよう）命じたが、落居していなかった。宇治の番保が宇治神社への番役奉仕と関係するならば、その歴史は鎌倉時代にまで遡ると考えられるが、この記事にみえる「宇治保人」の違乱は、その推測を裏づけてくれる。また、御旅所は一八七四年（明治七）に新町通りに沿った若菜町の四番保の地域に移されたが、元は宇治郷の小字「馬場先（崎）」に置かれていた。現在の宇治市矢落九七番地の辺りで、今でもその旧地辺りは「古御旅」の通称で呼ばれる[32]。古来は離宮上・下社共にその御旅所を使用し、毎年上社より神輿二基、下社より一基の渡御がおこなわれていた[33]。

（2）宇治の都市改造と番保の成立

宇治の番保が宇治神社への番役奉仕と深い関係にあったと考える場合に、これまで取り上げられてきた史料は、宇治離宮祭に「臨晩頭競馬十番　左真木島（槇島）住人　右宇治辺住人」が奉仕したという一一三四年（長承三）五月八日の『中右記』であった。宇治辺の下人が祭る離宮祭で、巫女・馬長・一物《ひとつもの》が出て、田楽・散楽や雑芸が演じられ、競馬は左の槇島と右の宇治辺が十番を勝負したものであった。また、一二二七年（嘉禄三）六月に音楽生藤原孝道が著した『雑秘別録』[34]に、狛光季から出た光則―則助―光助―光行が宇治槇長者と記されているが、宮内庁書陵部所蔵『楽所系図』に、「左府生光助」が「改姓於酒波」と注記されるように、一一五四年（久寿元）に槇長者の職を継承していた南都楽人狛光助が興福寺より大内楽所に転任し、ついで京都に勤仕して、のちに姓を酒波と改めたという記録であった。これらの史料が一二世紀に遡るのに対して、番保の史料での初見は一五世紀半ばだという事実が、これまで問題の解明を遅らせてきたといえる。

番保の一番から八番までは、宇治橋に達する新町通り（宇治橋通り）に沿っており、道路を挟んで向かい合う居住者によって作られた町、いわゆる〈両側町〉の性格を持っている。これは、西国街道に沿った大山崎十一保の場合と同様だと私は考えるが、大山崎の保は鎌倉時代末には出現している。保がいつ成立したかという問題に関して、『宇治市史』では宇治市街の旧道路についての歴史が検討されている。新町通りが古代からの幹道だったかどうかは、宇治橋がいつから現在の地点に架けられたかに直接関わる問題である。『宇治市史』では、全体として結論を保留したが、宇治橋が現在の位置より上流の平等院に近い地点に架けられた可能性を想定している。近世の『山城名跡志』では現在より二町上流とする。この〈古宇治橋〉は本町通りの延長線上にあり、宇治川中州（塔ノ島）を利用して架けられていたという。

現在のように宇治橋が平等院の下流にあることを示す初見史料は、『中右記』一一三三年（長承二）三月一八日条で、前関白藤原忠実が、宇治橋より南に一町隔てた平等院の本僧坊中に新しく建立した多宝塔一基の供養をおこなっている。遅くとも一二世紀前半には、宇治橋は現在の位置に架けられていたことになるが、さらにこの問題を厳密に検討する必要がある。

『宇治市史』の編纂・刊行を契機として、宇治の平安時代遺跡（宇治遺跡群）の発掘調査が進められてきた。現在では、最新の発掘調査の成果と文献史料との照合が可能になっている。また、一九九五年（平成七）に「古都京都の文化遺産（京都市・宇治市・大津市）」として一五件の社寺域がユネスコの世界文化遺産に登録され、宇治市からは平等院と宇治上神社の二件の国宝建造物が登録された。二〇〇四年（平成一六）二月、奈良文化財研究所の光谷拓実・大河内隆之による年輪年代測定がおこなわれ、今まで不明であった宇治上神社の創建年代が確定した。

宇治上神社本殿は、内殿三社が覆屋に納まる特殊な形態をしているが、本殿中殿の部材年代は一〇六〇年（康平三）、左殿・右殿ともおおむね同じ年代、拝殿は一二一五年（建保三）、覆屋は測定できず不明、という結果であった。この一〇六〇年は、鳳凰堂の金具銘と同じ年代なので、宇治上神社本殿造営は、平等院造営と並行して進められた一連の事業である可能性が浮かび上がってきたという。宇治での発掘調査に当たってきた杉本宏は、宇治上神社本殿を造営した人物は藤原頼通であると述べている(35)。

このように、藤原頼通による平等院造営と宇治離宮明神造営がほぼ並行しておこなわれたことが明らかになってきたため、一一世紀における宇治の大規模な都市計画と改造を考えなければならなくなった。『醍醐雑事記』の一〇六三年（康平六）三月一二日に宇治橋修造の完了記事がみえ、『扶桑略記』の一〇六七年（治暦三）一〇月の後冷泉天皇の平等院行幸記事に、「造橋之功」により越中守豊原某の任期が延ばされたことがみえるので、古代からの官道より続く宇治橋が、平等院創建後ほどなく現在の位置に修造されたとする新しい説に従いたい。

現在、宇治橋東詰にある橋寺放生院の境内に「宇治橋断碑」が建つが、これは、一七九一年（寛政三）四月、橋寺放生院の藩籬《はんり》（まがき）付近から碑石断片（国重要文化財）が発見され、尾張の人小林亮適が一四世紀後半に成立した『歴代帝王編年集成』、いわゆる『帝王編年記』所載の宇治橋造橋銘文によって補刻復元したものである（『宇治市史　一』三三〇頁に掲載）。その内容は、六四六年（大化二）に元興寺僧道登が初めて架橋したというものであるが、『続日本記』に道昭（照）が初めて造ったという別伝もあり、その場合は六六一年（斉明天皇七年）頃になる。いずれを採るにしても、六七二年（天武天皇元）の壬申の乱の時に近江朝廷が宇治の橋守に命じて大海人皇子軍の食料運搬を阻止しようとしたというから（『日本書紀』）、その時までに宇治橋は架けられていたが、それは〈古宇治橋〉を指すと考えなければならない。橋寺放生院（正式には雨宝山放生院常光寺、真言律宗）は橋の管理に当たっていたとされるが、その本尊地蔵菩薩立像（国重要文化財）が一三世紀に造立されたものであることから、橋寺放生院も鎌倉時代に建立されたとみられる。そこから、鎌倉時代には宇治橋に続く新町通り（宇治橋通り）が成立していたと私は考えてきたが、さらに遡って考える必要がある。

以上を要約すると、一一世紀中葉に平等院建立と宇治橋の移転修造、大和大路・東西幹道の造成に伴う都市改造がおこなわれた。すなわち、平等院の寺域西沿いに本町通りから延びる大和大路（現在の県通り）が造られ、新しい架橋地点と結ばれた。また平等院から西の藤原師実の泉殿（矢落遺跡）を結ぶ東西幹道が造られたことになる。一一世紀後半には、藤原氏の別業（泉殿、頼通女寛子の池殿法生院、忠実・頼長の小松殿成楽院・西殿等）とその周囲の民家から成る宇治街区が本格的に造成されていったと考えられる。一番保が本町通りと新町通りが交差する位置にある三角形の地域で、新町通りを挟んで五番保（通称五番町）の地域と向かい合うという不自然な形状を示す事実は、遅くとも一二世紀に遡ると思われる新町通り（宇治橋通り）の成立過程を考えると、理解できるものになる。(36) 浜中邦宏も考古学的な発掘調査に基づいて、院政期に平等院西方には古代の都市設計の基本ともいうべき碁盤目状の地割りが広範囲で展開し、中世期には宇治橋通り（新町通り）が出現し、この通りを中心に民衆の町ともいえる町並みが形成され、番保が展開すると述べている。すなわち、元の集落遺跡の上に新しい道路や市街が建造されたことが分かり、その成立の契機は不明だが、中世のたび重なる戦乱や、『太平記』巻一四―一二に記される一三三六年（建武三）正月の楠木正成の宇治放火が有力だとしている。(37) 楠木正成の宇治放火については実態解明が必要とされるが、平等院境内と宇治市街遺跡で当該時期の火災層を広く確認できることから、かなり大規模な消失事件があったことはうかがえるという（宇治市の文化的景観保存調査報告）。院政期に続く都市改造により平等院門前町となった番保内での商業活動は活発化し、室町時代に宇治はさらに発展したことが、残された古文書によっても裏づけられる。

残る問題は宇治離宮明神（現在の宇治上神社・宇治神社）と宇治長者・槇長者との関わりである。槇島惣官・

槇島長者・幕府奉公衆としての槇島氏については、本書第二部第二章第三節で詳しく述べたので、ここでは繰り返さない。宇治神社に伝わる「酒波系図」によると、酒波氏は宇治神社の長者である。[38] 一四六八年（応仁二）の離宮祭の行列次第でも、神輿三基の次に社官四人、次に槇長者、さらに宇治長者が、いずれも布衣馬上で続いているが、この槇長者については、社官槇島のことと明記されている（『後法興院記』）。さらに、酒波姓を名乗る神官について述べておきたい。一五三八年（天文七）四月一六日、五ヶ庄楊宮の左・右長者酒波光国・光吉や下司藤原光季、小御厩下司渡部光盛・公文渡部光治らが、郷内の奉加を集めて同宮神輿を大工木幡藤原宗次に再造させている（許波多神社棟札）。現在の許波多神社は宇治市木幡東中に鎮座するが、五ヶ庄字古川にも許波多神社が鎮座する。五ヶ庄楊宮の左右長者の酒波氏は狛氏（槇島氏）を指すものである。南北朝期以降、宇治大路氏と槇島氏が宇治において顕著な主導的役割を果たし、近衛家をはじめとする公家に奉仕し、幕府管領被官・守護の代官、幕府奉公衆として活躍した。

なお、承久の乱で京宅資材物等を宇治三室津辺に運び置き、官兵等に奪取されたという一二二一年（承久三）七月の平信正（右近将監）私領地文書紛失状案が残っている（『鎌』二七八九号）。所在地は左京八条三坊四町で、証判は在地人一五名である。ただし、これまで指摘されていないが、一二二八年（安貞二）一二月二六日の中原氏の裏書きがあり、私領地の一部が銭一〇貫文で流失済みだと記している。証判は京都の左京八条三坊四町の在地人であるが、[39] 後日、検非違使中原氏が裏書きしたものである。一二二八年の検非違使中原氏は一一人を数えるが、そのなかで一二二一年に検非違使だったのは中原親清一人である。おそらく裏書きした（奉行を担当した）のは、事情を知る左衛門少尉従五位上中原親清であろう（『検非違使補任』第一・二）。[40]

三　祇園社・松尾社の祭礼神事役と大政所保および北野社西京七保

(1) 祇園社の保

京都での祇園社をめぐる祭礼神事役と大政所御旅所神主職の成立について、新たな知見を示した仕事として、瀬田勝哉による「中世の祇園御霊会――大政所御旅所と馬上役制」[41]がある。清水三男が検討した祇園社の保々のなかに大政所保があったことは前述したが、その大政所保の成立と実体についても、具体的に明らかにしようとした仕事である。記録を総合すると、祇園会の成立にあたって、助正という俗体の人物が、祇園社の所司と提携しつつ神託奏聞を駆使して朝廷に働きかけ、牛頭天王を自宅に迎え祀ったという。しかも彼は祇園社に御旅所敷地を寄進する代わりに、神主職に補任される地位を朝廷から公認されたという。その年次は、九七四年（天延二）だというが、いずれにしてもこれらは伝承であり、正確な年次を確かめることはできない。彼が寄進した自宅敷地は後園を伴った居宅一町であったが、平安京における宅地班給については、一町規模は三位以上で受領層は四分一町を限度とするという規定があり、助正はこれに抵触する中下級官人クラスで、豊かな財力を持った存在だった。稲荷二階社御旅所についても、「柴守長者」なる者の宅地をもって充て、その子孫が管理したという伝承があり、助正にも長者のイメージが想像されるという。

この高辻烏丸（五条坊門東洞院）一保四町の大政所四町保（四町々）については、一四三二年（永享四）の大政所神主松寿丸注進状案があり、大政所の世襲神主家が有した諸権利として、大政所四町々については一定の上分や検断権を除いた地子等収納の権利を留保していたこと、小袖座・売買売（のちの古手屋、すなわち古道具・古着屋）・腰座・練絹座以下、衣類関係の商業座については、安居神人たる小袖商人の場合、社家が二割の上分料であるのに対して大政所神主が八割の上分料を取り、年貢の免除等についての免状も大政所神主が出す例が示すように、これら商業座の座公事銭を収納していたことが明らかにされている。

瀬田勝哉による分析のなかでとくに重要なのは、「御幣料」三〇〇貫文のうち、一五〇貫文の知行を大政所神主が主張している事実で、これは馬上料足だという結論である。これについては、もう一つの祇園会御旅所である冷泉東洞院方四町の少将井御旅所神主幷差符職が、一四四一年（嘉吉元）に公方御倉禅住の所管にあり、馬上料足一五〇貫文を獲得したため、祇園社との争論になっている事実も指摘されている。大政所神主職も一三九七年（応永四）に、初めて執行顕深（宝寿院大僧都御房）の所管になったが、これ以前の大政所神主職の性格と存在形態の全貌が明らかになったという意味で、きわめて重視すべき内容であると考える。また馬上役差定の原理を、日吉小五月会馬上役・稲荷祭馬上役・祇園会馬上役について比較検討し、馬上役制の動揺と再編についての見通しを提起している。

ここで問題としたいのは、祇園社領における本所検断権の実情である。最初に述べたように、祇園社については清水三男説の「神人の保」と「検断の保」以来、本所検断権をめぐる検非違使の存在形態が議論されてきた。南北朝期の京都と山門・祇園社について論じた三枝暁子は、一二一九年（承久元）から一三四〇年（暦応三）にかけての祇園社の検断例を記した一三四三年（康永二）の注進状案を改めて検討している（『増補八坂神社文書下巻一』一二七四号）。これは「祇園社領内犯科人跡、不及使庁綺、社家致其沙汰勘例」という書き出しが示すように、祇園社による本所検断権の行使の過程を記したものである。犯科人の住所の中に山門末寺であった双林寺・長楽寺・三条京極寺等が含まれる。[42]一方、一三三三年（元亨三）成立の社家条々記録にも「京極寺等検断事」と題する検断例が載せられ、京極寺保に加え、瓜町保・葱町保等の検断例がみえる（『増補続史料大成八坂神社記録二』）。三枝は、三条京極寺が山門末寺であるのに加え瓜町保や葱町保も一三四七年（貞和三）には別当得分地となっているから、実質的には、祇園社の社領というより山門領有地としての性格が強いとする。こうした山門領をも祇園社が破却していたことが分かるが、検断を実際におこなったのが祇園社であるにしても、これを指示する権限は座主・別当にあったという。

このような京中検断等における山門・祇園社の協力体制を支え、かつ山門による京都支配になくてはならない存在であった山門・祇園社公人・犬神人の存在形態についても、三枝は、中世後期の延暦寺の組織について明らかにした下坂守の分析[43]を基に、詳細に検討している。

三枝説が指し示すところによれば、南北朝期における祇園社の検断例は、かつて黒田紘一郎が明らかにした「時代が下るにつれて、本所検断としての住宅破却は、侍所を背景にした使庁の直接的検封というように、本所検断権が破綻していく」という結論とは異なるものだと思われる。京中検断が、本所検断権の破綻を背景にした使庁から侍所への検断権（警察権・刑事裁判権）の移行という、直線的な過程をたどっていないことは、近年の研究が認めるところである。一三四三年（康永二）の注進状案は「祇園社領内犯科人跡、不及使庁綺、社家致其沙汰勘例」という書き出しで始まるが、例えば一二五一年（建長三）七月二七日に葱町保内犯科人跡を検封した際、七月二六日に高倉判官章種が「相触」あるいは「触申」、社家公人に庁下部を相添え、尋ね沙汰している。犯人逮捕ののち、例の通り社家が検封したとあり、左衛門少尉正六位上中原章種と庁下部が関与している（『検非違使補任』第二）[44]。このように検討すると、多くの場合に寄検非違使を通じた使庁の関与がみられるので、書き出しと内容には食い違いがある。三枝説は京中検断における山門・祇園社の協力体制という観点から山門・祇園社公人・犬神人の存在形態を明らかにしたが、すでに五味文彦は、「使庁の構成と幕府」（註（8））で、寄検非違使は本所検断権の確立した寺社に対して設定され、寺社領内の犯科人の引き渡しがこの寄検非違使を通じておこなわれたと述べている。重要なのは、使庁から侍所への検断権の移行がどのような過程をたどったか、という問題であると考える。

ここで私は、清水三男以来の〈検断の保〉と〈神人の保〉という問題についても、結論を出しておきたい。これまでの諸研究が明らかにしてきたところから、〈検断の保〉は保官人、寺社領においては寄検非違使の問題であり、京中検断における支配関係・組織の問題と考えられる。それに対して、〈神人の保〉は商人たる神人（保の住人）の結合体であるから、都市の保に一般的にみられる特質であり、都市の保を研究する場合の出発点に位置づけられる。検断を通じた都市の保における土地支配・商工業支配・宗教支配等の検討を通して、保の住人等の結合形態の実像を明らかにすることが、今後の主要な検討課題になると考える。

（2）松尾社と西七条六保

松尾社（京都市西京区）と西七条保についても、松原誠司による「旅所祭祀成立に関する一考察――松尾社と西七条――」[45]が発表され、瀬田論文による祇園社の御旅所祭祀の新知見を、別の具体例によって発展させる道が開かれた。松原は、民衆の中世的祭祀活動は一〇世紀中葉の志多羅神騒動により姿を現すとして、神輿を中心にした歌舞・鼓・童謡等の活動に注目している。一一世紀中葉には祇園社旅所が、一二世紀初頭には松尾社・稲荷社の旅所が存在していたことが確認され、松尾社旅所は七条西大宮に位置し、現在地とほぼ相違ないという。

ここで中世の史料を検討すると、一二〇四年（元久元）三月五日、山城国幷松尾社に下された官宣旨は、官使・社家の使者を遣わし当社御輿迎七条御供幷大炊・梅津札迎を相共に催促するよう命じている（『鎌』一四三九号・三六六二号）。それによると、松尾祭（旅所祭祀）は、西七条の住人（神人）が在家や田畠を負担の単位とし、前年に差し定められた頭人により、三月中卯日神輿迎の日に六前御供の備進をおこなう例であるという。また、本宮還御の日には、座衆等の経営で同所に備進する。松原によれば、この六前御供とは、神輿一基ごと、計六基に対する御供であると思われ、大政所・櫟谷保と七条一坊・二坊・三坊等の保々を六カ所に分けることで、それぞれの神輿に対する御供の調進をおこなったと考えられるという。

官宣旨で問題になっているのは、近年富家の輩が多くの田畠を買って支配し、座衆に加わりながら御供頭を勤仕せず、権門領と称して怠捍するため、毎年恒例の神事が欠如することであった。そこで、勤仕しない寄合の座衆を停止すること、往昔以来懈怠のない葛野郡内諸郷札迎御供を勤仕しない大炊・梅津両郷は不信不浄の祟りがあることを述べている。今後は社頭以下の諸郷幷西七条の神人等は惣官の下知に背かず、なお違勅の神人があればその職を解任し処罰する、という内容であった。現在の京都市右京区に属する梅津は、九五六年（天暦一〇）八月一六日の山城国山田郷長解にみえ、修理職の木屋が置かれ、秦氏一族が管掌していた（『平』一―二六九号）。また古くから水陸交通の要地で、桂川を通じ丹波よりの材木の揚陸地であった。『延喜式』（木工寮）に丹波材が大堰川（桂川）を下って「大井津」まで輸送された記事がみえ、「大井津」は嵯峨もしくは下流の梅津と考えられると『京都市の地名』[46]は述べるが、大井（大炊）・梅津とあるから、大井（大炊）津は梅津とは別に、近接した嵯峨にあった。都市としての嵯峨の歩みは平安時代には始まり、鎌倉時代中期の一二五五年（建長七）に後嵯峨上皇が離宮としての亀山殿を造営したことで一大発展を遂げる[47]。

一二二六年（嘉禄二）四月二八日の尼覚宝田地寄進状によると、尼覚宝は、中原包安と連名で山城国乙訓郡革島荘胸広里九坪内の土地七段を松尾社（社家）に寄進した（『鎌』三四八二号）。その田地の東限には「松尾御領田」があり、地利上分として灯油二升を銭二〇〇文の代価で納めるものであった。また、一二四五年（寛元三）一二月に下司代秦某が注進した山城上桂荘検注目録には、「二段　松尾社御供田」が含まれ、二町二段半が「梅津荘横領地六町余内」とある（『鎌』六六〇五号）。上桂荘（桂川右岸の京都市西京区上桂・上野《かみの》地区から対岸の右京区梅津一帯が荘域）内の田地を梅津荘（京都市右京区梅津段町、桂川左岸一帯）が押領していたが、梅津は前述の御供頭を勤仕しない新加の松尾社神人（座衆）が属した地域である。ここにも彼らの横暴な振る舞いがみえる。上桂荘の北は桂川を挟んで梅津荘に入り組む状態で接し、南は近衛家領桂殿（京都市西京区桂付近の荘園）に接するという環境であった。

一二二七年（嘉禄三）九月六日の官宣旨案も、神祇官と松尾社司の報告を受けて官使を遣わし、西七条保々神人等の神事違例を正そうとしたものである（『鎌』三六六二号）。それによると、当社の四月祭以下六月の御田代・九日会神事は、葛野一郡の経営として権門勢家領を限らず札迎し、御供幷御田代殖女敷設、九日会の相撲を勤仕するのが往古からの例であるという。とくに西七条は保々六箇所を分け、御輿迎の日にそれぞれ御供を備進し、また還御の日に神人等課役の勤めの御供調進が恒例である。ところが、近年頭人の煩いと称して自由に怠捍し、事を左右に寄せ、大政所以下櫟谷保・七条一坊・同二坊・同三坊、五箇所の御供幷社司の饗膳がすべて欠如し、御輿を出していない。また、神事の煩いと称し、祭の期間中常灯油を侍座六人の輩が順に進済してきたが、今年は合勺も所済がない。御田代の諸郷の殖女の敷設も欠如している。また当社第一の大事である九日会の楽人舞人の儲会料米が未進で今年は懈怠となる実情を、権中納言藤原朝臣頼資が述べている。一二四二年（仁治三）九月二二日の後嵯峨天皇綸旨は、先例にならって松尾社領の大嘗会役を免除したものであるが、当時の松尾社領の状況を考えると無理からぬものであった（『鎌』六〇九四号）。

この松尾祭の神輿の数について、松原誠司は、『康富記』一四四二年（嘉吉二）四月一三日条の松尾祭関係の記事の中に「神輿総而六基也」とあることから六基としたものだが、従来の説では神輿七基とされてきており、たとえば『京都市の地名』では、松尾大社の祭礼のなかで四月下卯日から五月上酉日の神輿渡御祭（松尾祭）は出御祭と還幸祭に分かれ、松尾七社といわれる大宮・四社・衣手・三宮・宗像・櫟谷・月読の各社の神輿が拝殿廻しののち順次出門して現七条通桂大橋の上流で舟渡御をおこない、西七条（京都市下京区）や川勝寺・郡（京都市右京区）の御旅所に駐輦され、西寺跡（京都市南区）の「旭の社」に集合して粽の御供、赤飯の特殊神饌を供えてのち松尾大橋を渡って還御する、と記される。『国史大辞典』では、松尾祭について、毎年四月上申日であったが、現在は四月二日におこなわれていること、神輿渡御は明治以降四月下卯日（出御）・五月上酉日（還御）とされたが、現在は四月二〇日以降の第一日曜日に出御、二一日目に還御することを記し、松尾七社の神輿が渡御するとしている。しかし松尾大社の項目で、神輿のうち月読神社は唐櫃だと記しているので、神輿の正確な数は六基だということになる。また松尾大社御旅所は三カ所あり、問題となっている西七条御旅所（京都市下京区西七条南中野町）には本社・月読・宗像・櫟谷の四社の神輿が鎮座することも、由来を考慮しなければならない。しかし、松原によって松尾社の御旅所を起点にした祭礼の成立と実態が明らかにされ、いわゆる西七条六箇保の住民が、この祭礼神事の奉仕を通じて松尾社の神人になっていったことが実証されたことは、大きな成果といえる。

次に座役や頭役負担の単位が保である点について、松原誠司は、清水三男が松尾社の保を条坊制の単位とは考えずに「宮座の中の組としての保」と考えた説をとらず、あくまでも条坊制の単位としての保を想定しているとした。この問題については、「（1）祇園社の保」で検討したように、鎌倉時代には条坊制による保（四町）は崩壊し、中世都市としての保（町）が成立していたから、松尾社の西七条の六保についても、このような町としての保と考えるのが妥当である。一三五二年（観応三）九月一一日の足利義詮裁許状案に、「社領西七条六箇保内八条唐橋等田地拾町」が松尾社雑掌朝厳によって社領と主張されているように、西七条の一坊・二坊・三坊のすべての保（一二保、すなわち四八町）が社領ではない。しかも大政所以下櫟谷保と記載されているように、中世的保（町）としての櫟谷保が出現している。この櫟谷保がどこにあったかは分からないが、大政所は松尾社御旅所で七条西大宮にあったから、その近辺にあったことは間違いない。おそらく、この保は櫟谷神社（京都市西京区嵐山元録山町）(49)との関係から、その保名が生じたものであり、このことからみても、条坊制の保とは性格を異にする。また大政所保と呼ばれる保があったかどうかも不明であるが、祇園社の大政所敷地が大政所保と呼ばれていたのと同様に、この地点が大政所保と呼ばれていた可能性は高い。

ところで、松尾社の神人等は御旅所神事をはじめとした恒例の神事に従事する義務があったが、彼らは松尾社からどのような権限を得ていたのか。一一八一年（養和元）九月一六日、松尾社の解状に応じて丹波国に下った官宣旨によると、松尾社領雀部《ささ（い）べ》荘の境から下流、丹後国境までの天田川（由良川）が松尾社の毎日供祭所とされ、私の魚釣が禁止されている（『平』八―四〇〇五号）。雀部荘は丹波国天田郡に属し、現在の京都府福知山市東部付近にあった。一〇九一年（寛治五）の前貫首丹波兼定による天田郡私領田畠の松尾社への寄進を基礎に、一一三二年（天承二）に日次供祭・御供闕分を募って、宣旨により成立した。一二三八年（嘉禎四）一〇月一九日、地頭大宅光信と松尾社との間の相論に関する一〇カ条の六波羅裁許状によると、贄魚の備進や夫役等のために一二の番が編成されていた（『鎌』五三二五号）。網野善彦は松尾社に鮭と鮎の贄を捧げた供祭人について、梁も使用されたが鵜飼がいたことは確実で、松尾社から特権を与えられた神人であったと述べている[50]。

この事例は、前述の大井・梅津郷の新加神人や座衆の問題を考える場合に参考となる。大村拓生「嵯峨と大堰川交通」[51]では、一六世紀前半に大覚寺に対して松尾社が起こした相論が取り上げられている[52]。それによると、材木筏が天龍寺領もしくは臨川寺領のいずれかの津に着き、材木はそこから荷揚げされ京に運ばれた。それぞれの寺が津役を徴収していたが、大堰川の漁業権を有していた松尾社は、それを材木通行が妨げるという理由から、筏の到着点で河公事を徴収するに至ったというのが相論の内容であった。

松尾社の祭神大山咋神《おおやまくいのかみ》は、元は雷神・戦の神で、京都上賀茂神社（賀茂別雷神社）と共に平安京を守護する神であったが、水を司る神、農耕の神となっていった。さらに、現在の松尾大社は酒の神として知られ、九州宗像神社の祭神でもある市杵島姫神《いちきしまひめのかみ》（酒神）も祭る。これは、平安京遷都以前からこの地に定住していた秦氏が、七〇一年（大宝元）に松尾に神殿を建てた際、九州から勧請した神であるという。[53] 松尾社の神格は時代によって変化している。大堰川・桂川の重要性は明らかであるが、松尾社神人と座衆の存在形態については、今後の検討課題としておきたい。[54]

(3) 北野社と西京七保

同じ京都の保として、最後に北野社西京七保の成立について、三枝暁子「北野社西京七保神人の成立とその活動」[55]を参照しながら問題を検討する。

北野社（北野天満宮）を本所として祭祀や供御に奉仕する神人は、一四三一年（永享三）一二月の北野宮寺祈禱帳によると、織部司本座神人・八月御祭御神供神人・左衛門町御神供神人・近衛保神人・二三条保神人・三月三日保神人・五月五日保神人・七月七日保神人・九月九日保神人・民部省町御壇供神人・酒役神人・御油神人・諸座神人・大座神人等がいた。[56]

福岡県太宰府市の太宰府天満宮は、菅原道真が九〇三年（延喜三）に大宰府で没して間もなく、味酒安行《うまさけのやすゆき》によって葬所に廟が設けられて成立した天満宮安楽寺に由来する。京都では、九四六（天慶九）に西市に程近い右京（西京）七条に住む多治比奇子《たじひのあやこ》（文子）に、続いて九四七年（天暦元）に近江国比良宮の神官の子太郎丸に道真の託宣があり、六月に北野の右近馬場の地（京都市上京区馬喰町）に北野天満宮（古くは北野寺・北野社とも）を造営したという。

西京神人の起源については、北野社創建時に奉仕の人々が右京一条から二条の地に七カ所の御供所を設け、七保[57]と名づけ、天神の生前に安楽寺で奉仕した者を七組に分け各保に所属させて、北野天満宮への神供調進に奉仕したのが始まりだと伝えている（明治四三年頃発刊された『北野誌』全三巻）。この七保の御供所跡は現在も西京に存在し、場所を特定することができるため、ここでも七保の起源として、北野天満宮への神供調進を通じて住民が神人になっていった過程が推論できるが、その過程がどこまで実証できるかが課題である。

「西京神人」の初見は、『勘仲記』一二八四年（弘安七）八月四日条で、北野祭の当日に、西京神人の訴訟がおこなわれていた。北野社神人が最も早く文献に現れるのは、『民経記』の一二三一年（寛喜三）六月二八日条で、「北野宮寺申大座神人訴訟申入之処」とあり、北野宮寺大座神人の訴えによって後院檜物作手などの新儀を停止させたことが分かる。次に、一二三三年（貞永二）二月一五日と二月二二日の尊性法親王書状に、「北野神人」「北野社不断香神人」の鳥羽夫役免許についての訴訟がみえる（『鎌』四四四四・四四四七号）。北野不断香神人が淀津水垂（京都市伏見区淀水垂町）に居住し、一二七〇年（文永七）七月二七日の後嵯峨上皇院宣や、一二八五年（弘安八）九月二四日と一二八七年（弘安一〇）五月三日の亀山上皇院宣案によると、鳥羽殿堤役を免除されている（『鎌』一〇六八五・一五六九六・一六二五六号）。北野宮寺大座神人は、伊勢・神宮文庫蔵「建保本天神縁起」[59]にみえる諸家に仕える牛童たちの大座で、八月三日に大座神供を供えるのが本所の天満宮への奉仕であり、その費用は一カ月間京都の入口で短冊と引き替えに北野上分として徴収するというものだった[60]。一四九〇年（延徳二）の大座神人福松丸起請文[61]にその徴収内容が記されるが、京都の入口とは粟田口・西七条口・竹田口・法性寺口・東寺口で、旅人・商売についても人別一〇文、荷には一荷に二〇文、奥高荷は一駄に五〇文宛であった。

「保」の初見については、一二八三年（弘安六）の北野宮寺公文得分注文に、三月保・北保・中保・馬代保・七月保・九月保・二三条保・栖霞寺田保といった保名がみえる。また、前述した一四三一年（永享三）の北野宮寺祈禱帳には、近衛保・二三条保・三月三日保・五月五日保・七月七日保・九月九日保といった保名がみえる。三枝はこれらから、少なくとも鎌倉期以降の史料にみられる三月保（三月三日保）・五月五日保・七月保（七月七日保）・九月保（九月九日保）が、「七保」を構成する保の一部であったことは確かであろうという。

次に西京七保の起源について三枝暁子は、小野晃嗣が確実な初見史料とした「西京七保神人中人夫役」免除を内容とする一五二三年（大永三）六月朔日の越後法眼宗賢奉書より前の、一四九〇年（延徳二）の『目代日記』に「七保」の名が確認できるとした[62]。結論として、西京の保が節句ごとに神供を負担する土地区画を指すものであったこと、鎌倉期以降様々な呼称で呼ばれた保が存在したが、室町期以降、それらの保のなかから「七保」という新たな編成単位が生まれた可能性の高いことが指摘できるという。さらに、七保はどのような経緯によって編成されたかについて、「西京七保」は、鎌倉期の西京に神供備進のため設定されていたいくつかの保のなかから、室町幕府が祭礼役負担の単位として新たに七つの保を編成することによって成立したもの、とみることができるというのが三枝説である。

以上の分析は非常に詳細であるが、室町幕府による七保の編成という結論になっているため、西京神人等の自主的な結合によって形成され、それを室町幕府が編成したと考える場合とは、七保成立の歴史的評価が変わることになる。しかし、西京七保（＝上下保）の構成については、一保は一の保（安楽寺）・二保は九月九日保（薬師堂保＝東光寺保）・三保は大将軍保（長宝寺）・四保は中保（新長谷寺）・五保は満願寺保・六保は宇女町保（釆女町保・阿弥陀寺）・七保は木辻保（＝五月五日保）と初めて実証したことにより、ほぼ西京七保の内容が明らかになったのは、大きな成果だと思われる。

さらに、三枝は西京神人と同様に北野祭の馬上役を「大宿直九保」から負担することになっていた大宿禰神人について、高橋康夫の実証を基に、殿守保ほか残る八保の地域とその都市化について述べている[63]。西陣の成立について明らかにした高橋によると、一四一九年（応永二六）の酒屋請文等の分析を通じて、当該期の大宿直にすでに「町」の観念および町名が存在したこと、また大宿直には織手のほかに酒屋・土倉といった金融業者も居住し、繁華な地であったことを指摘している。ここから、保と町の類似性について検討を進めることは、当然の帰結となる。

三枝説は、西京七保が各「保」の領域内に核となる町場が存在していたことを認めながら、大宿直九保の場合に比べて「保」が「町」になっていないとし、その理由を、大宿直が西京に比べより洛中に近い地域にあったこと、西京七保に田畠地が多く、「保」ごとに神供役を負担する神人の居住地として領主北野社が認識し支配し続けたことなどによって説明している。その理由を否定はできないが、私は大宿直九保が土御門北・正親町南・壬生東・櫛笥西の方一町街区を中核とする地域に存在したことと、高橋が述べているような戦乱を経た後の集住形態や織物に海外の高度な技術を取り入れるという進取の気風にも、相違があるのではないかと考える。三枝説が提起した保と町の問題を、私は大山崎上下十一保の場合を例に、都市の保は「町」化するものと考えてきたが、確かに都市化の相違とその理由については、検討する必要があることを結論としておきたい。

四　八幡宮大山崎神人と上下十一保

（1）山崎神社と大山崎十一保

大山崎十一保の初見は、[64]一三三〇年（元徳二）の照舜畠地売券にみえる「山崎船橋保比丘尼善阿弥陀仏」（京都大学所蔵宝積寺文書）である。ついで、溝口保とは明記されていないが、一三一三年（正和二）五月一五日の慶寿丸房地売券に「在溝口西行」とあるのも、溝口保のことと見なせる（『三』35）[65]。「上下保」については、一三三六年（建武三）の阿蘇宮令旨が宛てた「大山崎上下保神人」（西明寺文書）が初見であった。以上から、鎌倉時代末には、大山崎上下十一保が成立していたと分かる。

大山崎上下保については、清水三男以来、商業史や都市史の立場から多くの言及がされてきた。これらの説では、大山崎の保は石清水八幡宮ないし離宮八幡宮の保と考えられてきたが、以前に私が明らかにしたように、これは間違いである。まず石清水八幡宮の保という説については、確かに大山崎は石清水八幡宮大山崎神人の本拠地であるが、大山崎には多くの権門寺社が所領を持っており、その所有形態は錯綜した様相を示すものだったからである。また離宮八幡宮の保という説については、かつて明らかにしたように、離宮八幡宮の起源は九州宇佐宮から勧請された八幡神が八五九年（貞観元）八月二三日に山崎離宮へ遷座したことにあるが、ただちにその時点で離宮八幡宮が成立したのではないから、鎌倉時代末には成立している保と関連づけることができない。山崎離宮は、八六一年（貞観三）に山城国司の請により山城国府の設置されるところとなった。この時に、離宮の名を残し、行幸のある時は掃除するという条件で、国府の政庁として使用することを許可されたが、九〇八年（延喜八）一一月に河陽離宮の建物は山城国に下げ渡され、一〇世紀の終わりには「河陽館」と名称が変化し、伊勢斎王や唐から帰国した僧奝然が立ち寄っている。その後も離宮八幡宮が建立された記録はない。鎌倉時代初めに、後鳥羽上皇の離宮水無瀬殿に祗候するため山崎に宿泊した藤原定家は、山崎の祭礼の記録を残した。『明月記』一二〇〇年（正治二）一二月二三日に「宿山崎油売小屋」とあるように、定家は山崎油商人の家に宿泊している。一二〇二年（建仁二）四月八日には「此辺辻祭、二社被渡御前、其中一方頗副田楽等供奉、土民等毎年営此事云々、施種々風流」と記し、同一〇日にも辻祭が一昨日と同じように御前に参ったと記す。一二〇六年（建永元）六月五日には、定家は宝寺（宝積寺）僧房に行って沐浴している。一二〇七年（建永二・承元元）四月三日には「今日山崎民家悉経営、有毎年祭礼云々」と記した。山崎の事情に詳しかった定家であるが、離宮八幡宮についてはまったく言及していない。したがって、鎌倉時代に離宮八幡宮が存在したとは考えられず、一五世紀中葉（文明年間）の細川勝元書状（感状）に、初めて「於離宮神前以湯起請可令落居旨」（『離』(66)）という記述が出てくるのである。

山崎郷住民の産土神は、山崎神と酒解神が融合したもので、九世紀以降の記録にみえる天王山山上の自玉手祭来酒解神社であり、戦国時代には天神八王子社と呼ばれていた。ここでふたたび山崎郷住民の実態について検討を加えるなかで、山崎郷における祭祀形態と保の成立について考えてみたい。

山崎は長岡京・平安京以来、淀津と並ぶ山崎津（河陽津）いう都の外港を有し、都の西郊に位置する水陸交通の要衝であった。当地における民衆の祭祀についてよく知られる事件としては、『本朝世紀』にみえる九四五年（天慶八）七月から八月にかけての志多羅神騒動が重要である。この志多羅神・小藺笠神・八面神・文江自在天神とも呼ばれる土俗的神祇が西国より入京するという騒動の際、摂津より志多羅神と号する神輿三基が山崎郷に移り、ここから山崎郷刀禰等が「貴賤老少」「郷々上下貴賤」から成り、鼓を打って歌舞する大群衆を率いて神輿六基を石清水八幡宮に移座したのである。また、これより前の九三九年（天慶二）九月二日の『扶桑略記』に、左右両京大小の街頭で木を刻んで一対の丈夫と女形神像を作り向い合わせて安置することが流行するという、洛中岐神の流行が記録されている。岐神とは、ふなどのかみ・塞の神とも呼ばれる道祖神で、御霊神・行疫神のことであり、古代から境界を守る神として信仰されていた。この流行は洛中のことであるが、鎌倉時代初めに藤原定家が山崎播磨大路の道祖神のことを記している。一二〇四年（元久元）正月二〇日早朝、京から出発した定家が、午後「自播磨大路道祖神辺」で牛車から下車し、騎馬で御所（水無瀬殿）に参候した『明月記』の記事である。このような土俗的信仰や御霊信仰・疫神信仰は山崎郷でもおこなわれていた。『延喜式』に畿内堺十処の疫神祭が臨時祭として記されているように、朝廷も疫神祭を主催し、京職がこれに当った。山城・摂津国境三処の疫神祭もそのなかに入っている。九五二年（天暦六）六月に山崎などに四界祭使が派遣されたのも、陰陽道からする同様な行事である（『朝野群載』）。

当時の山崎郷についてはは津を中心にした記録しか残っていないが、九七四年（天延二）閏一〇月に、検非違使が山崎などの津廻りをおこなったことがみえる（『親信卿記』）。この時に、刀禰を先頭に看督長・府生・志・尉・佐が列を並べて廻り、政所に着くと刀禰が進める過状を取り調べたという。山崎津には刀禰の行政庁としての津政所があり、検非違使庁の役人らが監督・巡回をおこなっていたが、刀禰にも最下級の裁判権と犯人検察の権能があった(67)。

九九八年（長徳四）四月一〇日の松尾祭の日に、恒例通り山崎津人が田楽を奉仕したところ、雑人らの合戦となり、京人らが多数殺害されたため、仕返しとして放火に及び、山崎津舎屋三十余家が焼亡したという事件が起こった（『日本紀略』）。この事件について松原誠司は、松尾社は農業神・産業神と水の神、ひいては社前を流れる桂川の守護神としての性格を持っており、河川交通の安全祈願のために、山崎津を本拠とする河川交通者である山崎津人が松尾社に田楽を奉仕することが、恒例となったのだろうと推定している(68)。

前節でも述べたように松尾社の祭神大山咋神《おおやまくいのかみ》は、元は雷神・戦の神で、京都上賀茂神社（賀茂別雷神社）と共に平安京を守護する神であったが、水を司る神、農耕の神となっていったから、私もこの説に賛成である。現在の松尾大社は酒の神として知られ、九州宗像神社の祭神でもある市杵島姫神《いちきしまひめのかみ》（酒神）も祭る。しかし、天王山に祭る自玉出祭来酒解神社が、桂川の東岸に鎮座する梅宮大社（京都市右京区梅津フケノ川町）の祭神、酒神・酒解子神を祭る事実も忘れてはならない。酒解神も本来山の神で、これが水の神・農耕の神・酒の神になったといわれる。一一六五年（永万元）六月の神祇官諸社年貢注文では、山城国の松尾社は藁二〇〇足・薪二〇〇足で、梅宮社も藁薪は同じであったが、兼仲年預の時免除されたという（『平』七—三三五八号）。本来は同格の神社で、むしろ梅宮社の方が優遇されていたが、中世には衰微したものである。

一〇一三年（長和二）一一月に藤原道長は石清水行幸に際し、山崎で乗船している。一〇一七年（寛仁元）九月に道長が石清水に参詣した折には、山崎で渡船が転覆したため、馬や下人らが溺死する事故が起きている（『御堂関白記』『小右記』）。一〇四八年（永承三）一〇月、藤原頼通の高野参詣の時に、検非違使右衛門志（上）村主重基が仰せを奉って、淀・山崎の刀禰散所等に板屋形船を造らせて奉仕させた（『宇治関白高野山御参詣記』）[69]。これらの事実から、平安時代の山崎津の住人の実態や、下級官人的存在としての山崎刀禰たちの存在形態を知ることができる。

（2）山崎長者と惣町共同体の成立

一〇四五年（寛徳二）五月一八日、行願寺別当幷山崎住人等に売られた東大寺領水無瀬荘（大阪府三島郡島本町広瀬・東大寺付近）内の畠四カ所について、元通り荘領とすることが関白家政所から命じられた（『平』二一六二三号）。これによると、前荘司秦重時等六人の水無瀬郷刀禰住人等は田堵として長年荘田を耕作しながら、八幡宮寄人を称したり殿下散所雑色を号したりして地子物等を納めず、畠四カ所を売却したという。田畠を耕作しながらも、八幡宮神人として、また摂関家の交通運輸機能を持つ散所の雑色として奉仕する住人の実態が分かる[70]。

一一世紀半ばに成立した藤原明衡の『新猿楽記』に、馬借・車借が山崎で活躍する描写があるのも、フィクションであるとはいえ、当時の山崎の住人等を反映すると思われる。また有名な山崎の長者が登場する『信貴山縁起絵巻』飛倉の巻が描かれたのは、平安時代後半頃である。山崎の長者は、校倉に米俵を多く貯え、問丸の業務を勤め、油絞りの締木と竈を持ち荏胡麻油を製造販売するなどの商業活動に従事する、石清水八幡宮の大山崎住神人で、絵巻には一二世紀後半頃の地方豪族の姿が描かれているとされる。山崎長者八人が実際の史料にみえるのは、一二五七年（正嘉元）一〇月一〇日の山崎長者等山寄進状（一志則友等山寄進状、『鎌』八一五七号）である。この文書にみえる長者のうち、執行清原時高については、一二六一年（弘長元）四月二七日の清原時高田地所当売券があり、彼の嫡子僧とともに連署して、私領である一反小の田地を四貫文で式部殿に売却しているが、この所当は毎年油三升だった（宝積寺文書）[71]。この山崎長者は祭祀を司り、在地の土地売買にも関与して紛失状を立てる時に判形を記している。したがって、平安時代に山崎郷の下級官人としての役割を果たしていた刀禰に替わって、長者が登場したと私は考える。

このような長者の実例としては、一三五〇年（観応元）一一月一九日に、摂津国住吉郡平等院領杭全荘（大阪市東住吉区杭全付近）内の虎代女が相伝した畠地一反小について、同荘惣公文康氏が紛失状を発給しているが、同時に同荘長者等が紛失状を立てて連署している例がある（『大徳寺文書』）。この場合には、長者未（末）満・金集末正・沙弥成仏の三人がみえ、金集末正は『新猿楽記』にみえる金集百成を想起させることについては、以前に述べたことがある[72]。すなわち、金集百成は典型的な手工業専業者で、京都七条以南という物資流通の要衝に住み、かつ右馬寮の下級官人で、また保長という下級役人の職にも就いていた人物として描かれている。刀禰職が長者職と同時に出現する例としては、一三〇九年（延慶二）二月日の杜薬園寺長者代幷刀禰等言上状がある（『宮寺見聞私記』）。この時、石清水八幡宮の門前郷である「杜（郷）在地人幷刀禰等」が境内における麹売買の独占権を主張しているが、彼らは「長者代幷刀禰等」と言い換えられている。この例は薬園寺長者職を在地人が代行したものだが、長者代と刀禰等はほぼ同じ職掌だと考えてよい[73]。

中世の大山崎は多くの権門寺社領に分割されていた。このなかには石清水八幡宮領もあったが、一三四六年（貞和二）八月二六日の藤原房俊田地売券によると、八幡宮領山崎御供田内の一反が溝口の治部左衛門に一五貫文で売却されている（宝積寺文書）。山崎御供田は石清水八幡宮への神事費用を負担するために設定された田地である。一二三一年（寛喜三）四月二一日の石清水八幡宮寺供米支配状に、「十一月　御神楽　山崎御供田」（『鎌』四一三〇号）とみえるので、一一月に御神楽を奉納するための費用が含まれていた。八幡宮への最大の神事役は四月三日の日使頭役だったが、これは大山崎神人に頭役として差定されたことはいうまでもない。室町時代になると、大山崎神人等は、室町幕府の保護を得て、〈本所神人〉として新加神人等を差配する特権的な地位を獲得する。莫大な費用を負担することになる日使頭役にも、住京大山崎神人や諸国の新加神人等が補任されるようになるが、地主神である天神八王子社の祭礼については、上下十一保の神人・地下人等が祭祀に参加した。

天神八王子大政所長者は、地主神の祭礼を執行し座役を徴収する主体であった。一五三七年（天文六）三月二九日の大山崎長者政所下文写によると、八幡宮大山崎長者政所の八人から疋田三郎左衛門尉子息千代丸が「座衆職事」に補任されている。また、一五四八年（天文一七）四月二一日、疋田三郎左衛門尉息女が大政所長者八人に、傘役銭六〇〇文を納めている（井尻家文書）。一四八五年（文明一七）から一六六二年（寛文二）に至る天神八王子社の祭礼記録、「童使（子）出銭日記」[74]によれば、「八王子座役」には座入四〇〇文・二成五〇〇文・笠銭六〇〇文があった。

さらに、大政所長者は、住京神人・新加神人等を統轄する〈本所神人〉、すなわち石清水八幡宮大山崎神人の長でもあった。一五二二年（大永二）四月に、石清水八幡宮住京大山崎神人等は、錦小路西洞院（京都市中京区）に新八幡宮を勧請し、座人の紐帯とすることを願い出た（「賦引付」[75]）。これは一四九四年（明応三）に八幡宮が炎上したために、再興しようとしたものである。一五三五年（天文四）三月一〇日、住京大山崎神人等は、住京と大山崎は雌雄左右の如しとして、庭銭と名づけた油商売初尾の要脚で錦少路西洞院の新八幡宮の神事造営を執行してきたが、近年壱岐筑後守が公儀の御下知を掠め、庭銭を押し取り恣に神事を抑留していると幕府に訴えた（同前）。残念ながら、この新八幡宮について以後の詳しい史料は残っていない。

洛中洛外の保の実例でみたように、検断を通じた都市の保における土地支配・商工業支配・宗教支配等の検討を通して保の住人等の結合体の実態を明らかにすることが、今後の主要な課題になると考えるが、それでは室町・戦国時代における大山崎での検断は、どのようにおこなわれたのだろうか。

大山崎がどのように支配されたかについて、三浦家文書[76]に注目すべき史料があるので、保との関係で触れておきたい。それは一三四六年（貞和二）八月の清原重継屋敷売券で、重継が先祖相伝の私領屋敷の文書を紛失した際、検非違使庁に申請して諸官の紛失状を給わり、一三四五年（康永四）二月の社家の御下知ならびに紛失状の案文を添えて藤井左衛門次郎に売っているものである（『三』21）。この中村の屋敷は、「八幡御領内蔵寮内中村口六丈五尺限奥西願寺御領」と記され、石清水八幡宮領内蔵寮内にあり、奥の西願寺（成恩寺、一条家の氏寺[77]）領に接していた。南北朝時代に入り、北朝の光厳上皇院政期において検非違使庁が紛失状の承認に関わっている[78]。しかし、この中村屋敷文書をもって、検非違使庁が都市大山崎に支配を及ぼしていたと結論することはできない。中村屋敷は八幡宮領内蔵寮内にあるため、検非違使庁から紛失状が承認され、八幡宮社家の下知が必要とされたのである。

石清水八幡宮内の治安・警察の任に当たるのは、神人奉行の一つ執行勾当に統率されている巡検・下部・非人であり、八幡宮領で紛争が起きると巡検使以下が八幡使として現地に下向する。八幡宮の巡検勾当は〈公家検非違使〉に準ずるものとして〈宮検非違使〉とも呼ばれ、赤衣を着けて神境の警護に当たり、修正会の追儺儀礼や呪師猿楽を統轄する後戸官人（後戸判官）として修正会以下の仏神事に従う存在であった。しかし、大山崎に石清水八幡宮の宮検非違使の巡検・下部・非人が入ったという史料は見出せない。また、平安時代の津頭で津刀禰を先頭に検非違使が巡回して以来、大山崎に検非違使が検察に入ったという史料も見出すことができない。鎌倉時代末期から南北朝時代に「神人悪党」が要求のため石清水八幡宮に閉籠した場合でも、八幡宮の社務・祀官等が対処するのが一般的であった。

ただし、一二七九年（弘安二）五月四日に大山崎神人が神輿を奉じて入京強訴したのは、大山崎住京神人が被害を受けた事件で、特別な事例である。これは、日吉社赤山神人加島入道蓮法が盗人の嫌疑により大山崎神人美濃太郎重能の妻女を拷問にかけ息女を殺したことを訴えたもので、蓮法を使庁に召出させよという院宣が下されたが、延暦寺が蓮法を擁護し、日吉宮仕法師等が気勢を示したので、使庁は蓮法を逮捕できなかった[79]。処分が遅延したため大山崎神人等が入京強訴したもので、石清水本宮の神輿が入洛したのは初めてだったため、朝廷もこれを恐れ、検非違使中原明綱を解官し、別当参議藤原親朝を罷免し、蓮法法師を薩摩に流罪とした結果、神輿も初めて帰座した。さらに、一社奉幣をおこなって祈謝し、神輿を造替し、亀山上皇が石清水八幡宮に参詣して深謝したという。しかし、確かに検非違使別当藤原親朝と中原明綱は罷免されたが、別当は後日還補、明綱も還補かという（『検非違使補任』第二）。一二七九年五月四日の亀山上皇院宣案では、神民が泥土に置いた神輿を、その晩は東寺に納め、のちに帰座あるよう東寺長者僧正御房（脩助か）に依頼している（『鎌』一三五八〇号）[80]。

前述の清原重継の屋敷は、一三五三年（文和二）に岩上の左衛門三郎に売られ、一四六六年（文正元）には、井上藤左衛門尉宗賀から岩上保澄心庵慈栢蔵主に売却されている（『三』22・23）。ただし、前者の売券には一四四三年（嘉吉三）四月一八日の「道幸」、後者の売券には一四九八年（明応七）九月二八日の「寿宗」の裏書きと花押があり、その後の敷地の切り売りや替地についての異動が記されている。これらの三通の売券に裏判が押されている事実は、この屋敷地の売買が管轄された事実を示している。

次に保と座の関係であるが、大山崎で商業座としての油座が史料に表記されるのは、一五八二年（天正一〇）七月の羽柴秀吉条々における「油之座」と「麴之座」が最初である。従来通り当所侍のほかは商売してはならないと命じたもので、翌一五八三年（天正一一）六月の羽柴秀吉定書では、上様（織田信長）の時棄破された洛中油座は先規の筋目たるべきこと、当所諸職は先々のごとくあるべきことを大山崎惣中に保証し、大山崎神人等の既得権を認めた。一五八三年一一月、京都所司代前田玄以は石清水八幡宮住京神人油座の権益を認め、洛中洛外の商売について座法を破り商売する者があれば成敗するべきこととした。中村売子弥次郎と母が座法に背いた件について成敗させたのである（『大日』一一―五）。

座の表記が一六世紀後半まで出現しない事実に、大山崎の保が油商業に占める重要な意味が示されている。一三七六年（永和二）一二月の大山崎住京新加神人等被放札注文において、住京神人が大山崎の一〇保ごとに組織されている事実から、これまでも保が座の役割を果たしていたのではないかと考えられてきた。戦前に清水三男が離宮八幡宮（実は山崎神社）の保について、「商業の座にも神人の保の組織が用いられた事が知られる」と述べたのが、おそらく最も古い説であろう(81)。

保が中世期の荏胡麻油の商売特権とどのように関連したのかという問題について、福島克彦は、新出の「松田家文書」(82)によって新知見を述べている(83)。一四六四年（寛正五）八月一九日、丹波栗作の栗作道円・栗作岡源次郎兵衛・栗作田端兵衛・少蔵左衛門道シュンの四名が各々一箇所ずつ新木（新しい油木・油器）を立てていることを明示し、それ以外は一切立てないことを誓約した請文である。また、京都へ油の直接販売をしないことも誓約している。重要なのは、田端兵衛の肩書きが「船橋保人」で、他の三名が「中村保人」を肩書きとする事実である。ここから福島は、一五世紀中葉、禁裏御料所で油を貢納していた丹波の栗作郷（兵庫県丹波市山南町域）と小倉（丹波市旧柏原《かいばら》町上小倉・下小倉）における搾油者が八幡宮の傘下に入っていたこと、彼ら四名は現地在住者の可能性が高く、略押を記す身分であったことを明らかにした。最も注目されるのは、彼らが大山崎の保に属する「保人」と号し、擬制的に大山崎の地縁的共同体に属することで搾油を認められていたこと、さらに、京都への油の直接販売の停止を誓約しているが、直接販売が大山崎の特権に抵触していたことである。福島は、大山崎住京神人も保の出身者とのみ考える必要はなく、「新加神人」も神人と地下人の境界的存在で、保に帰属することで洛中における小売業が認められたものと思われると結論している。

確かに住京神人のすべてを大山崎出身と考える必要はない。前述の大山崎住京神人美濃太郎重能の場合も、大山崎出身かどうかは断定できない。しかし住京神人が被害者となった事件で大山崎神人等が石清水の神輿を持ち出して入京強訴している事実は、いかに大山崎と住京神人との連帯関係が強固であったかを示している。その紐帯は、京都を最も重要な消費市場・商圏とする卸と小売りの関係を基盤にしていた。丹波の栗作郷・小倉の搾油者が現地に居住し、荏胡麻油を製造販売していたとすれば、京都を除く地域への販売を容易にするために「保人」となったのであろうか。

栗作郷（荘）供御人は丹波栗を貢進したが、鎌倉時代には宮中内侍所の御殿用の油二石ないし二石二斗を納めることになっていた（一三三三年〈元弘三〉五月の内蔵寮領等目録・年月日未詳の内侍所供御物幷御殿油注文〈山科家古文書〉）。南北朝期に栗作荘は禁裏御服料所となったが、代官は久下氏で、領家職も地頭久下氏に与えられた。しかし、一三七四年（応安七）一月の後光厳法皇の崩御に伴い、領家職は天龍寺金剛院に施入された。一四二五年（応永三二）閏六月三日の足利義持御判御教書は、栗作荘領家職を金剛院に返付している[84]（『鹿』四一六号）。また、一四三五年（永享七）二月二一日の足利義教御判御教書、一四五八年（長禄二）三月一五日と一四七八年（文明一〇）五月二八日の足利義政御判御教書も、金剛院領丹波国栗作荘領家職の当知行を保証している（『鹿』四一七・四四五・四六六号）。新出の「松田家文書」は、栗作が室町幕府の管轄下で領家職が天龍寺金剛院に与えられた時期の史料である。さらに、小倉の搾油人「少蔵左衛門道シュン」については、地頭が同じ久下氏[85]で栗作の近隣であるが、旧柏原町に位置した柏原荘（平安時代は安田園）が山城石清水八幡宮領であることも、考慮するべきかもしれない。

八幡宮大山崎神人以外の畿内の油商人については、奈良符坂今辻子（奈良市油阪町・西之阪町・今辻子町）を拠点として活動した符坂油座が著名であるが、摂津天王寺の木村《このむら》座（大阪市）や箸尾（奈良県北葛城郡広陵町）

の油売、矢木座（奈良県橿原市）等が存在した。廣田浩治「中世の安松の油商人――離宮八幡宮文書からの紹介――」[86]は、一三八八年（嘉慶二）三月の和泉国守護山名氏清奉行人連署奉書を手がかりに、和泉国向井の住人夜叉次郎・二王次郎と安松の宮内太郎・又五郎男の四名が「住吉社御油神人」と名乗って油木を立てて荏胡麻油の交易を新儀におこなっていると、大山崎神人等に訴えられた事件の概要と結末を述べている。この論考に付けられた廣田の「補遺」によると、一四九一年（延徳三）に安松（大阪府泉佐野市）に「由（油）屋宮内太郎」がみえるので、この油商人（油屋）が継続して営業していたことが分かる。このような事例は各地に存在したであろうが、具体例が実証できるのは稀なので貴重である。

戦国時代の「大山崎惣中」は、一四七二年（文明四）八月の赤松政則感状が宛てた「大山崎諸侍中」が示すように、武将らから武装集団として認識されていた。応仁の乱では、幕府東軍側に味方して、老衆（宿老中）のもと若衆が実際の戦闘に参加した。一四七一年（文明三）一一月三〇日、幕府は大山崎惣中の粉骨を賞し、「向後弥老若共以成水魚之思」、すなわち老衆・若衆共に親密な談合を加え、さらに無二の忠節を示すよう求めている（室町幕府奉行人連署奉書）。政治的・軍事的な組織形態は、大山崎惣中が実戦を経験するなかで鍛えられていったと思われる。さらに大山崎内部の支配形態を検討する。

三浦家文書に保の土地支配に関する史料がある。一三七六年（永和二）五月九日、岩上保大明神大芝の地が、「保は□（か）らひとして」当保住人源六殿に永代補任された（『三』38）。この地は大明神領であり神地であるが、地子は毎年二〇〇文宛保中へ納める義務があり、地子を懈怠した場合は、この下地を保のはからいとして取り上げるとしている。則家・重家・則次・貞□・向阿・弘阿六人の連署があり、岩上保の代表と思われる。この岩上保大明神は、現在の岩上社と考えられる[87]。

近世の大山崎では、上六保・下五保の社家（大山崎神人）から選ばれた上・下若衆中が徴税や治安維持などの実務を担い、各保一人の社家が保の行政上の責任者である貫首となった。大山崎の最高責任者は上・下若衆中を統轄する当職で、社家が就任した。また、町人・百姓から選ばれた大夫が、当職・貫首の補佐をおこなっていた。

一五九二年（天正二〇）一二月一三日には、五位川保にある、かち弥三・弥五郎二人の屋敷を質物に入れ、銀子四三文目（匁、大黒銀）を上の若衆中六人（秀能・准次・宗次・清貞・秀長・秀貞）が預かっている（『三』53）。また、一五九九年（慶長四）三月二一日、惣中が上下田畠が荒れて中村保に対して年貢が収納できないとして、今月中に本主が荒起こしをするよう命じている。もし本主が荒起こしをしない場合は、所望の百姓にさせるということを、保々へ申し入れたという。この場合は、惣中が田畠の所有権（領主権）を持つということになる（『三』30）。先に「第一章　都市大山崎の歴史的位置」で述べたように、一五八二年（天正一〇）六月の本能寺の変後の山崎の戦いを経て、秀吉による大山崎の城下町化がなされ、中世都市大山崎は近世的支配秩序に変化していった。この史料は、惣中が田畠の所有権を持つという特殊な近世的土地所有制度が、惣中によって実施されたことを示す、重要な史料であると考える。(88)

近世の大山崎では、賀茂社の往来田に似た「社家役田」という土地共有制度がおこなわれた。往来田とは、京都の賀茂別雷神社（上賀茂社）でおこなわれていた特殊な土地制度で、同社の氏人（社家）の共有の田地を一四〇人分に区分し、年令順に一四〇人まで給与されるというものである。賀茂社の場合は、賀茂氏の一族の間で田地を平等に配分するという制度が数百年間も続いたものであるが、大山崎の場合は、惣中が一種の土地の共有制度を実施したものである。近世の大山崎惣中は離宮八幡宮の社家の組織として存続し、この支配秩序は、惣中が財政的に破綻する一九世紀まで存続した。

おわりに

大山崎十一保の起源を解明するという課題について参考となるのは、第一に宇治の番保の実例である。宇治の番保は、宇治神社の離宮祭の神事役を奉仕するために設置されたと考えられる。室町時代以降の史料しか実在しないとはいえ、その成立が鎌倉時代まで遡ることは間違いないと考える。宇治の番保で注目されるのは、それが新町通り（宇治橋通り）に沿った両側町の形態を示すことであり、その点で播磨大路（西国街道）に沿った大山崎十一保と、形態として最もよく似ている。大山崎の場合、これまで述べたように、神事役を奉仕するための組織でもあったとするならば、その神社は酒解神社・天神八王子社とも呼ばれた山崎神社以外に考えられない。戦国時代から江戸時代初期に及ぶ天神八王子社の祭礼記録である「童使（子）出銭日記」[89]にみえる、五位川大政所座と溝口座が祭礼の中心的役割を果たしていた事実だけで、実証としては充分ではないかと考える。ちなみに五位川大政所座とは、五位川保にあった御旅所としての大政所に対応する組織であるが、溝口座が置かれた溝口保も地主神の祭礼の主人公である童使（童子）を出していたから、この両座が大政所座であると考える。

第二に、宇治と大山崎は、中世を通じて摂関家・権門寺社との結びつきが強く、中世後期には室町幕府との関係が強くなっていった。宇治と大山崎の相違は、宇治が京都と奈良の間に位置し、水陸交通上の要衝でありながら摂関家の〈別業都市〉として形成されたため、宇治郷・槇島郷の鎮守社宇治離宮明神社が宇治川対岸の平等院と切り離せない関係にあることである。中世後期の宇治には諸種の商業が発達し、なかでも茶園経営が盛んで茶の名産地として発展したが、〈別業都市〉という性格は変わらなかった。これに対して、大山崎は京都の西郊に位置し、西日本や瀬戸内海に通じる西国街道と淀川の水陸交通上の要衝であり、淀川対岸の石清水八幡宮神人として独占的な油商人としての商業活動を展開した。室町幕府との結びつきが、一層荏胡麻油の商業の展開に寄与したのである。

第三に、大山崎住京神人の存在から考えられるのは、京都の保の実例である。住京神人の初見は、一二七九年（弘安二）の塩小路油小路に住む大山崎の油商人美濃太郎重能の例である。彼は八幡神人だったが、「山崎御神神人」だと書かれている（『仁部記』）。この意味するところは、山崎神社に組織された石清水八幡宮神人ということではないかと思う。この大山崎住京神人の存在は、京都を最大の消費市場とする大山崎にとっては最も重要であったから、行政区画としての京都の保に影響されて、早々と大山崎の保が形成されたという可能性も無視できない。(90) いずれにしても、大山崎十一保の成立は、鎌倉時代まで遡ると考える。

（1）清水三男『日本中世の村落』日本評論社、一九四二年。のちに岩波文庫、一九九六年。

（2）とくに網野善彦「中世都市論」（『日本中世都市の世界』筑摩書房、一九九六年。初出は一九七六年）参照。同「都市的な場と都市――渡市津泊宿――」（網野善彦・横井清『日本の中世六　都市と職能民の活動』中央公論新社、二〇〇三年）。

（3）北条泰時が宇都宮辻子への御所の移転を契機に、一二二五年（嘉禄元）頃、平安京にならって保という行政上の地域単位を鎌倉に設定した。保ごとに保奉行人を置いて鎌倉内の治安維持・道路管理・商業統制をおこなった。

（4）『中世都市共同体の研究』（思文閣出版、二〇〇〇年。初出は一九七六年と一九七七年）第一・二章参照。なお、保に関連して、これ以後の研究史をあげると、脇田晴子『日本中世都市論』（東京大学出版会、一九八一年）の「第三章自治都市の成立とその構造」、仁木宏『大山崎宝積寺文書』（思文閣出版、一九九一年）があり、福島克彦執筆の『自治の街、大山崎』（大山崎町歴史資料館、一九九七年）に大山崎の保の復元図がある。

（5）「中世京都の警察制度」（『中世都市京都の研究』校倉書房、一九九六年。初出は一九七一年）。

（6）『増補続史料大成　八坂神社記録四』（臨川書店、一九七八年初版）三七九頁による。この注進状案は、『増補八坂神社文書』下巻一（臨川書店、一九九四年復刻）所収の一二七四号と同一である。

（7）静晴別当得分注進案（『新修八坂神社文書　中世篇』臨川書店、二〇〇二年）一九～二四頁。
（8）『歴史学研究』三九二号、一九七三年。
（9）黒田紘一郎『中世都市京都の研究』（校倉書房、一九九六年）七五頁の補注参照。
（10）赤松俊秀「町座の成立について」（『日本歴史』二一一号。のちに赤松俊秀『古代中世社会経済史研究』平楽寺書店、一九七三年、所収）。秋山国三「条坊制の「町」の変容過程について」（『京都社会史研究』、一九七一年。のちに秋山国三・仲村研『京都「町」の研究』法政大学出版局、一九七五年、所収）。
（11）佐藤進一『鎌倉幕府訴訟制度の研究』（岩波書店、一九九三年。初刊は畝傍書房、一九四三年）九六頁の（註六＝一二三頁）参照。
（12）「京に中世を探る」（五味文彦編『都市の中世』吉川弘文館、一九九二年）。
（13）「北朝の検非違使庁」（『増補改訂南北朝期公武関係史の研究』思文閣出版、二〇〇八年。初版は文献出版、一九八四年）。
（14）京都の在家々主をしてその寄宿人の人数、来由を申告させることを定めたもので、建久二年三月二八日新制（建久Ⅱ令）にみえるが、保元二年一〇月八日新制（保元二年令）にあったことが分かっている。水戸部正男『公家新制の研究』（創文社、一九六一年）参照。
（15）大村拓生『中世京都首都論』（吉川弘文館、二〇〇六年）第二部第二章。また、橋本初子「中世の検非違使庁関係文書について」（『古文書研究』第一六号、一九八一年）を参照。
（16）円宗寺寄検非違使については、一一二七年（大治二）正月八日、かつて検非違使別当を勤めた藤原宗忠が、以前の部下の検非違使伴有貞から、高齢で円宗寺寄検非違使を勤めた内藤経則が死去したため代わりに今年から寄検非違使を命じられたとの報告を受けている（『中右記』）。
（17）おそらく瀬多家が祇園社寄検非違使の職務との関わりで獲得した文書と考えられ、発給者側の控えではないとする。この大村拓生の意見は、明法勘文など公家法関係文書が明法官人中原家の家伝文書として伝来したこと、その一部が瀬多文書として正文が伝来していると記した井原今朝男の意見と同じだという（井原今朝男「中世借用状の成立と質券之法」〈『史学雑誌』一一一―一、二〇〇二年〉）。なお、註(13)にあげた森茂暁論文の表では、この紛失状に「案」は付けていない。

(18) 使庁官人による紛失証明の実例は、大村拓生の註(15)前掲書によれば、一三九九年(応永六)一〇月一〇日の三善景衡文書紛失状(宝鏡寺文書、『大日本史料』七―四)まで認められる。森茂暁の註(13)前掲書でも同じ。

(19) 『古文書研究』第一六号、一九八一年。

(20) 鹿王院文書研究会編、思文閣出版、二〇〇〇年。

(21) 本書第一部「第二章　都市大山崎と散所」参照。

(22) 「宇治の番保」(『洛中洛外』の社会史』思文閣出版、一九九九年。初出は一九七四年)。また、『宇治市史二　中世の歴史と景観』(一九七四年)四〇四～四一四頁。

(23) 京都大学文学部所蔵影写本、宇治の番保の基本史料で、この史料は『宇治市史六』所収。原本は「宇治堀家文書」一三巻(一四八通)で、国立歴史民俗博物館蔵。『田中穣氏旧蔵典籍古文書目録(古文書・記録類編)』(国立歴史民俗博物館、二〇〇〇年)参照。

(24) 金持氏は関東武士の出自である。一二四七年(宝治元)の宝治合戦で三浦方の生虜輩に金持次郎左衛門尉がいる(『鎌』六八四二号)。のちの一二九九年(永仁七)に皇室領紀伊国三上荘(和歌山市・海南市地域)薬勝寺雑掌と相論する勢多(瀬田村)半分地頭金持広親(近)や、一三二七年(嘉暦二)伯耆国立縫郷津原村地頭金持広顕がみえる(『鎌』一九九三四・二〇七〇一号、二九七八九号)。

(25) 将軍足利義尚(一四六五～八九年)の幕臣大館尚氏(法名常興)は生没年不詳で、父教氏が一四六三年(寛正四)に病没しているから、それ以前に生まれ、『大館常興日記』に一五四二年(天文一一)までの記述が残る。この大館駿河殿とほぼ同世代か。教氏の第三子常興は伊予守に任じられ伊予入道と呼ばれた。一四六四年(寛正五)八月二五日、大館左京亮幸弘が宇治郷坂井戸須袋跡の一ノ坂の畠一所を堀氏に売却している(「堀家文書」巻一―七)。幸弘は大館常安の子息か。また、一四三〇年(永享二)一〇月二〇日、一族の大館上総入道(満信)は納銭方借用分四三五〇貫文を、領知内一一カ所で勘定するよう命じられた(「御前落居奉書」)。

(26) 「御前落居奉書」(桑山浩然『室町幕府引付史料集成』上巻、近藤出版社、一九八〇年)所収。

(27) 一四五五年(康正元)、地頭職を持つ京都実相院(現京都市左京区岩倉上蔵町)が領家職進止を幕府から認められ、実相院は毎年年貢一五貫文を摂関家に送っていた（『京都府の地名』平凡社、一九八一年）。
(28) 永島福太郎『奈良』吉川弘文館、一九六三年。稲葉伸道「中世都市奈良の成立と検断」（五味文彦編『都市の中世』吉川弘文館、一九九二年）。
(29) 細川政元被官赤沢朝経については、森田恭二「細川政元政権と内衆赤沢朝経」（中世公家日記研究会編『戦国期公家社会の諸様相』和泉書院、一九九二年。初出は一九七九年）、今谷明『室町幕府解体過程の研究』（岩波書店、一九八五年。初出は一九七七年）「第二部第一章　京兆専制」参照。
(30) 『兎道旧記浜千鳥』は、一六九七年（元禄一〇）に三嶺守際が記した宇治最初の地誌で、一七九二年（寛政四）の写本が個人蔵として残る。
(31) 中世の史料に「山城国多田池尾」「池尾郷」等の地名がみえる（後法興院雑事要録）。多田は池尾集落の西北方に小字として残る。「多田郷山」は不明だが、当時は近衛家領であった。
(32) 矢落遺跡（宇治樋ノ尻八六―一ほか）では、一三世紀の土器を包含した湖（巨椋池）岸の湿地を発掘した（『宇治市埋蔵文化財発掘調査概報』第一六集、宇治市教育委員会、一九九〇年）。二〇〇一年には一一世紀後半に遡る邸宅遺構が発掘され、杉本宏は摂関家の重要別業の一つ「泉殿」と推定している（杉本宏『日本の遺跡六　宇治遺跡群』同成社、二〇〇六年）。
(33) 『宇治市史三　近世の歴史と景観』（一九七六年）六八五頁。
(34) 『新校群書類従』第一五巻所収。
(35) 杉本宏註(32)前掲書。『佛教藝術　特集宇治の考古学・藤原氏別業の世界』二七九号、毎日新聞社、二〇〇五年。
(36) 新町通りに面する京都銀行宇治支店北側の駐車場（宇治市妙楽一六〇―一番地、江戸時代に宇治郷代官所があった地域）の発掘調査では、古代から近世に至る町家跡や輸入磁器（白磁・青磁）等を発掘している（『宇治市埋蔵文化財発掘調査概報』第一集、宇治市教育委員会、一九八二年）。
(37) 浜中邦宏「宇治の都市的空間成立と平等院」（吉井敏幸・百瀬正恒編『中世の都市と寺院』高志書院、二〇〇五年）。
(38) 滋賀県高島市に現存する酒波寺との関係は分からない。酒波寺は、奈良時代に行基により創建され、藤原氏の氏寺興福寺に属し、五六坊、一五〇〇人の僧を抱える大寺だったという。平安初期には、比叡山の義真が本堂を建立し、天台・真言兼学の道場となったが、一時衰微し、平安末期の一一〇一年（康和三）に再建されたという。
(39) 高橋慎一朗「鎌倉期の都市京都における「在地人」」（『日本史研究』四八一号、二〇〇二年）。
(40) 宮崎康充編、続群書類従完成会、一九九八・一九九九年。
(41) 『洛中洛外の群像』（平凡社、一九九四年。初出は一九七九年）。
(42) 『長楽寺千年』全二冊（重要文化財指定記念に長楽寺が発行、一九八二年）参照。
(43) 下坂守『中世寺院社会の研究』思文閣出版、二〇〇一年。
(44) 同年一一月二八日に六角白川住人白川中将牛童丸住宅を刃傷の咎により破却した際も、三条坊門新大納言の訴えにより、二条判官章職奉行が社家に通達している。三条坊門新大納言は、前年五月一七日に権大納言に任じられた三条公親で、奉行の二条判官章職は中原（勢多）章職である。藤原公親は三条坊門大納言と呼ばれた。一三一五年（正和四）四月二一日の静覚京極為兼請文に、「三条故前内府〈公親〉」が「三条坊門故入道殿」とも記される（『鎌』二五四八三号）。
(45) 『国史学』第一四〇号、一九九〇年。
(46) 日本歴史地名大系二七、平凡社、一九七九年。
(47) 中世都市としての嵯峨の研究が盛んであるが、山田邦和「院政王権都市嵯峨の成立と展開」（註(37)の『中世の都市と寺院』所収）に嵯峨の復元図がある。
(48) 勘解由小路頼資（号四辻）については、『尊卑分脈』第二篇二五二頁参照。一二一五年（建保三）七月一二日、右衛門権佐、検非違使別当（宮崎康充編『検非違使補任　別巻』続群書類従完成会、二〇〇六年）。
(49) 一一七一年（嘉応三）二月の遠江国（松尾社領）池田荘立券状（案）に、「本社使櫟谷禰宜秦宿禰」がみえる（『平』七―三五六九号）。
(50) 網野善彦『日本中世の非農業民と天皇』（岩波書店、一九八四年）第二部第四章「宇治川の網代」。
(51) 大村註(15)前掲書。
(52) 一五二二年（大永二）九月一六日・一五二三（大永三）八月の松尾社祀官等重言上状（『大日』九―一六・二〇）。
(53) 尊経閣蔵の神祇官勘文に、大宝元年秦都理が初めて神殿を造ったとある（『平』一〇―四九〇五号）。
(54) 一〇〇五年（寛弘二）二月四日に、明経生大秦宿禰公信が、松尾大神宮神主秦宿禰奉親に山城国葛野郡三条大豆田里

四段二四〇歩を直米二〇石で売っている（『平』二―四三八号）。一〇一〇年（寛弘七）二月二〇日の郷長三宅某田地相博状に、同秦宿禰奉親と同禰宜秦がみえる（『平』二―四五四号）。

(55)『比叡山と室町幕府――寺社と武家の京都支配――』東京大学出版会、二〇一一年。

(56) 一四三一年（永享三）一二月の北野宮寺祈禱帳（『北野天満宮史料　古文書』一九七八年）。

(57) 一保は安楽寺・二保は東光寺・三保は長宝寺・四保は新長谷寺・五保は満願寺・六保は阿弥陀寺・七保は成願寺である。

(58) 尊性法親王は延暦寺妙法院門跡で、父は後高倉院。一二二七年（安貞元）一二月から一二二九年（寛喜元）三月まで天台座主。一二三二年（貞永元）八月から一二三八年（嘉禎四）閏二月まで再任。

(59) 生杉朝子訳『建保本　天神縁起』（二〇〇一年）は、伊勢・神宮文庫蔵「北野事跡、天・地」二冊の翻刻・口語訳である。「第四一段　八月の御祭」に大座の牛童がみえる。

(60) 竹内秀雄『天満宮』吉川弘文館、一九六八年。

(61) 一四九〇年（延徳二）七月一一日の大座神人福松丸起請文・大座神人福松丸・和久里頼武請文（『北野天満宮史料　古文書』一九七八年）。以下、表記しない限り史料はこの書による。

(62)『北野天満宮史料　目代日記』（一九七五年）五五頁。

(63) 高橋康夫『京都中世都市史研究』（思文閣出版、一九八三年）第四章第二節「西陣の成立」。

(64) 一二六一年（弘長元）の清原時高田地売券の署名者を、『大山崎町史　史料編』は「溝口保時高」と読んだが、書き損じであるとはいえ、仁木宏が読んだように「清原時高」である（京都大学文学部『博物館の古文書』第八輯「大山崎宝積寺文書」、思文閣出版、一九九一年）。

(65) 三浦家文書（『三』）の番号は、『三浦家文書の調査と研究』（大阪大学大学院日本史研究室・枚方市教育委員会、二〇〇七年）による。

(66) 以下、離宮八幡宮文書（『島本町史　史料篇』『大山崎町史　史料編』所収）は、いちいち表記しない。

(67) 九七四年（天延二）閏一〇月二五日、使庁官人（佐・志・府生・看督長）は津廻として山崎津に向かい、津刀禰の前行で巡回したのち、津の政所で刀禰の進める過状を取り調べ、政所で宿泊した翌朝、犯人から申文を取り、これに教唆を加えて放免した（『平親信記』）。西岡虎之助「荘園における倉庫の経営と港湾の発達との関係」（『荘園史の研究』上巻、岩波書店、一九五三年）。

(68) 前掲「旅所祭祀成立に関する一考察」（註(45)所収）参照。

(69) この上村主（上勝）重基が山城国紀伊郡の郡司で摂関家の下家司であった事実については、本書第一部「第二章　都市大山崎と散所」で詳しく述べている。

(70) 行願寺を建立した行円については、本書第一部「第二章　都市大山崎と散所」で論じている。

(71) この田一反の売買は、先に第一章でも取り上げているように、清原氏から井上氏への作手職と本役所当収取権を合わせた売買である。大山崎での本役所当は多くは油で納められている。

(72) 註(4)の拙著第三章「戦国都市堺の形成と自治」（初出は一九八六年）参照。

(73) 丹生谷哲一「中世畿内村落における刀禰」（『日本中世の身分と社会』塙書房、一九九三年）。

(74) 『島本町史　史料篇』大阪府三島郡島本町役場、一九七六年。

(75) 桑山浩然校訂『室町幕府引付史料集成』上巻（近藤出版社、一九八〇年）四九一〜四九二頁。

(76) 『三浦家文書の調査と研究』大阪大学大学院日本史研究室・枚方市教育委員会、二〇〇七年。

(77) 西願寺は辻保にあった天台宗寺院。一二二八年に妙香院門跡良快（一二二九〜三二年天台座主）が兄九条良平に譲り、成恩寺と改められたが、良平は洛中九条坊門万里小路に移転させた。この成恩寺は、一二七九年に一条実経が新しく創建した東福寺末の寺院である。

(78) この史料については、先の「第二章　都市大山崎と散所」で詳しく述べている。

(79) 赤山明神は比叡山延暦寺における伽藍鎮守神の一つ。その本拠は西坂本と呼ばれた京都市左京区修学院関根坊町の赤山禅院で、比叡山西麓の惣鎮守とされる。創建は八八八年（仁和四）で、円仁（慈覚大師）の遺言で唐から勧請され、比叡山東麓の日吉神社（大津市）と共に天台の鎮守社とされる。

(80) 「石清水八幡宮略史　祀官（訴訟）」（『石清水八幡宮史　首巻』続群書類従完成会、一九三九年初版）。「仁部記」（『大山崎町史　史料編』、一九八一年）。

(81) 清水三男『日本中世の村落』（日本評論社、一九四二年）「第二章第二節　神社の保」参照。

(82)『離宮八幡宮社家松田家文書調査報告書』大阪府三島郡島本町教育委員会、二〇一二年三月。
(83) 福島克彦「中世大山崎の都市空間と「保」」(仁木宏編『日本古代・中世都市論』吉川弘文館、二〇一六年)。
(84)『鹿王院文書の研究』(註(20)参照) 所収の文書番号を示す。また、細見末雄『丹波の荘園』(名著出版、一九八〇年) 参照。
(85) 久下氏は『文安番帳』『長享番帳』にみえる幕府奉公衆で、『久下文書』番帳(四番のみの断簡) に「久下三郎左衛門尉」がみえる(今谷明『室町幕府解体過程の研究』〈岩波書店、一九八五年。初出は一九八〇年〉二部三章)。
(86)『地域論集V　南北朝内乱と和泉』(泉佐野の歴史と今を知る会編、二〇一五年九月) 所収。
(87) 福島克彦は岩上大明神を岩上地蔵堂の前身とするが、岩上社と地蔵堂はそれぞれ別に存在する(『自治の街、大山崎』〈大山崎町歴史資料館、一九九七年〉の「大山崎寺院配置図」)。註(83)前掲書参照。
(88) 宗次の名が二度みえるが、上下十一保のうち上之保は六保、下之保は五保とされるので、六人と数え、宗次は全体の代表を兼ねると考えた。
(89) 註(74)前掲書。
(90) 福島註(83)前掲書では、大山崎の各保の屋敷地は、西国街道の「西頬」「西行」と表記されたが、「頬」は洛中の条坊制のもとで使用された表記であり、町場化の指標であると述べている。私は「中世都市共同体の構造的特質」(註(4)前掲書。初出は一九七七年) において、「辻保南頬」にみえる〈――保南頬〉という記載は、同じく関戸保についてもみられ、これら上下十一保内の屋敷の注記からうかがえる山崎の町のあり方は、大山崎住京新加神人等被放札注文にみられる京都の町のあり方と相似していることを述べた。

第四章　堺荘と西園寺家

はじめに

本章で検討したいのは、鎌倉時代の堺荘と関東申次を勤めた西園寺家の歴史である。

中世の自由都市、自治都市であった堺の歴史については、これまでに多くの研究や書籍が発表されている。その出発点は、戦前の『堺市史』全八巻（一九二九～三一年、三浦周行《ひろゆき》監修）で、この時に「会合衆《かいごうしゅう》」も取り上げられている。続いて、原田伴彦は、堺（和泉国）を、港湾都市・自由都市と分析したが、後年の「一六世紀の自由都市――堺の歴史とその背景について――」では、堺は市民の都として未成熟なため自立できなかったとして、「流産した自由都市」と定義している。(1)

このの ち、豊田武の『堺――商人の進出と都市の自由――』(2)に代表される諸論考や、茶会記の分析を導入した泉澄一の研究(3)、また、網野善彦の堺公界論(4)が発表されたが、いずれも一六世紀の最も繁栄した時期の堺、いわゆる〈黄金の日々〉の堺をテーマとしていた。このことは、史料的な限界からみてもやむを得ないことで、自然災害や火災を繰り返し、戦乱による被害も数多く被ってきた堺では、それほど豊富な中世史料が残されているわけではない。そのため、自然に中世後期（室町時代）以降の歴史が取り上げられてきたのである。

しかし、新史料の発見によって中世の堺の実態が明らかにされた例もある。これまで堺の史料とは考えられていなかった、酬恩庵蔵堺南北庄大徳寺奉加引付の翻刻・紹介によって、文明年間の堺の町名・街路名や町衆名が解明された実例がそれである。(5)

私は、「戦国都市堺の形成と自治」(6)において、都市堺の鎌倉時代からの歴史と都市民の実態を論述し、豊田武以来の会合衆《えごうしゅう》について、「会合衆《かいごうしゅう》」であると論じた。また、永島福太郎『中世畿内における都市の発達』(7)で紹介された堺の新史料、一三二三年（元亨三）の堺御庄上下村目録帳（奈良県文化財指定、海竜王寺文書）について、「中世都市共同体論についての覚え書き」で調査・検討し、永島説と同様に、この史料は摂津国堺荘のものであると結論した。(8)本章は、その後の研究成果である。

一　西園寺家とその所領

西園寺家の所領や財産については、龍粛《りょうすすむ》の「西園寺家の興隆とその財力」と、網野善彦の「西園寺家とその所領」があり、現在でもこの二論文が、西園寺家を研究する際の中心となっている。(9)とくに網野論文は、鎌倉・南北朝時代の西園寺家領の全貌を初めて概観し、その所領が知行国（若狭国・備前国・伊豆国・三河国・周防国・伊予国・肥前国を一時知行したが、鎌倉時代の知行国は三河国と伊予国）や、九州・瀬戸内海縁辺の諸荘、淀川・宇治川沿いの家領から成り、院の厩と左馬寮（牧）を掌握していたことを明らかにしている。

室町時代の西園寺家領については、小野晃嗣が「三条西家と青苧座の活動」や「卸売市場としての淀魚市の発達」で触れ、乾（清田）奈保子が「室町後期公家経済の一考察」で、西園寺家と西園寺京極家がその家領を三分の二と三分の一の比率で共同領としたことと、その後者を受け継いだ三条西家と西園寺家の共同領の実態を分析した。(10)しかし、鎌倉時代の西園寺家領についての研究は、まだ始まったばかりであるといえる。

次に鎌倉時代の西園寺家とその所領について、具体的に分析していきたい。まず離宮八幡宮文書を通じて、西園寺家の政治的役割を検討する。

一二二二年（貞応元）一二月、美濃国司が留守所に、大山崎神人等の不破関の「勘過」を許す下文を出した（『離』美濃国司下文）。留守所とは、平安時代以降、国府にあって国務を執る役所で、国司の遥任などで国守が在京することが多いため、国守の国庁に対して設けられた在地の執務組織である。目代（代理人）・在庁官人らで構成される。不破関は美濃国（岐阜県不破郡関ヶ原町松尾、東山道）に置かれた古代の関所で、伊勢国鈴鹿関（三重県鈴鹿郡関町付近、現在は亀山市）・越前国愛発関（福井県敦賀市、北陸道）とともに三関の一つとされた。「勘過」はよく調べて通す意で、関所通行の許可書（過書）などに用いられた語である。鈴鹿の関屋が交通の要路にあったことは、一二二三年（貞応二）四月四日の暁に都を出立した『海道記』の作者が、鈴鹿山越えの道筋で翌日鈴鹿の関屋に泊まり東海道を下っていることから分かる。一二四二年（仁治三）八月に都を出立した『東関紀行』の作者も、美濃国関山（不破の関所のある山）を越えて不破の関屋を過ぎ、杭瀬川という所に泊まっている。(11)

大山崎神人は、大山崎の地（京都府乙訓郡大山崎町・大阪府三島郡島本町）を本拠地として、鎌倉時代から室町時代を中心に繁栄した大山崎油神人（油商人）で、離宮八幡宮に油座関係文書である離宮八幡宮文書（重要文化財）が所蔵され、この一二二二年の下文が最初のものである。大山崎神人は淀川を隔てて対岸にある男山の石清水八幡宮に所属し、荏胡麻油を納めるなどの雑役を奉仕する身分で、その見返りとして強い宗教的・身分的特権を有していた。たとえば、他の世俗権力は、本社によって彼らの神人職が解かれない限り、彼らに拷問や刑罰を加えることができなかった。この石清水八幡宮の油座・祇園社の綿座・北野社の麴座のような中世の同職組織が神人の組織のなかから生まれ、彼らは特権的座商人（商工業者）として活躍したのである。この美濃国司下文は、油神人らの身分的特権を示すとともに、彼らが不破関を通って東山道に入り、美濃国にまで商圏を広げていたことを示している。

一二二二年（貞応元）一二月一七日、六波羅探題が大山崎神人等の不破関の関料免除を下知した。美濃国司下文（この史料では、国司庁宣と呼んでいる）を受けて実行したものである（『離』六波羅下知状）。この下知を出したのは、この前年の承久の乱の時に幕府軍を率いて上洛した北条泰時とその叔父時房で、二人はそのまま六波羅の北・南の居館に駐留し、乱後の処理に当たっており、大山崎神人等の商業特権を認めたのである。翌一二二三年（貞応二）正月一三日には、美濃守護所からも不破の関料を停止するよう命令が出された（疋田家本『離』美濃守護所書下写、『鎌』五〇八二五号）。公武両政権が大山崎神人等に認めた特権は、以後の前例となった。

これより前の後鳥羽上皇の院政期に、西園寺公経（一一七一～一二四四年）は坊門信清と並んで関東申次を勤めていた。坊門信清は源実朝の舅（妻の父）であり、後鳥羽上皇の女房坊門局の父でもある。西園寺家は藤原氏北家閑院流の公実の男通季を始祖とする堂上公家で、家格は摂関家に次ぐ清華家である。公経は将軍源頼朝との姻戚関係によって勢力を伸長することができた。公経の父は内大臣実宗で、母は権中納言藤原基家女である。持明院（藤原）基家は、頼朝が命の恩人とする池禅尼（藤原宗子）の子平頼盛女を妻とし、北白川院（藤原陳子、後高倉院の妻で後堀河天皇の母）はその女である。公経の母はこの北白川院の姉妹であった。また、公経は頼朝の同母妹の夫、一条能保女全子を妻とした。摂関家との関係を強固なものにするために、一二〇八年（承元二）四月、妻全子の姉が九条兼実の嫡男良経に嫁して生んだ道家に、女綸子を嫁がせている。公経と幕府方との連携はさらに強まり、女綸子が生んだ道家の子三寅（九条頼経）を第四代将軍として鎌倉に送り、孫女を後嵯峨天皇に入内させ、摂関家をしのぐ権勢を誇った。この孫女が大宮院姞子（よしこ）である。

一二二一年（承久三）五月一五日、後鳥羽上皇は執権北条義時追討の院宣を下した（承久の乱）。この時、公経は、内応の恐れがあるとして、子実氏とともに弓場殿に召し込められたが、その直前、公経は京都守護伊賀光季に上皇方の計画を通報し、家司三善長衡を鎌倉に遣わして京都の形勢を通報させ、幕府軍の勝利を導いた。乱後、幕府方に擁立された後堀河天皇の母は、公経の母と姉妹であり、後堀河天皇の擁立は公経の進言によるものである。

公経は一二二一年（承久三）閏一〇月に内大臣、翌年（貞応元）八月に太政大臣に昇任し、一二二三年（貞応二）正月に従一位に昇叙された。同年四月太政大臣を辞したが、なお前大相国として朝廷では並ぶ者のない勢力を誇った。京都北山の地（現在の金閣の地）に豪奢な別荘北山第と、のちの家名のもととなる西園寺を建立したのもこの頃で、一二二四年（元仁元）一二月に北白川院・安嘉門院を迎えて落慶式を挙行している。

関東申次は、公経・実氏父子以降西園寺家に相伝され、西園寺家繁栄の基礎になっていった。その実態を、鎌倉時代末期の実例で検証したい。

一三一一年（応長元）八月七日、大山崎神人が訴えた淀川沿岸の関および兵庫関（神戸市）の関津料支払いをめぐって、六波羅探題は両使を派遣し、伏見上皇に披露するように朝廷側に依頼した。当時、北条時敦（一二八一～一三二〇年）と金沢貞顕（一二七八～一三三三年）が六波羅の長官だった。この六波羅探題書状の宛先は、「進上　左京権大夫入道殿」となっている。「左京権大夫入道」は西園寺家に仕えた橘氏である。この頃「左京大夫」に任じられた人物には、「左京大夫長者四位下」と記される橘知嗣（～一三五〇年）がいる。しかし、一三〇三年（乾元二）四月一一日の五夜雑事定に、[13]知嗣の子息知経が、[14]昭訓門院瑛子（～一三三六年）のお産に際して産着や襁褓《むつき》の支度を「行事家司知経前左京権大夫」として勤めている（『鎌』二一四二一号）。藤原瑛子は永福門院藤原鏱子（伏見天皇中宮）の実妹で、父は西園寺実兼、母は源顕子で公衡の妹である。亀山天皇の妻で、准后として昭訓門院の院号宣下を受けていた。

また公衡女寧子（やすこ）は一三〇六年（徳治元）上皇となっていた後伏見の御所に上がり、女御となって光明天皇、珣子内親王を産んだ。この広義門院寧子（一二九二〜一三五七年）のお産の際、一三一一年（延慶四）二月四日に、安産祈願の供養塔や観音御誦経を命じられた者のなかに、「知尚朝臣」「知経朝臣」の兄弟の名がみえる（『鎌』二四二〇〇・二四二〇一号）。橘知嗣の次男知尚は一三〇三年（嘉元元）一〇月二九日から翌年五月五日まで左京大夫に任じられたが、のち刑部卿（従三位）に遷任し、一三一一年（応長元）八月二一日に出家、翌一三一二年に亡くなっている。(15) 以上の考証から、「左京権大夫入道」は、西園寺家の家司橘知経である。

一三一一年八月一〇日に、西園寺公衡書状（消息）が出された。西園寺公衡は関東申次で、朝廷側に立って武家と交渉した。「武家状」（六波羅探題書状）と使者の申詞を伏見上皇に披露するよう、蔵人頭宮内卿の源資栄に依頼したのである。これを受けて、八月一七日、宮内卿源資栄が奉じた院宣が、石清水八幡検校法印（尚清）宛に出された（『離』伏見上皇院宣）。同じ一三一一年後六月二一日に、阿波国吉野河新関を停止すべきとの院宣が尚清法印の訴えを受けて出されたのも、同様な手続きを踏んだものと考えられる（疋田家本『離』伏見上皇院宣写）。

西園寺公衡（一二六四〜一三一五年）は太政大臣実兼の子息で、早くより関東申次の父実兼を助けていた。一二八三年（弘安六）七月一〇日、関東からの使者は公衡に馬一頭を贈った。これに先立ち、実兼に鹿毛の馬一頭と砂金五〇両を贈っているから、関東申次の地位は、関東からの実質的な収入ももたらしたのである（『公衡公記』第一）。一二九九年（正安元）、公衡は父実兼の出家により関東申次を継いで公武間の交渉に当たり、一三〇九年（延慶二）に左大臣となった。一三一一年八月二〇日に出家（法名静勝）した後は入道左大臣と呼ばれたが、一三一五年（正和四）九月二五日、五一歳で没した。父実兼に先立つ死であったため、関東申次は実兼がふたたび勤めている。

西園寺公衡は、一三〇九年三月に、奈良の春日大社に『春日権現験記絵』を施入していた。『春日験記絵』には目録があって、絵巻の成立についての記述がある。それによると、興福寺東北院の覚円が編目を選び、その際に慈信（一二五七〜一三二四年、一条実経子、一二八一年興福寺僧正別当、一三〇〇年別当に五任）・範憲（別当尊憲子、一二九九年別当、一三二七年別当に五任）の二人の興福寺の僧侶に相談したとある。詞書の清書についても、前関白（鷹司基忠）父子四人に依頼したといい、絵は絵所預の高階隆兼が描いたとみえる。この『春日験記絵』が制作された理由の一つとして、一三〇五年（嘉元三）の年末に公衡が後宇多上皇から勅勘をこうむって伊豆・伊予両国と左馬寮を没収されたが、その翌年二月になって幕府の口添えで勅免となっているので、勅勘を契機に春日に祈願して制作に動いたとも考えられようと、五味文彦は述べている。『春日験記絵』の奥書に、絵巻の企画・制作をするうちに公衡の家門に吉祥が訪れたとあるように、一三〇六年（嘉元四）四月に公衡の女寧子が後伏見の女御となり、一三〇九年（延慶二）正月に寧子は女院の待遇が与えられて広義門院となり、二月に子の実衡が中納言、三月には公衡が左大臣となって、その三月に絵巻が奉納されたのである。この間、一三〇七年（徳治二）正月一六日に公衡は春日社に七日間の参籠をおこなっており、春日への公衡の信仰は高まりをみせていた[16]。

この公衡の子息が、西園寺実衡である。祖父の実兼が一三二二年（元亨二）九月一〇日に亡くなると、関東申次を勤めた。一三二三年（元亨三）五月二八日に、京都三聖寺禅侶等の訴えによって、三聖寺領豊後国大野荘（大分県大野郡大野町付近）宇佐八幡宮の仮殿造営料の譴責を止めるようにとの後醍醐天皇綸旨を受けて、右大将実衡は六波羅探題南方陸奥守大仏維貞に宛てた西園寺実衡御教書を出している（『鎌』二八四一五号）。同年八月六日にも、長門国松嶽寺寺僧の訴えによって、松嶽寺寺領に対する地頭の濫妨を止めるようにとの後醍醐天皇綸旨を受けて、右大将実衡は六波羅探題大仏維貞への西園寺実衡御教書を出している（『鎌』二八四七九号）。一三二五年（正中二）三月三日には、安楽寺領薩摩国国分寺の和与（和解）について後醍醐天皇綸旨を受けて、内大臣となった実衡が六波羅探題越後前司（前越後守）金沢貞顕に御教書を出している（『鎌』二九〇二七号）。

なかでも重要なのは、一三二三年五月一一日に、右大将実衡が摂津国堺荘を春日社祈禱料所として永代寄進した西園寺実衡御教書で、宛所は「謹上　東北僧正院御房」である。これまでこの史料の存在に気づかなかったが、私の知る限り、堺の研究でこの史料が使われたことはない（『鎌』二八三九九号）。東北院僧正御房は、『尊卑分脈』にあるように実兼の子息で、公衡の弟の法務大僧正覚円である。母は公衡と同じ内大臣源通成女（従一位顕子）であった。源通成は、村上源氏久我家の分家である中院家の出身で、久我通親の子通方が父である。すなわち、源通親の孫が通成で、通成—通頼—通重と続いている。代々大覚寺統に仕えた一族で、中院通成の弟雅家から北畠家が始まり、雅家の曾孫が北畠親房である。また、後醍醐の側近千種忠顕は久我有忠（久我通光の子六条通有の孫）の次男で、後醍醐天皇の側近として知られる内大臣僧正道祐も、中院家の出身で源通重の子息である。

一三二三年（元亨三）七月の堺御庄上下村目録帳（奈良県文化財指定、海竜王寺文書）が摂津国堺荘の史料であることは、すでに別稿[17]で実証したが、ここでその概略を述べると、「一　上村分」に含まれる社寺のうち「王子免」とある王子社は、俗に熊野九十九王子と呼ばれるなかの堺王子社の免田である。堺王子跡は、堺市北区北田出井町三丁辺りに比定されている。一三四三年（康永二）一一月一〇日の道阿弥陀仏畠地売券では、住吉郡朴《えな》（榎）津郷の「皇子北」の畠一反半が、兵衛に売られている（『開』）。この売券の四至には「西熊野大道」とみえるから、この畠地は摂津国住吉郡榎津郷にあり、熊野大道の東側に位置し、その南側に堺王子社が存在していた。また、一乗寺は、『蔗軒日録』一四八四年（文明一六）四月二〇日条に、大光国師（通翁鏡円[18]）の遺跡として「接州花田県一乗寺」が記される。摂州花田郷のことで、現在の堺市北区南花田町一帯に比定される。上村に王子・天神・音布宮の神社、音布寺・一乗寺等の寺院が記されるなかで、音布宮と音布寺が不明であった。しかし、一五九四年（文禄三）六月一日の摂津闕郡蔵入目録に、四一七石九斗六升九合の「花田之内」として、船堂村・

新堀村・音布寺村・出作分が記されている。この蔵入目録は、豊臣秀吉が今井兵部（丞）に摂津欠郡の代官を命じた史料である[19]。音布寺は堺市北区南花田町一帯にあった音布寺村の寺院で、その神社が音布宮だと断定して間違いないと考える。

「天神免一丁」の天神社は、摂津堺北荘の鎮守菅原神社のことである。『蔗軒日録』一四八六年（文明一八）八月一日条に、「祭礼、湯川新九郎云者為頭人、北社同名助大郎云者為頭人」とある記述の「北社」が、これまで菅原神社（常楽寺）の鎮守としての一番古い史料であったが、堺北荘鎮守天神社が鎌倉時代から存在していたことが分かり、都市堺の歴史を考えるうえで重要な意味がある。

さらに、この目録は一三二三年（元亨三）五月一一日の西園寺実衡御教書を受けて作成されたもので、この時から摂津国堺荘は春日社祈禱料所として興福寺東北院家が相承する所領になったことが、初めて明らかになった。

覚円は、一三〇〇年（正安二）一〇月には東北院家で、興福寺（厳浄院・東北院）領大和国椿荘の領主職について関東申次西園寺公衡の裁許を求めている（『鎌』二〇六〇六号[20]）。

覚円は一三一九年（元応元）一二月から翌年まで、また一三三六年（建武三）一二月から翌年五月まで、興福寺別当も勤め、次にみるような史料を残している。一三三〇年（元徳二）一二月、三和荘の召次衣服について、三和荘（美和荘）雑掌からの報告を受け、一三〇八年（徳治三）四月の後宇多上皇院宣案や今度（一三三〇年正月）の後醍醐天皇綸旨案を御意として謹んで進覧するようにとの書状を出している（『鎌』三一三一七号）。周防国美和荘（山口県光市）は、一二三〇年（寛喜二）以前より最勝光院領として伝領されてきた荘園で、一三〇八年の後宇多上皇院宣案によると、この時春日社に寄進されたが、その院宣案の宛先は東北院法印御房であった（『鎌』二三三三三号）。正中の変の翌一三二五年（正中二）、後醍醐天皇は最勝光院領を調査し、二年後、当荘を同院領に戻したうえで東寺領として寄進した。一三二八年（嘉暦三）一〇月二〇日に、最勝光院執務職と周防国美和荘を教王護国寺（東寺）に付けることについて、謹んで承ったとの執権相模守赤橋守時の関東請文が出されている（『鎌』三〇四三二号）。この時の幕府将軍は、守邦親王である。後醍醐天皇は、その後、一三三〇年（元徳二）正月二八日、美和荘を南都東南院に返還し、東寺には備中国新見荘を代わりに与えた（『鎌』三〇八八〇・三〇八八二号）。この時の後醍醐天皇綸旨は寺務の東寺長者前大僧正坊聖尋《しょうじん》に宛てられたもので、同時に東北院僧正御房（覚円）に宛てて、徳治の院宣に任せて相伝知行すべきであるとの後醍醐天皇綸旨が出されたのである（『鎌』三〇八八一号）。

この聖尋は関白鷹司基忠の子で、醍醐寺三宝院に入り聖尊法親王（後二条天皇の子）について得度受戒を受け真言宗を学び、金剛界・胎蔵界両部の灌頂を受けて阿闍梨位に昇った。そののち後醍醐天皇の推挙によって東大寺東南院に入り、一三二七年（嘉暦二）四月一九日に東寺長者となって東南院と兼務していた。また大僧正に昇進し、一三二二年（元亨二）東大寺別当となり、在任中、まず東南院を修造しようとした。後醍醐天皇が潜幸する御所に充てようとしたのだという。この費用として、一三二七年二月一二日、摂津国の神崎・渡辺・兵庫の三津の港に出入りする商船に課した入津料である目銭を徴集し、また東大寺大仏殿の大屋根葺き替えの費用も求めている（『鎌』三〇一二八号）。後醍醐天皇が一三三〇年三月八日に東南院を訪れ、次いで春日社・興福寺に行幸しているのは、元弘の乱の前触れである。聖尋の東大寺別当辞任は一三三一年（元弘元）である。一三三三年（元弘三）八月二四日夜、三種の神器を携え京都を脱出した後醍醐天皇は南都に向かったが、東大寺内には対立する勢力もあり、やむなく聖尋は天皇とともに東大寺を出て、鷲峯山金胎寺（京都府和束町）を経て東大寺末寺である笠置寺（京都府笠置町）に至った。同年九月二八日に笠置寺が陥落してのち、聖尋の消息は不明であるという(21)。

以上みたところによって、興福寺東北院覚円は、甥の西園寺実衡と同様に後醍醐天皇の信任を得た人物で、荘園経営の才覚にも優れていたことが推察できると思う。

摂津国堺荘が、一三二三年（元亨三）に、西園寺実衡から春日社祈禱料所として叔父の興福寺東北院覚円に与えられたという新たな事実の発見により、鎌倉時代の堺荘の支配関係を改めて検討する必要がある。

堺荘の支配関係について従来から検討されてきた史料は、①一三〇四年（嘉元二）七月八日の後深草上皇処分状案と、②一三二五年（正中二）三月の最勝光院荘園目録案である（『鎌』二一八八八・二九〇六九号）。

①の後深草上皇（一二四三～一三〇四年）は、後嵯峨天皇の皇子で、母は西園寺実氏女の大宮院姞子（よしこ）である。父天皇の譲位により一二四六年（寛元四）位に即いたが、父の命により一二五九年（正元元）に位を弟亀山天皇に譲った。その後、子伏見天皇、孫後伏見天皇の代に院政を執り、一二九〇年（正応三）出家し、一三〇四年（嘉元二）七月一六日に没した。持明院統の祖であり、北朝皇統の祖にもあたる。①は上皇が死に臨んで残した処分状（譲状）である。

ここでは後深草上皇の子・孫にあたる伏見院・後伏見院・遊義門院姈子内親王、妃である准后西園寺相子のほか、伏見上皇の正妃である永福門院にも処分がおこなわれている。まず、伏見院に持明院統の最重要所領長講堂領が譲与され、遊義門院には以前より彼女の母東二条院（大宮院姞子の妹藤原公子、後深草の中宮で一三〇四年一月没）が沙汰していた長講堂領中の伏見御領の知行が認められ、准后相子には長講堂領の土御門第が譲られ、永福門院にも長講堂領中の葺屋荘をはじめ後深草院が外戚西園寺家から伝領した所領が譲られた。これらの所領は分割譲与されてはいるが、全体として伏見上皇の管領下に置かれ、彼女らの自由な処分は認められていないというのが、両統迭立期の王家領について分析した伴瀬明美の結論である[22]。

堺荘に関わるのは、天王寺遍照光院幷葺屋・堺等荘が、大宮院藤原姞子（後嵯峨天皇皇后、後深草・亀山天皇の母）ならびに、その母准后藤原貞子の文書を添え、後深草上皇の子伏見天皇の中宮であった永福門院藤原鐘子に譲られている部分である。このうち、摂津国葺屋荘（兎原郡、神戸市中央区）は長講堂領で、寺役・庁役の日を違えないようにと記されている。また、堺荘は遍照光院役を怠らないようにと命じられているが、伴瀬がいう「後深草院が外戚西園寺家から伝領した所領」とは、この堺荘等を指す。

②の一三二五年（正中二）三月の最勝光院荘園目録案は、最勝光院領を伝領した後醍醐天皇が作成させた同院領の目録である。最勝光院は、京都市東山区にあった後白河法皇の御所の法住寺殿に建てられた御願寺で、女御建春門院平滋子とその子高倉天皇の発願により、後白河法皇が平時忠（滋子の兄）に建立させ、一一七三年（承安三）に落慶供養がおこなわれた。宇治平等院の鳳凰堂形式の華麗な寺院であったとされる最勝光院には、後白河法皇の近臣を中心に多くの荘園所領が施入され、法皇がこれを管掌した。

後白河法皇の没後、同院領は、後鳥羽上皇—後堀河上皇—後嵯峨上皇—亀山上皇—後宇多上皇を経て、後醍醐天皇に伝領されたが、最勝光院は一二二六年（嘉禄二）六月四日の火災から衰退に向かっていた。後醍醐天皇が、翌一三二六年（嘉暦元）、最勝光院とその荘園所職を東寺に寄進したのはこのためで、建春門院と高倉天皇の忌日に東寺御影堂で仏事を勤めさせたのである。②には、播磨国桑原荘（兵庫県龍野市）をはじめ、二〇の荘園がみえ、所在地の国名は一七カ国に及んでいる。また、それぞれの領家が明記されている。前述した備中国新見荘と周防国美和荘も含まれている。堺荘の項目の前には、「和泉国歟」と書かれているから、この堺荘は和泉国堺荘と考えるのが正当であろう。領家は「今林准后御分」とあり、本年貢油二石・綾被物二重（七月御八講一重、十二月御月忌一重）・九月兵士七人が義務であるが、建長年中（一二四九〜五六年）以後は「代銭一貫文の外は弁済せずか」とある。これは最勝光院領を調査した公文左衛門少尉大江氏の言葉であろう。これにより、鎌倉時代半ばの和泉国堺荘の領家は、今林准后（西園寺実氏室、北山准后四条貞子）であったと考える。すなわち、西園寺家の所領であった和泉国堺荘は、領家の権限を伴ったまま、後醍醐天皇によって、最勝光院領として東寺に寄進されたのである。

問題は、①と②の堺荘が同じかどうかである。いずれの史料にも、堺荘が北山准后（今林准后）藤原（四条）貞子の所領であったことが記される。実は、『鎌倉遺文』では、①と②にみえる堺荘の両方を、和泉国大鳥郡の堺南荘としている。また、金井静香は、永福門院の所領として両史料にみえる堺荘をあげている。堺荘は、貞子が領家職を有していた最勝光院領であるが、遍照光院の寺役も勤める荘園であったという。また、天王寺遍照光院は、一二五六年（康元元）に西園寺実氏が天王寺に建立したという御堂のことではないかと推定した[23]。私も前稿で述べたが、四天王寺安井に実氏が父公経の十三回忌にあたって建立し、供養をおこなった御堂のことである（『百錬抄』）。さらに史料をあげるならば、一二八五年（弘安八）一〇月、亀山上皇が母大宮院（姞子）や新陽明門院（藤原位子、亀山の准后）と共に四天王寺・住吉社に参詣した時、一行は一四日に船で渡辺に着いた。先例により上皇の御所は（四天王寺）別当坊であり、二二歳の左衛門督公衡もお供をした。大宮院（西園寺実氏女姞子）の御所は安井宮で、女院・上皇・常磐井入道相国（西園寺実氏）草創の地であると記されている（『実躬卿記』）。一五日に別当坊に到着し、安井殿に入ったのは一六日であった。

注目されるのは、一三四一年（暦応四年・興国二）六月二七日、光厳上皇が、永福門院の四天王寺安井殿領内の北村敷地三段余を大徳寺に寄せて、大灯国師（宗峰妙超）の塔頭とすることを許した事実である[24]。光厳上皇は、後伏見天皇を父とし、西園寺公衡女の広義門院寧子を母とする。永福門院藤原鏱子（公衡の妹）は伏見天皇中宮であったが、夫の伏見院は一三一七年（文保元）に亡くなっている。永福門院は伏見院の子である後伏見天皇の養母を務めたが、その後伏見院も一三三六年（建武三）に没していた。兄の西園寺公衡も、一三一五年（正和四）九月二五日、五一歳で没し、また、妹の昭訓門院藤原瑛子（亀山天皇后）も、一三三六年に亡くなっている。おそらく、永福門院が頼みにしたのは、実家の西園寺家と、姪にあたる広義門院藤原寧子とその子光厳上皇であったと思われる。永福門院は、この翌年の一三四二年（康永元）五月七日に亡くなっているから、このような寄進も納得のいくものであるが、赤松則村（一二七七～一三五〇年、法名円心）の縁者である宗峰妙超[25]ゆかりの大徳寺の塔頭に所領を寄進している事実は、ただの偶然とは考えられない。この摂津国安井殿敷地等は、その後も一三七四年（応安七）九月一七日の後円融天皇綸旨によって、僧素順上人に安堵されている（『大日』六―四一）。

それでは、摂津国堺荘の領家と支配関係は、どうであったのかを次に検討したい。

摂津国堺北荘は、一二三四年（天福二）年二月五日の念仏寺一切経蔵等建立注文に「建保二年（一二一四）甲戌、国遠建立堂、摂津国内北荘ニ建」とあることから、鎌倉時代初めには成立していたことが分かる（『開』）。その領家は、②一三二五年（正中二）三月の最勝光院目録案により、今林准后（西園寺実氏室、北山准后四条貞子）とされ、一方、和泉国堺南荘については、①一三〇四年（嘉元二）七月八日の後深草上皇処分状案により、天王寺遍照光院領とされてきた。そのように考えられたのは、前述の豊田武が、②の史料について、「最勝光院、摂津国堺荘、領家今林准后兵士七人」として以後のことらしい。

②には、「摂津国」の字句はないが、前項が摂津国山辺荘（大阪府豊能郡能勢町）で、「和泉国敷」として次の堺荘の項目に移っている。この誤読が通説となったもので、私も、これまでそのように考えてきたが、①と②が同じ和泉国堺荘であることが確かになったので、明らかな誤りである。①と②は、和泉国堺荘で、最勝光院領であり、西園寺実氏が天王寺に建立した遍照光院の寺役も勤めていた。鎌倉時代末期の領家は永福門院である。

堺南荘は一三〇四年に後深草上皇から永福門院に譲られたが、彼女の生きた年代は、一二七一～一三四二年（文永八～興国三）であるから、一三三三年（元亨三）にも同荘は永福門院の所領であったと思われる。一三一二年（正和元）一二月の伏見上皇宸筆処分状案は、永福門院の所領について一期の管領を確認しているし、一三三三年（元弘三）六月七日と思われる後醍醐天皇筆事書には、今出川院（亀山天皇妃藤原嬉子）御領を永福門院御分としている。今出川院は西園寺実兼の姉妹で、永福門院の叔母である（『鎌』二四七六七・三二二四五号）。後醍醐天皇の親政でも、最勝光院領堺南荘の領家永福門院の支配権は確認されたと考える。

以上の検討により、摂津国堺荘についての史料は、③一三二三年（元亨三）五月一一日の西園寺実衡御教書（『鎌』二八三九九号）と、④一三二三年七月の堺御荘上下村目録帳（奈良県文化財、海竜王寺文書）である。③④によると、摂津国堺荘（堺北荘）は、春日社祈禱料所になった。領家は西園寺家の当主実衡の叔父にあたる興福寺東北院僧正御房（覚円）である。

西園寺家領の全貌を語る史料としては、⑤一三二二年（元亨二）八月一六日の西園寺実兼処分状（『鎌』二八四一〇号）と、⑥一三三五年（建武二）七月一二日の西園寺公重に宛てた後醍醐天皇綸旨（『南北朝遺文』関東編第一巻、二五三号）がある。

網野善彦が論じたように、⑥は西園寺家嫡流に伝えられた所領で、⑤は、右大臣今出川兼季（一二八一～一三三九年、実兼の子）、大納言大宮季衡（公衡の庶子、『公卿補任』によれば権大納言）、宇和御前、深草禅尼らに譲与された所領である。そこには、中宮大夫（大納言実衡）は処分帳以外を家門として進止するようにと記されている。中宮大夫実衡は、実兼の嫡孫で西園寺家の当主である。実衡は、⑥に記された嫡流としての所領を継承したが、実は⑤のなかにも、実衡が権利を持つ所領が含まれている。すでに網野善彦によって述べられているように、肥前国宇野御厨から毎年の年貢として納められる「子牛」がそれで、右大臣今出川兼季と実衡とが半分ずつ取るようにと記されている。

このようにみてくると、③は西園寺家の春日信仰の深さを示すことはいうまでもないが、むしろ西園寺実兼の死後、実兼の息子で僧籍にある覚円に譲与する意図で寄進されたものであろう。しかし、南北朝の動乱により、堺荘の支配も大きな影響をこうむっていったのである。

二　南北朝時代における摂津国堺荘の支配関係

南北朝時代における⑦年未詳後一二月一八日の院宣で、南朝は摂津国堺荘の地頭ならびに領家職について、住吉神社社家（津守氏）の知行を安堵している。堺南荘についても、楠木正儀に宛てて出された⑧年未詳（一三五八年・正平一三）八月二三日の後村上天皇綸旨により、住吉神社領であったことが分かる。いずれの堺荘も南朝から住吉神社領とされるが、⑦⑧の両史料の存在自体が、両荘が別のものであったことを示している（『堺市史』第四巻資料編一、住吉神社文書）。のちの住吉大神宮年中行事によると、延元年中（一三三六〜四〇年）に、熊代弾正が堺でおこなった狼藉を制止し、一三六〇年（正平一五）一〇月九日、堺を元のように住吉社に返付したが、「凶盗蜂起」、すなわち悪党が蜂起し、神領を略奪したことがみえる（『大日』六―一二三）。一三三六年（延元元）四月二二日に、後醍醐天皇が住吉神社に社領を安堵している（後醍醐天皇綸旨）が、この時には、堺荘は住吉神社領になっていたものと思われる[26]。

③一三二三年（元亨三）七月の堺御荘上下村目録帳によると、堺荘の惣田数は早晩田を合わせて一一六町五反半二七歩（二〇七歩）、上下両村に分かれ、年貢免除地が四九町八反余あり、上村だけでも、王子・天神・音布宮の神社、音布寺・西光寺・勝福寺・蓮成寺・一乗寺・実相寺などの寺院の免田がみえる。

この史料は、『堺市史』にも、戦後の『続堺市史』にも収載されていないため、堺の研究で使われることがなかった。そのため、堺荘（南北荘）については、従来惣田数が不明であるとされてきたが、この新史料によって、摂津国堺荘の惣田数が初めて明らかになった。この史料では「地頭分」や「預所代分」がみえ、「下司」も置かれている。種々の用途を差し引いた年貢米は七七石五斗六合余である。用途のなかで、「御馬飼」への支出が多いことが注目される。水陸交通路の要衝にあった堺の特性を示すものであるが、すでに述べたように、院の厩と左馬寮（牧）を掌握していた西園寺家の所領の存在形態と結びつけて考える必要がある。また、和泉国堺荘（堺南荘）にはみえない地頭が存在しているが、ここにみえる「地頭分」が、のちの現地代官的存在のよりどころとなった可能性がある。

南北朝時代の堺北荘については、一三八一年（永徳元）に九月二六日・二八日と一〇月九日の渡辺宗徹書状三通が、『開』に収められている。解説には、一三七六年（永和二）六月、幕府が堺浦泊船目銭を三カ年間東大寺八幡宮修理料に充てるため堺浦に大勧進職を配置した時や、同三年一二月、堺荘住民等が荏胡麻売買を停止させるにあたって、渡辺宗徹という人物の指示がみえ、また、南朝から足利幕府側に降伏して和泉国の国主と守護を兼ね、摂津国住吉郡の守護を兼帯していた楠木正儀の代官橋本正仲から連絡を受けている人物にも渡辺宗徹がいて、これらは同一人物と思われる、とある。さらに、「堺北庄領家　渡辺薩摩禅門」は追筆で、宗徹は堺北荘の領家ではなく、堺北荘の政所を構成する現地代官的地位にあったものと思われる、と述べている。これに異論があるわけではないが、次に関連史料を掲げ、さらに詳しく検討しておきたい（東大寺文書は『東』、法隆寺文書は『法』）。

⑨一三七三年（応安六）	五月　九日	後光厳上皇院宣	『東』
⑩一三七六年（永和二）	四月二四日	管領細川頼之施行状	『法』
⑪一三七六年（永和二）	六月一六日	楠木正儀書下	『東』
⑫一三七六年（永和二）	六月一八日	橋本正仲摂津国宣施行状	『東』
⑬一三七六年（永和二）	六月一九日	沙弥宗徹渡辺遵行状	『東』
⑭一三七六年（永和二）	六月二一日	沙弥宗徹渡辺遵行状	『東』

⑮一三七七年（永和三）一二月一二日　摂津守護楠木正儀書下状　『離』
⑯一三七七年（永和三）一二月一八日　橋正仲施行状　『離』
⑰一三七七年（永和三）一二月二一日　摂津国守護代渡辺薩摩入道遵行状　『離』
⑱一三八一年（永徳元）九月二六日　渡辺宗徹書状　『開』
⑲一三八一年（永徳元）九月二八日　渡辺宗徹書状　『開』
⑳一三八一年（永徳元）一〇月　九日　渡辺宗徹書状　『開』

なお、和泉国堺荘（堺南荘）については、堺北荘と同じ住吉社領となり、和泉国堺浦に関する史料も上述の史料と重複するので、ここでは記述を省略する。

一四三一年（永享三）一一月八日、室町幕府奉行人連署奉書によると、将軍足利義教は堺南荘の年貢七三〇貫文の地下人等（住民）による地下請を認め、一四一九年（応永二六）二月二八日の寺家充状に任せて寺役を専らにするよう京都相国寺崇寿院に命じているが、相国寺と幕府の関係を考えると、幕府の直轄領に近いものであった（「御前落居奉書」）[27]。以後の堺南荘を中心とした堺の歴史については、都市論として論述したことがあるので、ここでは繰り返さない[28]。

まず、⑨は北朝の後光厳上皇が一三七三年（応安六）五月に和泉国堺浦の泊船目銭三年分を東大寺八幡宮修理料所に寄進しようとしたが、順調には運ばず、⑩の一三七六年（永和二）四月二四日、幕府は楠木正儀に摂津国堺浦も合わせた堺南北荘の泊船目銭を、東大寺八幡宮修理料として大勧進（覚了晋乗）に付すことを命じたものである。これを受けた摂津国分郡守護楠木正儀は、⑪で同年六月一六日、奉行人橋本九郎（橘正仲）に摂津国堺浦泊舟目銭を実行することを命じ、六月一八日には、橋本正仲が守護代渡辺薩摩入道（宗徹）に⑫でこれを伝達した。渡辺薩摩入道宗徹は、同日⑬で住吉郡奉行（住吉郡担当の守護使）渡辺四郎兵衛尉に沙汰を命じ、六月二一日にも、三カ年を限り東大寺八幡宮修理料足に付せられた摂津国堺浦泊船目銭を、現地で大勧進に沙汰するように命じた。これが⑭である。

翌一三七七年（永和三）一二月一二日に、摂津国分郡守護楠木正儀は、八幡宮大山崎神人の訴えにより、⑮で堺北荘住民等の荏胡麻売買を禁止している。一二月一八日には、⑯により橘正仲から渡辺薩摩入道に伝達され、さらに一二月二一日には、⑰により渡辺薩摩入道宗徹から渡辺四郎兵衛尉に伝達された。

一三七八年（永和四）末頃に、摂津国住吉郡の分郡守護は楠木正儀から山名氏清に替わり、幕府の支配体制は一段と強化された。⑱⑲⑳は、堺北荘の政所を構成する現地代官とされる渡辺薩摩入道宗徹が、一三八一年（永徳元）に堺北荘に対する公事賦課について、これを拒否する開口神社の神宮寺である念仏寺との対応に当たっている書状である。

ここで問題にしたいのは、堺北荘の現地代官的地位にあったといわれる渡辺宗徹である。渡辺氏は苗字からみて摂津渡辺党の渡辺氏の一族と考えられるが、具体的に渡辺党とはどのような関係にあったのだろうか[29]。

渡辺党は、摂津渡辺を本拠とする中世武士団である。平安末期より源頼光四天王の一人として有名な嵯峨源氏渡辺綱の子孫が渡辺に住んで渡辺氏を称し、頼光の子孫多田源氏と密接な関係を保った。また渡辺には同じ頃藤原忠文の後裔と称する遠藤氏が住み、渡辺氏と姻戚関係を持ちながら渡辺党を構成した。渡辺党の惣領は大江御厨渡辺惣官に任じられ、港湾管理に従事し、供御人を率いて魚類などの供御を朝廷に貢進した。一族から天王寺執行、式内社座摩神社司なども出し、西成郡を中心に大きな勢力を持った。鎌倉時代には幕府と結びつきの強い遠藤氏に圧倒されがちであった渡辺氏は、代々滝口などに補され朝廷方に属したものが多く、南北朝時代には南朝に属し戦功を上げ、勢力を回復した。

この時期の渡辺党の動向を全体として論述することは不可能であるが、楠木合戦注文には、一三三三年（正慶二）正月一九日巳の刻（午前一〇時頃）に始まった天王寺の合戦で、四条少将隆貞を大将軍とする楠木軍の中に「渡辺孫六」がみえる。六波羅軍の敗北が決したのは戌亥の刻（午後九時頃）であったが、北方に向かって敗走する六波羅軍を追って楠木軍は渡辺に攻め下り、米少々を押収したという。その米が六波羅の兵糧米であったか津に保管されていた荘園の年貢米であったかは分からないが、この軍事作戦の目的は、南河内と渡辺をつなぐ補給路の確保にあったとされている。楠木正成と摂津渡辺党との結びつきを示す最初の史料として、貴重なものである。

次に、楠木正成と西園寺家との関わりについて、河内国新開荘を例に検討しておきたい。

建武新政権成立後、楠木正成が与えられた所領のなかで注目されるのは、河内国新開荘である。新開荘は河内郡の荘園で、現在の東大阪市中新開付近にあった。『明月記』一二三五年（嘉禎元）正月条に初めてみえ、一二八一年（弘安四）の関東御教書によると高野山金剛三昧院領である。この新開荘が北条氏の所領であったことを明らかにしたのは石井進で、一二八一年三月二一日の金剛三昧院条々記録により、金剛三昧院領筑前国粥田《かいた》荘（福岡県直方《のおがた》市付近）がモンゴル来襲という天下一同の大事のため、河内国新開荘と替えられたものであった。(30)一二八三年（弘安六）には悪党の襲撃に備えて当荘の荘官らに守護させたというが、北条氏得宗領であった新開荘は、悪党の攻撃対象になりやすかったといえよう。一三一五年（正和四）三月二五日の『公衡公記』には、内裏造営の成就のため今月から祈禱を始めることと、入道殿（西園寺実兼）が新開荘をこの費用に充てることを記し、この頃は西園寺家領であった。また、すでにあげた⑥の一三二二年（元亨二）八月一六日の西園寺実兼処分状には、河内国小高瀬荘と新開荘等を、大宮大納言季衡（公衡の庶兄、実は権大納言）に譲与している。

西園寺実衡の子息西園寺公宗（一三一〇～三五年）は、花園・後醍醐天皇に仕えた政治家である。一三三二年（元弘二）後醍醐天皇の隠岐遷幸の時、皇子たちは公宗の邸に預けられ、翌年、六波羅探題が上皇を擁して近江に没落した時には公宗は京に留まった。建武中興政治では後醍醐天皇の中宮大夫を勤めた。一方、北条高時の弟泰家（時興）を邸に匿って北条氏再興に備え、一三三五年（建武二）後醍醐天皇暗殺を企てたが、顕れて同年八月二日に誅殺された。暗殺計画を密告したのは、腹違いの弟公重である。⑤の一三三五年七月一二日、西園寺公重に下された後醍醐天皇綸旨は、河内国新開荘を安堵している。建武新政権のもとで楠木正成は新開荘を与えられたが、西園寺家領新開荘を管領したものである。

この事件については、『太平記』巻一三の「北山殿謀反事」に詳しい記述があるが、より正確な『小槻匡遠日記』によると、一三三五年六月二二日、謀反の疑いをかけられた西園寺公宗と日野資名・氏光父子の三名が武士によって逮捕され、また建仁寺前でも陰謀の輩が楠木正成・高師直の手によって捕えられた。小槻匡遠によると、「太上天皇」、すなわち持明院統の後伏見上皇を奉じて、後醍醐に叛いたものであった。地方でも北条氏の関係者を擁立した反乱の企てが頻発していた。

一三三四年（建武元）から翌年にかけて、奥州・関東・九州・また紀伊・長門・伊予などにおいて、大小の軍事的蜂起が起きている。建武政権は決して安定した基盤の上に立っていたわけではなかった[31]。このような動向は、足利尊氏の武装蜂起によって、やがて建武新政権を崩壊に導く激流となっていく。楠木正成と一族が摂津湊川の戦いで討ち死にするのは、一三三六年（建武三・延元元）五月のことである。

湊川の合戦後の一三三六年六月一六日に、足利尊氏は「（楠木）正成跡」の新開荘を東寺に寄進した。しかし、同年一二月一九日に、尊氏の命令を受けた高師直が東寺領河内新開荘の濫妨を停止するよう細川顕氏に命じているから、方々から違乱があったようである。一三三八年（延元三）正月一〇日、尊氏は、河内国新開荘の代わりに備後国因島（広島県因島市）・摂津国美作荘を東寺に寄進している。同年、西園寺実俊（公宗の子）の訴えにより新開荘は返還された。この寄進状には、因島荘は北条泰家（相模左近大夫将監入道恵清）跡で、美作荘は安東平次右衛門入道（跡）と記される。

北条泰家を西園寺公宗が匿ったのは、鎌倉時代の後半に関東申次として公武交渉の要にあり、摂関家をしのぐ勢威で、西国を中心に海上交通の要衝地を含む大規模な家領を保有していた西園寺家の立場を考えると不可解ではない。鎌倉幕府の滅亡と後醍醐天皇の新政により、西園寺家の繁栄の基盤である関東申次は停止されたからである。

また、安東平次右衛門入道は、鎌倉時代後期に西国で活躍した得宗被官安東蓮聖（一二三九～一三二九年）の嫡男（後継者）安東助泰である。一三〇二年（正安四）八月一二日に、和泉久米田寺円戒房に宛てて安東助泰・沙弥蓮聖連署書下が出されている（『鎌』二一一八九号）。蓮聖の通称は平右衛門入道である。

一二六二年（弘長二）、蓮聖は西大寺叡尊のもとへ北条時頼の使者としておもむいた。文永（一二六四～一二七五年）頃、京で山僧と結んで借上を営み、一二七一年（文永八）、近江堅田浦で仁和寺年貢運上船を差し押さえて訴えられた。一二七三年（文永一〇）摂津多田院造営の際には、その惣奉行を勤め、一二七七年（建治三）、和泉久米田寺の別当職を買得し、同寺を律宗寺院として再建し、一二八二年（弘安五）に西大寺叡尊を招いて堂供養を催した。また、当時摂津守護北条兼時の代官として摂津守護代を勤め、多田院や美作荘、生魂新荘と福嶋荘(32)（大阪市内）等の支配に当たっている。一二八四年（弘安七）には、異国降伏祈禱の御教書を施行している。叡尊の高弟行円房顕尊（福泊島勧進上人）の檀那でもあり、一三〇〇（正安二）に顕尊が没すると、播磨福泊の築港事業を受け継いで、一三〇二年（乾元元）に福泊（兵庫県姫路市的形町）を完成させた。数百貫の銭財を投じ、大石を畳み上げて島を築くという大工事で、福泊は大いに繁栄したという。北条氏一門の海上交通路支配、流通経済掌握の先兵としての役割を果たした存在であった。一三二九年（嘉暦四）、京五条の屋形で九一歳か九二歳で死去したという。彼は六波羅や鎌倉幕府の滅亡をみることはなかった。

蓮聖の嫡男安東平次右衛門入道助泰は、一三三三年（元弘三）五月二四日の内蔵寮領等目録に、内蔵寮領丹波国夜久郷を得宗領と称して横領したとみえる。元弘の乱により、美作荘と同様、没収されたものである。

さらに、渡辺党と皇室領大江御厨川俣・山本執当職を勤めた水走氏（東大阪市）については、私も別稿で論じたが、堺との関わりで問題となる点だけを指摘したい。以下は、渡辺惣官家文書から渡辺氏の歴史を検討したものである。[34]

一三三七年（延元二）八月五日、渡辺惣官であった渡辺照は、後醍醐天皇より勲功の賞として摂津国難波荘地頭職を賜わり、[35]一三四一年（興国二）と思われる年に、瀧口蔵人として、後村上天皇から越中国上津見保（富山県南砺市、仁和寺領）を賜っている。四天王寺僧でもあったという渡辺惣官照法師の所領は、以後も一族に安堵されている。楠木氏配下として活動したが、とくに正儀とは深く関わり、正儀が幕府方に走った一三六九年（正平二四・応安二）以後も、また一三八二年（弘和二・永徳二）閏一月、南朝に復帰した正儀にも従った。渡辺照が賜った所領所職等の楠木正儀国宣が六通あるうち、四通は楠木正儀が北朝方に属した時期のものである。摂河泉に南朝方武将として勢力を張り、幕府から摂津（住吉郡）・河内・和泉守護に任じられ、河内・和泉の国守としての地位も認められた正儀の指揮に従ったのである。正儀は、一三八二年（永徳二）閏一月、河内平尾（堺市美原区）の戦いで、和泉守護山名氏清に大敗する。一三八六年（元中三）四月一九日、正儀が淡輪長重に出した知行安堵状が残っている。正儀は、一三九二年（明徳三）に南北朝が合体するまでの間に没したものらしい。[36]

以上の渡辺党の歴史と前述の楠木正儀との関わりを考えるならば、渡辺薩摩入道宗徹が渡辺党の一族であったことは間違いないと思われる。さらに、渡辺党渡辺氏と堺との関わりが明らかな史料が残っている。

一四〇一年（応永八）、渡辺氏は室町幕府から所領（本拠地）を安堵されている。同年一二月二〇日の摂津守護代某打渡状には、「摂津国河南西成郡難波地頭屋敷壱町捌段大廿四歩」とあり、渡辺左近将監強は一町八反二六四歩の広さを持つ堀に囲まれた地頭屋敷を難波荘（大阪市）内に有し、根拠地としていた。この時の摂津国西成郡の守護は、細川満元であった。ここは、一三三七年（延元二）に渡辺照が後醍醐天皇より勲功の賞として賜った時から史料にみえる渡辺党の本拠である。

一五六五年（永禄八）一一月一一日の瓦林長親・金山長信連署書状は、所々散在年貢諸成物等について、渡辺与左衛門と池永左京亮入道に半分ずつ双方へ納めるよう、渡辺荘名主百姓中に命じた。三好長慶から畿内支配を継承していた三好義継が、奉行人の瓦林（河原林）長親と金山長信を通じて、両者の争いの裁決を下したものである(37)。

渡辺与左衛門は稙の子と思われる渡辺吉(38)で、池永左京亮は、一五世紀に遣明貿易で貿易商として巨富を貯えた堺の豪商湯川宣阿の一族である。宣阿の嗣子湯川新兵衛が池永入道と呼ばれ、湯川氏は池永氏を名乗る場合もある(39)。豊田武は、一四八三年（文明一五）に新兵衛が遣明船に乗り込んだとしている(40)。また、本章の冒頭であげた堺南北庄大徳寺奉加引付の堺南荘の町衆は、湯川新兵衛と湯川新五郎から始まっている。新五郎は新兵衛の子である可能性が高いとされ、前者が一〇〇貫文、後者が五〇貫文を大徳寺の復興資金として寄付している。一四九五年（明応四）九月、池永左京亮則俊(41)（永阿）は、銭一〇〇貫文を念仏寺（大寺、開口神社神宮寺）に貸し付けている。永阿が没したのち、一五五二年（天文二一）一二月、嗣子助九郎入道長阿は、その一〇〇貫文をそのまま念仏寺に寄進した（『開』）。一五六四年（永禄七）に池永修理と推測される堺の豪商が、同じく堺の貿易商人で天王寺屋財閥ともいえる津田宗及の茶会に出席している（『天王寺屋会記』）。ここに、堺の豪商と摂津渡辺氏との、対立を含む密接な関係がうかがえるのである。

おわりに

鎌倉時代の堺南北荘の荘園領主はだれか、という荘園にとっては最も基本的な問題を再検討した。これまで堺荘についての定説となってきた、摂津国住吉郡堺荘（堺北荘）は最勝光院領で領家は今林准后（西園寺実氏室、北山准后藤原貞子）、和泉国大鳥郡堺荘（堺南荘）は天王寺遍照光院領で本所は大宮院（後嵯峨天皇中宮藤原姞子）から後深草上皇、永福門院の持明院統であるという理解は、摂津国堺荘の新史料二点の発見（再発見）によって、根本的な見直しを迫られている。結論としていえば、堺荘は西園寺家が相伝していた所領で、堺南北荘とも今林准后藤原貞子―大宮院藤原姞子の母子に所領の由来がある。

二人の女性は、鎌倉時代に権勢を振るった関東申次西園寺実氏の妻であり、女である。皇室との婚姻関係によって堺荘は王家領の性格を帯びるが、もともとの領主（領家）は西園寺家である。

鎌倉時代末期の堺荘は、和泉国堺荘が最勝光院領で、領家永福門院藤原鏱子が遍照光院の寺役も勤める荘園であった。摂津国堺荘は、西園寺実衡から叔父の興福寺東北院覚円に春日社祈禱料所として譲られたから、春日社領で領家は東北院院家覚円であった。そのため、摂津国堺荘の荘園目録が奈良の海竜王寺（現在は西大寺）に伝えられているのである。この史料については、まだ解けない問題も残っているが、基本的な理解としては、以上の結論が正しいと考える。

次に、南北朝時代の摂津国堺荘について、現地代官の地位にあったとされる渡辺薩摩入道（宗徹）を、摂津渡辺党の一族としての観点から考えてみた。この問題もまだ多くの課題を伴っている。たとえば、鎌倉時代末期に歴史の表舞台に登場する楠木正成と摂河泉の諸荘園との関わりである。これは別の表現をすれば、悪党勢力と王家や鎌倉幕府（北条得宗家）、また関東申次西園寺家との関わりの問題である。ここでは、摂津国住吉郡守護楠木正儀と守護代渡辺薩摩入道宗徹との関係を検討し、渡辺宗徹が摂津国堺荘の現地代官を勤めていた背景を考えるのみにとどめた。

（1）『中世における都市の研究』（講談社、一九四二年。のちに三一書房、一九七二年）、「一六世紀の自由都市――堺の歴史とその背景について――」（『日本封建都市研究』東京大学出版会、一九五七年）。
（2）増補版、至文堂、一九六六年。のちに『封建都市』（豊田武著作集第四巻）一九八三年、所収。
（3）『堺――中世自由都市――』教育社、一九八一年。
（4）『無縁・公界・楽』平凡社、一九七八年（増補版は、平凡社ライブラリー、一九九六年）。「中世都市論」（『岩波講座日本歴史七　中世三』岩波書店、一九七六年。のちに網野『日本中世都市の世界』筑摩書房、一九九六年、所収）。
（5）矢内一磨「文明年間の大徳寺と堺町衆に関する新史料について――酬恩庵蔵「堺南北庄大徳寺奉加引付」の紹介――」（『日本史研究』三九六号、一九九五年。のちに矢内『一休派の結衆と史的展開の研究』思文閣出版、二〇一〇年、所収）。
（6）『中世都市共同体の研究』思文閣出版、二〇〇〇年。初出は一九八六年。
（7）思文閣出版、二〇〇四年。
（8）『大阪樟蔭女子大学論集』第四三号、二〇〇六年。
（9）龍粛『鎌倉時代　下』（春秋社、一九五七年）、網野善彦「西園寺家とその所領」（『国史学』第一四六号、一九九二年）。
（10）小野晃嗣『日本中世商業史の研究』法政大学出版局、一九八九年。乾奈保子論文は『年報　中世史研究』第五号、一九八〇年、所収。
（11）『中世日記紀行集』新日本古典文学大系第五一巻、岩波書店、一九九〇年。一二八七年（弘安一〇）正月二三日、参議藤原経頼が奉じ石清水八幡検校法印御房妙清に宛てた亀山上皇院宣案は、「兼又伊勢国鈴鹿山・美濃国不破等、関置監臨、其来尚、然而只有行人之愁、無関門之益歟」として両関を停止している（『鎌』一六一五六号）。
（12）美濃守護は一二五二年（建長四）頃宇都宮泰綱なので、泰綱の可能性が考えられる。宇都宮頼綱子息の泰綱は、一二四三年（寛元元）評定衆になり、一二六一年（弘長元）五九歳で亡くなるまで勤めている。
（13）西園寺公衡が記した「昭訓門院御産愚記」。
（14）『尊卑分脈』四、橘氏、五三～五五頁。
（15）本郷恵子『中世公家政権の研究』（東京大学出版会、一九九八年）にたびたび橘知嗣が記述されるが、その子知経は同書二八五頁の橘氏系図にもみえない。

(16) 五味文彦『春日験記絵』と中世』淡交社、一九九八年。

(17) 小西瑞恵「中世都市共同体論についての覚え書き」(『大阪樟蔭女子大学論集』第四三号、二〇〇六年)。

(18) 通翁鏡円については、玉村竹二『五山禅僧伝記集成【新装版】』(思文閣出版、二〇〇三年)四六九~四七〇頁参照。

(19) 「称念寺(今井御坊)文書」(永島福太郎編『大和古文書聚英』一九〇号、奈良県図書館協会、一九四二年)。

(20) 永島福太郎編集校訂『春日大社文書』第二巻(吉川弘文館、一九八一年)の「五六六号　東北院覚円御教書」参照。

(21) 平岡定海『東大寺辞典』東京堂出版、一九九五年。後醍醐天皇は一三三三年(正慶二)二月には、美和荘を東寺に返還し、以後、当荘は東寺領として存続した。最勝光院領美和荘内兼行方の当年の所務職を請け負い、年貢以下雑物を一二月中に(東寺の)寺庫に運送するとの景光請文が出されている(『鎌』三一九九三号)。のちの一四一九年(応永二六)二月二三日の最勝光院評定引付によると、美和荘兼行名の一四一八年(応永二五)分の年貢四〇貫文を積んだ船が兵庫浦に着いたことがみえ、この年貢を兵庫津まで受け取りに行った費用三貫五〇二文の詳細な項目がある(同兼行名年貢請取雑用帳『教王護国寺文書』)。一方、新見荘(岡山県新見市一帯)も、最勝光院院務職を得た東寺の所領となっていた。

(22) 「院政期~鎌倉期における女院領について」(『日本史研究』三七四号、一九九三年)。

(23) 『中世公家領の研究』(思文閣出版、一九九九年)一六六頁。

(24) 『大日本古文書　大徳寺文書』一―七八、光厳上皇院宣。

(25) 宗峰妙超(一二八二~一三三七年)は、鎌倉末・南北朝期の臨済宗の僧で播磨(兵庫県)の人である。一一歳で出家、書写山で天台を学び、その後、禅に転じ鎌倉万寿寺の高峰顕日(仏国禅師、後嵯峨天皇の子)に参じた。一三〇五年(嘉元三)宋より帰国し新風の大陸禅を鼓吹していた南浦紹明(大応国師)に師事して法灯を嗣ぐが、一三〇八年(延慶元)南浦の遷化後は京都東山の雲居寺に住んだ。一三二四年(正中元)赤松則村は京都紫野に大徳寺を造営し宗峰を開山とした。『大灯国師年譜』によれば、宗峰妙超は浦上一族の出身で、母は赤松則村の姉である。花園上皇や後醍醐天皇の篤い帰依を受け、それぞれ興禅大灯、高照正灯の国師号を贈られた。門下からは大徳寺を嗣いだ徹翁義亨、妙心寺を開いた関山慧玄を出している。

(26)『新修　大阪市史』資料編第三巻、二〇〇九年。
(27) 桑山弘然校訂『室町幕府引付史料集成』上巻、近藤出版社、一九八〇年。
(28) 小西瑞恵『中世都市共同体の研究』思文閣出版、二〇〇〇年。
(29)『新修　大阪市史』（第二巻）も、渡辺党の一族としている（一九八八年、今谷明執筆部分）。
(30)「九州諸国における北条氏所領の研究」（竹内理三博士還暦記念会編『荘園制と武家社会』吉川弘文館、一九六九年）。
(31) 新田一郎『太平記の時代』（日本の歴史一一、講談社、二〇〇一年）一〇二頁。
(32) 一三〇六年（嘉元四）の昭慶門院御領目録に浄金剛院領とみえ、荘官は安東平右衛門入道であった。
(33) 小西瑞恵「中世の大阪」（『大阪樟蔭女子大学研究紀要』第一巻、二〇一一年）。
(34)「渡辺物官家文書」（奈良県指定文化財「広橋家文書」）。『大和下市市史　資料編』（奈良県吉野郡下市町史編集委員会編、一九七四年）に、永島福太郎による復刻と解説がある。
(35) 本所は崇徳上皇の御願寺成勝寺である。
(36) 京都大学文学部所蔵淡輪文書。『阪南町史』下巻、一九七七年。
(37) 天野忠幸『戦国期三好政権の研究』（清文堂、二〇一〇年）二五二頁。
(38) 渡辺与左衛門について、『新修　大阪市史』第二巻、五〇四頁では、「渡辺系図」によると稙と与のどちらか決めがたいとしているが、検討の結果、吉と考えた。この問題については、第二部第一章を参照されたい。
(39) 一四八四～八六年（文明一六～一八）の大日本古記録『蔗軒日録』（岩波書店、一九五三年初版）に、たびたび湯河新兵衛入道が池永新兵衛入道としても記される。また、湯河助太郎も池永助太郎とも記される。
(40) 豊田武著作集第三巻『中世の商人と交通』一一七頁。
(41) 池永左京亮則俊については、一四九〇年（延徳二）三月晦日の池永則俊田畠舎利壺等寄進状・年未詳一二月一〇日の毛穴基実書状・一四九五年（明応四）九月二六日の年預正海料足借用証文（『開口神社史料』一五一頁・六八・八〇頁）参照。

第二部

畿内近国の荘園と武士団

第一章　中世畿内における武士の存在形態

——摂津渡辺党と河内水走氏、山城槇島氏・狛氏——

はじめに

京都の祇園祭や東京の山王祭とならんで、[1]日本三大祭の一つに数えられる大阪の天神祭を知らない関西人はいないであろう。大阪を代表するこの夏祭は、巨大都市大阪の毎年恒例の行事として欠かせないイベントであり、テレビなどでも取り上げられるためか、年々存在感を増していくようである。しかし、祭礼の起源や歴史的意味などについてどれだけ理解されているかというと、祇園祭などに比べて、やや認知度において劣るという印象が否めない。祇園祭と比べて、天神祭についての調査や研究が遅れているわけではないだけに、残念に思われる。

たとえば、天神祭の御迎人形は元禄文化の申し子のように登場したとされ、江戸時代末期には五十余体を数えたが、現在では一六体と頭一が大阪天満宮に伝存するだけである。[2]かつては御旅所周辺の町々に伝えられ、天神祭の際にはまず町内に飾られ、船渡御には御迎え船の船首を飾ったという重要な存在であり、一般的には神の依代とされる。この御迎人形の起源や歴史的意味について、どの程度理解されているのかというと、心許なく思われる。

御迎人形を一覧してみて、まず驚かされるのは、いわゆる武士をモデルとした人形が多いことである。清和源氏の「八幡太郎（源）義家」「鎮西八郎（源為朝）」などが、その例である。また、「酒田公時」は、清和源氏源満仲の長男源頼光の四天王の一人であった。同じく頼光の四天王の一人渡辺綱を祖とするという渡辺党は、摂津渡辺津を本拠としていた。渡辺津は（摂津国府の）大渡・窪津とも呼ばれ、古代から中世にかけて淀川河口に位置した要津である。現在の天満橋付近を中心に、かつての大阪湾に面した広い地域を指す。渡辺津と天満宮の位置関係をみれば、御迎人形に武士が多い事実を、御迎人形が登場した江戸時代が武士を支配階級としたからだという説明ですませることはできない。天神祭は疫神を難波の海に流した御霊会であり、渡辺党はケガレを祓う任務と無縁だったとは思われないと指摘されているからである(3)。

ここで私が論じようとしているのは、天神祭と武士との関わりという問題にとどまらない。最近の中世史における武士論について再考し、武士とはどのような歴史的存在であったのかという問題に見通しをつけたいと考える。私見によれば、この問題に取り組むことは、日本史学にとって焦眉の急を要する現代的な課題であると思われる。

一　武士論の問題点

最近の武士論の動向を知るために、代表的な論者の一人と思われる高橋昌明の見解を最初に検討したい。日本の古代・中世社会では、武士は芸能人だったという見解を、最も早く述べたのは佐藤進一であり、これに続いた上横手雅敬や戸田芳実、高橋昌明によって、近年の武士研究ではこれが一種の通説と化したというところから、「武士を見なおす」は出発している。

『武士の成立　武士像の創出』(4)「序章　二つの武士観」において、平安期の東国で台頭し、日本史の中世という時代区分を初めて創出した武士を、新しい社会の担い手と位置づけた原勝郎（一八七一～一九二四年）と、武の本体は京都の公家社会にあり、そこで発達した弓馬の道を吸収することによって武門武士の武芸が生まれたのであり、都の武士に比して東国武士は必ずしも強くはなかったという久米邦武（一八三九〜一九三一年）との、対照的な歴史観・武士観について述べているため、論旨や学説的な分類は分かりやすいものとなっている。高橋は久米説に立ち、原説がその後の日本の歴史学をリードし久米説はまったく顧みられなかったが、久米説の方がより真実に近く、原の議論は一種の虚像だと断言している。また武士は芸能人という説の具体的な例としては、武士や武者が例としてあげられた『普通唱道集』の「芸能」や、『新猿楽記』の「所能」をあげ、武士とは何よりも、「武」という芸（技術）によって他と区別された社会的存在であったと定義する。また、中世で、芸能・所能に相当する言葉をほかに捜すなら、『職人歌合』の「職人」がそれにあたるとした(5)。

このような高橋の武士論は、一九七六年の「武士の発生とその性格(6)」が最初であったと記憶するから、長年の実証の蓄積と理論的な研鑽を経たものであり、中世の武士の成立と存在形態について、また武士像形成の歴史について、整然と分析がおこなわれている。高橋自身が「付論　武士発生論と武の性格・機能をめぐって――諸氏の批判に応える――」で述べているように、この武士（発生）論は多くの論者による批判を受けたが、その詳細について、ここでは立ち入らないこととする。武士の発生についての高橋説は、論理的にはそれほど問題のあるものとは思えないからである。なぜならば、武士というものを身分制論として論じるならば、律令体制の時代であれ荘園公領制の時代であれ、国家権力の中心である王権から認証され組織化されたものとして、論じざるをえないからである。

また、武士は芸能人という説を述べる際に、「武」芸は他の芸能と異なり、人や獣の殺生を伴う罪深く危険な芸能であり、誰もがこれをもてあそぶなら社会生活上重大な事態が訪れると付言し、武士たちは殺人・暗殺の常習犯で、「武士の暴力団的性格」は否定すべくもない、としているところは、従来からある武士論の定説で、まったく新しいというわけではないが、高橋説による武士論の論理的帰結として一貫している点で重要だと考える。

むしろ私が疑問を持つのは、高橋が「職能的武士論」のみを問題として、「在地領主的武士論」は、正確には武士論ではないと切り捨てている点である。武の専門家という視点を明確にした、社会的分業のレベルからの武士の規定は間違っていないが、支配階級としての武士について、抽象的ないし観念的な分析に陥っていないだろうか。「芸能」とは、技芸・技術の能力の別に基づく社会的分業の数々であると述べているが、このような分析視角による武士論は、社会的分業の枠組みを包括しているのだろうか。日本史学が原勝郎の主張に沿って発達してきただけに、原説の全否定は、これまでの成果である都市領主（荘園領主）制論や在地領主制論を全面的に受け止め、中世社会論をさらに豊かに成熟させていく道から、かえって遠ざかることにならないだろうか。

高橋は、近世以来の平安貴族と武士とのポジ・ネガの構図が、明治の近代史学によって一段と精緻なものになり、さらに第二次世界大戦後に歴史理論の「世界史の基本法則」と結びつくことによって、「農奴主としての在地領主が武士化し、歴史の進歩を妨げる貴族を打ちまかすという主張に発展、武士は古代から中世への社会発展の主たる起動力と考えられるに至った」と戯画的に記している。しかし、私には、日本の領主制論がそれほど単純なものであったとはとうてい考えられない。

石母田正が戦争中に執筆し、敗戦後の一九四六年に初めて出版されたのが、東大寺領伊賀国黒田荘の一〇～一六世紀の歴史を綿密にたどった『中世的世界の形成』(7)であり、古代から中世、中世とその終焉という時代潮流が見事に描き出されている。石母田が真の中世の担い手とした領主は開発領主で、中世武士は多く開発領主の余裔であるとしている。すなわち、武士団は在地領主の族的結合の軍事組織として発生し、領主階級の独自の軍事組織であることに歴史的意味があった。この領主制理論は、戦後の歴史学界に圧倒的な影響を与えるとともに、たびたび批判も受けてきた。しかし、石母田が本当に述べたかったのは、「庄園の歴史は私にとって何よりもまず人間が生き、闘い、かくして歴史を形成してきた一個の世界でなければならなかった」という主張であり、「日本の中世の歴史は、滅ぶべくして滅びない古代と真の中世との相克の歴史」であるという歴史観であったと思う。伊賀国名張郡では、一一世紀の大領主藤原実遠も一二世紀の源俊方の武士団も東大寺に敗北し、一三世紀後半に出現した在地武士団を主体とする黒田悪党も南北朝時代に一応鎮圧されるが、在地武士の地域的連合という新しい傾向が生じた。しかし、村々を代表する四九名の地侍（黒田悪党または、その後裔）が、東大寺に起請文を出して、守護の支配より東大寺の支配を選んだ時、古代世界は復活したと石母田は結んでいる。すなわち、タイトルとは異なり、実際に叙述されているのは、中世の敗北である。

この石母田正に対する批判としては、歴史の主人公は在地領主としての武士ではなく民衆であると指摘した鈴木良一の批判が、代表的なものである[8]。また、石母田の領主制論に対して、一九六〇年代後半から関西を中心に、戸田芳実・河音能平・大山喬平らの新しい領主制論が生まれてきた。ここで「新領主制論」と呼ぶ彼らの主張は、在地領主制の成立と発達を受けて、従来の古代的支配階級であった朝廷・公家・寺社勢力も、封建領主的な支配階級に進化していくというものであった。したがって、石母田説では古代的勢力とされた東大寺も、「新領主制論」では中世的支配階級に進化していたことになる。当時の中世史には、荘園史や商業史などの社会経済史的研究が背景にあり、畿内の在地領主制について荘園制に依拠する領主と流通経済の上に勢力を伸張する領主といった領主制の分類も認識されていた。石母田批判をおこないながら、やがて新領主制論とは別の立場から、権門体制論や寺社勢力論といった独自の論陣を張る黒田俊雄も、大きな影響力を及ぼしていった。

領主制論そのものは、一九七〇年代以降の社会史盛行によって主流から後退していったが、新領主制論を担った戸田芳実・河音能平・大山喬平らは、新しい研究動向を受けとめつつ、身分制論や中世社会論といった新分野に研究を展開させていった[9]。なかでも特筆されるのは、一九七二年に発表された黒田俊雄の「中世の身分制と卑賤観念」[10]で、戦後の中世身分制研究の開始を告げる記念碑的労作だと評価されている。ここで黒田は、中世の主要な身分系列がみられる分野として、(1)村落生活、(2)荘園・公領の支配、(3)権門の家産支配秩序、(4)国家秩序、の四つをあげ、中世の基本的な身分構成は①「王家」「摂籙家」をはじめとする「貴種」、②「司・侍」、③「百姓」、④「下人」、⑤「非人」、の五つとし、基本的には①②が支配階級たる封建領主階級の身分、③は被支配身分の圧倒的部分を占める自立農民、④は経済的階級的には農奴または奴隷の性格を持つが、身分としては私人の家父長制的支配の対象として人格的に隷属しているもの、⑤は体制外の身分、「身分外の身分」であるとした。この身分制論は、非人についての規定をめぐって異論や反論を招いたが、基本的には、妥当なものとして受け入れられたと思う。これ以後、⑤の非人を包括した中世の身分構成について検討する必要が生じたという意味で、画期的な論文であったと考える。ただ、私は(1)の村落生活という分野の区分は不充分で、都市生活を加えて考慮しなければならないと考えている。

社会史の代表的旗手である網野善彦の仕事は、これまで述べてきたような戦後における中世史の成果を、独得の方法で体系化したものであった。網野以後の比較的新しい仕事については個々に取り上げることにして、次に中世国家、ないし王権と直接に結びついた畿内の歴史的条件の問題を考えていきたい。

二　「中世における畿内の位置」と渡辺党

(1)　渡辺党と大江御厨惣官職

このような問題を考える際にまず回顧すべきなのは、一九六〇年代に大阪歴史学会中世史部会がおこなった、畿内の歴史的位置についての共同研究と成果である。最初に、共同研究の責任者であった三浦圭一の仕事から検討していきたい。

三浦圭一「中世における畿内の位置――渡辺惣官職を素材として――」(11)は、摂津国の国津であり皇室領大江御厨にも包括されていた渡辺津を本貫として、朝廷・官衙や権門勢家に奉仕した武士団、渡辺党を分析したものである。

渡辺党二家（渡辺氏・遠藤氏）については、渡辺党に関する諸系図の系統は多いが、『尊卑分脈』に載せる嵯峨源氏系とするものと、『続群書類従』（第五輯下）に収録する「渡辺系図」の二つに大別され、共に武勇の人、渡辺綱につながるという共通性を持つ。これに対し、『続群書類従』（第六輯下）に収められた「遠藤系図」はまったく内容を異にしたもので、渡辺党の内部は鎌倉初期あるいはそれ以前からすでに実質的に二分されており、承久の乱以降に、渡辺党本流に対して遠藤家が独立し、別の系図を作ったものであるとする。

近年、生駒孝臣は、この三種の系図と、佐々木紀一が取り上げて論述した大阪府立中之島図書館所蔵の「堺禅通寺蔵渡辺系図」（甲本・乙本）(12)を、比較・検討・分析している。改めて四種の系図を史料とすることによって、渡辺党（渡辺氏・遠藤氏）と渡辺惣官職の研究は新段階を迎えた(13)。

三浦説を要約すると、渡辺党がその特異な一字の名乗りをもって歴史の舞台に登場するのは、源満仲の婿 敦《あつる》（宛）とその養子とされる綱《つな》の時代で、一〇世紀のことである。渡辺綱は源満仲の長男である摂津源氏源頼光(14)の四天王の一人として知られ、当時都で勢力を振るった鬼同丸《きどうまる》を倒した物語は著名である。さらに詳しく渡辺党の出自や動向について検討すると、四つの特徴が認められる。私見を加えて要約すると、次のようになる。

第一に、渡辺党は御厨経営と関係していた。一〇八九年（寛治三）、筑前国観世音寺領把岐荘《はきのしょう》（福岡県朝倉郡把木町一帯）大宰府贄人《にえびと》松永法師が宇野御厨（長崎県松浦市御厨町付近を中心として、伊万里湾沿岸・北松浦半島・平戸・五島方面の島々を含む地域）に納めるべきものと称して桑葉や畠地子を押妨し、観世音寺から大宰府に訴えられているが、松永法師自身は元は京都の出で、先祖であった贄人源 順《したごう》から相伝した所領内でこのような行為をおこなったと弁明した。この松永法師を、三十六歌仙の一人として著名な歌人・学者源順（九一一～九八三年）の子孫とはただちに実証できないが、源順の父源挙《こぞる》は馬寮の下級官人左馬允（助か）であったといわれ、順は能登・和泉の国司を歴任し、九六六年（康保三）に駿河国で、馬の毛色や毛並みを歌で競うという異色の趣向で歌合をおこなった（「源順馬毛名歌合」）。源挙ないし順は、馬寮の官人として宇野御厨辺りに関係していたことがあり、その近辺に私領を開発することがあったと考えられる。渡辺党は淀川下流域の渡辺近辺を本貫とし、馬寮や大宰府、さらに権門に属する贄人としての出自を持つものがあり、広域的な活動を展開していた。

第二に、渡辺党は牧と関係深い。一〇一五年（長和四）に小野宮家領河内国辛島牧（東大阪市玉串町付近）の牧司としてみえる源訪は、渡辺党の一族であろうという。渡辺家・遠藤家の系図で官職を一覧すると、当時広くおこなわれていた売官成功のなかで最も成功が多かったという左右馬寮の允や、衛門府・兵衛府に関するものが多く(15)、そのような方法を通じて牧務・牧司となり、馬の私的所有や交易による蓄財を有利にしたうえでの武士団形成が考えられる。

第三に、渡辺党は渡辺（窪津）を本貫とし、津・港湾と切り離せず、海陸にわたって極めて機動力に富んだ武士団・水軍として源平争乱期に活躍した。淀川河口近辺の港湾管掌者集団たる性格を持つゆえに、難波のことで渡辺党に関係のないものはなかったとする。

第四に、渡辺党のうちには荘園の荘官として活躍するものが多い。たとえば、『平家物語』壇の浦合戦で建礼門院徳子を熊手で救出した渡辺昵《むつる》は、これより先の一一八二年（寿永元）から翌年にかけて、東大寺領山城国玉井荘（京都府綴喜郡井手町井手の玉水付近）の下司として活躍した(16)。当地は玉川下流の扇状地に位置し、山城の交通の要衝でもあった。畿内だけでなく、肥後国で九歳になろうとする捨て子（のちの泉涌寺僧俊芿《しゅんじょう》）を養育した味木荘《あまぎのしょう》（熊本県上益城郡御船町ほか）預所の源憑《たのむ》や、文覚上人(17)および重源上人(18)も渡辺党の出自ではないかという。

以上の特徴については、渡辺党研究の前提として受け継がれるべきである。

近年、生駒孝臣は、渡辺党成立の背景を公家政権、とくに院政との関わりから追求している。先行研究では、渡辺惣官職が白河院政期頃に創始され、白河・堀河天皇二代の滝口であった渡辺伝《つたう》が惣官職の最初とされてきたが、その創始の主体や政治的背景についてはこれまで具体的に追求されてこなかったとしての検討である。生駒によると、大江御厨惣官職の名がみえる一一〇八年（嘉承三）の前年は堀河天皇の急死に伴い鳥羽天皇が即位し、白河院による院御所議定が成立した白河院政の確立期にあたること、御厨子所別当としてみえる一〇九二年（寛治六）の藤原顕季、一一〇八年（嘉承三）の藤原顕隆が共に白河院近臣であることから、渡辺惣官職が一一世紀末期から一二世紀初頭の間に白河院によって創始されたことは、ほぼ確実といえるという。

問題は、生駒が典拠とする一三二六年（嘉暦元）頃の御厨子所公人等重訴状写に、一〇六七年（治暦三）と一〇六九年（延久元）に「河内大江御厨執行職」とみえ、一〇九二年には「河内大江御厨供御免田」について別当藤原顕季（伊予守藤原朝臣）のもと、御厨子所預が別に施行下文を出していること、一一〇八年（嘉承三）に「河内大江御厨惣官職」が別当藤原顕隆（修理左宮城使右中弁兼左衛門権佐備前守）と預散位紀朝臣によって支配され、大江御厨が河内とされていることである（『鎌』二九五二三号）。生駒は御厨の最下流部に位置する摂津の渡辺に惣官が設置されたためとする大村拓生の指摘を受けて、惣官職が設置された摂津渡辺こそが中心であった、としている。しかし、惣官職という職名は大江御厨が贄人の給免田を中心とする中世的御厨に転化した時期に出現すると論じた網野善彦は、大江御厨惣官職と渡辺惣官職の違いについて、両者は密接な関連を持つが別個のもの、としている。[20]

次に大江御厨の歴史を検討して、惣官職について考える。

古代には朝廷の供御の魚鳥を貢進する供御江であった河内江に、広大な皇室領（大）江御厨が設置されたのは、九〇五年（延喜五）である。大江御厨は河内国中の池・河・津等を所領としていたという。一一一九年（元永二）七月一六日の官宣旨写は、延喜五年の国司請文案を添えて、大江御厨の四至幷供御人交名・在家・免田地所等を検注し言上するよう命じているので、御厨支配の再編成がおこなわれたことが分かる（『平』九—四六七〇号）。この免田は一〇九二年（寛治六）にみえる「河内大江御厨供御免田」を指す。一一六一年（応保元）九月一七日の記事によると、河内国大江御厨の供御免田としての本田は二三〇町であった（『山槐記』一）。

渡辺党が摂津渡辺津を本拠としたのに対して、次節で検討する河内国水走氏の初代という藤原季忠は、大治・長承の頃（一一二六～三五年）大江御厨山本・河俣執当職に補任され、天養年中（一一四四～四五年）に河内郡水走の地を開発した。水走氏は北河内から中河内の主要な水面および津を占めた大江御厨を管理した。『兵範記』一一六九年（嘉応元）一〇月裏文書の「右衛門督藤原実国下知状」によると、左衛門尉源某が「摂津大江御厨」の現地で供御物のことを沙汰し、右衛門督藤原実国のもとへ参上している（『平』九—四八三七号）。この左衛門尉源某が渡辺党とは断定できないが、河内国大江御厨に御厨内摂津渡辺・同御厨内津村郷や阿倍村[21]があり、渡辺党が支配した摂津大江御厨にあたると考える[22]。

同じ一一六九年六月に、河内大江御厨日定について、「預散位紀朝臣・検非違使右衛門尉紀判[23]」とある。大江御厨から供御物を納める日程だと考えるが、「御厨幷供御人所務検断事」は御厨子所預が直接成敗するのが旧例であると述べている（『鎌』二九五二三号）。しかも、預と検非違使は紀氏であるから、摂津渡辺党がこれに関わっていたとは考えられない。

一二六〇年（正元二）四月六日の摂津守中原師藤解や同年四月一三日の公卿定文と太政官符に、「大江・吹田等御厨検校職」の兼補が問題とされ、一二九三年（正応六）八月一日の摂津守津守国助解でも、同じ兼補問題が摂津国から言上された（『鎌』八四九六・八四九七・八四九八・一八二七六号）。皇室領吹田御厨は島下郡にあり、吹田市市域の南部付近にあったと推測される。[24] 問題は、大江・吹田等御厨検校職は代々摂津国司が兼任したが、近年その慣例が踏襲されず、供御物が納入されていないことであった。摂津国衙は八四四年（承和一一）に「豊島郡家以南地」から淀川（大川）の南岸にあった鴻臚館に移され、一〇世紀中頃に一時住吉郡に移されたが、一一世紀初頭には渡辺津の南岸に移っていた。ここでも大江御厨は「摂津国大江御厨」とされている。

大村拓生は、遠藤氏が摂津国の在庁官人として惣官職設置以前の渡辺の支配を担ってきたが、白河院もしくは摂津源氏によって渡辺氏が渡辺に送り込まれたと述べた。[25] その説を受けた生駒孝臣によると、渡辺氏と白河院との関係は、渡辺伝の時期から始まったのではなく、一一世紀後半の源貞《さだし》・直《なおし》の段階から形成されていた。貞は源六大夫定と同一人で、白河院武者所として白河院に仕えた。また、伝の従兄弟にあたる直は相撲人として白河院の知遇を得て「渡辺御厨」の直接の裁許に与ることもできた。生駒は「遠藤系図」と「堺禅通寺蔵渡辺系図」（禅通寺本）の注記により、貞流源氏の本拠は摂津国豊島郡で、そこに居住していた伝が、父安《やすし》（後三条天皇の滝口）の早世で遠藤永厳女との婚姻を機に渡辺の地に移住したとしている。この豊島郡は西国街道が横断し、南部には大阪湾へと注ぐ神崎川、西部には神崎川と合流する猪名川を擁する水陸交通の要衝で、一一世紀以後に椋橋荘の港湾として機能した庄本や一三世紀に檜物商人が活躍する豊島市のような流通拠点も抱えていた。貞流源氏は直の子聞が「神崎大夫」を名乗るように、一二世紀前半頃には神崎川河口部の港湾である神崎（川辺郡）にも進出した。すなわち、彼らは豊島郡から川辺郡にかけての神崎川水系の水上交通・流通に関わる武士団であった、と生駒は推論している。また、貞流源氏は、相撲人として給与された免田八〇町と浪人八〇人が大きな影響力を行使する支えとなっていた、という。

渡辺氏が惣官職を相承する家系として公家社会での立場を確保する一方、貞流源氏は相撲節が一一七四年（承安四）に廃絶するまで譜代相撲人としての家系を維持するが、その後はしだいに衰退していく。大村拓生と生駒孝臣によって、渡辺党成立以前の貞流源氏と初代渡辺惣官となった源伝の歴史的背景が初めて明らかにされたが、そこでは「渡辺御厨」と史料にみえるから、大江御厨惣官職とは段階を区切って考えた方がいいと思う。私は、生駒が主張する御厨の経済的側面の重要性を分析する場合にこそ、史料にまず「河内大江御厨」とみえる事実を、軽視してはならないと考える。

三浦説を受けて、渡辺津と渡辺党の歴史を詳細に著したのは、河音能平の「中世前期の大阪」[26]である。一一世紀の院政期になると、朝廷の御厨子所領の摂津大江御厨に包摂されていた渡辺（窪津）および津村郷[27]の地に、水軍を兼ねた武士団である二家の武士団――渡辺党源氏と渡辺党遠藤氏――が住み着き、これらの武士団を統率する者が任料を献上して、蔵人所御厨子所から摂津大江御厨渡辺惣官職に任命されることになったという。この記述については、新しい研究により、渡辺津に住み着いたのは遠藤氏が早いことが明らかになっている。初代の摂津大江御厨渡辺惣官は、源（渡辺）伝《つたう》で、渡辺党二家のメンバーの多くが、「滝口」（内裏警護の武士）などとして朝廷に仕えつつ、他方で左衛門尉や右衛門尉の官職を帯びているため、彼らが検非違使として渡辺に常駐し、警察権を握っていたことが分かるという[28]。さらに渡辺二家は都の検非違使庁の摂津出先機関として、三国川（神崎川）河口の河尻諸港をはじめとする摂津国の諸港の津頭検察に当たるとともに[29]、権門寺社・公領を問わず摂津国内に検非違使庁役を賦課する主体ともなった[30]。一〇九五年（嘉保二）三月一二日、検非違使等が淀津で船を点定したが、津刀禰を支配していたことによると、清田善樹は述べている[31]。

渡辺の地にあった式内社坐摩《いがすり》社の神職を、一一世紀末以降渡辺遠藤氏の一族が勤めていたことも重要である。岡田精司によれば、奈良時代の難波京域に相当する東成・西成両郡の名神大社（神祇官の名神祭に列する大社）としては、東成郡に生国魂神社、西成郡に坐摩神社がある。この両社は、平安京においては宮中の神祇官によって西院の北庁に祭られ、御巫《みかんなぎ》という宮廷専属の巫女が奉仕する王宮の守護神であったから、村落祭祀とは次元を異にする神社だという（『新修　大阪市史』第一・二巻）。ただし、『延喜式』臨時祭の項には、座摩の巫は「都下（祁）国造氏童女七歳已上者」を充てるとあり、この都下国造家は歴代の宮司渡辺氏の祖先であるという。(32)「遠藤系図」によると、鳥羽上皇の時に滝口の武士であった遠藤為信（「四人其一人」と注記）の子信恒は「武者所内舎人　座摩祐四人長者其一人」と注記され、文覚の指図で頼朝の挙兵に最初から参加したという遠藤家国も「座摩祐四人長者其一人」と注記されている。四人の長者が坐摩社の祭祀に関わったという記述は、大山崎における八人の長者座を想起させるが、神祇官との関わりからみて、天王山に祭られた地主神山崎神社（自玉出《たまでより》祭　来酒解《まつりきたるさかとけ》神社）の山麓部にある御旅所に結集した八人の長者衆とは同一視できない。

坐摩社は一二二四年（元仁元）には「住吉末社」とされている（『百錬抄』）。一二八四年（弘安七）六～八月に住吉社神主津守国平と坐摩社神主清原康重が神事執行をめぐって争論した（『勘仲記』および裏文書、『鎌』一五二二二～一五二二五・一五二二七号）。住吉社は神事執行から社領支配へ支配を強化し、坐摩社を末社化しようとしたというが、(33)一二八五年（弘安八）の文殿勘申では、住吉・坐摩両社が『延喜式』では大神として共に官幣に与ったこと、代々国司庁宣や宣旨・院宣に任せて坐摩社神主康重の社務執行を認めること、先例に従い細事については住吉社と相談すること、としている（『鎌』一九二一二号）。

さらに、一二五二年（建長四）から一二七四年（文永一一）頃までに作成された道誉書状土代によれば、遠藤為景（為俊の子息）が摂津国御家人重流渡辺氏の栄《さかう》と満流渡辺氏の嗣《つぐ》、房流渡辺氏の告《つぐる》に対して、渡辺天満宮（現大阪天満宮）の神事をめぐって六波羅に訴えている（文永本『新古今和歌集』紙背文書）。本章冒頭で天神祭と武士団が切り離せない関係にあったと述べたが、鎌倉時代に大阪天満宮の神事をおこなったのは、渡辺党渡辺氏・遠藤氏の一族であった。渡辺党と渡辺天満宮との関係は、四天王寺や坐摩社との関係も含めて、摂津渡辺党の存在形態を特徴づける重要な問題である。

これまで典拠とされてきた渡辺党の諸系図が再検討を迫られているため、以下、生駒孝臣の新研究を中心に渡辺物官職について検討していく。生駒によると、「禅通寺本」は『尊卑分脈』三篇「嵯峨源氏系図」と「渡辺系図」に先行するもので、渡辺氏系図の中で古態を示す「禅通寺本」と、それに類する「遠藤系図」にみえる渡辺氏の系図によって、院政期から鎌倉期における渡辺氏は、重流《かさぬ》・満流《みつ》・房流《ふさぬ》の三系統が惣官職を相承する主流の系統であったという。また、鎌倉期の渡辺党は、遠藤氏が惣官職を独占し、渡辺の地も彼らによって支配されていた、とするのが通説であった。これは主に「遠藤系図」に、遠藤為俊以降の子孫による惣官職の独占・北条得宗家との姻戚関係などの記載がみえるために導き出されたものであったが、「堺禅通寺蔵渡辺系図」に収載された「渡辺御厨惣官職相承次第」によると、渡辺氏の惣官職の相承は、伝以後、鎌倉期を通して後嵯峨院政期頃まで、一時遠藤為俊の時期を挟むが、重流渡辺氏と満流渡辺氏の二系統の間でなされていた、という。

「相承次第」を検討した佐々木紀一は、古代の難波屯倉を管理していた豪族三宅氏が早くから難波津を管理したこと、渡辺惣官職の起源が難波津の管理にあるという点から、「相承次第」の史料的価値を評価した。「相承次第」によると、渡辺惣官職は三宅氏から遠藤永賢に譲られたのち、婿入りした渡辺伝に相伝されたことになる。佐々木説を受けた生駒は、「相承次第」により初代渡辺伝から二代一九人の渡辺惣官職の相承を取り上げたが、一二代・一四代惣官の「渡辺益」のみが堺禅通本や他系図にみられないために不明とせざるをえないという。

私は、一三代・一八代惣官の遠藤為俊がこの「渡辺益」と前後し、間隔が開いていることから、疑問を感じざるをえない。渡辺惣官職をめぐる渡辺党の内部対立が顕在化するのは、遠藤為俊が惣官職を得た承久の乱前後の時期である。ちょうどこの時期に人物不詳の「渡辺益」が一二代・一四代惣官としてみえ、さらに一三代から一八代まで飛んで遠藤為俊が惣官としてみえることには、問題があると考える。生駒も「相承次第」には房流渡辺氏がみえないことを認め、「相承次第」が作成された時点で惣官職を相承する系統と見なされなかったため除外されたと説明している（註(13)前掲書八二〜八七頁）。また、一次史料等によって惣官であったことが確認できる遠藤俊綱（為俊の孫）が、「相承次第」にみえないことを認め、在職中に罷免された人物なので除外されたと説明している（同、一〇〇頁）。すなわち、「相承次第」に全面的に依拠できないとすれば、惣官職の相承についてもさらに検討を重ねる必要がある。

一二三五年（文暦二・嘉禎元）五月二三日、幕府は六波羅探題に宛てて、渡辺党に対して船舶の点定行為の禁止と京都大番役勤仕を伝えるよう命じたが、渡辺党内部の不和について認識していた(34)。河音能平が述べているように、鎌倉期の渡辺津には、山陽・四国・九州諸国からの荘園・公領の運上物（年貢米その他）を積載した船が着岸し、積載物を川舟に積み替える中継基地として重要な役割を果たしていたこと、このような渡辺津を管理していたのは幕府の「彼の辺りの宗たる御家人」にあたる有力御家人で、渡辺惣官の遠藤為俊とその指揮下にあったと考えられる渡辺党二家の一族であった。承久の乱以降は、大阪湾上の海上警察権について、検非違使庁摂津国出張所としての権限は縮小され、六波羅探題の指揮下に渡辺惣官が主としてその任務に当たっていたと考えられる(35)。鎌倉時代における遠藤氏は、鎌倉幕府の忠実な有力西国御家人であった。遠藤氏は承久の乱頃の遠藤為俊が北条政子や将軍九条頼経の近臣といった地位を得て、在京人、北条得宗家・親得宗派御家人、得宗家御内人の姻戚として畿内（西国）御家人の中で破格の立場を築くことになった(36)。

平安後期以来、遠藤氏の一流秋坊氏（秋野氏）が四天王寺の執行・惣追捕使を相伝し、一二三四年（天福二・文暦元）から一二三七年（嘉禎三）の執行職をめぐる秋坊氏内部の闘争には、「渡辺摠官」「渡辺党」が介入した。一二三四年（文暦元）四月八日、四天王寺執行明順が前執行円順に殺害された（『百錬抄』）。一二三七年八月五日、四天王寺執行一族上座覚順が悪党二百余人（百余人）を率いて天王寺を占拠しようとしたので、渡辺党がこれと戦い、覚順以下九三人が討ち取られた（『吾妻鏡』『百錬抄』）。渡辺は四天王寺の外港としての位置を占めていたので、渡辺惣官は検非違使としての権限を行使したのである、と戸田芳実は論述した(37)が、渡辺党内部の対立・相剋という側面も持っていたことは明らかである。当時の惣官については、房《ふさぬ》流の渡辺語《かたる》説があるが、生駒孝臣は「遠藤系図」にみえる注記を検討し、遠藤為俊を惣官としている(38)。

一二四六年（寛元四）三月八日、幕府は渡辺党源綱の榎上荘南方下司職を安堵した（『吾妻鏡』）。「渡辺海賊同類柴江刑部丞源綱法師」が領家に本職摂津国榎上(39)荘南方下司名田を収公されたものを、領家の処置は無効として関東から地頭に補任したものであった。問題は公家対武家の主導権争いにあり、渡辺党が海賊行為をおこなうことは幕府周知の事実であった。

渡辺津の関については、一二八九年（正応二）に東大寺僧性海が魚住泊の修理料として、播磨室泊、摂津尼崎・渡部（渡辺）のうちから一カ所を選び、一〇年間を期限として石別一升の津料米を寄港貨物船から徴収して充てたいと朝廷に申請し、それを認める宣旨を得た(40)。一三世紀中頃には、渡辺に関が設置されていたと考えられる。一三〇一年（正安三）に渡辺津は神崎津と共に奈良興福寺の料所に充てられたが、正和年間（一三一二〜一七年）には、主に東大寺や住吉社の料所となっている。一三一五年（正和四）九月一二日、摂津守護北条時敦は淀河・尼崎・渡辺等の関所における関銭徴収の調査を大井美作五郎に命じた（『鎌』二五六一五号）。同年一〇月に摂津守護使伊丹親盛らが摂津国兵庫（島）・一洲・渡辺三ヶ津等の関所雑掌に、大山崎神人に対する濫妨停止の請文を提出させている。この時、三ヶ津は東大寺・住吉社の造営料所および兵庫島置石料所になっていた。さらに神崎・渡辺は福泊島修固料に充てられていた（『鎌』二五五七三・二五六一五・二五六三一〜二五六三三）。一三二七年（嘉暦二）二月一二日・四月二七日に、後醍醐天皇は東大寺に神崎・渡辺・兵庫三ヶ津の商船目銭を寄進した（『鎌』二九七四六号）。大仏殿払葺以下の料所にしたもので、東南院の修造のため、一三二一年（元亨元）には料所の四分一を充てていた（『鎌』二九七四六・二九八二八号）。東大寺・興福寺・住吉社等の料所設置に、渡辺党がどう関わったかは明らかではない。

新出の「宝珠院文書」[41]によって、一三三〇年（元徳二）、平野将監入道・渡辺豊前三郎左衛門入道ら河内・摂津の悪党等が、東大寺領長洲荘政所延福寺に討ち入ったことが分かった。渡辺党一族の悪党ぶりは、前述の四天王寺執行をめぐる殺害事件でも知られるが、一族内の相剋という次元を超えて、広範囲な地域で悪党グループの一員として活躍する人物が登場したのである。また、この頃から、しだいに摂津・和泉国堺津の重要性が明らかになってくるが[42]、渡辺氏も堺に進出している[43]。

これまで述べた新しい研究により、従来の渡辺党研究の総括が必要になるが、第一に必要な系図間の相違を分析し、史料にみえる渡辺党（渡辺氏・遠藤氏）との関係を体系的に整理することは、現段階では不可能である。「相承系図」の「渡辺益」が、系図や他の史料には出てこないといった問題点を解決しなければならないからである。そこで、次に、渡辺物官家文書を中心に、南北朝期以降の渡辺党の歴史を検討する。

(2) 渡辺惣官家文書・渡辺文書からみる渡辺党

渡辺惣官家文書は、一七三九年（元文四）渡辺惣官家の渡辺久が広橋保教の養子となった際に、系図や古文書等を持参したものである。永島福太郎が解説しているように[44]、渡辺惣官家文書は、水戸藩が一六八〇年（延宝八）から翌年にかけて畿内の南朝関係史料を採訪し、それらを編集した『南行雑録』に採用されている。大和下市町史編纂の際に、これが奈良県吉野郡下市町大字広橋の広橋家で再発見されたのは一九六一年（昭和三六）で、現在は奈良県文化財に指定されている。南北朝期から戦国期までの古文書三一点と渡辺系図が現存するが、原文書で散逸したものがあり、本来の形態・数量を伝えるものではない。

二〇一二年（平成二四）一一月に公刊された金沢市立玉川図書館近世史料館所蔵『松雲公採集遺編類纂』[45]は、第五代金沢藩主前田綱紀が集めた史料のうち、明治初年に散逸を免れたものを、同藩陪臣で郷土史家の森田平次が類別編集した史料集で、三八点の「渡辺文書」のうち、八点が従来の渡辺惣官家文書に未収のものである。併せて渡辺党の研究には必須の史料である。

最初にみえる源照《てる》（重流《かさぬ》）[46]は、渡辺津を本拠に南北朝内乱期に南朝方として参戦し、一三三七年（延元二・建武四）八月、後醍醐天皇綸旨と摂津国国宣（写）によって、摂津国難波荘（大阪市内）地頭職を勲功の賞として宛行われた。難波荘は、一一五四年（仁平四）、阿闍梨教智が六勝寺の一つ崇徳天皇御願の成勝寺（故地は京都市左京区岡崎）に寄進し、一三〇四年（嘉元二）、比叡山白川浄土寺門跡が当荘内の得分を勝尾寺に寄進していた（『平』五〇九八号・『勝尾寺文書』）。地頭職は南北朝期には渡辺氏が保有することになった。照は荘内の周囲に堀をめぐらした地頭屋敷を本拠としたが、その「堀屋敷」の広さは、一町八反二六四歩であった[47]。

『観心寺文書』にみえる一三三七年（延元二）一二月二二日の「源昭願文」（八号）は、「渡辺惣官瀧口左衛門尉源昭」とあるが、実は「源照願文」が正しい[48]。また、後醍醐天皇と後村上天皇の綸旨によって、摂津国畝《うね》野左衛門太郎跡や山城国采女荘が、勲功の賞として渡辺党に与えられた。北陸では、越中国射水郡東条荘（富山県射水郡大島町・大門町付近）地頭職や越中国上津見保《うわつみのほ》（富山県東砺波郡城端上見付近）を、滝口を付す人物が賜っている[49]。ほかに渡辺党が賜った所領所職は、摂津国柳津河尻荘（兵庫県尼崎市内）・和泉国和田《にぎた》郷国衙（大阪府堺市美木多上付近）・和泉国毛須《もず》盛正法師跡（堺市百舌鳥《もず》本町一帯か）・和泉国土師保《はにしのほ》造酒司領内武松名等（堺市土師《はぜ》町付近）である。

一三六九年（正平二四・応安二）頃の権右中弁経清奉書案（長慶天皇綸旨）[50]は、渡辺惣官照法師が訴えた難波荘とその南方にあった木津浦との境争論について、四天王寺側が早く決着させるよう天王寺宮に申し入れた[51]。四天王寺領木津荘（大阪市浪速区南部付近）は難波荘の南隣に位置していた。一三六九年（応安二）初めから楠木正儀は細川頼之の誘いに応じて足利方になるが、二月に足利方が、和泉・河内両国に正儀が味方したと知らせたため、正儀と離反した楠木氏一族との合戦になり、三月二二日に正儀は四天王寺に退却している。一三七一年（応安四）の摂津住吉郡守護楠木正儀書下は、当所堀屋敷并良阿跡と渡辺筑後守斉《ひとし》跡を渡辺四郎左衛門尉の知行としているから、すでに照《てる》・斉兄弟は没し、その所領は北朝方によって渡辺四郎左衛門尉に受け継がれたのである。一三七三年（応安六）九月二七日、渡辺四郎三郎は管領細川頼之に本領を安堵された（『新修　大阪市史　史料編』第三巻）。

「渡辺」を含む摂津国中島は、一三六五年（貞治四）以前に畠山義深が、翌一三六六年（貞治五）六月から一三六九年（応安二）九月までは赤松氏範が領有していた。その後、当地は氏範を討伐した兄の則祐とその子義則に継承され、赤松氏の支配が続いていた[52]。二〇〇五年（平成一七）に発見された大阪市史編纂所所蔵の一三八三年（永徳三）九月の渡辺散在下地早田内検帳を詳しく分析した生駒孝臣は、そこにみえる「浡上江」「白河畠」「豊條国分寺」「西国分寺」「公田川原」という地名を検討し、「渡辺」における長福寺塔頭蔵龍院の散在所領についての文書であると結論した[53]。禅宗寺院長福寺は、観応年間（一三五〇～五二年）に「渡辺」に進出して以後、渡辺党の曾禰崎氏と「渡辺」に散在する同寺寺領をめぐって、しばしば争論を引き起こしていた。長福寺文書[54]にみえる渡辺曾禰崎左衛門二郎薫が、諸系図に名前がみえる房流渡辺氏である。渡辺薫は一三八三年（永徳三）一二月から一三九二年（明徳三）一二月頃まで中島を知行していた赤松則祐・義則父子の被官になっていたと考えられ、守護赤松氏を背景に蔵龍院領の一部を押領したものであった。その後、渡辺自体は、嘉吉の乱後に室町幕府の御料所となる、細川典厩家持賢が建立した中島崇禅寺の寺領に編入される。一四六一年（寛正二）一二月二六日の中島崇禅寺領目録に、曾禰崎を名乗る中務・専道・教法らが田地の領有者としてみえる。渡辺薫の一族と推測され、細川典厩家（細川持賢）の被官になっていたと推測される。彼らは、畠山・三好氏といった時の地域権力と結び存続した渡辺照一族とは対照的に、極めて小規模な国人であったというが、渡辺氏の全貌が把握できない現状では、結論を控えたい。渡辺氏は、系図にみえない渡辺源六が、河内守護畠山満家（一三七二～一四三三年）の守護代遊佐長護（国長）、小守護代菱木盛阿のもとで、茨田郡（河内国北部）[55]郡代を勤めているからである。

一四〇一年（応永八）に渡辺左近将監（強）は、摂津守護代と思われる重以から摂津国河南西成郡難波地頭屋敷を安堵された。

享禄年間（一五二八～三二年）とされる年未詳六月三日の畠山義宣（義堯）書状写は、渡辺孫三郎に今度の水走着陣について種々馳走のことを祝着と述べ、細川晴元の側近可竹軒（周聡）に連絡を頼んでいる。渡辺孫三郎は一五二三年（大永三）から河内北半国守護となった義宣に従い、水走氏の本拠地水走に着陣したと考えられる。畠山義宣（義堯）は義就の曾孫で基家の孫、義英の嫡子である。この時問題になったのは木沢長政の振る舞いで、遊佐某[56]を殺して出奔し、細川高国の元に一時いたが、これを見限り細川晴元の被官になったと、『二水記』一五三〇年（享禄三）一二月一八日条に記される。畠山義宣（義堯）は、木沢長政の居城飯盛山城（大阪府四條畷市南野・大東市北条）を一五三一年（享禄四）八月二〇日に攻撃したが、晴元は摂津中島に陣を置いて長政を援護し義宣を破った。義宣は一五三二年（享禄五・天文元）五月にも長政を飯盛山城に攻めたが、本願寺の一向一揆に攻められ、六月一七日に河内石川道場で自刃した。一向一揆は同二〇日、堺で三好元長を自殺させ、堺公方府は崩壊した。木沢長政等が一向一揆を鎮圧したのち、河内では木沢長政と政長流畠山氏の守護代家である遊佐長教との和睦が成立した。年未詳七月一〇日の畠山在氏（義宣の弟[57]）書状写によると、渡辺孫三郎は入洛して可竹軒（周聡[58]）と連絡を取った。在氏から孫三郎に取り次いだ使者は、遊佐中務丞（英盛[59]）であった。

一五四〇年（天文九）一一月一二日、木沢長政は、如意庵に山城久世郡伊勢田郷内御庵領を返付している（『大徳寺文書』四の一六〇四号）。この問題の関連史料は多いが、同年一一月一九日の巣林庵等祥書状案（伊勢田郷内庵主書状案）は、渡辺四郎左衛門尉・多羅尾興介・南備前守に対して出されている（同一六〇九号）。木沢長政[60]の命を受けて現地に下った上使にあたる。渡辺氏と多羅尾氏が、同輩として名がみえるのが注目される。木沢長政は細川晴元被官になっていたが、実質的な管領である晴元が山城守護であった。木沢長政は河内守護（河内半国守護畠山在氏）代であるが、『天文日記』[61]一五三六年（天文五）正月二〇日条に「大和之儀木沢為守護間」と記されるように、大和で守護を称していた。そのような行動の一環と考えられる。しかし、一五四一年（天文一〇）一〇月に木沢長政は幕府（細川晴元政権）に対して反乱を起こし、翌年三月一七日の河内太平寺（柏原市）の戦いで遊佐長教・三好長慶等に敗死した。

この後の渡辺氏の動向がうかがえるのは、一五五〇年（天文一九）三月九日の三好長慶書状写で、摂津西成郡の津村龍安寺領御公用事について、毎年三石宛て運上するよう渡辺孫三郎に命じている。渡辺氏が三好長慶から直接指示を受けた史料は、これが最初である（『戦』二六九号）。

一五五三年（天文二二）と思われる六月二五日の今村慶満等連署状[62]は、勝龍寺城（京都府長岡京市）の普請について東寺年預御房に出されたが、連署する八人の中に「渡辺市正勝」がみえる。三好長慶に守護不入を認められたとする東寺側に対して、ご不審があれば茨木長隆（細川氏綱奉行人）へ尋ねるようにと記している（『戦』三六三号）。馬部隆弘によれば、細川晴国と氏綱を支えた細川玄蕃頭家の当主国慶は、汁谷口の今村慶満・法性寺の津田経長・西院の小泉秀清ら京都近郊の流通を掌握する領主を内衆としていた。細川国慶が一五四七年（天文一六）に戦死した後、その内衆は氏綱に属することになった。一五四九年（天文一八）から翌年にかけての段米賦課は、氏綱の指揮下で今村慶満と多羅尾綱知が中心となって実施したという[63]。渡辺市正勝に相当する人物は系図にみえないが、勝という名は渡辺氏の系図に頻出する。勝龍寺城はこの頃、西岡における細川氏の拠点となっていたが、細川氏の凋落とともに松永久秀や三好三人衆の勢力下に置かれるようになる。

渡辺氏は遅くとも一六世紀半ば過ぎには大和へ進出している。一五六二年（永禄五）七月二三日の楠正虎書状に、「日乗幷渡辺出雲守かたへ旁懇札候」とある（『戦』八三三号）。一五六三年（永禄六）九月の渡辺重書状案は、渡辺出雲守重が色代未進について催促したもので、相手は修理目代御房（成身院宗慶）・会所目代御房（二条尭乗）・公文目代御房（多門院盛舜）・通目代御房（福智院尊舜）の四人であった（『戦』九二一〜九二四号）。同年一〇月と後一二月にも興福寺四目代（目代衆）から渡辺出雲守重宛に返報があった（『戦』九三三・九七三号）。

一五六三年八月、三好長慶の嫡子義興が没すると、松永久秀（一五一〇〜七七年）は三好三人衆（三好長逸・政康・岩成友通）と、幼少の義継（一五五一〜七三年）を後見した。同年、久秀は家督を久通に譲っている。一五六四年（永禄七）に河内飯盛山城で長慶が病死すると、義継と松永久通は一五六五年（永禄八）五月一九日、将軍足利義輝を攻めて自刃させた。同年末から、松永久秀・久通父子は三好三人衆と対立する。

一五六四六月二六日と一五六五年五月一一日の渡辺重書状は、大和国平群郡五百井と瀬（瀧ヵ）田の井手水（用水）について、戸嶋与二郎に盗人の成敗を命じている（『戦』一〇〇四・一一五二号）。渡辺重は松永久秀の奉行人であった。一五六八年（永禄一一）九月に足利義昭を奉じて信長が上洛すると、久秀は信長の支配に服した。

一五七〇年（元亀元）五月一日に法隆寺年会御房宛渡辺出雲守重書状がある(64)。松永久秀の命を受け禁裏御修理米を催促したもので、重ねて上使が松永久通の使者の案内で下向すると記すが、同年七月六日の法隆寺宛禁裏修理奉行料米請取状に、日乗朝山が信長側近の村井貞勝と連署している(65)。日乗は織田信長・足利義昭に重用された政僧で、禁中修理奉行等を勤めた。一五七一年（元亀二）五月一日の小五月郷地下中写は、同地下中から渡辺出雲守（重）に出されたもので、五項目の要望を記している。松永久秀の奉行人として、代官的役割を果たしていたものと考える（『戦』一五九一号）。また、一五七二年（元亀三）正月二七日の「渡出」すなわち渡辺出雲守重に宛てた松永久秀書状写は、大乗院殿（尋憲）が支払わないことや、小五月郷百姓衆が申請した小五月銭のことについての報告を上げるよう命じている（『戦』一六二八号）。小五月郷は天満神社（奈良市高畑町）の祭礼五月五日の小五月会に参加する郷として鎌倉時代から形成されていたが、元は元興寺が管掌した天満神社は、東大寺・興福寺が管掌するようになっていた。小五月銭は在家の間数に応じたもので、間別銭・地口銭といい、四月に各郷の刀禰によって集められた。小五月会は、都市化が進む奈良を支配するためには、非常に重要な祭礼行事であった。

この渡辺重は「渡辺系図」に名がみえるが、「平八重　討死」という付記があり、そのままでは理解しがたい。松永久秀の配下に渡辺出雲守重がいたのは事実であるから、渡辺氏と奈良との結びつきは、一五五九年（永禄二）に松永久秀が大和信貴山城に移り、多聞山城の築城を開始する一五六〇年（永禄三）頃であったと考える(66)。

一五六一年（永禄四）八月二四日に三好義長（義興）が、河内野崎六郎分小坂内小犬丸名に一七カ所の一七石を加え、渡辺与左衛門尉に領知するよう命じた（『戦』七七九号）。また、一五六二年（永禄五）八月四日の三好長慶書状写によると、渡辺与左衛門尉の本地（渡辺荘）について、池永左京亮分（渡辺正安寺分）とは別に残る分を渡辺に催促するよう三好長逸・奈良長高に命じた（『戦』八三七号）。一五六五年（永禄八）一一月、三好義継奉行人瓦林長親・金山長信は、渡辺荘の名主・百姓等に、その年貢は渡辺与左衛門尉（吉）と堺の豪商池永左京亮入道に半分ずつ納めるように命じている（『戦』一二〇七号）(67)。しかし、一五六六年（永禄九）三月二五日の加地久勝書状写によると、渡辺与左衛門尉方本地分幷政所職を、去年三好山城守（康長）方・川人備前守（雅長）が押領したが、当城（高屋城）で三好康長が競望を止めたので、諸成物等を渡辺方に納めることが肝心であると、渡辺・津村被官百姓中に命じている（『戦』一二五〇号）。天野忠幸が述べたように[68]、加地久勝は三好宗家の重臣で堺奉行であり、押領をおこなったのは阿波三好家の重臣で四国を担当する篠原長房の内衆川人雅長であった。この時は、久勝が、阿波三好家の重臣で南河内を担当する三好康長に働きかけて、押領をやめさせたものであった。

ところが、一五六七年（永禄一〇）三月、渡辺名主百姓中に宛てて出された三好長逸書状写は、渡辺与左衛門尉と池永左京亮の当知行分について、渡辺小四郎方の違乱があったことを記し、もし他納すれば名主百姓中の落ち度になると命じているから、渡辺荘の支配は簡単には決着しなかった（『戦』一三二五号）。

「渡辺系図」には、渡辺与左衛門吉は、三好義継に従い本願寺光佐（顕如）と一味して、一五七〇年（元亀元）九月の信長との摂州合戦で高名を上げ、次の一五七三年（天正元）一一月の信長との合戦で敗れ義継と共に自害したとある。一五七〇年（元亀元）九月一二日夜半から本願寺が信長方を攻撃し、合戦がおこなわれたのは史実なので、この記述は検討する必要がある。渡辺氏が本願寺に味方したという背景には、三好三人衆と本願寺が組んでいたという事情と、西成郡の本拠地が大坂（石山）本願寺と近い所にあったという条件を考慮しなければならない。

一五七一年（元亀二）二月、三好義継奉行人金山信貞・某秀就は連署して津村・渡辺の名主百姓中に年貢の納入を命じた（『戦』一五八四号）。渡辺与左衛門吉が三好義継に従っていたという「渡辺系図」の記述は、この史料に適合した内容である。信長が将軍義昭を追放したのは一五七三年七月で、足利義昭は七月一八日に宇治槇島城を攻められてあっけなく降伏した。一命を助けられた義昭は、三好義継の庇護を受けるために河内若江城（東大阪市）に入った。義継の妻は足利義晴女で義昭の姉妹という関係であった。朝倉・浅井氏を滅ぼした信長が、佐久間信盛に若江城を攻撃させたのは一一月一六日である。同月五日に義昭は若江城を出て堺に移っていたが、義継は家老等の裏切りに遭って二五歳の若さで自刃している。渡辺吉が義継と共に自害したというのは、この時のことを記述したものである。

三好義継の死の直後、信長から北河内の統治を任せられた河内（若江）三人衆の多羅尾常陸介（綱知）・野間左吉（康久）・池田丹後守（教正）は若江城に入城した(69)。渡辺与左衛門尉吉の跡を継いだ渡辺孫三郎は、元は三好義継の重臣であった若江三人衆の多羅尾綱知から、河内渋川郡橘嶋や河内郡往生院において所領を与えられた。橘嶋は一四二八年（正長元）七月一九日に「御料所河内国橘嶋事」とあり、伊勢守護職の代替として畠山満家に与えられるなど重要な所領である（『満済准后日記』）。橘嶋は八尾市・大阪市平野区・東大阪市にわたる地域に比定される。河内郡往生院は往生院六万寺を指すもので、東大阪市に位置する。行基が開創した古刹の一坊であったというが、たびたびの合戦で城塞として使われている。

一五七三年（天正元）に松永久秀は信長に離反するが、多聞山城を明け渡し、降伏が認められた。織田政権下で筒井順慶に大和支配がゆだねられたのは、一五七六年（天正四）である。一五七七年（天正五）、信長に反逆した松永久秀は信貴山城で敗死した。松永氏奉行人であった渡辺重がどのように行動したかは不明であるが、「渡辺系図」が記すように討死した可能性もある。

一五七九年（天正七）には、綱知の後継者と考えられる多羅尾光信が(70)、河内国岡垣内分丹南与五郎分および讃良郡太秦郷地頭領家分の六分の一、讃良郡堀溝・若江郡八尾木内成願寺分・高安郡三嶋万願寺御灯の一二分の一の松田孫三郎の所領五カ所を、渡辺孫三郎に与えている（『戦』一九〇八号）。讃良郡太秦郷・堀溝は寝屋川市、若江郡八尾木は八尾市、高安郡万願寺は八尾市にあった寺で、恩智川上流右岸に位置した。

渡辺惣官家が摂津の本拠地から離れるのは、一六世紀末である。「渡辺系図」によると、孫三郎則の子で甚七と称した渡辺満（光）が、筒井伊賀守に従ったという。筒井定次は順慶の養子（姉の子小泉四郎）で、後継者になった。一五八五年（天正一三）正月一九日の脇坂安治宛秀吉朱印状は、禁裏への材木を伊賀国中に命じ、筒井四郎（定次）・伊藤掃部助（祐時）を派遣した（『豊臣秀吉文書集』二、一三二〇号）。同年閏八月、定次は伊賀に転封されて上野（三重県伊賀市）城主となった。羽柴伊賀侍従と呼ばれ二二年間伊賀を支配したが、関ヶ原の戦いでは東軍に属した。しかし、一六〇八年（慶長一三）改易となり、伊予から家康の腹心藤堂高虎が入封した。一六一五年（慶長二〇）三月、定次は嫡子順定と共に徳川方から自死を命じられた。その理由には大坂（豊臣秀頼）方への内通説やキリシタン説など諸説あるが、家臣中坊秀祐の讒訴によるという(71)。渡辺惣官家が筒井定次の家臣になったという史料は見出せないが、筒井氏関係史料が多くないためかもしれない(72)。江戸期に筒井家の末裔は旗本になり、功績も残している(73)。

天正の頃、渡辺氏が筒井氏に従って奈良に去ったという永島説に対して、渡辺孫三郎が仕えた多羅尾氏等若江三人衆は、一五八三年（天正一一）に秀吉が大坂を領有した際に追放されており(74)、渡辺孫三郎も共に所領を失って大和へ去ったのではないか、という天野忠幸説がある。渡辺孫三郎が支配した河内国讃良郡太秦村が、一五八三年一〇月六日に秀吉から松下賀兵衛尉之綱（一五三八～九八年）に与えられた事実をみても、渡辺氏が本知を持ち続けたとは考えられない(75)。とくに渡辺氏の本拠である難波荘・渡辺荘は、秀吉の大坂城の区域（東成郡・西成郡）内にあったから、私は渡辺氏が所領を失って去ったという天野説に賛成である。それには、歴代渡辺氏が宮司を勤める坐摩神社（大阪市中央区久太郎町四丁目渡辺三号）が、元は大阪市東区石《こく》町二丁目の当社御旅所の位置にあったが、一五八四年（天正一二）大坂城築城の際に東成郡の生国魂神社と共に城外東南の淡路町に移転を命じられたという例証もある。現在の地には、寛永年中（一六二四～四四年）に移転した。

それに加えて、渡辺重が三好方の松永氏奉行人として大和で活動するのは一五六〇年代であるから、すでに大和での活動基盤は形成されていたことになる。渡辺氏のなかには、摂津に留まった一族もいる。一七世紀初頭を降らない時期に建てられ大阪市内最古の民家でありながら、二〇一二年（平成二四）に解体された渡辺邸（大阪市淀川区西三国二―二八一）が、その事実を示している。[76]

渡辺党（渡辺氏・遠藤氏）について残された課題は多いが、なかでも、一四八四（文明一六）の龍安寺領の摂津国欠郡渡辺福島春日井散用状にみえる「散所村」の存在が注目される。大村拓生によれば、渡辺・福島と共に記される春日井は天満の対岸にあたり、渡辺津と近接した位置にある。渡辺党と散所村との関係は、冒頭で述べた武士論についての問題意識に関わる重要な検討課題である。

他の渡辺氏一族については、草戸千軒町遺跡で著名な備後の草津（広島県福山市）に関わりを持つ一族について、戦国期の動向を知ることができる。[77] 中世に草戸千軒町を倉敷地・津とした皇室領長和荘（広島県福山市）の本家興善院・領家安居院悲田院の預所となった渡辺高である（渡辺先祖覚書）。備後渡辺氏の初見史料は、一三五一年（観応二）三月二七日の渡辺刑部左衛門尉（貞）宛感状写で、発給者は足利直義か直冬とされる。[78] 草戸千軒町遺跡の発掘調査で確認された一五世紀末に出現する方形居館の主とされる備後渡辺氏は、一乗山城（広島県福山市熊野町）を本拠とした国人領主で、広島県立歴史博物館を中心とした多くの発掘調査や諸研究によってその詳細が明らかになってきている。信長に追放された足利義昭が一五七六年（天正四）から備後国鞆（福山市）に滞在した際、足利義昭御内書で忠節により白傘袋毛氈鞍覆を許された渡辺民部少輔元がみえる。[79] 義昭の警護と接待役を勤めたものである。毛利輝元や義昭の側近真木島昭光が取り次いでいる（常国寺文書）。[80] 渡辺氏と同じく足利義昭御内書で白傘袋毛氈鞍覆を許された村上左衛門大夫祐康は、毛利元成・輝元や小早川隆景に属した村上水軍の武将で、やはり真木嶋昭光が取り次いでいる（因島村上文書）。

今後は、摂津あるいは五畿内と備後との交流の検討も重要な課題になると思われる。渡辺惣官家の「渡辺系図」に、満の子で興福寺興善院住の真恩（息ヵ）坊権律師範専という者がみえる。[81] 一四世紀以前の備後渡辺氏と摂津渡辺党との関係や、渡辺氏と興善院・安居院悲田院との関係も、改めて検討する必要がある。

また、渡辺氏の分流は、室町末期に三河国に移り徳川氏に仕えたといい、譜代として、和泉国伯太《はかた》藩（大阪府和泉市）一万三千石の藩主に封じられ、明治維新後は子爵になった。[82]

三　河内国水走氏と供御人の存在形態

（1）水走氏と大江御厨山本・河俣執当職

第二節で論じた渡辺党の歴史を、中世の武士論ないし在地領主制論に位置づけるために、他の畿内武士団との比較検討がおこなわれてきた。河内国から摂津国にわたる広大な水面（河内湖や河川）・港湾等を所領とした皇室領大江御厨に関係する武士団という観点から、大江御厨山本・河俣執当職を相伝した河内国水走氏がこれまでに取り上げられてきた。たとえば、河音能平は、中世の武士団について開発領主型と非開発領主型という二類型で分類をおこない、渡辺党は非開発領主型、水走氏は開発領主型に属すと述べている。この河音説についても検討する必要がある。

私は水走氏について、『門真市史　中世編』や「水走氏再論」で分析をおこなってきた。[83] 渡辺党が示す四つの特徴（御厨経営との関係・牧との関係・水軍・荘官）のなかで、水走氏が渡辺党と共通することが明らかなのは御厨経営であるが、他の特徴についても渡辺党との比較で検討を加えたい。水走氏の基本史料は水走家文書である。水走家文書は一部を除いて江戸時代の写で、現在は東大阪市東石切町の千手寺が所有し、大阪歴史博物館に寄託されている（『枚岡市史』第三巻　史料編一、一九六六年）。

系図（水走家系譜）によれば、水走氏の祖藤原季忠は中務省に属する大舎人允である。宮中での宿直や、行幸の供奉を勤める大舎人を管轄する職務にあった。一一一五年（永久三）以前に、散位藤原朝臣季忠は左京七条にある宅地を娘に渡している（『平』五―一八三二号）。水走氏は都に住む官人であったが、中河内の有力者として、大治・長承の頃（一一二六～三四年）から大江御厨の経営に関わり、天養年中（一一四四～四五年）に河内国衙に申請して二三〇町を超える河内郡有福名（東大阪市水走）を開発し、大江御厨山本・河俣執当職（御厨の現地管理人）を得た。その開発の名残が、鎌倉時代の水走氏の所職としてみえる「国衙図師」職である。水走氏は河内国衙の在庁官人であった。

『山槐記』の一一六一年（応保元）九月一七日条によると、内蔵頭平重盛から河内国大江御厨の訴えが蔵人頭藤原忠親に伝達された。訴えは、①法通寺の妨害を停止すること、②作人が権門の威を募って供御を進めないこと、③供御免田としての本田二三〇町に新しく一三〇町を加え毎日一町ずつ供御を弁進すること、④この一三〇町の増設が認められない時は一八日料田九町八反を定めること、⑤本田のうちにある河成や荒廃の地でなく熟所を本田に改めること、⑥延喜五年の牒の通りに国中池・河・津を御厨領とすべきこと、⑦平岡・恩智両荘を元通り御厨領とすべきこと、の七カ条であった。前関白藤原忠通・関白藤原基実の裁決により、①法通寺の妨害を停止すること、②作人は供御を持進することの二カ条について、蔵人所牒が作成されている。大江御厨側の供御免田の増加や新設という訴えは、新儀として許可されなかった。法通寺は東大阪市東石切町の石切剣箭神社北方に法通寺の字名が残る。生駒山麓にあった奈良興福寺の末寺である。その寺領が法通寺荘としてみえるのは、鎌倉期から戦国期にかけてであるが、平安時代末から大江御厨に隣接した勢力として、御厨の現地管理人である水走氏を脅かしていた。[84]

源平争乱期の一一八四年（寿永三）二月に、季忠の子源康忠（前右馬允）は源義経から本領と本宅を安堵されて、御家人兵士役を勤仕する河内国御家人になった（源義経外題安堵源康忠解案、『平』八―四一四〇号）。[85]同年二月二四日の源義経書状は、国の兵士役は相伝の家人に催すとして、源康忠のほかは御厨の兵士役を免除している（『平』一〇―五〇八七号）。二月七日に、一ノ谷合戦がおこなわれた時点にあたる。

在地領主としての水走氏の所領構造が明らかになるのは、一二五二年（建長四）六月三日の藤原康高譲状写である（『鎌』七四四五・七四四六号）。左衛門尉藤原康高が嫡男忠持に所領所職を譲ったもので、六宇の建物から成る五条屋敷や大江御厨山本・河俣両執当職ならびに御宣旨・御牒・大治長承の里券（氷野河幷広見池・細江等）以下、開発領主としての水走氏の所領所職の内容が網羅されている。なかでも、「林四所」を所有する事実が注目されるが、水走氏と牧場経営との関係については、先の「水走氏再論」で論じたことがある。大江御厨に隣接する辛島荘が辛島牧とも呼ばれたように、当地では牧場経営が盛んであった。一〇一五年（長和四）四月には、左大臣藤原道長領玉串荘の荘民が隣接する小野宮家（大納言藤原実資）領辛島荘の牧馬を追い散らすという境界争い事件が起こり、道長は辛島荘牧司源訪に玉櫛荘下司を兼任させようとした（『小右記』）。系図類に名はみえないが、源訪は渡辺党であるとされる。

武士団としての水走氏の兵力については、藤原康高譲状に「所従眷属人別一類」とあるが、内容は分からない。『延喜式』によると、平岡神社の社官組織は神主・物忌・禰宜・祝・弾琴・笛工・卜部（二人）・膳部（八人）と記され、このうち神主と物忌には大中臣（平岡）氏が官符によって任命される慣例であったという[86]。中世史料には、神主・権神主・権禰宜職と社務職等がみえる。

一一八六年（文治二）と思われる五月一日の興福寺別当一条院信円証判近衛基通長者宣案に、春日八講衆が河内平岡社神主職を上訴したことがみえるので、春日社（藤原氏）が平岡社神主職を支配するものとされていた（『春日大社文書』一、二二〇号）。『平戸記』一二四五年（寛元三）一月二九日条によると、神主職は古代以来平岡氏であったが、白河院の時代に異姓の者が任じられて以来、神主職をめぐる争いが起こり、平岡氏も為友流と頼保流に分かれたという（『鎌』六四三七号）。翌年四月、摂政一条実経（父は九条道家）は、中臣氏の流れと信じられていた吉田神社の卜部兼直と春日神主祐氏を候補者とし、御占によって兼直に神主職を命じた（『葉黄記』）。また、モンゴル来襲直後の一二七四年（文永一一）一二月一六日、摂政一条家経は内蔵頭藤原親朝を奉者とした御教書で、平岡社経蔵造営を神祇大副堀川氏に命じた（『鎌』一一七七九号）。

一二七五年（建治元）七月、西大寺僧叡尊が枚岡社に参り、敵国降伏祈願のため大般若経転読等の供養をおこなった。『勘仲記』の一二八二年（弘安五）八月一〇日条によると、西大寺僧叡尊が枚岡社の荒廃を憂えて関白鷹司兼平に訴え、一〇月三日条では、殿下御教書により枚岡社社務兼秀の相伝を止め、社領藪崎・山本・荒本荘等を社家の進止として、修造幷神事興行のことを社司等に下知した。兼秀は一二八八年（弘安一一）正月一一日の神祇官卜文の差出者卜部兼秀である（『鎌』一六四八〇号）。山本荘はもともと河内国大江御厨内にあり、水走氏が山本執当職を相伝する地域だと考える。藪崎荘の所在は比定できないが、荒本荘は若江郡の荘園で東大阪市荒本付近にあった。[87]神主職は卜部兼直から卜部兼秀に伝えられていたが、この時からは枚岡社の社家支配に転換したものと考えられる。社家は水走氏や鳥居氏である。[88]

一二八七年（弘安一〇）二月、春日社権神主経茂廻文と大和春日社司解は、春日社領河内国灰墓荘について平岡社が非分の濫訴をしたとして、長者殿下政所の裁下を申請した（『鎌』一六一八七・一六二〇一号）。讃良郡の灰墓荘は灰塚荘ともいい、大東市灰塚付近の寝屋川中流左岸にあった（『門真市史　中世編』一七二頁）。

これまでの研究で、水走氏による領主支配の地域的構造が明らかになっている。水走氏は枚岡社社務幷公文職や平岡若宮神主職等を有し、枚岡社を中心とする枚岡三郷（東大阪市出雲井・豊浦・額田町）と水走氏が惣長者職や郷務（郷司職）を掌握した枚岡南郷（四ヶ郷、横小路・六万寺・四条・河内町）を合わせた山本七ヶ郷が、水走氏の大江御厨山本執当職が管轄する範囲であった。水走氏の五条屋敷は、枚岡神社の南方、生駒山地の小高い丘陵地にあった。ここから、旧大和川水系が分流して河内湖（広見池）に北流する河内平野が一望できた。平野部には奈良街道が東西に走り、生駒山頂南西方の暗峠（標高四五五メートル）が河内と大和の国境である。生駒山地の山裾に沿って京から高野山に至る東高野街道が走り、眼下には開発領主としての経済的基盤である河内郡有福名水走開発田が広がっていた。

この領主支配を示す所領所職は、一二九二年（正応五）正月の藤原（水走）忠茂調度証文目録写まで引き継がれているが、実はこの文書は、嫡男の藤原忠雄に処分した調度証文の目録で、これまでのような処分状を伴っていない（『鎌』一七八一〇号）。

鎌倉時代末期、動乱の時代に入り、水走氏の領主支配も動揺してくる。最初に混乱がみえるのは、一三二五年（正中二）三月五日の行意（水走忠雄）処分状写で、故親父常州禅門（前常陸介藤原朝臣忠茂）処分帳・目録と別の注文は必要ないとしている（『鎌』二九〇三四号）。次に、所領のうち、水走里二一・二二・二三坪内の二町を忠祐に譲り、本年貢は反別一斗五升を惣領に収納することとしている。また、行意（水走忠雄）嫡子民部大夫忠連に譲与したところ、不慮の早世を遂げたため、その遺言通りに康政を嫡子として調度証文を添えて譲与するところであり、庶子分については別の譲状を書き与えると記した。康政は行意の甥にあたる。問題はこの処分状に、大江御厨山本・河俣執当職がないことである。すなわちこの頃、水走氏は大江御厨山本・河俣執当職を失っていたと考える。

一三三二年（元弘二）二月二〇日の藤原康政処分状写は、幕府の催促によって戦場に赴くため余命を知らないとあり、嫡男宝寿丸（忠名）と次男登々丸（忠夏）のために記した処分状であった（『鎌』三一六九四・三一六九五号）。一三三一年（元弘元）五月に元弘の変が勃発し、八月に後醍醐天皇は京都を脱出、九月に楠木正成が河内赤坂城で挙兵し、なお内乱状態にあったため、六波羅探題の催促に応じて御家人水走氏も出陣を迫られていた。一三三二年六月には護良親王が吉野、正成が河内千早城で挙兵する。武士団としての水走氏の兵力については、名前が分かる「下人等」は一三名で、「十郎大蔵允各子孫等如元本給付之」「清四郎刑部允同子孫等如本本給付之」とあるように、大蔵允十郎と各子孫、同じく刑部允清四郎と各子孫等は、元通り譜代の下人として「本給」も与えられた。

なお、南北朝内乱期の河内国守護は、一三三六（建武三）から一三四七年（貞和三）まで細川顕氏だった。その後を、執事高師重の子高師泰（師直兄）が一三四七年から一三四九年（貞和五）まで勤め、次いで師直が勤め、師泰の養子師秀（父は師幸）が一三五二年（文和元）から一三五三年（文和二）まで勤めた。高師泰は同時に河内・和泉両守護を兼ねていたが、観応の擾乱のさなか、一三五一年（観応二）二月二六日に、摂津国武庫川辺において師直等一族の主だった武将らと共に、足利直義方の上杉修理亮（重能子息重季）の軍勢によって殺害された。師直を討ったのは、「三浦八郎左衛門」という武士である（『太平記』巻二九―一二）。田辺久子によれば、彼は当初上杉方として参戦した三浦介高通の大叔父継明で、おそらく上洛した上杉軍に加わっていたものと思われる、としている[89]。

水走氏と高氏との関係を示す史料はみられないが、一点だけ一三八三年（永徳三）四月一九日の高重持（茂）安堵状写が存在し、後述する同じ年月日の畠山基国安堵状写に添えられた形になっている。河内守護は、畠山国清が一三五九年（延文四）一二月から一三六〇年（延文五）七月頃まで勤めたのち、幕府に帰順した楠木正儀が一三六九年（応安二）から一三八二年（永徳二）まで勤めたが、同年閏正月に南朝に復帰した。畠山基国は畠山国清弟義深の子で、楠木追討のため河内守護に任命されたのである。一三八二年三月五日の山城大膳介宛畠山基国判物写（軍勢催促状写）が「壺井八幡及通法寺文書」にある（『羽曳野市史』第四巻）[90]。高重持（茂）は師直の弟で関東執事や武蔵守護を勤め、観応の擾乱にも生き残った。武将としてよりも行政官（引付頭人）として能力を発揮した人物である。当初は左衛門尉、一三三六年（建武三）には大和権守、一三四三年（康永二）には駿河守を名乗った。一三五二年（観応三）五月一日には「高駿河入道」と記され、出家して源秀を名乗っているが、晩年の動向は明らかではない。高重茂は、足利尊氏に従って活躍した一族の庶流、南宗継の五男重教を養子としている(91)。年代的には高重教に該当するかと思うが、後考を俟ちたい。

一三五四年（正平九）、水走氏一族一〇人が連署して、忠名跡の所職・名田・所従・山林等を、弟の忠夏に譲るとした。ただし、忠夏は一期分の相続で、忠夏の後は忠名の遺児忠直に譲ることを記した。水走氏武士団の兵力については、このような水走氏一族の親族組織も考慮しなければならない。水走氏一族はこの時、南朝の後村上天皇に属していた。

しかし、一三六〇年（延文五）四月二七日に、興福寺大乗院の法印公憲が幸徳丸目安（陳状）を付けて、京都の左大弁某を介して北朝の後光厳天皇に平岡社神主職のことを訴えている（内閣文庫蔵、御挙状等執筆引付、『大日』六―二三）。この時、興福寺別当に大乗院門跡の孝覚（父は九条房実）が再任されていたから、平岡社神主職に介入したものであろう。このような圧力を受けて、水走家の当主忠夏は北朝方に属していかざるを得なかったと思われる。

『太平記』巻三四―六に「丹気（下）、俣野、誉田、酒匂、水速、湯浅太郎、貴志の一族」とあり、水速氏（水走氏）が河内・紀伊の国人と共にみえる。また『太平記』巻三五―五に、一三六〇年七月頃、河内守護畠山国清（道誓）の守護代杉原周防入道が誉田城（羽曳野市誉田）を落ちて「水速城」（東大阪市水走）に立て籠もったが、楠（楠木正儀）の大軍に攻められて南都（奈良）の方へ落ちていった、とある(92)。一方、一三六九年（正平二四）五月二四日に水走式部丞（忠直）が玉櫛荘内の松高・貞久両名を南朝から安堵された長慶天皇綸旨があり、一三八一年（弘和元）一二月一七日の長慶天皇綸旨も父忠名の跡を忠直に安堵している(93)（『大日』六―三〇）。一三八二年（永徳二）河内守護となった畠山基国は、水走忠夏に親父康政跡の相続を認めて安堵し、一三八四年（至徳元）、忠夏は嫡男忠武に屋敷・所領所職・名田・山林・荒野并所従を譲った。

（2）大江御厨・河俣御厨の供御人と水走氏

大江御厨の供御人等について、具体的な史料はほとんどない。

近年の水走氏研究では、動物考古学の分野から、別所秀高「河内国大江御厨供御人の多様な活動とその消長――大阪府西ノ辻遺跡の事例より――」(94)が発表され、これまで具体的な動向が不明のまま残されてきた大江御厨供御人等の存在形態の一端が解明された。

一九八〇年代から発掘調査が続けられてきた大阪府西ノ辻遺跡（東大阪市西石切町三丁目）では、平安時代から室町時代初頭にかけての解体された多数の牛馬骨とともに鉄斧や刀子・包丁・鎌等の道具類、また多数の漁網錘等、多様な職能民の存在を示す遺物遺構がみつかっており、曲物や結物などの木製容器類や石製擂臼も散見される。西ノ辻遺跡では牛馬解体や漁撈がおこなわれていたほか、製鉄関連遺物が出土していることは、鋳物師や鍛冶がいたことをうかがわせ、陰陽師や鋳物師・鍛冶、石細工、檜物師の存在が確認できるため、多様な職能民が活動していたことが分かる。その活動は平安時代末に始まり、室町時代初頭には一斉に消滅するという。室町時代以降の西ノ辻周辺は、職能民の作業場に代わって、灌漑施設としての溝や井戸を伴う耕作地が卓越するようになると述べられている。

西ノ辻遺跡の西方一・五キロメートルの旧吉田川自然堤防上には式内社の大津神社が鎮座しているが、大津神社が現在の位置に移ったのは、周辺の発掘調査の成果から室町時代頃とされる。当地は「古水走」と呼ばれる水走氏の根拠地の近辺であり、西ノ辻供御人は、兄部水走氏のもとで朝廷に奉仕したが、水走氏が大江御厨山本執当職を失う室町時代初頭には消滅したというのが、別所秀高の結論である。

これらの発掘調査による研究成果から、大江御厨山本執当職の具体的な内容について、直接には御厨の供御人等を支配し、供御物を港湾から積み出して納める現地管理人としての役務だったであろうと推論できることになった。

この西ノ辻遺跡と水走氏を直接結びつけるのは、水走氏が鎌倉時代末期の当主康政の代から別当職を持つ殖付観音寺（東大阪市西石切町二丁目）である。花園山観音寺境内には、尼妙阿追善のための石造十三重塔（現在は十一重）がある。一二九四年（永仁二）四月八日に母親のため孝子らが造立した供養塔であると彫られていて、水走氏一族のものと考えられている。殖付（植付）と西の水走との間を恩智川が南北に流れ、殖付の東部を生駒山地の山裾に沿って東高野街道が走っている。西の辻供御人が室町時代初期に消滅するという発掘調査報告は、次にみるように、水走氏の勢力の衰退と一致する内容である。

大江御厨が属していた内蔵寮領については、一三三三年（元弘三）五月二四日の内蔵寮領等目録（宮内庁書陵部所蔵文書）[95]があり、鎌倉幕府の滅亡と建武新政権の成立という時点での大江御厨の支配状況が分かる。まず、「内侍所毎月朔日供神物月宛国々」として、河内国は一一月に二〇石（近年代銭四貫五〇〇文）を納入した。次に、「御服月料国」として「河内国河俣御厨三千疋五月分」がみえ、河俣御厨は大江御厨から分立し、五月分の三〇〇〇疋（銭なら三〇貫文、絹なら現在では一疋は二反）を賦課された[96]。内蔵寮領としては、「河内国大江御厨田代二百余町」が内蔵寮長官の一円進止だが、供御米は御厨子所預への直納で、大草米が長官の得分だった。しかし、長官交替の隙をねらって地下の土民等が武力で掠め、また隣郷地頭が押領したため、長官の得分四石七斗が納められていないという。二百余町の田代とは、水走氏が天養年中（一一四四～四五年）に開発した河内郡有福名水走開発田（本田二三〇町）を指す。水走氏が現地管理人を勤め、御厨子所に直納する供御米や長官得分の大草米は、隣郷地頭と玉串荘の土民に押領されていた。前述した一三六九年（正平二四）五月二四日、水走式部丞忠直に玉櫛荘内の松高・貞久両名を南朝が安堵した長慶天皇綸旨は、問題の押領分に相当すると考える。

続いて、摂津国渡辺物官職は内蔵寮長官に納める補任料が一五〇貫文で、目代（預所）得分が一五貫文、毎年年貢五〇貫文、このほかに目代得分が五貫文であった。注目されるのは、「浮津料毎月一貫文、地下仁向預所請之」とあることで、「浮津」とは、一三八四年（至徳元）一一月に水走忠武が相続した所領内にある「氷野小川浮津」を指す。「地下之仁」とは、大村拓生が論じたように現地の管理者を指すから、大江御厨山本・河俣執当職を相伝してきた水走氏である。大村は浮津料を関所設置に関わる礼銭のようなものとしているが、「氷野小川浮津」は広見池（河内湖）に流れ込む氷野河の浮津で、現在の大東市にあった。津とは船舶の来着・出発する海岸・河岸の交通要地の総称で、川の場合は川津だが、この場合は浮津とある。具体的な形状は不明だが、預所から毎月一貫文で浮津（船着き場）を水走氏が請けて管理し、そこから収入を得ていたと考える。以上が建武新政権成立時点の大江御厨の支配状況である。

ほぼ同じ時点で、水走氏の所領構造がうかがえる一三三二年（元弘二）の藤原康政処分状写によると、水走氏は大江御厨山本・河俣執当職を失い、五条屋敷の代わりに新しく四条殿（東殿）分の屋敷一所と殖槻観音寺別当職を得ている。林灯油公文職も新しい所職で、四条にあった灯油園の公文職であった。一〇七二年（延久四）九月五日の太政官牒に、石清水八幡宮寺領林灯油園の散在地として「肆条梶無里」「肆条黒田里」がみえる（『平』一〇八三号）。

一三八三年（永徳三）四月一九日に河内守護畠山基国から親父康政跡を安堵された水走忠夏は、翌一三八四年（至徳元）一一月に嫡男新判官忠武と次男忠光以下（忠光・忠重・忠弐か）に譲状を書いた。その譲状写と譲与目録写によると、水走忠武が相続した所領は、四条大屋敷・同東殿屋敷・水走南内一円・同北内二町六七歩・切

川城内幷四壁七反余・今福一四町三段四〇歩・平岡権神主職同権禰宜職・平岡社社務職付公文給・高良宮社務職・供御助成名（茨田郡供御領供御堤在号上宮幷職事給）・河俣御厨執当給（同真垣名幷俊見跡悉）・氷野小川浮津・林灯油公文職・母木本免下司職・美乃勅旨田下司職・門田三段小・岡田三段・水走山本散在田畠二町・切川北垣内一円等であった。なお、「山本七ケ郷惣管領」「以南四ヶ郷惣長者職」「草賀郷半長者職」「四ヶ寺俗別当職」「所在壺林」「殖付観音寺別当職」も記されるが、大江御厨山本執当職は記されていない。

従来の枚岡社社務および公文職（公文給）・高良宮神主職（社務職）はそのままだが、平岡若宮神主職を失い、公文職が公文給に、神主職が社務職に代わり、枚岡社権神主職に加えて権禰宜職を得ている。また、五条屋敷を失ったためか、祖父康政の代にはあった「五条郷公文職同郷務」が消え、代わりに四条屋敷（東大阪市四条町）と、切川城（東大阪市喜里川町）を得ている。喜里川は恩智川中流右岸に位置するため、『太平記』巻三五―五にみえる「水速城」とはただちに同一視できない。「山本七ヶ郷惣管領」とはいうものの、地域の所領支配は、水走南内一円・同北内二町六七歩・水走山本散在田畠二町余という個別分散的なあり方に変貌している。そのなかで、今福一四町三段四〇歩は新しくまとまった所領であるが、摂津国東成郡（大阪市）の地で、旧大和川と寝屋川の合流点右岸の自然堤防上に位置する。交通上の要衝で、当地の住人は、久岐今福御厨の供御人になったり権門寺社と関係を結んだりしたものらしい。戦国期には今福荘がみえ、一部が石清水八幡宮領になっていた。供御助成名も河内郡ではなく茨田郡にあり、水走氏は職事給という荘官的な給与を得ているだけであった。

ただし、水走氏の武士団については詳細で、「所従等」一六人・「下部」五人の名を記している。「若党」については元のようにことごとく譲ったとある。その内容は、伊豆守忠光に「辰巳」を、左近将監忠弐に「又太郎跡」を譲るとあり、庶子に対して譲与されている。南北朝期の動乱を生き抜いてきた水走氏の武力編成が分かるが、この後も河内における内乱状況は苛酷であった。

一四一六年（応永二三）三月の水走長忠本領物領職当知行分注進状写・水走長忠本領（不知行分）注進状写によれば、河内郡有福名・母木寺領本免公文職および職事給・円教寺下司半職・河俣御厨惣追捕使職・供御職事給等の所職所領が、水走氏の知行から離れている。南松武領下司職・玉櫛荘内松高名は、河内小守護代の「大町方知行」となっている。宛所はないが、河内守護畠山満家（一三七二〜一四三三年）と守護代遊佐美作守国盛（徳盛）の支配系統に宛てられたものと考える。(97)他の所領所職を知行する「むすみ方」については不明とされてきたが、『久我家文書』中に残る一四一四年（応永二一）の伝奏広橋兼宣書状案が謎を解く鍵になるかもしれない。

二月一〇日の分は、足利義持の河内の久我家領大和田荘（門真市大和田付近）返還の意向を伝達したものだが、五月一二日の分には、「一、海（尾張国海東松葉荘）事、結か状分雖無子細候、土（土岐）奉行時者、百五十沙汰来候ハんニハ、結か時の例に任て三百沙汰進候へと難被仰時宜候」とあるのが注目される。(98)「海」については、久我家領松葉荘が海東郡（現海部郡）にあったための省略で、人名についても土岐氏が「土」、「結」は結城満藤である。結城満藤は足利義満の寵臣で一三九四年（明徳五・応永元）六月から山城守護を務めたが、今谷明によれば、これ以前の一三九二年（明徳三）正月には尾張国海東郡と摂津国西成郡（中島）の分郡守護に任じられている。(99)結城満藤は生没年不詳で、一四〇三年（応永一〇）秋まで山城守護の職にあったが、その後は名がみえない。しかし、将軍足利義持の代になっても、「結か状分」「結が時の例に任（せ）て」という表現から、影響力があったことが分かるし、足利義教―義尚の代に至っても、一族の名が将軍の身辺に仕える御所内御番衆や奉公衆としてみえる。水走氏が相伝してきた多くの所領所職を知行したという「むすみ方」については、この結城満藤とその一族の存在を考慮したい。(100)

水走氏の知行・不知行を注進した二通には、同年三月二八日に、近隣の国人（私市忠宗・辻忠世・若松長興・向兼直・長尾行通・小山行憲）六人が保証した連署請文写が付いている。水走氏も東高野街道沿いの国人領主としての立場になった。この連署請文写は国人たちの連帯を示す国人一揆が成立していたことを示している。しかし、河内守護畠山義就が造内裏段銭を観心寺領に免除した一四五七年（長禄元）一〇月二五日の河内守護代遊佐国助折紙の宛所として、大町越前入道・長尾三郎左衛門尉・中村与三郎助通がみえる。長尾氏は河内小守護代になり、国人一揆の有効性は薄れていた（『観』一六〇号）。

水走氏はこれ以前に寺領荘園の荘官就任を意図したようである。一四〇一年（応永八）九月一八日の岩生（岩奈須助）宣深・栗木（宮内卿）教賢連署契約状案（新見荘代官方々契約状案）によると、東寺領備中国新見荘（岡山県新見市一帯）領家方の所務を、岩生宣深と栗木教賢が水速氏（安富因幡入道）[101]と契約した。水速氏の代官は甥平岡である（『東寺百合文書』さ―83―1・4）。同一四〇一年から翌年にかけての新見荘領家方所下帳（支出精算帳）によると、水速氏は甥平岡や栗木氏と新見荘の現地に滞在していたから、所務代官岩生宣深[102]等から国元に派遣された国代官（又代官）にあたる（『教王護国寺文書』三）。しかし、一四〇二年（応永九）一〇月に東寺（最勝光院方）が契約した相手は、足利義満の側室西御所高橋殿の側近で美作出身の国人垪和《はが》左衛門尉為清であった[103]。垪和為清は毎年一二〇貫文を一一月中に沙汰すると東寺に請文を出している（『東寺百合文書』る―19―20）。

水走氏の衰退をさらに促したのは、河内守護畠山義宣の水走への着陣である。畠山義宣（義堯）は、一五二三年（大永三）から一五三二年（天文元）六月一七日に一向一揆に攻められて石川道場で自刃するまで、河内北半国守護を勤めた。同時期に南半国守護を勤めたのは、畠山政長の孫畠山稙長である。享禄年間（一五二八～三二年）とされる年未詳六月三日の渡辺孫三郎宛畠山義宣書状写は、孫三郎が水走に着陣したことを賞したものである（『渡辺惣官家文書』）。当時の水走家当主は、系図に享禄年中としてみえる大炊忠為である。すでに水走氏は四条屋敷と喜里川城に本拠を移していたが、そこは東高野街道に沿った地域であるから、北河内守護畠山義宣の木沢長政討伐のため、飯盛山城攻撃に動員された可能性がある。水走氏は、長忠―盛忠―忠氏―忠為―忠元―有忠と続き、次の忠国の代で一七世紀を迎えている。

残された問題は、史料的な限界もあって、水走氏の大江御厨山本・河俣両執当職のうち河俣執当職についての分析が不充分な点である。河俣は旧大和川の分流（長瀬川や楠根川）が勿入淵（広見池）に注ぎ込む地点一帯を指すから、河俣執当職だけをみるならば、渡辺党が示す存在形態と同じ非開発領主型になると考える。ただし、河俣御厨に田地が存在しなかったわけではない。すでに前節で述べたように、南北朝期には渡辺の地に田地がみられる。河俣御厨にも戦国期に田地が存在したから、この分類は便宜的なものだと考えている。

内蔵寮長官山科家は一四〇五年（応永一二）九月には、天王寺寺僧良誉を河俣御厨の代官としたが、一四〇七年（応永一四）の記事によれば、代官請料は七貫五〇〇文で、節季ごとに若餅・粽《ちまき》・蓮葉・盆供米等の進納があり、人夫を上洛させている（『教言卿記』）。[104]『山科家礼記』によれば、一四六〇年（寛正元）の大和の陣の際、河俣御厨・岸御園は守護の成敗地とされ、三浦三郎左衛門尉と半済にされ、大江御厨は守護被官人が押妨していることについて、元のように一円知行として内蔵寮役を全うするべきよう、一四七一年（文明三）九月に山科家雑掌が言上状を出している。[105]この大和の陣とは、一四六〇年（寛正元）九月一六日に足利義政が畠山義就の出仕を停止し、義就が河内国に帰り、幕府が畠山政長を家督としたのに始まり、閏九月政長が義就を追討し、大和・河内・山城各国で合戦したことを指すと考える。

一四七二年（文明四）四月、幕府は山科家雑掌が訴えた河内国河俣御厨地頭河内三浦三郎左衛門尉に、参洛して申し開きをするよう召文を二回出した。五月五日にも、山科家領河内国河俣御厨地頭三浦三郎左衛門尉の違乱を幕府奉行人飯尾為信に訴え、四項目を申し入れている。それによると、地頭三浦に申し入れる内容は次の四項目であった。

①惣荘百姓を三浦が相計らうこと。
②河原村の百姓幷寺家等相計らうのは謂れがないこと。
③半済なら年貢半分を納めるべきところ、この五、六年各別に相計らうこと。
④地頭と号し年貢を納めること。

一四七二年（文明四）五月一〇日の幕府奉行人連署奉書案によれば、河俣御厨半済分のことは、地頭三浦が無視したため違背によって処分するという事態になった。同年六月二日の幕府奉行人連署奉書案には、四度目の召文として、六月一五日までに参決することを命じている。半済分をめぐる訴訟は、一四八〇年（文明一二）一一月に「河内国俣田（河俣のこと）御厨」と「同国大江御厨」が、山科家の「近代不知行所々」三九カ所に含まれる結果で終わっている。

河俣御厨については、一四七二年（文明四）八月に「下司代　性実」が注進した河俣御厨庄早田内検帳が存在する。[106]一三八四年（至徳元）に水走忠武は河俣御厨執当給（同真垣名幷俊見跡悉）を相続したが、この内検取帳は当地が守護の成敗地となってからのもので、三浦三郎左衛門尉[107]に幕府が四項目の申し入れをおこなった時点にあたる。河俣御厨の半済と山科家の訴訟に関連して注進状が出されたと考える。[108]

さらに、水走氏の所領に関する問題として残っているのは、一五一四年（永正一一）三月三日の荘田井年貢米等算用状である。三箇村分の合計一三一石一斗七升九合七勺五才、下行分一〇九石七斗一升八合八勺を引いて、二一石四斗六升九勺五才という収支決算を、我堂六郎右衛門尉定俊が報告している。河内国田井荘については、石清水八幡宮領と安楽寿院領が知られる。所在地については、それぞれ丹比郡の松原市と志紀郡の八尾市に比定されているが、その根拠は確かではないという。しかし、一二八六年（弘安九）七月の田井荘に関する注進状案等により、堺市美原区黒山周辺から大饗《おわい》周辺に位置し、太井（田井）を中心とした地域であるとする『大阪府の地名Ⅱ』の実証による比定に従っておきたい（『金』七八号など）。我堂氏については、松原市天美《あまみ》我堂《がどう》町に地名が残り、一五九四年（文禄三）の検地に我堂村があったが、のちに東・西我堂村に分かれたという。田井荘の地域とも近く、我堂氏が荘官としてみえる事情が理解できる。問題は、水走家文書になぜこの荘田井年貢米等算用状が含まれているかであるが、水走氏が当荘に何らかの権限を持っていたと考えるのが妥当である。仮に「職事給分」を得ていたとすれば、五〇石二斗九升であり、惣年貢米の約四〇パーセントを占める収入を得ていたことになる。

一六〇五年（慶長一〇）一一月一〇日の片桐東市正且元証文写は、平岡宮社務水走左近に宛てられている。豊臣秀頼から平岡社建立につき山成年貢を付け、従来通り社僧・神主・禰宜・神子（巫女）は社務進退たるべきことを命じたもので、平岡神社所蔵の銅製擬宝珠は一六〇二年（慶長七）一一月、銅製釣灯籠は一六〇三年（慶長八）一一月に秀頼が寄進したという銘文がある。

江戸時代の水走氏は、平岡大明神の社務であり続けた。社殿修復のための勧化許可のお触れ状によると、一七四六年（延享三）の社務は水走主殿（貞英）、一八二三年（文政六）は水走刑部（正忠）であった。現在の枚岡神社社殿は、氏子村の寄進によって一八二六年（文政九）に造営された。寄進した氏子村は四条・豊浦・出雲井・六万寺・横小路・喜里川・五条・客坊村の八カ村である。近世平岡社氏子村は一一カ村で、このほかに池嶋・額田・善根寺が氏子村だった。

一八七一年（明治四）、明治政府が太政官と神祇官を設置して祭政一致の機構を確立した時、枚岡神社は官幣大社に位置づけられたが、その際に水走家は河内（東大阪市）を離れた（『枚岡市史』第四巻、一九六六年）。水走氏の旧跡は、東大阪市五条町の一隅に残された五輪石塔のみである。その水走家墓塔銘文には、一八一一年（文化八）九月に水走飛驒守忠良が建立したことが記されている。

四　山城槇島惣官と山城国人狛氏

（1）楽人狛氏・槇長者としての槇島氏

私は都市の保という観点から、宇治の十番保と宇治郷の産土神である宇治神社（宇治神社・宇治上神社）、宇治離宮左方長者・右方長者（槇島長者）について分析した。[109]前述の三浦論文で渡辺党と比較検討されている宇治の槇島物官家について、ここでも改めて論じてみたい。

三浦論文で紹介された槇島惣官家の史料は南北朝時代以降のもので、平安時代から鎌倉時代の動向については今後の課題とされているが、「光」の一字を襲名し、渡辺党と同様に贄人ないしはその統轄者として台頭し、南北朝から室町時代にかけて宇治槇島を本貫とする守護代級の武士団に成長していったものという。注目されるのは、「遠藤系図」が遠藤為方の経歴として伝える「遠藤為方は摂津国渡辺総（惣）官職の始めであるが、この時、宇治里より渡辺に移住した」という記述であるという。[110]ここから、淀川のほぼ両端に惣官職が設置されたのは平安時代末以降のこととしても、それ以前の少なくとも一〇世紀の段階で、淀川に何らかの関係を持つ贄人の二つの集団がいたと推測している。

三浦説は「遠藤系図」の記述に基づくが、藤本孝一が「近衛家領山城国富家殿について」[111]で述べているように、『拾芥抄』「諸名所部」に富家殿は民部卿忠文の家としている。『江談抄』に収められた大江匡房（一〇四一～一一一一年）の談話にも、忠文の別業が宇治川の辺りにあったとあるが、『十訓抄』の説話によると、この別業を忠文が藤原師輔（九〇八～九六〇年）に奉ったという。藤原忠文（八七三～九四七年）は「遠藤系図」によると渡辺党遠藤氏の始祖であるから、忠文の孫為方が宇治里から渡辺に移住したという系図の記述は、根拠があると考える。宇治神社の北に「またふり神社」（末多武利神社）という小社があり、宇治神社の境外摂社になっているが、祭神が藤原忠文であることも考慮したい（『宇治市史　一』四二五頁）。この富家殿は宇治川と巨椋池のほとりにあり、京極殿藤原師実が父頼通から受け継ぎ、一二五三年（建長五）の近衛家所領目録にみえるように、近衛家が支配する富家殿（のちの五ヶ荘）の政所的役割も果たすことになる（『鎌』七六三一号）。

実は槇島氏の平安・鎌倉時代の存在形態については、林屋辰三郎が芸能史という観点から、楽人であったことを指摘している。(112)古代、律令制下の音楽教習機関としては、文武天皇の七〇一年（大宝元）に治部省に置かれた雅楽寮《うたまいのつかさ》があった。楽所《がくそ》は元来、行幸や節会など特別な機会の、雅楽寮の楽人等の詰所を指したが、一〇世紀前半に楽所が常設されるようになり、場所も内裏の桂芳坊が充てられた。職員には別当・預などがあり、別当には蔵人頭が任命される四位別当と、五位・六位の蔵人が任ぜられる五位（六位）別当があった。楽人は左右の近衛・兵衛・衛門のいわゆる六衛府の官人を中心に、興福寺・東大寺・石清水八幡宮などの寺社方楽人も任ぜられた（春日大社蔵「楽所補任」）。摂関期に近衛官人（楽人）が貴族の子弟の師となることが多くなり、中国系統の左舞・朝鮮系統の右舞などを専門的に伝える家柄、すなわち楽家が形成されていった。左方舞に狛氏、右方舞に多氏が定められたのは、一条天皇（在位九八六～一〇一一年）の時とされる。大内（京都）・南都・天王寺のいわゆる三方楽所のうち、南都楽所の形成はほぼ長保（九九九～一〇〇四年）の頃といわれ、ちょうど狛光高が活躍した時代である。南都楽所の中核は、興福寺に属する左舞人の狛氏、右舞人は東大寺の山村氏・薬師寺の玉手氏等であったが、光高の晩年の頃には、石清水八幡宮に属した右方舞人大神惟遠《おおがこれとお》が南都に迎えられたという。これにより、南都楽所は一所に左・右の舞人《まいうど》を擁する楽所として発展した。

狛氏の系譜について、「楽所系図」（宮内庁書陵部蔵、林屋註(112)前掲書所収）は好行をもって祖としている。彼は大唐・高麗・新羅・百済等舞楽師であり、大宰府庁舞師であったとされているが、その後、右近府生葛古、雅楽属衆古を経て、冷泉天皇（在位九六七～九六九年）の時、雅楽允左近府生狛衆行《もろゆき》が勅により初めて興福寺雑掌となり、その後、雅楽允であった斯高・真高・真行を経て左近将監光高が第一代の楽所の左方舞人を勤め、狛氏隆盛の基礎を築いたという。後世、諸家に分かれ、家ごとに笙・笛・篳篥をそれぞれ家業として伝承した。

一〇四八年（永承三）正月、狛光高（九五九～一〇四八年）は元日節会雅楽寮の立楽に列なり、一鼓を打ったが、八十余歳の高齢であったので、上下はこれを憐れんだという[113]。その子左近将監則高[114]（九九九～一〇七六年）、則高の嫡子狛光季（一〇二五～一一一二年）も、多氏[115]と共に史料にみえる。

一二二七年（嘉禄三）六月に音楽生藤原孝道が著した『雑秘別録[116]』によると、狛光季から出た光則―則助―光助―光行は、宇治槙長者と記されているが、この槙長者は宇治神社の脇神主であるといい、おそらく右方長者といわれた槙長者は、狛光季・光則の頃に狛氏が世襲することになっていたと推測され、一一〇二年（康和四）正月の内大臣饗応に万歳楽を演じ、一一〇四年（長治元）三月の宇治平等院舞楽に羅陵王（羅龍王・蘭陵王）を舞ったという。狛光則らが南都楽所に所属したことは、一一三四年（長承三）八月一日の楽所上日解に、左近衛将監狛宿禰光則・左近衛将曹狛宿禰季貞・同光時・左近衛府生狛宿禰行則がみえることから分かる（『平』五―二三〇四号）。

一一五四年（久寿元）槙長者の職を継承していた南都楽人狛光助が、興福寺より大内楽所に転任し、ついで京都に勤仕してのちに姓を酒波と改めたという。一方、一一六七年（仁安二）四月三〇日に、左近衛府生狛光行が相伝してきた東大寺楽頭職を嫡子左近衛府生狛清光に譲り、東大寺三綱等が署判している（『平』七―三四二二号）。興福寺の左舞人であった光行は、一一四八年（久安四）左近衛府生に補任され、一一七三年（承安三）に没するまでその職にあった（「楽所補任」）。一一四九年（久安五）三月には、亡父行貞の死去による服忌のため参会できなかったが、東大寺楽頭としての重役職掌のため華厳会楽人の録物布四丈を受けている（『平』六―二六六三号）。狛光行は東大寺楽頭と楽所官人・興福寺舞人を兼帯し、諸法会や諸神事の場で「頭」と「預」の立場と得分を維持したのである。[117]「楽所系図」でも、光則と行貞は兄弟で、行貞—光行—清光—光成と続く。光助の子は刑部丞光行で、光茂—光康と記される。

鎌倉時代の狛氏については、一二九一年（正応四）八月の楽所舞人連署申状があり、左近将監狛季真以下の狛氏一〇人が連署して右舞人大神晴季の狼藉を訴えている（『鎌』一七六七二号）。狛季真や右近将曹狛近成・右衛門志狛重成[118]は、「楽所系図」に名前がみえる。左近将監狛季真は、一三〇三年（嘉元元）一〇月に東大寺に天罰起請文を記している。維摩大会の餅を他寺の聴衆に配ったのが問題になったのである（『鎌』二一六六七号）。狛近成に至っては、一二九〇年（正応三）一二月三〇日に東大寺への不忠のため起請文を書いたが、その死後の一三〇五年（嘉元三）二月二七日、子息守成・康成・近光らが、年預所の指示で野田荘（備前国御野郡、岡山市）の年貢による助成を受けている（『鎌』一七五〇六・二二一〇八号）。鎌倉時代を通じて、狛氏はさまざまな問題を起こしているが、一三〇四年（嘉元二）一二月四日に狛康高・有康が東大寺十二大会への参勤を請け、一三一九年（元応元）九月二〇日に左近将監狛則葛が興福寺楽頭職を補任されるなど、楽人狛氏の存在は安定したものであった（『鎌』二二〇四五・二七二四八号）。

現在でもなお、旧宇治町および旧槇島村の住民が氏子の多数となっている宇治上神社・宇治神社（明治以前は宇治離宮社の上社・下社）は、旧宇治・槇島両地域の鎮守明神である。この宇治神社の離宮祭の初見史料は、平安時代の一一三三年（長承二）五月八日の『中右記』で、翌年五月八日の『中右記』により、当地の住民が祭礼神事に奉仕している姿を知ることができる。

一二八一年（弘安四）五月六日、楊《やなぎ》（揚）宮祭馬上役の平等院勤仕をめぐり、平等院寺官と宇治離宮社神人が争論し、関白鷹司兼平が長者光康に神事の遂行を命じた（『勘』）。問題は離宮祭使馬上役を社家から差定された平等院鎰取《かぎとり》倉光が、寺官勤仕の先例がないとして欠如したことにあった。この時、離宮右方神官巫女神人等が列参し、明後日の祭礼に神事に随わないと抗議している。兼平から神事遂行を命じられた右方長者光康は槇長者光行の孫である（「楽所系図」）。閏七月一八日に、鎰取倉光は宇治追放・所領并網代没収の罪科とされ、兼平が六波羅探題への身柄引き渡しを命じた（『勘』）。八月三日の平等院寺官等三五人の申状は、倉光の鎰取職解任・追放・所領并網代没収についての憐憫を訴えている（『鎌』一四四一六号）。

一二八二年（弘安五）八月八日、宇治川網代（賀茂・春日・松尾三社供御を備進）破却と僧叡尊の宇治橋修造が朝廷に認められ、これに反対した賀茂供祭人真木島村君が、神木を捧げて鷹司第に群参して愁訴した（『勘』）。この時、平等院公文為盛を罪科に処すべきことを、平等院社司と共に訴えている。一二八三年（弘安六）一一月一三日、鷹司兼平が鎰取倉光名田の苅取りについて、楊宮社司富家殿沙汰人と平等院寺官とを対決させ、その実否を尋問した（『勘』）。倉光から没収した名田の苅取りをめぐって、両者の争論があったことが分かる。一二八八年（弘安一一）一一月一四日にも、平等院領肥後国味（甘）木荘の供米が収納されず、供僧等が為盛の違乱を訴えている（『鎌』一七二〇四号）。一二八九年（正応二）五月五日、離宮社社司が（前長者の時寄付された）槇島祭礼用途の未進を関白近衛家基に訴え、家基が平等院長吏に用途催促を命じた（『勘』）。祭礼用途に充てる真木島水田について、平等院長吏が下知しなかったため、神事以下が欠如したのであった。

時代は降るが、一五〇二年（文亀二）八月に、離宮社長者酒波光興・公文所大江光盛が、宇治十番保右衛門太郎掃門に離宮拝殿造営のため大夫職を補任すること、保内はその心得をなすべきことを命じている（『兎道旧記浜千鳥』）(119)。

以上から分かるように、離宮社と密接な関係があった楊宮社にも左右両長者の宮座が存在していた。許波多神社は『延喜式』にみえる古社で、中世・近世には「柳大明神」「楊宮大明神」などと呼ばれ、五ヶ庄各村の崇敬を集めた産土神を祀っていた。一四五一年（宝徳三）一二月二七日の許波多神社の棟札に左右両長者がみえるが、一五〇〇年（明応九）六月五日の五ヶ庄公文光広等定文は、公文光広・下司光康と亀丸・光吉の左右両長者が「御宝殿」（神前）で「御くし（籤）」を取って、同社の賽銭の配分に関する相論を解決に導いた際に記したものである（『宇治市史年表』所収の写真8）。

また、一五三八年（天文七）四月一六日、五ヶ庄楊宮の左・右長者酒波光国・光吉や下司藤原光季、小御厩下司渡部光盛・公文渡部光治らが、郷内の奉加を集めて、同宮神輿を大工木幡藤原宗次に再造させている（許波多神社棟札）[120]。ここにみえる酒波氏は槇島氏（狛氏）を指す。宇治神社所蔵の宇治郷長者酒波系図は、宇治神社に奉仕してきた社家としての家譜である（『宇治市史　二』二七九頁）。長者・酒波の両家は宇治神社の社家であったから、狛氏は光助の時に酒波を名乗ることによって、社家（脇神主）としての社会的地位を獲得したものと考えられる。一四六八年（応仁二）四月八日の離宮祭の行列次第でも、神輿三基の次に社官四人、次に槇長者、さらに宇治長者が、いずれも布衣馬上で続いているが、この槇長者については、社官槇島のことと明記されている。五月八日には離宮祭の還幸があった（『後法興院記』）。

宇治長者については、古くから「長者」を名乗る家柄が存在していた。その系譜は和珥《わに》臣祖日触使主《ひふれのおみ》の後裔で、宮主宅媛《やかひめ》（菟道稚郎子の母）をその祖先と伝えるが、宇治神社の社官を勤めた人名が分かるのは、鎌倉時代後半である。一二七八年（弘安元）一〇月、亀山上皇が春日社参詣の帰途平等院に入り、二四日に宇治川で船（松屋形船）遊びをした際、離宮左方長者光有が小船で従った（『勘』）。この光有については、一二八一年（弘安四）一一月二五日の平等院公文散位為盛請状に「離宮社左方長者光有」申状がみえ、宮内丞光有書状もある（『鎌』一四六〇五・一四六〇六号）。離宮御神楽末座神□字阿子に降りた大権現託宣文（神託）を、離宮社左方長者・宮内丞光有が為盛を通して申し出ている。

この宇治長者については、江戸時代の地誌『兎道旧記浜千鳥』に伊勢から宇治神明を勧請した際に随従した神官伊勢大路氏より出るという説がある。伊勢神宮の神官に伊勢大路氏はみえないが、権禰宜・御師家の山田《ようだ》大路氏は存在する。そして、宇治の初期の茶園経営者として知られる堀家の出身が、伊勢神人山田大路氏の分家、神明社司堀豊政の末流という説がある。[121]私は古代の宇治郡を中心に勢力を振るった宇治氏についても検討する必要があると考える。東大寺東南院文書に、七四〇年（天平一二）から八四七年（承和一四）までの宇治郡の地を対象物件とする売券八通があるが、そのすべてに宇治氏が出てくるからである。売主や買主のほか、保証人や郡司・国司として宇治氏の名がみえる。[122]

一一五六年（保元元）一一月二三日に、浄妙寺前預所宇治大輔君が船岡里の所領を押領し、山階小野郷司・供御人の藤原経成が関白藤原基実の政所に訴えている（『平』六―二八五八号）。浄妙寺は宇治市木幡にあった藤原氏の菩提寺で、木幡寺とも呼ばれた（跡地は木幡小学校）。一一世紀初頭に藤原道長が造営した三昧堂に始まる。寺域周辺に広大な寺領があったが、この浄妙寺領の預所を勤めた宇治大輔君は、宇治郡の豪族宇治氏と考えられる。一一九二年（建久三）以後、浄妙寺別当職が聖護院宮静恵法親王（父は後白河天皇、一一九六年から四年間園城寺長吏）に補任されたことから、浄妙寺領は聖護院（京都市左京区）の支配に組み入れられていった。

中世後期に槇島氏と並んで活躍する宇治大路氏と宇治氏との関係は明らかでないが、宇治橋から三室戸に至る道を宇治大路と呼ぶ事実に、注目する必要があると考えている（『宇治市史　二』二八二頁）。

一四七八年（文明一〇）の「後法興院雑事要録一」（陽明文庫所蔵）によると、「（山城国）桂殿」の次に「富家殿」の記録があり、宇治大路氏は、九月九日に二〇疋（二〇〇文）、一二月二八日に三〇疋（三〇〇文）、計五〇疋（五〇〇文）の菓子代を近衛家に納める五ヶ荘の公文であった。さらに、足利義教の側室に宇治大路氏女がいて、義政・義視の妹宝鏡院殿日山理永尼の母としている（『大』）。

（2）　槇島惣官・幕府奉公衆としての槇島氏

（1）で述べた林屋説を受けて、さらに楽人狛氏と真木島長者について考察を進めたのが、網野善彦「宇治川の網代」[123]である。狛光康の祖光貞は、「宇治網代目代」で、宇治網代に携わった上下賀茂社真木島供祭人の贄人を統轄した真木島村君・離宮社長者は、楽人狛氏であった。さらに、真木島の地が宇治川流域における交通の拠点であり、ここに渡しがあり、雑船が置かれ、川関も置かれていた事実を考慮するならば、真木島村君・長者・惣官である狛氏は、網代の贄人・魚貝の商人だけでなく、宇治川の水上交通に携わる人々をも掌握していたと推測される。網代漁が殺生禁断によって衰えていった鎌倉後期以降、真木島住人の活動は水上交通や宇治川の関務の掌握に比重が移り、真木島氏も川の武士団として勢力を振るうことになったという。

また、苅米一志「宇治網代の形成」は、賀茂社が海上守護神および漁神の性格を持つ祭神鴨玉依姫を全面に打ち出しつつ、水辺の御厨・荘園の漁民の信仰を引きつけていったとする。集積された御厨は水上交通によって結びつけられ、交通体系上の「点」として機能していたが、瀬田川を介して琵琶湖に連なり、また巨椋池・木津川を介して大和へ連なる水上交通上の要所であった宇治槇島は、その交通体系上のセンターであったと推測している[124]。宇治槇島長者（離宮社右方神主）と舟運の責任者であったらしい宇治長者（離宮社左方長者）は、共に狛氏で、槇島の地は基本的には摂関家領である富家殿[125]に付属した土地として把握されていたと考えられ、狛氏の宇治への定着は、摂関家からの槇島郷神主（長者）職補任によるもので、狛氏は広義の御厨である宇治槇島の領主であったと推論する。狛氏は宇治離宮祭で長者として祭祀や馬上役の差定を掌っていたが、一一〇四年（長治元）三月三日に、宇治平等院一切経会で狛光季が青海波・散手を舞い、一一五一年（仁平元）九月一七日の春日若宮御祭では、狛光行・光時が相撲を奉納していることも、興福寺楽人・南都楽所の舞人としての狛氏が、摂関家との結びつきのなかで領主となっていったことを示すという。

宇治槇島の社会経済史的な位置づけについて網野善彦や苅米一志に異論はないが、舟運の責任者であったらしい宇治長者が槇島長者狛氏と同じく狛氏であるという説は、実証を欠いている。ここで宇治津や岡屋津について論じるべきであるが、史料も少なく不明な点が多い。一二二一年（承久三）六月の承久の乱のなかで京宅資材物等を宇治三室津辺に運び置き、官兵らに奪取されたという平信正（右近将監）私領地文書紛失状案が残っている（『鎌』二七八九号）。

宇治川右岸に位置する宇治三室津は、宇治津の一部であるといわれる。この三室津は摂関家領羽戸《はど》院と深い関わりを持った港湾で（『鎌』七六三二号）、別業羽戸院を中核にした家領は、五ヶ庄南部から宇治乙方にかけての宇治川右岸に比定される。羽戸は波戸場すなわち港津を意味するという。すなわち、羽戸院は別業・その周辺所領・港湾を指している。また、岡屋荘は宇治市五ヶ庄南部の岡本付近に比定される近衛家領荘園である。岡屋は、元平安貴族の遊猟の地であったが、宇治川沿いの津としての機能が活発になり、開発されて荘園となった。九七二年（天禄三）五月三日の天台座主良源遺告に、「岡屋庄一處田地百六十余丁」とあるのが初見史料である（『平』二―三〇五号）。一二五三年（建長五）の近衛家所領目録に、「冷泉宮領内」すなわち、三条天皇皇女儇子内親王領で近衛家に相伝され、この時、近衛基通の息浄土寺大僧正円基の所領であった（『鎌』七六三一号）。円基没後は弟子慈禅（近衛家実息）が相承し、室町時代後半期、最終的には周辺の家領と併せて、五ヶ荘の中に解消されていった。

宇治荘は一二二五年（嘉禄元）一一月五日の官宣旨に、東大寺東南院領荘園二七カ所内に「三論供田　宇治庄」が認められる（『鎌』三四二七号）。一二六五年（文永二）一〇月の関白一条実経の春日参詣の際、興福寺人夫召注文に「宇治庄十人」とある（『鎌』九三七二号）。一三六六年（貞治五）に興福寺の維摩会料所としてみえ、少なくとも七町九段二四〇歩以上の荘田を持つ荘園であった（『維摩会先奏引付』）。その四至は不明だが、一三五二年（文和元）九月に三室戸の御師等が宇治荘を押妨して問題になっている（『御挙状等執筆引付』）。三室戸寺の南限が「羽戸山路」であったというから、南は宇治郷ないし宇治荘と接していたものらしい（『壬生家文書』）。羽戸畷は宇治・三室の境界であった。

中世後期の槇島（真木島）氏の存在形態を具体的に検討すると、所領についての史料は南北朝期からみえる。一二四八年（宝治二）七月二四日に、後嵯峨上皇が承明門院在子・大宮院姞子と共に西園寺家の「宇治真木島山庄」を訪れているから、槇島における別業の歴史は古い（『百錬抄』）。一三三五年（建武二）七月一二日の中院具光申状によると、後醍醐天皇は西園寺公重に、「山城国鳥羽殿領」や「宇治真木島」「河内国新開荘」など所々の管領を安堵している。[126]西園寺家の別業「真木島山庄」を中心とした所領があったものと考えられる。

一三五三年（文和二）一〇月、真木島新右衛門尉光経は東山光明寺領美作国豊田東荘（岡山県勝田郡奈義町）内の田地三段を押領し、光明寺雑掌寛勝が幕府に訴えた。この時、故勘解由小路二位入道寂尹（俗名経尹）が光明寺に寄進した豊田東荘内為広跡田畠・所職の所務を三宅孫三郎盛久が押妨し、正安年中（一二九九〜一三〇二年）に南阿が光明寺に寄進した田地三段を真木島光経が押妨したものだった（『南北朝遺文』中国・四国編三―二五三〇・三一号）。また、一三七一年（応安四）三月六日、勘解由小路兼綱が所領等を子息仲光に譲与し、その所領内の衣比須嶋荘の預所故眼阿遺跡について、建武以来近辺の槇島長者に押領されていたのを和与し、宇治に縁のある以高に年貢三〇貫等で契約した事情を置文に残した（東洋文庫蔵「広橋家文書」、『宇治市史年表』写真七）。治承年中（一一七七〜八一年）の創立といわれる姫大明神を祀る夷子嶋神社が槇島町の字夷子嶋小字石橋にあり、地域の人々が氏子となっていたから、衣比須嶋荘は当地に比定できる（宇治上神社文書）。神宮寺は勝福寺（正福庵、廃寺）で、平安・鎌倉時代の阿弥陀・薬師如来など数体の遺仏が浄土宗妙光寺に伝えられている。網野善彦によると、一二七八年（弘安元）、離宮に参じた勘解由小路兼仲[127]（兼綱の祖父）が真木島住人から船を召していることから、ここに渡しがあり雑船が置かれ、川関が置かれていた事実も確認できるという。その川関については、一四八一年（文明一三）八月一四日、槇島・木幡の争闘が起こった時、槇島方が川堰を撤去し、山科七郷は両派に分かれて加勢したとある（『山』四）。藤原氏の支流日野家から出た勘解由小路家の夷子島荘も、水上交通の機能に重点を持つ所領であったと考える。

『大徳寺文書』[128]四によると、一三七九年（康暦元）八月一七日に山城国富家殿内三条殿給田を、領家三条家（本所近衛家の家司安居院知輔）が大徳寺長老宗忠（言外和尚）に寄進した（一五七二号）。一三八一年（永徳元）四月一九日の如意庵領山城富家殿内三条殿田地坪付注文に、伊勢田内一町一反（内一反下司給）と「真木嶋内」四反がみえる（一五七五・一五七七・一五九四号）。槇島の作人は二反が右兵衛四郎、一反が下村辻（真木）重阿、一反が徳阿弥（得阿弥）・吉五男（吉弥）である。[129]槇島氏は富家殿内の名主というのが通説で、確かに富家殿内に田地を所有していたが、単なる名主ではない。

一三九四年（応永元）一〇月二二日の山城守護代槇安房奉書では、紫野塔頭如意庵領山城国佐古里内田地を、寺家雑掌に渡し付けるよう槇安房が久世郡代黒沢義実に命じ、一一月三日に下地一町一反を黒沢義実が寺家代官に打ち渡している（一五八二・一五八三号）。山城守護は結城満藤である。[130]一三九六年（応永三）一一月二四日、槇島光忠が大徳寺如意庵に書状を送り、宇治辺の寺領については自分に相談するよう申し入れている（一五八四号）。翌年一二月七日、如意庵に巨倉荘内一町一反が常住院門跡道尊の意を受けて如意庵代官今村土佐法眼に渡し付けられている（一六二三〜二五号）。巨倉荘は、一二五三年（建長五）の近衛家所領目録に高陽院（鳥羽天皇皇后・藤原忠実女）領とみえ、宇治市小倉町内にあった。

一三九九年（応永六）一〇月二一日の槇島物官宛（山城守護結城満藤奉行人）幸長・長友連署奉書は[131]、槇島内寺田四反は本所（近衛家）の寄進で寺家が当地行のこと、前回の命令が実行されなかったことを述べ、知行妨害を停止するよう命じている（一五八五号）。この問題は続いたと思われ、年未詳九月二七日の槇島山城守光家書状は、寺領について槇島に使者を下した如意庵に、百姓共に堅く申し付けたと返報している（一六一三号）。

戦国期の槇島六郎光通も、この問題について如意庵に返報を出している（一六一四～一六一六号）。年未詳一〇月二六日の書状は、当年の大洪水によって年貢は納められないという内容であった（一六一五号）。年未詳一〇月五日の（如意庵）宗仙桃蹊書状は、槇島内寺領下地の半済のことについて述べている（一六一七号）。年不詳五月二八日の宇治長者美作守光則書状も、去年分の如意庵領年貢を催促されたが、早稲が出るまで猶予してくれと返事している（一六一八号）[132]。その坪付注文によると、社の後ろ古川一反の作人舟川左衛門三郎が当知行のほかは、妙光庵が相論、聖寿院・奥坊分が不知行とある。如意庵領の槇島内寺田四反の坪付は、一三八一年（永徳元）と異なる。妙光庵は後述する妙光寺で、如意庵領寺田は存立できない状況であった。

槇島氏の活動は、三浦圭一が提起したように、室町時代の将軍、あるいは管領の家人としての活躍につながっていく。一三九二年（明徳三）八月二八日、足利義満による相国寺の供養会に山城守護畠山基国の被官として、槇島光基・光貞が参列したという（『相国寺塔供養記』）。前述したように、一三九四年（応永元）には山城守護結城満藤の守護代として槇安房がみえる。一四二二年（応永二九）九月四日には、管領畠山満家の被官槇島惣官が、伏見荘（紀伊郡、京都市伏見区南部）と三栖《みす》荘（京都市伏見区横大路三栖）の草苅争論を仲介している（『看聞御記』）。

一四二八年（正長元）七月に京極持光に代わって管領畠山満家が山城国守護となると、宇治川を境に山城国を二分し、北方を山城下五郡（愛宕・葛野・紀伊・宇治・乙訓郡）、南方を上三郡（相楽・綴喜・久世郡）と称し、それぞれに守護代を置いた。『東院年中行事記』一四七八年（文明一〇）八月一一日条によると、守護代遊佐弾正の家臣（弥六）が宇治槇島に入部し、神保与三左衛門が淀に入部したという。当時上三郡の守護所は宇治槇島

（久世郡）、下五郡の守護所は淀（紀伊郡）にあった。

一四五六年（康正二）四月、幕府が造内裏段銭・棟別銭を諸国に賦課した時、上使として幕府奉公衆の宇治大路氏・下津屋氏両名が六月五日に興福寺に下向したが、翌七日、興福寺六方衆が先例なしとして上使を追い払った（『大』）[133]。宇治大路氏が管領細川勝元に従っているのは、一四五七年（長禄元）一〇月一五日である。山城国土一揆の蜂起に備えて、細川勝元が相楽・綴喜両郡の国人木津・田那部《田辺》以下の「八頭」衆に宇治橋を引かせて警護を命じた際、宇治大路氏・平等院衆徒等も防禦に加わった。山城守護畠山義就では、この土一揆を鎮静できなかったのである。一〇月二六日、山城土一揆が宇治を襲撃し、住家等に放火した。また、同月二九日には「奥山城土一揆」が木幡山に至り、ついで七〇〇〜八〇〇人の勢力に増えて京都に乱入している（『経覚私要抄』）。一四五八年（長禄二）頃、幕府の正月参賀会に奉行衆として宇治衆・槇島氏が将軍義尚に拝謁した（『長禄二年以来申次記』）。

応仁の乱以降、槇島氏と宇治大路氏の政治的・軍事的な動向が明確になる。一四六八年（応仁二）五月二〇日、畠山義就が宇治に陣取るという風聞に対して、幕府は槇島・宇治大路と談合して誅伐を加えるよう山科七郷の沙汰人に命じた（『山』一）。この風聞は事実ではなかったが、八月には西軍が山科・勧修寺・藤森・深草・竹田等の村々に攻撃をかけてきた。八月一四日朝、幕府奉行人飯尾之種・清貞秀は赤松衆・武田衆を中心に山科・勧修寺・深草に発向し、山科郷民等は忠節を尽くし、宇治大路・槇島両氏に率いられた宇治勢も出張した（『山』一）。一四七〇年（文明二）七月、東西両軍が南山城で戦い、東軍が負けたため宇治大路氏ほか細川方被官一二人が西軍（大内政弘方）に降参し、一六人は当地を退去した。そのうちの槇島氏は白川別所[134]（宇治市白川）に引き籠もった。わずかに、木津氏・田辺氏・井手別所氏・狛氏が、自分の城を守っているという有様であった。

槇島氏は、宇治大路氏と共に幕府の奉公衆で将軍の直臣団に加わっていた。一四八七年（長享元）九月、将軍足利義尚が近江守護六角高頼を追討するため坂本に出陣した時に、三番衆として宇治大路弥三郎、四番衆として槇島六郎藤原光通の名がみえる。[135]

一四九〇年（延徳二）七月二五日、槇島六郎光通は、北野社松梅院領山城国池田荘（京田辺市）の代官職請文を北野社に出している。それによると、池田荘は元三五〇石の年貢があったが、槇島光通は、毎年九〇石の年貢と月別一貫文の夫銭を納入する条件で同荘の代官職を請け負った（『北野社家日記』）。近衛家領富家殿については、一四九三年（明応二）一一月の富家殿真木方田地内検帳[136]（陽明文庫蔵）があり、「真木方」計六町八反余の田地について記している。このうち、定納田は四八筆で、六町八反余のうち四分の一を占める名子地は二二筆から成っていた。一反以下の面積しか保有しない者は、全体の半数を占めている。[137]一方、一町以上の田地を有する地主的存在の木幡森坊や宇治森坊（平等院内報恩院坊官、僧正）は、近衛家に宇治茶を進納した近習であるという。また、「中西」というのは、一四八一年（文明一三）九月一四日に宇治小川四郎左衛門尉（槇島）光則が一貫文の貸借関係で争論を起こした土倉「槇島倉中西」である（「賦引付」一、文明一三年）。[138]彼は近衛政家（後法興院）との間にしばしば貸借関係を結んでいるほどの有力な金融業者であった。近衛家領については、吉村亨の研究があり、崩壊期の近衛家経済は、①当知行所領からの米銭（および公事）収入、②洛中地子銭収入、③「祠堂方」による利平、④殿下渡領あるいは礼銭などの雑収入、などを骨子として成り立っていたという。[139]近衛家は多くの荘園所領を失い、貨幣流通経済に巻き込まれながら、なお存立し続けていた。

一五三二年（天文元）六月二五日、宇治大路経春が、法定院内田地と交換した正宗院下地の不足分一貫五〇〇文を受け取っている（宇治堀家文書・田中忠三郎氏所蔵文書）。法定院は、藤原頼通女寛子が造営した池殿法定院のことである。一五三九年（天文八）三月二七日の「披露事記録」によると、宇治大路越中守経春が訴えた仁和寺妙光寺末寺宇治三明寺について、経春が代々檀那であるところ、就心院末寺と号して等孝蔵主が違乱したため、幕府は百姓等に尋ね、経春を檀那として年貢を納めるよう命じている（『室町幕府引付史料集成　上』）。槇島町には明治維新以前十数カ寺の寺院があったが、その後統廃合されて現在は清澄寺・妙光寺・耕石庵の三寺のみになっている。一八六八年（慶応四）四月の槇島村村鑑帳によると、妙光寺末二ヵ寺とあり、三明寺は妙光寺に統廃合されたと推測される。なお、「槇島村村誌」に、妙光寺は一五三三年（天文二）僧林香の開基とある（『京都府久世郡誌』、一八八一年）。幕府奉公衆としての立場が、三明寺領の年貢を確保できた大きな理由だと考える。一五三七年（天文六）一月一九日に、宇治大路氏は足利義晴と共に、供衆の一員として年賀の挨拶に禁裏を訪れている（『言継卿記』）。

槇島氏の一族に僧喜慶がおり、一五三〇年（享禄三）五月四日、連歌師宗碩らと共に三条西実隆邸を訪問し、連歌会を催している（『実隆公記』）。槇島氏と室町幕府最後の将軍足利義昭との関係も広く知られる[140]。もともと義昭は覚慶と称した奈良興福寺一条院の門跡で、一五六五年（永禄八）の兄義輝（一三代将軍）暗殺により藤孝らの手引きで奈良を脱出したものであった。一五七二年（元亀三）一月一九日に、義昭は槇島昭光を石清水八幡宮に代参させている（『兼見卿記』）。翌一五七三年（元亀四・天正元）七月三日に、義昭は二条御所を側近の三淵藤英らに任せて槇島に向かい、槇島城（宇治市槇島町）で挙兵するが一八日の合戦に敗れ、二一日には義弟三好義継の居城河内若江城（東大阪市若江）に到着した。この時、南山城の狛郷では、狛氏の被官四名が義昭方武将の上野秀政に合力した結果、所領の約四割が闕所化されている[141]。同年一一月、信長は河内の三好義継を攻撃して滅ぼし、一二月には大和の松永久秀父子も信長に降伏して服属した。義昭が毛利氏を頼って備後鞆津（広島県福山市）に移ったのは一五七六年（天正四）である。この時、槇島昭光も義昭に付き添って下り、側近として奉仕したので、義昭御内書や昭光書状等が当地に残っている。

義昭は一五八八年（天正一六）一月一三日に参内し、出家して昌山と号した。九月一〇日には上洛した毛利輝元らと大坂で対面しているので、大坂にも屋敷を与えられていたらしい（『輝元上洛日記』）。槇島にも私邸があり、居所は大坂城と槇島にあった（『鹿苑日録』等）。義昭（昌山道休）は一五九二年（文禄元）三月、秀吉の肥前名護屋出陣に加わった後、一五九七年（慶長二）八月二八日、六一歳で大坂にて病没した。九月八日の京都等持院での葬儀を取り仕切ったのは昭光で、この時、昭光も剃髪した。槇島昭光は終生義昭の側近であり続けた。

（3）興福寺領狛野荘と山城国人狛氏

狛氏は、一五七二年（元亀三）一一月に、山城狛左京亮秀綱が信長に味方して領地の狛郷と家来等を安堵する朱印状をもらっている(142)。将軍義昭が信長打倒のために槇島城に入った時、義昭方と槇島昭光に呼応する行動をとっている狛郷と狛氏について、次に検討したい。

室町時代に、狛氏は興福寺領狛野荘（京都府相楽郡山城町大字上狛《かみこま》・椿井《つばい》付近(143)）に拠っていた。当地の椿井大塚山古墳は、奈良県桜井市の箸墓古墳と比較されるほど著名な南山城最大の前方後円墳であり(144)、この地域の歴史的重要性を示している。六世紀後半から、南山城地方（相楽郡）には高句麗系の狛氏一族が多く居住し、木津川からの上陸地点に外交客館としての相楽館が存在していた。大狛郷や下狛郷などが、『和名抄』に存在するのは、狛氏一族の分布がかなり濃密であったことを示しているという(145)。

木津の歴史で重要なのは、藤原京や平城京の造営に近江国からの檜材が利用されたことで、材木は筏に組んで、瀬田川から宇治川を下り巨椋池を経て木津川を遡り、木津の泉津（のちの木津）に集められ、そこから奈良山丘陵を越えて奈良盆地に運ばれた。平城京建設以後、木津は奈良の外港となった。一一八〇年（治承四）末の平氏による南都焼討後、翌一一八一年（養和元）八月に僧重源は造東大寺大勧進職となり南都の復興に当たるが、東大寺（別所）木津木屋所のうち木屋敷一処が重源の進退になっている。この時は、とくに周防国からの用材が重

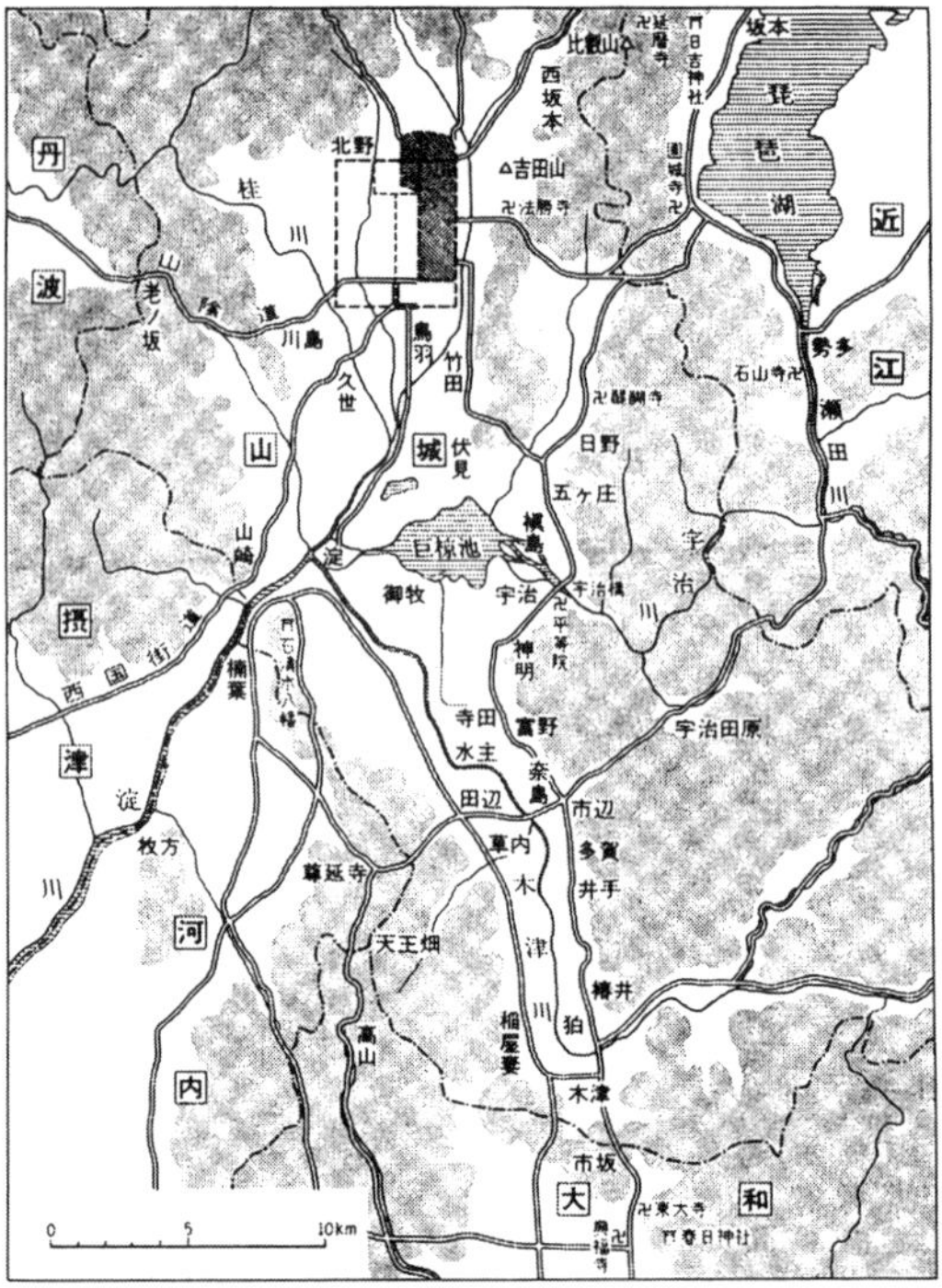

山城国一揆の要図（『宇治市史　二』356頁より）

要で、瀬戸内海を通って運送されてきた材木は淀川から木津川を遡って木津に到着した。重源が当地に自ら基地を置かなければならなかった必然性が理解される。

応仁の乱以降の狛野荘（興福寺寺務領）は、南荘（上狛）と北荘（椿井）に分かれ、支配体制についても、上狛が筒井氏被官の狛氏、椿井が古市氏被官の椿井氏に支配され、下司・公文両職を「狛山城守」（代官は林某）が持っていた（『大』文明一二年五月三日・四日、六月六日条）[146]。山城町上狛には環濠集落の跡（通称大里）が残り、狛氏のものと伝える居館跡も存在している。さらに、狛野荘地域のちょうど中央に位置する山城町上狛の小林（宇）[147]家は、狛文書を所蔵している。狛文書には、一四七〇年（文明二）七月二八日の狛山城守秀宛細川勝元感状や、一四九九年（明応八）九月一三日の狛孫左衛門尉宛細川政元奉行人奉書、また、一五三〇年（享禄三）一〇月一五日の狛殿宛筒井順興書状などが含まれている[148]。

応仁の乱は、一四六七年（応仁元）一月から前後一一年に及んだが、南山城では、狛氏は筒井氏被官として東軍の畠山政長に属し、椿井氏は古市氏の被官として西軍の畠山義就に属した。翌一四六八年（応仁二）閏一〇月、木津氏等東軍方の山城国十六人衆は、興福寺領狛野荘加地子分を押領した。狛野荘加地子方は興福寺仏地院の旧領であったため、興福寺では学侶・六方衆が神水集会している。同年一一月、興福寺は山城以下寺社領押領の輩（国人等）を祈禱によって呪詛し、ついで幕府に訴えているが、これも狛野荘の故であった（『大』）。一四七〇年（文明二）七月、東西両軍が南山城で戦い、東軍が負けたため宇治大路氏は西軍に降参し、槇島氏は没落して白川別所（宇治市白川）に引き籠もった。細川方被官の山城国十六人衆は降陣したり没落したりした。わずかに、木津氏・田辺氏・井手別所氏・狛氏が自分の城を守っているという有様であった。西軍の椿井氏さえも古市氏を頼って没落している。椿井氏がふたたび史料にみえるのは、一四八四年（文明一六）一二月、興福寺維摩会参向の勅使を木津執行春鷹と椿井懐専が宇治に出迎えた時である。これは、路次が物騒なため警護を命じられたものであった（『大』・『多聞院日記』）。

一四八五年（文明一七）には日照りによる干魃が起こり、七月三〇日には、大和国惣国百姓等が法隆寺に宛てて年貢免除の徳政を願い出ている（法隆寺文書）。八月から九月にかけて、南山城・大和の馬借（運送流通業者）が奈良を攻めて徳政令を要求しているが、交通・流通の要衝である木津の馬借も指導的役割を果たしたものと思われる。この年の一〇月から一二月にかけて、両畠山軍が南山城に在陣し、当地の国人等は対応を迫られたが、木津氏などは双方に軍勢を出している。一〇月一四日頃、山城国内に畠山義就方の城は一〇カ所ばかりあったが、そのなかに狛下司の跡の城や椿井城があげられ、古市は狛城の西に陣をとっている。ついに一二月一一日、上は六〇歳、下は一五歳の山城国人が集会し、一国中の土民等も群集して、両畠山軍が山城から撤退することや寺社本所領は元のように支配させること、新関等はいっさい立てないことなどの惣国の方針を正式に定めた。一三日にも国人は群集して退陣交渉がおこなわれ、一二月一七日には義就方古市澄胤が六三日の在陣を終えて山城より帰陣、政長方筒井順尊・十市遠相、義就方越智家全も、同じく退散している（『大』）。翌一四八六年（文明一八）二月一三日、山城国人衆は宇治平等院に会合し、国中掟法を定めている。この山城国一揆の時、南山城三郡（綴喜・相楽・久世郡）における三六人（三八人とも）の国人衆が主体となったが、そのなかには狛氏も含まれていた[149]。

国一揆が解体してからの狛氏については、一五四二年（天文一一）三月一〇日の狛孫一宛三好宗三書状がある（『戦』一六五号）。三好宗三は阿波から畿内に進出し、木沢長政や可竹軒とともに細川晴元の側近衆を形成したが、一五三九年（天文八）に三好長慶と河内一七箇所の代官職をめぐって対立し、一五四九年（天文一八）の江口の戦いで、長慶兄弟に敗れて戦死している。また、一五六八年（永禄一一）とされる狛吉三郎宛篠原長房書状がある。河内飯盛城の三好長慶から松永久秀とともに内者と呼ばれていた人物からの返報である（『戦』一三八五号）。以下は狛文書であるが、一五六八年九月一六日の三好宗渭書状が、狛吉三郎に宛てられている（『戦』一四二四号）。この時、三好三人衆の宗渭は織田信長と連携する松永久秀を牽制するため木津平城を守ったが、稲八妻城（京都府相楽郡精華町）に来て戦うよう指示している。一五七〇年（元亀元）一〇月五日の篠原長房・同長重連署状が、狛左馬進秀綱に宛てられている（『戦』一五一九号）。また、一五七一年（元亀二）とされる正月一九日の秀綱宛三好（十河）在保書状は、青銅二〇疋を贈られた礼状である（『戦』一五八〇号）。存康（在保《まさやす》）は、十河一存の兄三好実休（義賢）の次男で、十河家を継いだ人物である。戦国期畿内の錯綜した政治状況・軍事状況の間隙を縫って、国人狛氏が奮闘する有様がうかがわれる。

宇治槇島の長者としての槇島氏は楽人としての狛氏の系譜を引いていたが、室町・戦国時代における槇島氏や狛氏の存在形態は、以上のようなものであった。

おわりに――中世の武士とは何か――

このようにみてくると、中世の武士とは何か、武士団とは何かについて、根本的に考え直さなければならないと思われる。問題は大きくみて二点あると思う。

第一に、現在の武士論は武士の成立を中心に論じられているが、中世の武士論というからには、中世の時代全体を通じての論議・検討が必要だという点である。高橋昌明の説を例にあげれば、ヨーロッパにおける騎士身分が基本的には国王権力によって認可されるものであったのと同様に、武士は王（天皇）側近の武力から生まれ、主に都と辺境に配置され必要に応じて諸国に派遣された存在であり、王権が武士身分を認証する。また、鎌倉幕府成立以後の武士身分については、すでに御家人制や侍の研究があり、さまざまに議論されている。[150]しかし、南北朝・室町時代および戦国織豊期における武士身分について、従来の武士論との統一的理解が成立しているだろうか。中世の身分制論というからには、王権ないし将軍権力による武士身分の認証という問題は避けて通れない。しかし、武士身分が固定しているという視点ではなく、中世を通じて武士が発生するという視点で問題を検討すれば、高橋が否定する「在地領主」的武士論が必要になってくると考える。

第二に、中世前期に問題を限っても、武士身分が武によって王権に奉仕することを通じて社会的分業を担うというだけでは、武士の社会的分業の位置づけはできない。すでに摂津渡辺党の分析でみたように、彼らの社会的分業における役割は多面的であり、この多面性こそが中世社会の特質であると考える。河内水走氏の場合は、渡辺氏が皇室領大江御厨の渡辺惣官職を中核に水軍の色彩が濃い武士団としての多彩な活動を展開したのに対して、同じ大江御厨の現地管理人として活躍しながら、南北朝時代には大江御厨山本・河俣執当職を失い、従来の枚岡神社を中心とした領主支配を守りながら、神官としての性格を濃くしていった。

山城槇島氏・狛氏の例も社会的分業における役割は多面的で、槇島氏は宇治網代・鵜飼等の漁業や交通・流通といった社会的分業を通じて王権や権門に奉仕しつつ、舞楽を家業とする芸能の専門家でもあった。槇島氏は南北朝時代から戦国時代に守護代級の武士団に成長し、室町幕府奉公衆として活動するが、応仁の乱終結後、南山城三郡における惣国一揆では、狛氏を含む三六人の国人が、民衆（土民等）の支持も得て自治体制を形成・運営するのである。

このようなさまざまな事例を通じて中世全般における武士論を検討することが、これからの課題になると考える。

（1）山王祭は東京都千代田区にある日枝神社の祭礼。一六八一年（天和元）以後、神田明神の神田祭と隔年でおこなうことになり、神田祭と共に江戸二大祭とされた。

（2）本田安次「天神祭とお迎人形」（大阪天満宮史料室編『大阪天満宮史の研究』思文閣出版、一九九一年）。高島幸次「天神祭の成立と発展」・明珍健二「よみがえった天神丸と御迎人形」（大阪天満宮文化研究所編『天神祭――火と水の都市祭礼――』思文閣出版、二〇〇一年）。米山俊直『天神祭――大阪の祭礼――』中公新書、一九七九年。

（3）高橋昌明は、渡辺津は「祓所であるとともに、鴨川や平安京の東西南北、淀川流域において祓われたすべてのケガレが、最後に『日本』全体の祓所たる難波の海に流れ込むのを見とどける、重要地点だった」としている（『酒呑童子の誕生』中公新書、一九九二年）。武田佐知子「天神祭の起源をさぐる」（『天神祭――火と水の都市祭礼――』二〇〇一年）。

（4）東京大学出版会、一九九九年。高橋の武士論について論じる場合、とくに断らないかぎり、この著書を典拠にする。

（5）職人的武士（団）という規定については、網野善彦の著作が代表的なものである。

（6）『歴史公論』八号。

（7）伊藤書店、一九四六年。一九五七年に東京大学出版会より改版。一九八五年、岩波文庫版。

（8）鈴木良一『純粋封建制成立における農民闘争』日本評論社、一九四九年。

（9）戸田芳実については、その研究の軌跡を、具体的に検討したことがある（小西瑞恵「戸田芳実の都市論・交通論について」〈『中世都市共同体の研究』思文閣出版、二〇〇〇年〉）。

（10）『部落問題研究』三三輯、一九七二年（のちに『日本中世の国家と宗教』岩波書店、一九九〇年。また『黒田俊雄著作集第六巻　中世共同体論・身分制論』法藏館、一九九五年、所収）。

（11）大阪歴史学会編『ヒストリア』第三九・四〇号合併号、一九六五年（のちに三浦圭一『中世民衆生活史の研究』思文閣出版、一九八一年、所収）。

（12）佐々木紀一「渡辺党古系図と「平家物語」「鵺」説話の源流(上)」(『米沢史学』一八号、二〇〇二年)、「同(下)」(『山形県立米沢女子短期大学紀要』第三七号、二〇〇二年)。以下、佐々木説の引用は、これらによる。

（13）生駒孝臣『中世の畿内武士団と公武政権』戎光祥出版、二〇一四年。以下はこの書による。

（14）摂津国河辺郡の生嶋荘（兵庫県尼崎市中央部）は源実国が開発し、代々相伝され、実国から四代目の孫雅行は、一一四二年（康治元）、藤原忠通女で崇徳天皇中宮聖子（のちの皇嘉門院）に寄進した。常陸介源実国は摂津源氏の祖とされる源頼光の孫にあたる（櫻井彦「播磨国田原荘における悪党事件発生の背景」〈悪党研究会編『悪党と内乱』、岩田書院、二〇〇五年〉）。

（15）竹内理三「成功・栄爵考」（『律令制と貴族政権　Ⅱ』御茶の水書房、一九五八年。のちに『竹内理三著作集　第五巻　貴族政治の展開』角川書店、一九九九年、所収）。

（16）『平家物語』では昵、あるいは番《つがう》が建礼門院の救助者とされる。源昵が山城国玉井荘下司職にあったことは、一二三九年（暦仁二＝延応元）二月六日の東大寺中門堂衆言上状で分かる（『鎌』五三八〇号）。一二三六年（嘉禎二）八月の東大寺政所下文案によると、承久の乱において京方に与した罪で、渡辺党渡辺勝が同下司職を改易された（『鎌』五〇三〇号）。幕府は前下総守源朝臣保茂（源頼政の末裔）を下司職に任じたが、中門堂衆の反対により本主玄恵（勝法師の甥）藤原広村に任じられた。生駒孝臣によれば勝《すぐる》は重流渡辺氏にあたり、祖父は惣官番《つがう》、父は惣官翔《かける》である。鎌倉時代にあたる昵は「禅通寺本」渡辺系図にみえないが、同下司職を渡辺党が相伝したと分かる。

（17）渡辺党出身の遠藤盛遠は北面武士で、出家して文覚上人になったといわれる。『源平盛衰記』巻一九には、遠藤盛遠が一七歳で渡辺橋供養の奉行を勤めたことを記す。文覚については、佐々木紀一「文覚発心説話と渡辺党の信仰」（『山形県立米沢女子短期大学紀要』第三九号、二〇〇三年）参照。

（18）南無阿弥陀仏作善集（『小野市史　史料編Ⅰ』第四巻）には、「渡辺橋幷長柄橋等結縁之」と記され、鎌倉初期にこの地に渡辺別所を開いた東大寺の俊乗房重源が、結縁を募って渡辺橋と長柄橋の架設あるいは修造をおこなった。重源が渡辺党出身とは断定できないが、当地の架橋や修造は渡辺党抜きでは不可能なので、密接な交流があったと考える。

(19) 大村拓生「中世渡辺津の展開と大阪湾」(『大阪の歴史』七〇号、大阪市史編纂所、二〇〇七年)。

(20) 網野善彦「「惣官」について」(『中世の非農業民と天皇』網野善彦著作集第七巻、岩波書店、二〇〇八年。初出は一九七三年)。

(21) 一二八〇年(弘安三)一二月二二日に、御厨子所預宗信の申請により河内大江御厨阿倍村のことで官符・宣旨が出されている。一〇七三年(延久五)正月二二日の阿倍村住人大神進吾の解状に関係すると思われる。(『鎌』一九五二三号)。

(22) 戸田芳実「御厨と在地領主」(木村武雄編『日本史の研究』ミネルヴァ書房、一九七〇年。のちに戸田芳実『初期中世社会史の研究』東京大学出版会、一九九一年、所収)。

(23) 右衛門尉は紀久信である(『検非違使補任』第一)。

(24) 吹田御厨の津は高浜津であった(保立道久「蔵人所檜物作手と檜物の生産・流通」〈佐藤和彦編『中世の内乱と社会』東京堂出版、二〇〇七年〉)。

(25) 大村註(19)前掲論文参照。以下、大村論文の引用も同じである。

(26) 『新修　大阪市史』一九八八年。

(27) 津村郷の地は、大阪市東区淡路町・瓦町・備後町のそれぞれ五丁目にあたる。中世には渡辺党の支配下にあった。永島福太郎「渡辺惣官と渡辺・難波」(大阪文化研究所編『上方文化』創刊号、一九六一年)。

(28) いわゆる治安警察・裁判・商業課税などが検非違使庁の重要な権限であり、本務であったが、検非違使は掃除および穢れの統括者でもあり、中世賤民制がケガレ＝キヨメの構造によって特質づけられるとすれば、その中核に検非違使庁が存在したことは間違いない、と丹生谷哲一は論述している(『検非違使　中世のけがれと権力』平凡社選書、一九八六年)。

(29) 一〇四〇年(長久元)四月一〇日、前肥後守藤原定任が盗人に殺害され、一三日、容疑者逮捕のため検非違使が河尻辺を捜査した(『春記』)。

(30) たとえば、摂津国垂水荘や長洲荘には検非違使庁役が掛けられていた(『平』一六九〇、一三二一・二六二八号)。東大寺領猪名荘の南端に位置する長洲浜住人に、東大寺の屋敷地子とは別に検非違使庁役が課せられ厳しく徴収されたため、住人たちは権門勢家の散所となり、その身分的特権により庁役を忌避しようとした（『講座日本荘園史七　近畿地方の荘園Ⅱ』吉川弘文館、一九九五年、参照）。

(31) 清田善樹「検非違使の支配地域と裁判管轄」（『年報　中世史研究』創刊号、一九七六年）。史料は、『中右記』による。なお、一二〇六年（元久三）正月六日の淀津刀禰に宛てた検非違使下文は、毎年正月に使庁で作られていた吉書であるが、検非違使が津刀禰を通して左馬寮の苅萱を進める課役を徴収していたことを示す（「藤波子爵旧蔵文書」成簣堂文書、同論文に収載）。

(32) 中世諸国一宮制研究会編『中世諸国一宮制の基礎的研究』岩田書院、二〇〇一年。

(33) 加地宏江・中原俊章『中世の大阪——水の里の兵たち——』松籟社、一九八四年。

(34) 鎌倉幕府追加法七一条の関東御教書（佐藤進一・池内義資編『中世法制史料集』第一巻、岩波書店、一九五五年。『鎌』四七六一号）。

(35) 河音能平によると、渡辺生の孫定は、後堀河上皇に仕えるとともに関東御家人として本領安堵され、大番役を勤めた。その子孫の集・運は、それぞれ後堀河上皇・四条天皇の滝口の武士であり、左衛門尉の官職を得て検非違使庁の出先機関の任務に就いていた。渡辺運は渡辺惣官に任命されたが、すぐに惣官職を遠藤氏に奪回されている。渡辺運の子応は関東御家人として勲功を上げ、越後国三島郡赤田保（新潟県刈羽郡刈羽村）の地頭に任命され、子孫はその地頭職を世襲した。

(36) 生駒註(13)前掲書、とくに「第三章　鎌倉・中後期の摂津渡辺党遠藤氏について」参照。

(37) 戸田註(22)前掲論文参照。

(38) 註(33)前掲書参照。生駒説は、註(13)前掲書、八九頁参照。

(39) この「榎上荘」を『新修　大阪市史　史料編』（第三巻、中世Ⅱ）は誤記だとする。市史も推定する摂関家領榎並荘は、預所藤原基俊からの相続過程で上荘・下荘に分けられたから、榎並上荘を指すものであろう（『講座　日本荘園史七　近畿地方の荘園Ⅱ』吉川弘文館、一九九五年、参照）なお、源綱は「禅通寺蔵渡辺系図」にみえる「綱一丸」かもしれない。

(40)　一二八九年(正応二)九月二九日の伏見天皇宣旨案(『鎌』一七一五四号)。

(41)　この事件については、本書第二部「第二章　悪党楠木正成のネットワーク」で詳しく取り上げている。

(42)　堺津の史料的初見は、鎌倉時代初め頃、日吉社聖真子神人等を兼ねる蔵人所供御人の鋳物師が廻船で泉州堺津から発着したという「経光卿記紙背文書二三」の中の後欠文書である。また、堺は大小路を国境として、摂津堺北荘と和泉堺南荘に分かれていたが、堺北荘の荘園領主は一一七三年(承安三)建立の最勝光院で、鎌倉初期の領家は今林准后(西園寺実氏妻四条貞子)とされてきた。一方、堺南荘については、一三〇四年(嘉元二)、後深草上皇から天王寺遍照光院幷葺屋・堺等荘が、子伏見天皇の中宮永福門院(一二七一〜一三四二)に譲られ、堺荘は遍照光院役を怠るなと命じられている。小西「戦国都市堺の形成と自治」(註(9)前掲書所収)参照。しかし、本書第一部「第四章　堺荘と西園寺家」で明らかにしたように、鎌倉時代末期の堺北荘は西園寺家から西園寺家出身の興福寺東北院家覚円に寄進され、春日神社領となっている。したがって、摂津堺北荘は春日神社領、和泉堺南荘は最勝光院領で、領家永福門院の支配のもと、遍照光院役も勤めていた。

(43)　南北朝期に、河内国と和泉国の国司・守護を勤め、摂津住吉郡守護を兼ねた楠木正儀のもとで、摂津国堺北荘政所の現地代官を勤めた渡辺薩摩入道宗徹については、第一部「第四章　堺荘と西園寺家」で詳しく論じた。

(44)　一六九二年(元禄五)に水戸黄門の家臣佐々宗淳(水戸黄門漫遊記でいう「助さん」)が南都で調査し、その復命書である『南行雑録』に一部が掲載されている、と解説している。

(45)　天野忠幸・生駒孝臣「『松雲公採集遺編類纂』所収「渡辺文書」について」(『大阪の歴史』七九号、大阪市史編纂所、二〇一二年)。

(46)　生駒孝臣は、照を重流で惣官・兵庫助仰《あおぐ》の子、弟は斉《ひとし》とする(「堺禅通寺蔵渡辺系図」)。佐々木紀一も、この系図と惣官家文書の照は同じとする。従来は、惣官家文書所収「渡辺系図」(『続群書類従』所収系図と同一)によって、照は応の孫の赤田七郎備の子とされてきた。なお生駒は、『尊卑分脈』第三篇「嵯峨源氏系図」にみえる渡辺赤田氏は、重流渡辺氏の庶流でありながら、鎌倉期の早い段階で越後に所領を求め惣官職の相承から外れていた、とする。またそこから、佐々木加地氏と渡辺赤田氏との関係を推測している(生駒註(13)前掲書第六章参照)。

(47)　一三七一年(応安四)五月の楠木正儀書下(安堵状)に、「当所堀屋敷」とあり、一四〇一年(応永八)一二月の摂津守護代と思われる重以遵行状に、「摂津国河南西成郡難波地頭屋敷壱町捌段大廿四分」とある（「渡辺惣官家文書」。永島福太郎「難波渡辺惣官と渡辺津」〈『大阪の歴史』二〇号、一九八七年〉）。

(48) 生駒註(13)前掲書二四八頁、および「第三章　鎌倉・中後期の摂津渡辺党遠藤氏について」に指摘がある。

(49) 上津見保は仁和寺領。勲功の賞として越後新田党の滝口蔵人の知行として宛行われた。

(50) 長慶天皇は一三六八年（正平二三・応安元）一二月二四日に住吉行宮から吉野に還幸する（『大日』六―三〇）。

(51) 『新修　大阪市史』第二巻、五〇三頁。永島福太郎は、この綸旨は渡辺惣官照法師が南朝に訴えたもので、天王寺に別当宮親王が入寺していたことが分かるとする。註(47)の論文参照。

(52) 山田徹「摂津国中島と河内国十七ヶ所・八ヶ所」（『ヒストリア』第二三八号、二〇一三年）。

(53) 生駒註(13)前掲書の第七章を参照。

(54) 年月日未詳某書状土代、長福寺文書四九三号（石井進編『長福寺文書の研究』山川出版社、一九九〇年）。

(55) 渡辺源六は、『醍醐地蔵院文書』（京都大学文学部国史研究室所蔵）一四〇八年（応永一五）一〇月一〇日の遊佐河内入道宛畠山満家遵行状、同年一〇月一一日の菱木掃部助入道宛遊佐国長遵行状、同年一〇月一六日の渡辺源六宛菱木盛阿打渡状を参照（今谷明『守護領国支配機構の研究』〈法政大学出版局、一九八六年〉第二章「室町時代の河内守護」）。

(56) この遊佐某は遊佐堯家説がある（『寝屋川市史　第三巻』五〇六号）。弓倉弘年は、義就流畠山氏の有力内衆堯家は、一五二七年（大永七）一一月に細川高国方の朝倉教景との京都西院の合戦で戦死したから、遊佐基盛（孫三郎、畠山義英方の守護代家の人物）かとする（弓倉弘年『中世後期畿内近国守護の研究』清文堂、二〇〇六年）。

(57) 畠山在氏は、一五三八年（天文七）から一五四二年（天文一一）まで、畠山政国と共に河内半国守を勤めた。守護代は遊佐長教である。なお、一五三九年（天文八）三月一九日に、たびたびの下知にもかかわらず遵行されていない御料所河内日置荘（堺市）について、畠山右金吾（右衛門督在氏）の代官遊佐長教・木沢長政以下に重ねて奉書を下すことが裁許された（「披露事記録」。桑山浩然校訂『室町幕府引付史料集成』上巻、近藤出版社、一九八〇年）。

(58) 一五二七年（大永七）四月一二日の大山崎宛細川晴元禁制の奉者として中務大輔と共にみえ（『離』）、晴元の奉行人である。

(59) 『談山神社文書』一七号、年未詳八月五日の遊佐中務丞英盛書状。畠山義英の内衆木沢左衛門大夫（長政とは断定できない）が遊佐英盛の下で活動していた、とする（弓倉註(56)前掲書、二六九頁参照）。畠山義英（上総介）は、一四九九年（明応八）正月三〇日から一五〇四年（永正元）一二月一八日まで河内半国守護。守護代は遊佐就盛。一五〇四年七月一八日の観心寺宛畠山義英禁制写・観心寺衆徒宛遊佐就盛折紙（『観』五八一・五八二号）参照。

(60) 木沢長政については、弓倉註(56)前掲書第四部第三章、参照。

(61) 北西弘編『真宗史料集成』三巻、同朋舎出版、一九七九年。

(62) 戦国期以来、京都近郊の伏見街道沿いで地域の有力者として代々続いてきた今村家に伝わる今村家文書が出版され、今村慶満についても新しい検討が可能となった（今村家文書研究会編『今村家文書史料集』上・下巻、思文閣出版、二〇一五年）。

(63) 馬部隆弘「戦国期畿内政治史と細川権力の展開」（『日本史研究』六四二号、二〇一六年）、および「細川国慶の上洛戦と京都支配」（『日本史研究』六二三号、二〇一四年）。

(64) 永島福太郎編『大和古文書聚英』（奈良県図書館協会、一九四三年）一五〇号。『戦』一四八七号。

(65) 同『大和古文書聚英』の一五一号。

(66) これ以外に、年未詳の渡辺重関係の史料が法隆寺文書にあるが、省略する（『戦』一八五五・一八五六・一八八〇号）参照。

(67) この池永左京亮則俊（永阿）は、一五世紀に遣明貿易で巨富を貯えた貿易商人湯川宣阿の一族である。宣阿の子息と思われる湯川新兵衛が、「池永入道」と呼ばれている。また、一五六四年（永禄七）に、池永修理と推測される堺の豪商が『天王寺屋会記』にみえる。（本書）第一部第四章の註(41)参照。

(68) 天野忠幸・生駒孝臣「『松雲公採集遺編類纂』所収「渡辺文書」について」（『大阪の歴史』七九号、大阪市史編纂所、二〇一二年）の天野執筆部分。渡辺文書の記述に参考にした。

(69) 『寝屋川市史』第三巻（二〇〇五年）、六〇五号。

(70) 『枚方市史資料　第八集　河内国正保郷帳写』（一九八四年）の若江郡に「八尾木村」がみえる。

(71) 藪景三『筒井順慶とその一族』新人物往来社、一九八五年。

(72) 統一政権下の伊賀や徳川政権初期の伊賀上野藩は、『三重県史　資料編　近世一』参照。

(73) 幕末に筒井家養子の政憲は、日露和親条約全権職にあった一八五四年（安政元）一二月二一日、下田でプチャーチンを相手に川路聖謨《としあきら》と共に日露修好条約（日露和親条約）に調印した。

(74) 羽柴秀吉は一五八二年（天正一〇）一二月四日、段銭諸成物等銭年貢について若江三人衆（池田丹後守教正・多羅尾玄蕃光信・野間佐吉康久）に河内国中銭の取渡を命じた（『戦』一九四号）。

(75) 『寝屋川市史』第三巻、六二二号。『豊臣秀吉文書集　一』八二九号。

(76) 渡辺久郎左衛門源忠綱（一五八二年＝天正一〇年没）が構えた屋敷跡と伝えられている（『ヒストリア』第二三八号、二〇一三年）。

(77) 『草戸千軒町遺跡調査研究報告一一　備後渡辺氏に関する基礎研究』（広島県立歴史博物館、二〇一三年）が詳しい。

(78) 松岡久人編『南北朝遺文　中国四国編』三―二〇〇五号、東京堂出版、一九九〇年。

(79) 奥野高広『足利義昭』吉川弘文館、一九六〇年。

(80) 『広島県史　古代中世資料編Ⅳ』、一九七八年。

(81) 永島福太郎「渡辺惣官と渡辺・難波――中世大阪史の一齣――」（『上方文化』創刊号、一九六一年）。

(82) 四代将軍家綱の側用人を勤めた渡辺吉綱は、武蔵国比企郡内等三五〇〇石が本領であったが、一六六一年（寛文元）大坂定番となり、河内国・和泉国で一万石を加増されて大名となった。孫の基綱は、一六九八年（元禄一一）に近江国に移封されたのを機に和泉国大鳥郡大庭寺《おばでら》村（堺市）に居所を移し、大庭寺藩が成立。一七二七年（享保一二）に泉郡伯太村（和泉市）に陣屋を移し、伯太藩が成立。以後明治初年の渡辺章綱まで、九代、百五十余年在封した。『角川日本地名大辞典二七　大阪府』、『日本歴史地名大系二八　大阪府の地名　Ⅱ』等を参照。

(83) 『門真市史　第二巻』、一九九二年。「水走氏再論」（小西註(9)前掲書所収）。

(84) 一二四三年（寛元元）一〇月に中納言吉田経長は法通寺のことで興福寺僧兵の怒りを買い、藤原氏一門から追放されるところを、興福寺に彼が沙汰していた得分その他を譲ることで、放氏の処分を免れている（『吉続紀』）。

(85) 黒川高明編著『源頼朝文書の研究』吉川弘文館、一九八八年。

(86) 中世諸国一宮制研究会編『中世諸国一宮制の基礎的研究』岩田書院、二〇〇〇年。

(87) 菱江川左岸の自然堤防上にある。一二九八年（永仁六）八月一五日の鳥居光阿等寄進状に「若江北条荒本里」がみえる（通法寺及壺井八幡宮文書）。『鎌』一九七六八号は「鳥居光行」とする。
(88) 鳥居氏については、『門真市史　第二巻』、『大東市史』（一九七三年）参照。
(89) 『室町幕府守護職事典』下（新人物往来社、一九八八年）、三浦氏の項参照。
(90) 年欠（永徳二年）二月三日の土屋宗能宛畠山基国軍勢催促状に、河内国守護職補任のことがみえる（『寝屋川市史』第三巻、二五七号）。
(91) 亀田俊和『高一族と南北朝内乱』（戎光祥出版、二〇一六年三月）による。なお、森茂暁『太平記の群像』（角川選書、一九九一年）や、小川信『足利一門守護発展史の研究』（吉川弘文館、一九八〇年）、山田敏恭「高一族の相克」（『ヒストリア』第二〇六号、二〇〇七年）を参照。
(92) 兵藤裕己校注『太平記』五、岩波文庫、二〇一六年。
(93) 枚岡市史編纂委員会編『枚岡市史』第三巻史料編一（一九六六年）、三九六・三九七頁。
(94) 『部落解放研究』一六五号、二〇〇五年。なお、発掘調査の概要は、『甦る河内の歴史――国道三〇八号線関係遺跡発掘調査中間報告展――』（東大阪市文化財協会、一九八四年）を参照。
(95) 『岐阜県史』史料編　古代・中世補遺、所収。
(96) 正応（一二八八～九三年）の頃、大江御厨内から津村郷が内蔵頭四条隆政によって山門に寄進され、これ以後、摂津国大江御厨領から津村郷は分離したと記される。（津村郷が）寮領の時山門が二〇貫文沙汰してきたが、近年内蔵寮に支払っていないという。
(97) ただし、「母木寺本免職事給　これは領家山本方押領」については、領家とあるので武家方ではないと思われる。領家山本方は、山本相国と呼ばれた洞院公守か。「十三代集」には山本入道前太政大臣の名で歌が収録される。公守は一三一七年（文保元）に六九歳で死去したが、一三一三年（正和二）五月一九日の山本太政大臣入道田畠寄進状案にみるように、春日社に崇敬が篤く、亀山天皇・後深草天皇・伏見天皇の外叔父にあたり勢威を極めたので、この頃押領したという可能性がある（『春日大社文書』二、四五五号）。
(98) 『寝屋川市史』第三巻、二七三―一・二号。『久我家文書』第一巻、一六七―一三・一四号（國學院大學、一九八二年）。
(99) 今谷明「山城結城氏」（『室町幕府守護職家事典』下、新人物往来社、一九八八年）。

(100) 結城氏については、『康富記』一四四四年（文安元）七月一九日〜八月二九日条に、主水司領河内国讃良氷室（四條畷市）を結城重真が甲可郷の内として押妨したとみえ、一四五六年（康正二）の造内裏段銭并国役引付に結城左近将監が甲可郷領主としてみえる。また、三好長慶の家臣に四條畷市砂の領主結城左衛門尉（アンタン）、若江の池田丹後守教正（シメアン）家臣に四條畷市岡山城主結城ジョアンがいる。幕府奉公衆出身で三好長慶―松永久秀に仕えた結城忠正（山城守・進斎・アンリケ）の子息がアンタンである。丹後または但馬が本貫地とされる結城満藤との関係は、今後の検討が必要である。史料は『寝屋川市史』第三巻所収。『四條畷市史』第一巻（一九七二年）・天野忠幸『三好長慶』（ミネルヴァ書房、二〇一四年）参照。

(101) 備中守護細川氏の有力家臣安富因幡入道宝城は、足利義満が死去した一四〇八年（応永一五）から一四二九年（正長二）まで新見荘の武家代官となり、安富智安が受け継ぐ。水速氏の背後にいたものと思われる。

(102) 『講座日本荘園史九　中国地方の荘園』吉川弘文館、一九九九年。

(103) 西御所高橋殿が地頭職を入手し、一四〇一年（応永八）新しい代官与阿弥が入部後、新見荘は下地中分のうえ地頭請となった。西御所の側近で美作国出自の国人坍和為清は、事態を解決すると東寺に売り込んで領家方代官になったものである（似鳥雄一「下地中分後の室町期荘園」〈海老澤衷・高橋敏子編『中世荘園の環境・構造と地域社会』勉誠出版、二〇一四年〉。松岡心平「室町将軍と傾城高橋殿」〈同編『看聞日記と中世文化』森話社、二〇〇九年〉）。

(104) 一三四六年（貞和二）一一月、四条隆宗のあと山科教言が内蔵頭に就任し、山科家が内蔵頭を世襲した。山科家は朝廷の供御と節会の酒肴等の調進を職務とする御厨子所の長官となり、内蔵寮領と御厨子所の得分を管理できることになった。山科家は室町期には楽所別当に任じられ、また内蔵寮から御服を調進したことから、縫殿寮などの形式化・衰退に伴って成立した御服所も支配することとなった。

(105) 『山科家礼記』の一四七一年（文明三）からたびたび東成郡関目（大阪市城東区）を本貫とする関目氏がみえる。内蔵寮領河俣御厨の荘官とみられるという（『新修　大阪市史』第二巻、四六九頁）。関目氏が山科家と関係深いのは確実だが、河俣御厨との関係は分からない。

(106) お茶の水図書館所蔵。『成簣堂古文書目録』（一九三六年）三六〇頁に、「雑文書　其二」の九三として文書名がみえる。

(107)　一三六〇年（延文五・正平一五）七月一六日、幕府は三浦兵衛丸に河内国新田下村地頭職を安堵したが、この三浦三郎左衛門尉と関係するのかもしれない（『大日』第六―二三、二一三頁参照）。もともと新田下村地頭職は、一三三七年（建武四）八月二九日の足利尊氏袖判下文によって、尊氏が恩賞として三浦林四郎盛安を河内国（茨田郡）西比野庄内新田下村・同国中村西郷地頭職に補任したのに始まる（『寝屋川市史』第三巻、一六四号、『大日』第六―四、三六九頁参照）。西比野庄は西氷野庄のことで、大東市氷野西方付近にあった。三浦氏は宝治合戦後、義澄の弟佐原義連の孫盛時が三浦介を名乗った。尊氏に地頭職を補任された三浦盛安が佐原義連の子盛連の曾孫盛泰とすれば、兵衛丸は盛泰子息時盛か。三浦介高継は尊氏のもとで侍所管領として活躍し、子息高通は一三五一年（観応二）までには相模守護の地位を取り戻すことに成功し、川越直重等を経て、一三六四年（貞治三）一二月に高通が復活、子高連が嗣いで一四〇二年（応永九）まで在職、三浦高明が一四〇七年（応永一四）から一四一六年（応永二三）まで在職した。高明―時高―義同《よしあつ》（上杉高救《たかひら》子）―義意《よしおき》と続き、一五一六年（永正一三）七月一一日、伊勢宗瑞（北条早雲）に攻められた義同（道寸）・義意父子が相模新井城（三浦市三崎町小網代）で討死して「三浦介」の家は滅亡した（奥富敬之『相模三浦一族』新人物往来社、一九九三年。註(99)『室町幕府守護職家事典』下の田辺久子執筆「三浦氏」。高橋秀樹『三浦一族の研究』吉川弘文館、二〇一六年）。

(108)　この内容は、「合」「中嶋入」「敷地入」「末正名」から成る前半と、「五名早田内検取帳之事」としての「合」「中嶋入」「敷地入」から成る後半とに分かれているので、同地の半済に関わる興味深い史料だと考える。なお、前半にみえる「真恒」名は、あるいは水走文書にみえる河俣御厨執当給としての「真垣名」かもしれないが、後考を期したい。

(109)　本書第一部「第三章　中世都市の保について」。初出は二〇〇一年。

(110)　三浦圭一『中世民衆生活史の研究』（思文閣出版、一九八一年）一〇頁。

(111)　藤本孝一『中世史料学叢論』思文閣出版、二〇〇九年、所収。初出は一九七五年。

(112)　林屋辰三郎『中世芸能史の研究』（岩波書店、一九六〇年）「第一章　雅楽の伝統と楽所」二六二～二六三頁参照。また、南都楽所については、笠置侃一「南都における雅楽の伝承」（東儀俊美・芝祐靖監修『楽家類聚』東京書籍、二〇〇六年）参照。

(113)　『春記脱漏補遺』永承三年正月一日条。

(114) 則高は、次男則季・三男高季にもそれぞれ秘曲を伝えたが、則季は官途に就かず奥義も廃れてしまった。しかし、嫡家光季を野田判官、三男高季を辻子判官といい、光季（野田）が上氏《うえ》（笛）となり、高季（辻子）（?～一一〇〇年）が辻氏（笙および笛）を興し、分流して辻氏四氏の辻子判官といわれた。上・辻兼帯の楽人から窪氏（篳篥）も生まれている。また、高季の流れから出て、一二〇六年（建永元）に近氏《ちかうじ》（一二〇六～六七年）の代から芝という姓を許された芝氏は、笛を主業とする（註(112)の『楽家類聚』による）。

(115) 大内楽所の多氏は大和国十市郡多郷を本貫とし、一族が多神社（奈良県田原本町や桜井市）の神主を勤めていたと思われ、右近衛府生等の下級武官に任じられ、楽人を世襲していた。

(116) 『新校群書類従』第一五巻所収。

(117) 『国宝指定記念　特別展　東大寺文書の世界』（奈良国立博物館、一九九九年）一一六・一一七頁。

(118) 右衛門志狛重成の死後の一二三六年（嘉暦元）七月頃、子息狛真茂が、一門の上首狛康成が亡父の職を奪ったとして訴えている（『鎌』二九五二九号）。また、同年九月、下司職掌首狛朝葛が、手掻祭楽頭狛真茂が下司職掌給料を掠め取ったとして訴えている（『鎌』二九六一九号）。

(119) 一六九七年（元禄一〇）三嶺守際が著した宇治最初の地誌で、一七九二年（寛政四）の写本。

(120) 『延喜式』にいう許波多神社三座と、木幡東中の許波多神社と、五ヶ庄宇古川の許波多神社との関係は結論できないという（『宇治市史　一』二七二～二七七頁）。

(121) 堀家については、『宇治市史　二』四四四頁参照。伊勢神宮の外宮の御師家に山田大路家《ようだ》（御炊大夫）が存在した。その一族の御炊左大夫も多くの国々に配札したが、山城国宇治郡一村が含まれる。伊勢から来て宇治神明を祀ったという神官は山田大路氏だと考える。

(122) 『宇治市史　一』四一八～四二一頁参照。

(123) 『日本中世の非農業民と天皇』岩波書店、一九八四年。

(124) 「宇治網代の形成」（『史境』二三号所収、一九九一年）。また、苅米『荘園社会における宗教構造』（校倉書房、二〇〇四年）「第二章　荘園社会における神祇の複合構造――山城国宇治・槇島郷を素材として――」を参照。

(125) 富家殿とは宇治郡で、現在の宇治市五ヶ庄域に比定される近衛家領荘園。藤原忠実（一〇七八～一一六二年）の別業

(126)「富家」を中核に形成された。室町後期頃から同家領岡屋荘と共に五ヶ荘に解消されていく（『講座日本荘園史七　近畿地方の荘園Ⅱ』〈吉川弘文館、一九九五年〉参照）。
(127)『寝屋川市史』第三巻、一五五号、二〇〇五年。
(128)勘解由小路兼仲は一二七八年（弘安元）関白家執事になった（『尊卑分脈』第二篇二五二～三頁参照）。
(129)『大日本古文書』家わけ第一七。
(130)一三九一年（明徳二）一二月一三日の富家殿内三條殿給分田地帳にも「槇嶋方」として又二郎・左近五郎・大夫三郎・吉五・与志がみえる（一五八一号）。
(131)今谷明『守護領国支配機構の研究』（法政大学出版局、一九八六年）「第一章　増訂　室町幕府侍所頭人並山城守護補任沿革考証稿」。
(132)幸長・長友は、結城満藤の奉行人である。一三九四年（応永元）だけで、九月五日に小泉越前守宛東西九条課役免除、九月二三日に牧秀忠宛蓮養坊課役免除、一〇月二五日に尾張守光景宛段銭京済課役免除と八幡田本役等安堵、一〇月二七日に山城守護代牧秀忠宛松尾領西七条安堵、一一月四日に尾張守光景宛八幡田加地子免除、一一月一六日に牧秀忠宛西塔院領段銭免除という、遵行内容の連署奉書を発給している。
(133)年未詳一〇月二〇日の耕隠庵安秀書状に、使者が宇治の現地に出向き、宇治政所より折紙を出したとあるのは、年未詳の真木嶋之年貢注文や真木嶋坪付注文のことか（一六一九～一六二二号）。
(134)下津屋は京都府久世郡久御山町大字下津屋、木津川東岸に位置する。
(135)宇治郷南方、宇治川左岸に位置し、宇治川の支流白川および寺川に沿う小盆地付近。一二世紀初頭、後冷泉天皇の皇后四条宮寛子（藤原頼通女）が金色院を創建し、金色院十六坊として天台宗僧侶の別所とされていたらしい。現在、跡地には鎮守白山神社・惣門などが残っている。『日本歴史地名大系二六　京都府の地名』（平凡社、一九八一年）参照。
(136)『長享元年九月十二日常徳院御動座当時在人衆着到』。申次衆伊勢貞助が永正年間の事実を基に、一五六四年（永禄七）子息貞知のために編纂した『殿中申次記』に、真木嶋次郎と宇治大路三郎の進上物の詳しい記録がある。
(137)『宇治市史　五　宇治川東部の生活と環境』。
『宇治市史　二』四九五～五〇一頁。

(138) 桑山浩然校訂『室町幕府引付史料集成』下巻、近藤出版社、一九八六年。

(139)「近衛家領研究序説」(日本史研究会史料研究部会編『中世日本の歴史像』創元社、一九七八年)。『宇治市史　二』四六一〜五〇一頁。

(140) 以下、義昭の居所と行動については、藤井讓治編『織豊期主要人物居所集成』(思文閣出版、二〇一一年)の早島大祐執筆部分を参照した。

(141) 奥野高広『増訂　織田信長文書の研究』上巻(吉川弘文館、一九八八年)六四八頁。一五七三年(天正元)七月五日の山城狛氏知行分書立案によると、将軍足利義昭側近の上野秀政に合力したとして狛郷内同名与力四人の二一八石分が蔵入りした。狛当知行分は三一一石五升五合で、一七五石余は「狛家来　小百姓給分共ニ」とある(小林家所蔵狛文書)。なお、一五七六年(天正四)七月二五日の吉川元春宛足利義昭御内書や義昭側近添状に、真木島昭光と共に上野秀政がみえる(『戦国遺文　瀬戸内水軍編』四六三・四六四号、東京堂出版、二〇一二年)。

(142) 奥野註(141)前掲書所収の山城狛秀綱宛朱印状・山城狛左馬進宛柴田勝家書状(五九四〜五九六頁)。一五七三年(天正元)の山城狛左馬進宛黒印状(六〇四頁)。一五七五年(天正三)の山城狛秀綱宛黒印状・山城狛秀綱宛行状写・山城狛秀綱宛塙安弘書状写(同書下巻、五四〜五八頁)、一五七七年(天正五)の山城狛秀綱宛朱印状(同書下巻、三〇五〜三〇六頁)。

(143) 一二六五年(文永二)関白一条実経の春日参詣の際、狛野荘に人夫四〇人が課せられており、これ以前に興福寺領狛野荘は成立していた(内閣本大乗院文書「御参宮雑々記」、『鎌』九三七二号)。

(144) 椿井大塚山古墳から出土した三六面の鏡のなかでも、三角縁神獣鏡三三面はとくによく知られている(『木津町史　本文編』一九九一年、参照)。また、京都大学文学部博物館図録『椿井大塚山古墳と三角縁神獣鏡』(一九八九年)参照。

(145)『木津町史　本文編』一二九〜一三九頁参照。『木津町史　史料編Ⅰ』(一九八四年)参照。

(146) 鈴木良一「山城国一揆と応仁の乱」(『日本中世の農民問題』校倉書店、一九七一年)。

(147) 小林(宇)家文書は、禁裏御料林村の庄屋を勤め、代々宇兵衛を名乗った小林家に伝わる文書である(『山城町史』史料編、一九九〇年)。なお、一四七二年(文明四)一〇月一七日、下狛大北城合戦の戦功を細川勝元に注進した狛山城守秀・政長連署注進状は、国立歴史民俗博物館蔵である。

(148)　二〇〇一年（平成一三）七月三〇日、戦国・織豊期研究会（当時の代表は、新潟大学教授矢田俊文）に参加して、山城町から木津町まで歩いて各史跡を巡るとともに、小林家で狛文書を閲覧した。

(149)　椿井懐専が、山城事（国一揆）に関連して、一四八五年（文明一七）一二月二九日（『政覚大僧正記』では一二月二八日）に河内の畠山義就の屋形で切腹したため、弟の円城坊が急いで河内に旅立ったとある。これは事実ではなかったが、この口遊があったことは、椿井氏にとって両軍撤退が無念であったことを示すという（熱田公『中世寺領荘園と動乱期の社会』〈思文閣出版、二〇〇四年〉四五四頁）。国一揆が成立した翌年の一四八六年（文明一八）四月一九日に、国一揆の施政方針通りに興福寺仏地院の直接支配になった狛野荘加地子方について、下司狛山城守が加地子帳を興福寺に差し出している。紛れもなく狛氏は国一揆のメンバーであった。しかし、一四九二年（明応元）一〇月、国人衆一〇〇人が同意した新関設置について、木津荘と狛野荘が領主に迷惑を訴え、細川政元が三カ所の新関を撤去させているから、国一揆内部の利害が対立し始めていた（『大』）。なお、この国一揆の研究史については、森田恭二「「山城国一揆」再考」（有光友学編『戦国期権力と地域社会』吉川弘文館、一九八六年）に詳しい。『山城町史』本文編（熱田公執筆、一九八七年）も、国一揆について詳細である。

(150)　田中稔『鎌倉幕府御家人制度の研究』吉川弘文館、一九九一年。御家人制研究会編『御家人制の研究』吉川弘文館、一九八一年。

第二章　悪党楠木正成のネットワーク

はじめに

歴史上の人物としての楠木正成について論じることは、戦後しばらくはタブー視されていた。戦前の皇国史観において、正成は忠君愛国の英雄としてあまりにも称揚されたからである。

戦後の日本史研究で再び楠木正成が取り上げられるようになったのは、一九五四年（昭和二九）に林屋辰三郎が「山椒大夫の原像」「散所――その発生と展開」[1]の二論文を発表して散所研究に一時代を画し、楠木正成を散所長者と位置づけたのに始まるといってよいだろう。戦後の歴史学の新しい視点によって、『太平記』に記述された悲劇的武将としての正成像を、学問的に超える道が切り開かれたのである。さらに一九八〇年代に入って、黒田俊雄は「楠木正成の再評価――民衆史のためのひとつの試み――」[2]を発表し、これまでの正成論の時代的な変転を整理するとともに、『太平記』などから読み取れる正成に託されたかたちの民衆自体の映像を考えることによって、民衆史の一つの側面を描き出すことができるのではないか、という問題提起をおこなった。いわゆる悪党としての楠木正成の再評価である。

このような提言を受けて、これまで正成について論文を発表してきた歴史家は多いが、なかでも代表的なのは網野善彦であろう[3]。史料では直接実証できないが、関連史料を網羅したあらゆる可能性が検討されたため、正成像については今や論じ尽くされたといってもいい。私は改めて楠木正成の再評価について結論を出す時期に来ていると考える。本章は、楠木正成を悪党で散所長者としてきた私見をさらに発展させた論文であり、最近公開された新史料も含めた再検討を通じて、荘園や関渡津泊を拠点にした悪党のネットワークを基礎に、公武政権や寺社勢力との関わりから正成像を考えた新しい試みである。

一　得宗被官楠木正成

楠木正成の実像については、さまざまな検討が重ねられてようやく全貌が明らかになってきた。最近の正成論の最も大きな特徴は、正成の出自についての見方が変化したことにある。正成については生年も出自もさだかではないが、河内の武士身分の者であったことはおそらく疑いない、というのがこれまでの共通認識であった。すなわち正成については、畿内近国、とくに河内国を中心に実像が描かれてきたのである。しかし、筧雅博によって、正成が得宗被官であったことが確実になってきた。その根拠は、第一に、鎌倉幕府が駿河国入江荘（静岡市清水区）内長崎郷三分の一および同荘楠木村を、一二九三年（正応六）七月に鶴岡八幡宮へ寄進したが、この楠木村という地名が、これまで本貫の地が不明であるとされてきた楠木氏のルーツの地と考えられるからである（『鎌』一八二六七号）。入江荘は、鎌倉時代には北条得宗領であった。一二八四年（弘安七）北条貞時の執権就任とともに内管領となった得宗御内人平頼綱は、貞時の外戚（外祖父）で幕政の実権を握っていた安達泰盛と対立し、翌年一一月、讒言により泰盛を討滅した。いわゆる霜月騒動である。得宗内管領の職は、やがて頼綱の弟長崎光綱の一流に引き継がれるが、長崎の名字は、入江荘のこの地に由来するのではないか、また、楠木を名字の地とする得宗被官の存在を同荘内に想定できるのではないか、というのが、筧雅博の新説である(4)。平頼綱は恐怖政治をおこなったため、一二九三年（永仁元）四月、執権貞時は死者二万人という永仁の鎌倉大地震後の混乱に乗じて頼綱を急襲して、頼綱とその一族を滅亡させた。この事件を平禅門《へいぜんもん》の乱というが、このの ち得宗専制政治は絶頂期を迎える。鎌倉幕府が入江荘内長崎郷三分の一および楠木村を鶴岡八幡宮に寄進したのは、平禅門の乱の直後にあたり、筧雅博は入江荘内の土地が平頼綱の闕所地であったと推測している。第二に、筧は楠木氏の地盤である河内国観心寺について、鎌倉時代中期の支配者が安達義景であることを明らかにした。一二四九年（建長元）一〇月の将軍藤原頼嗣袖判下文によると、義景は自らが預所を勤める上野国春近領の一郷を、幕府問注所三善氏の一族が知行する観心寺地頭職と交換した（『鎌』七一一八号）。

三善氏は、明法道・算道の家として代々朝廷に仕えた一族である。早くから朝廷内で能吏と認められていた三善康信（法名善信）は、源頼朝に招かれ一一八四年（寿永三・元暦元）鎌倉に下向して幕府問注所の実務を担当し、問注所の初代執事となった。康信の母が頼朝の乳母の妹で、伊豆に流罪中の頼朝に京都の情報を提供してきた間柄であった。その子孫は町野・太田・矢野・佐波・飯尾・布施等の家に分かれ、鎌倉幕府・室町幕府の要職に就いている。京都の三善氏では、行衡の子長衡が一二二一年（承久三）に起きた承久の乱の際、親幕府派の西園寺公経・実氏父子を助け、幕府軍の勝利に貢献した西園寺家の家司として知られる。(5) 関東申次西園寺家の繁栄は、この家司長衡の尽力が大きいといわれるほどである。また、鎌倉幕府第四代・五代将軍の藤原（九条）頼経・頼嗣父子は西園寺家の姻戚である。一二〇八年（承元二）四月、西園寺公経は妻全子の姉が九条兼実の嫡男良経に嫁して産んだ道家に女綸子を嫁がせ、さらに綸子が産んだ道家の子三寅《みとら》（九条頼経）を第四代将軍として鎌倉に送ったのである。

観心寺地頭職が示す支配権が、安達義景の子泰盛に伝えられたとすれば、霜月騒動のあとは北条氏得宗領に組み込まれ、得宗被官人（楠木氏）が代官として送り込まれただろうとする筧の説に立てば、(6) 楠木氏と観心寺との関係の由来が説明できる。以上から、一一九〇年（建久元）一一月七日、上洛した源頼朝のパレードで畠山重忠が指揮した行列後衛の四二番に「楠木四郎・忍三郎・同五郎」がみえるという、『吾妻鏡』から推測されてきた楠木氏の御家人説が根拠を持つこと、さらに楠木氏の出自が得宗被官だとする説の妥当性が明らかになった。また、平頼綱とその一族の滅亡によって、楠木氏が畿内近国で新たに生きる道を切り開いていかねばならなかった必然性も理解できる。

楠木氏に関わる次の史料は、一二九四年（永仁二）一〇月二九日、東大寺領播磨国大部荘（兵庫県小野市）で悪党垂水繁昌が非法をおこなった事件で、大部荘の前雑掌河内楠入道の名が史料にみえるものである。この河内楠木入道について検討し、さらに新しい事実を明らかにしておきたい。

史料は一二九五年（永仁三）正月と閏二月、東大寺領播磨国大部荘百姓等が訴えた申状二通で、悪党垂水繁昌の非法を訴えたものである（『鎌』一八七三四・一八七六二号）。内容を仔細に検討すると、近年雑掌讃岐公・河内楠入道・宗円房等が知行の時に種々の非法をおこなったという。これに替わった雑掌垂水繁昌も非法をおこなったので、東大寺が罷免したところ、悪党数百人が騎馬で大部荘に乱入して百姓等の家を襲い、資財を奪い取ったというのである。中村直勝が「河内楠入道」は正成の父か、その一族であろうと述べたことは、よく知られている。(7)

この河内楠入道等がおこなった非法とは、どのような行為だったのか。これまでは、垂水繁昌と同一行動をとったと考えられてきたが、両者の非法には時間的なずれがあり、彼らが同一の悪党グループであったかどうかは不明である。したがって、垂水繁昌と同類であるという前提から導き出された散所長者説は、再検討の必要がある。実は雑掌讃岐公・河内楠入道・宗円房等が関わった事件については関連史料がある。(8)それによると、一二九二年（正応五）六月二九日に、大部荘地頭代が夜討ちのために殺害され、さらに、後六月三日に、預所政所と周辺の在家等が焼失したという（㊅二五九）。史料は断片的ではあるが、確実なのは、地頭代と雑掌石川玄観とが夜討ち・殺害・放火という凶悪事件を起こし、互いに戦っていることである（㊅二六一〜二六三・二六五）。この事件は、荘支配をめぐる争いであったに違いない。地頭代の主張によれば、雑掌代宗円がこの事件に深く関わっている。

この「宗円房」について、東大寺の宗円房として調べてみると、一二六九年（文永六）九月の東大寺学侶連署起請文にみえる「伝灯法師宗円」がいる（『鎌』一〇五〇四号）。ほかに奈良地域在住の宗円や、西大寺関係ない西大寺叡尊の弟子筋にも宗円の名が出てくるが、東大寺領播磨国大部荘の雑掌代を勤めた宗円房とは確定できない。やや時代は降るが、一三二九年（嘉暦四）五月七日の摂津兵庫関方借物注文にみえる宗円房が、大部荘雑掌代宗円房に該当すると考える（『鎌』三〇六〇三号）。東大寺が領有する兵庫関は、大輪田泊として平安時代から繁栄した兵庫津において、兵庫嶋修築費用と寺の維持費調達を目的として、一三〇八年（延慶元）一二月、伏見上皇により東大寺鎮守手向山八幡宮に対し、船舶からの升米の徴収が認められ、一年四カ月後に院宣を実行する関東御教書が出されて誕生した（『鎌』二三四九四・二四〇四七号）[9]。

摂津兵庫関方に属する宗円房は、一三二一年（元亨元）の「御八講分」を拝借したもので、合計四貫八〇〇文の内訳は、「輔得業[10]・宗円房両人分弁九十一人之出銭各四十文宛」である。「出銭」とは支出される金銭、出費のことであるから、八講会の際の出費と考えられる。同じ項目に「質大部荘未進」六貫文や「質長洲用途」三貫五〇〇文が記載されるという事実からも、私は、この時東大寺領兵庫関の経営に関わった宗円房が、大部荘雑掌代を勤めた人物だと考える。さらに、宗円房と共に大部荘の荘官を勤めていた河内楠入道も、播磨国との交通運輸に関わる武士であったと考えるのが妥当であると思う。

次に、讃岐公について同時代の史料を調べてみると、一二九九年（永仁七）四月一七日の京尊旦那譲状に、熊野御師京尊の檀那讃岐公が上野国玉村保住人であることが記されている。この譲状は、京尊が那智大社の檀那職を玄善房に譲ったものである。[11]「玉村保」というのは、鎌倉時代後期以後の名称で、それ以前は「玉村御厨」と呼ばれ、長寛年間（一一六三〜六五年）に立荘された伊勢神宮内宮領であった。現在の群馬県佐波郡玉村町域にあり、烏川を隔てて武蔵国に接する国境の荘園であった。玉村保は安達泰盛の守護領になったが、霜月騒動で泰盛が討滅されたあと幕府の直轄領となり、北半分の北玉村は円覚寺領に、上手・佐谷田・福島・南玉・下手五郷は極楽寺領に施入された。

この讃岐公が上野国玉村保の住人である事実から、彼が、霜月騒動と平禅門の乱の余波で関東から畿内に移動した人物であると私は考える。上野国は安達景盛—泰盛が守護を勤めたが、一二八五年（弘安八）一一月の霜月騒動で安達泰盛らが誅殺されたあと、執権（得宗）北条貞時が守護に就くのは、一二九二年（正応五）一〇月からである。その間の支配は、内管領平頼綱によっておこなわれた可能性が高い。讃岐公が楠木正成と同様に得宗被官であったとするならば、讃岐公と河内楠入道は旧知の仲で、両者が史料に並んでみえる理由が理解できる。

これより前の讃岐公についての史料は、一二八九年（正応二）三月の大和薬園庄負所文書紛失状案と一二九八年（永仁六）三月の澄心申状で、大和国添下郡（奈良県大和郡山市内）にあった東大寺領薬園荘を薬師寺凶徒等が濫妨した時、僧俊遍（讃岐公改仏道）が三郎房を供に軍兵を率いて悪党等を追却したため、預所職を勲功の賞として宛て賜ったとある。俊遍は、同荘の佃米を納める代わりに、千隆名負所米を勲功の賞として子孫に永代相伝させたいと申請した。東大寺別当の交替ごとに預所（目代）が選任される例であったが、代々の別当による施行が明白なので、讃岐公俊遍が閉眼の時、嫡女尼戒念に処分した、という（『鎌』一六九四七・一九六四二号）。ここにみえる軍兵を率いて薬師寺凶徒等の悪党を追却したという僧俊遍（讃岐公）は、並の僧侶とは思えない。武士出身の僧侶と考える私の推測を裏づけるといえる。この事件は東南院定範法印御房が寺務の時に起きたというから、年次は、定範が東大寺別当を勤めた一二一三年（建保元）四月から一二二一年（承久三）三月までの間である。承久の乱直前の時点が含まれる事実も、事件の社会的背景として注目される。讃岐公俊遍が預所職を獲得したのち、東大寺の前寺務佐々目僧正の時、紛失状が出されている。佐々目僧正は頼助で、第四代執権で得宗の武蔵守北条経時の子息である。頼助は一二八七年（弘安一〇）東寺三長者になり、佐々目寺務代として定春法印を東大寺に遣し、代務をさせた。東大寺別当を勤めたのは、大僧正となった一二九二年（正応五）二月から一二九五年（永仁三）までである。俊遍の嫡女戒念が東金堂の公物を借用して返さないまま亡くなったため、堂家が荘務に干渉する事態が生じ問題となっていた。頼助はこれを裁断しようとしたが、亡くなったため問題が持ち越されていたのである。

なお、讃岐公俊遍は、一二八九年（正応二）には亡くなっているが、それまでに東大寺領播磨国大部荘雑掌を勤めた可能性は残る。雑掌として讃岐公と石川玄観の両名がみえるのは、讃岐公から石川玄観に荘務が引き継がれたことを示すのかもしれない(12)。

これまでに検討した結果から、鎌倉時代末期に楠木氏が畿内近国に出現する理由を、楠木氏の経歴から理解すべきだと考える(13)。この河内楠入道が正成の先代であるならば、網野善彦が述べた「各地の荘園の代官職を請け負って富を積み、各種の所職を手中に集めていった、この時期の畿内とその周辺に特徴的な新しい型の武士の一族として、楠木氏を考えてゆく道が、より広く開けてくるであろう」という見解(14)は、網野自身が論じた正成の御家人説や、筧雅博が明らかにした得宗被官説を前提にして、考え直す必要がある。楠木正成の動向を検討してみると、一三二二年（元亨二）には、得宗被官としての活躍が多くみられる。この問題について、新井孝重は『楠木正成』(15)で詳しく論じている。

江戸時代前期の儒者林道春（羅山）が編述した『鎌倉将軍家譜』に、北条高時が六波羅を拒んだ大和の越智四郎を正成に追討させたとある記録について、新井孝重は『大和国越智家系図』(16)を検討して事実であるとしている。

一三一六年（正和五）、実は一三二二年（元亨二）の春に、鎌倉北条氏は越智の所領根成柿《ねなりがき》を召し上げて、しかも代替地を与えず、そのうえ同年中に闘犬の飼料を六波羅に賦課させた。憤激した越智邦永は、郎従らに言い含めて根成柿に駐留する六波羅代官糟谷を討ち取り、ついで納物を差し押さえ、一族郎従を従えて立て籠もったため、六波羅探題北方の常葉範貞は斎藤俊行や小串範行(17)に攻めさせたが、いずれも反撃にあって敗退した。ついに六波羅は近国の武士を集めて派遣したが、その際、兵衛尉正成も命に応じて現地に向かい、彼の軍略によって越智邦永と重臣を討ち取ったのだという。

次に、一三二二年（元亨二）八月に楠木正成が北条高時に背いた紀伊国保田荘（和歌山県有田市）荘司湯浅氏を幕命で討伐し、保田荘を与えられたという『高野春秋編年輯録』についても、新井孝重は『鎌倉将軍家譜』も検討して、得宗被官楠木正成の軍事行動であるとした。正成は紀伊守護北条氏の命を受けたもので、没収されて得宗領となった保田荘の給主職を与えられたのだという。正成が倒幕派に身を転じたのはこの後で、正成が与えられた保田荘の給地は、ふたたび地頭湯浅氏に戻されたはずであるという。正成の旧領である下赤坂城が湯浅氏に宛行われたのもこの時であろうという推論は、説得力がある。一三三二年（正慶元）一二月に再挙した正成が、まっさきに紀伊国に入って湯浅党を襲い、また下赤坂城の湯浅と軍事衝突したのも、このためである(18)。さらに、一三二二年幕命に背いた摂津国の渡辺右衛門尉が、北条高時の命で正成に攻撃されたという『鎌倉将軍家譜』の記事も、否定する根拠はないという。新井孝重は、渡辺党の遠藤氏は鎌倉時代前期には有力な御家人となり、北条氏との縁戚関係などから得宗家とは近く、かえって厳しい処分を受けたのではないかとする。しかし、皇室領大江御厨の渡辺惣官である渡辺党の動向は、渡辺氏一族や遠藤氏それぞれで違いがあるし、同じく大江御厨山本・河俣両執当職を勤める河内国御家人水走氏の動向とも併せて、さらに検討する必要がある。

江戸時代に編述された『鎌倉北条九代記』（巻第十二の八）には、元亨年間（一三二一～二四年）に摂津国住人の渡辺右衛門尉が四、五百人の党を結んで幕府に背き近隣に乱暴を加えたので、北条高時は河内国住人の楠木正成に命じてこれを誅伐したとある。この記事をそのまま信用することはできないが、一三三三年（正慶二・元弘三）五月に作成された内蔵寮領等目録[19]に摂津国大江御厨の渡部惣官補任料・目代（内蔵頭の代官）得分・毎年の年貢・毎月の浮津料等が近年無沙汰であると記されているので、渡辺惣官および渡辺党、さらに渡辺津の住人らが、反朝廷・反幕府の動きを強めていたことは明らかであるという。[20]この時期の渡辺党の動向を全体として論述することは難しい[21]が、渡辺党が楠木正成の討伐を契機に正成軍に従い、行動を共にするようになった可能性は充分に考えられる。

一三三〇年（元徳二）一〇月には、平野将監入道・渡辺豊前三郎左衛門入道ら河内・摂津国の悪党が東大寺領長洲荘政所延福寺に討ち入っている。平野将監は、第三節で述べるように元弘の乱で楠木正成の同盟軍を構成した人物である。一三三二年（正慶元・元弘二）五月一七日、楠木正成は四天王寺・住吉に出陣し、同二一日に渡辺橋で六波羅軍を退けたという（『大乗院日記目録』）。一三三〇年までに、渡辺党の中に楠木正成や平野将監と同盟する勢力が出現していたことは明らかであろう。

楠木合戦注文には、一三三三年正月一九日巳の刻（午前一〇時頃）に始まった天王寺の合戦で、四条少将隆貞を大将軍とする楠木軍の中に「渡辺孫六」がみえる。六波羅軍の敗北が決したのは、戌亥の刻（午後九時頃）であったが、楠木軍は、北方に向かって敗走する六波羅軍を追って渡辺に攻め下り、米少々を押収したという。その米が、六波羅の兵糧米であったか津に保管されていた荘園の年貢米であったかは分からないが、この軍事作戦の目的は、南河内と渡辺をつなぐ補給路の確保にあったとされている。一三三七年（延元二）八月五日、渡辺惣官であった渡辺照は、後醍醐天皇より勲功の賞として摂津国難波荘（大阪市内、本所は崇徳上皇の御願寺成勝寺）地頭職を賜わり、一三四一年（興国二）と思われる年に、渡辺照が瀧口蔵人として、後村上天皇から越中国上津見保（富山県南砺《なんと》市、仁和寺領）を賜っている(22)。

このように検討してくると、河内国を根拠地にした得宗被官楠木正成は、一三三二年（元亨二）より後に後醍醐天皇の倒幕計画に加わっていったと結論できる。

二　正成が根拠地とした荘園

ここでは、第一節で述べた所領とは別に、正成が根拠地としたと考えられる荘園を取り上げて検討し、楠木正成が後醍醐天皇方に属していった歴史的過程を考えたい。

(1) 河内国玉串（櫛）荘

玉串荘は河内郡の荘園で、現在の大阪府東大阪市玉櫛元町・八尾市上之島町・福万寺町付近にあった。『小右記』一〇一五年（長和四）四月五日条に、「玉串庄人追散辛島庄馬之日記」とある。この時玉串荘は左大臣藤原道長の家領で、同荘民が隣接する小野宮家（大納言藤原実資）領辛島荘の牧馬を追い散らすという事件が起こり、実資は、両方の四至境界を定め、辛島牧司源訪に玉串荘司を兼任させることを、道長に提案した。この源訪は渡辺党の一族であるとされる。おそらく源訪は辛島荘と玉串荘を荘司・牧司として兼帯したと考えられるから、玉串荘には、この時から摂津渡辺党との関わりができたのである。

関白藤原頼通が一〇五二年（永承七）に平等院を建立した時、当荘以下九カ所の荘園が寄進され同院領になったが、なかでも当荘の米が一番であることを頼通が検分している(23)。のちに藤原氏の氏長者が伝領する殿下渡領に含められ、平等院領一八荘の一荘として、一三〇五年（嘉元三）四月の摂籙渡荘目録にみえる。前中納言藤原俊光卿の知行で、年貢七五〇石で最大規模であった(24)。藤原俊光は、一二九五年（永仁三）に伏見天皇口宣案を蔵人頭左大弁兼中宮亮として奉っている（『鎌』一六七二五・一八七三二号）[25]。この時の中宮とは、伏見天皇中宮藤原鏱子で、一二九八年（永仁六）伏見天皇の譲位に伴い、永福門院となった。一二九九年（正安元）、父実兼の出家により関東申次になった西園寺公衡の妹である。また俊光の次男が後醍醐天皇による倒幕計画の中心となった日野資朝である。

一三三三年（正慶二・元弘三）五月に作成された内蔵寮領等目録によると、河内国大江御厨田代二百余町の供御米・大草米等をめぐって隣郷地頭と殿下御領玉串土民等が横領し、まだ解決していないことが分かる。この問題については、詳しい事情が分かる史料を欠くが、二百余町の田代とは、水走氏が天養年中（一一四四～四五年）に開発した河内郡有福名水走の地を指す。水走氏が執当職（現地管理人）を勤める河内国大江御厨の得分が、隣郷地頭と玉串荘の土民に横領されたというのである。

水走文書[26]によると、この争いは南北朝時代を通じて続いたようである。のちの史料であるが、一三六九年（正平二四）五月に水走式部丞（忠直）が玉櫛荘内の松高・貞久両名の知行を南朝から安堵された長慶天皇綸旨があり、一三八一年（弘和元）一二月の長慶天皇綸旨も父忠名の跡を忠直に安堵している[27]（『大日』六―三〇―四六九）。問題の横領分が、松高・貞久両名にあたる可能性がある。河内国御家人水走康政は、一三三二年（元弘二）二月、幕府方に召集され戦場に向かうので余命を知らないとして、嫡男忠名に処分状を残した（藤原〈水走〉康政処分状写）。水走忠直は一三五三年（正平八）八月に父水走忠名が急死した後に生まれた。水走氏の嫡流は忠名の弟忠夏が嗣いだが、忠名跡について、忠夏は一期分の相続で忠直に譲与することを水走氏一族一〇名が確認した、一三五四年（正平九）八月の源憲康以下連署状写が残っている。南北朝時代の水走氏一族は、正平という年号が示すように南朝方であったが、惣領水走忠夏はこの連署状に署名していないし、一三八三年（永徳三）四月には、河内守護から所領を安堵されている（畠山基国安堵状写）。すなわち、水走氏は忠直が南朝方、惣領忠夏が北朝方に属したが、惣領職と所領の相続をめぐる一族の対立が関係していたのである。なお、一四一六年（応永二三）三月の水走長忠本領惣領職注進状写に「玉櫛庄内松高名」があり、松高名は水走氏の本領に入っているが、水走氏が本領について当知行分と不知行分を各一通ずつ注進したもので、実際には河内小守護代である「大町方知行」になっていた。

この玉串荘については、意外なところから、楠木正成との関わりが論じられている。一三三三年（元弘三）に生まれた観阿弥清次の母が河内国玉櫛荘橘入道正遠女で、橘（楠木）正遠は正成の父とされるから、鎌倉時代末期の玉櫛荘は、楠木氏の拠点だったという説である。

久保文雄（本名文武）が紹介した伊賀上嶋家文書の観世系図によると、伊賀国浅宇田荘《あそだ》（三重県伊賀市）の領主・土豪上島元成の妻は、河内国玉櫛荘の橘入道正遠女であり、その三男として観阿弥清次が生まれたという。正成の父を正遠とする楠木氏の系図には、『尊卑分脈』橘氏系図と『系図纂要』橘氏系図（正澄、本名正遠とする）がある。この上嶋家文書を肯定する論者には、林屋辰三郎や梅原猛がいる[28]。これに対して、上嶋家文書の観世系図は、昭和に創作された偽系図と断ずるのが、表章である[29]。楠木正成の父が橘正遠（正澄）であるという説は、ほぼ一般に認められているが、河内楠入道と同じ人物であろうか。観心寺地頭職の代官という史料を欠くが、前述したように、播磨と河内を往復したであろう河内楠木入道が正成の先代である可能性は高い。

私は別の観点からこの問題を考えたい。それは、鎌倉時代に「知」を通字とする橘氏が、西園寺家の家司を務めていた事実である[30]。第一部「第四章　堺荘と西園寺家」で考証したように、一三一一年（応長元）八月七日、石清水八幡宮大山崎神人が訴えた淀川沿岸の関・兵庫関等の諸関津料免除をめぐって、六波羅探題は両使を派遣し、伏見上皇に披露するよう朝廷側に依頼した。当時、北条時敦と金沢貞顕が六波羅の長官だったが、この六波羅探題書状の宛先は左京権大夫入道で西園寺家に仕えた橘知経である。一三一一年八月一〇日に、関東申次西園寺公衡から書状（消息）が出された。「武家状」（六波羅探題書状）と使者の申詞を伏見上皇に披露するよう、蔵人頭宮内卿の源資栄に依頼したのである。これを受けて、八月一七日、宮内卿源資栄が奉った伏見上皇院宣が、石清水八幡検校法印（尚清）宛に出された[31]。

楠木氏は西園寺家に仕えた橘氏の一族と考えられる。一二四九年（建長元）一〇月の将軍藤原頼嗣袖判下文によると、安達義景は自らが預所を勤める上野国春近領の一郷を、幕府問注所三善氏の一族が知行する観心寺地頭職と交換した（『鎌』七一一八号）。この観心寺地頭職が示す支配権が、子の泰盛に伝えられたとすれば、霜月騒動の後は北条氏得宗領に組み込まれ、得宗被官人（楠木氏）が代官として送りこまれたであろうことは前に述べた。この三善氏は関東申次を勤めた西園寺家家司の一族である。楠木氏が観心寺に地盤を持つに至ったいきさつには、三善康信に始まる幕府問注所執事三善氏が関係していたが、三善氏も橘氏も一族が西園寺家の家司であった。得宗被官楠木氏が代官として観心寺に派遣されたのは、このような人脈が背後にあったからだと考えると理解しやすい。

これに関連して、一三三六年（建武三・延元元）四月の『建武記』の武者所結番定文写[32]に、五番の河内大夫判官正成と一緒に記された橘正遠は、『泉州志』によると正成の甥で、『太平記』巻第三にみえる赤坂の戦に正成の実弟七郎（正氏、のちに正季と改名）と共に三百余騎を率いて別軍となった「和田五郎正遠」と同一人物としてよい。『系図纂要』橘氏系図にも、正成の姉妹に「和田和泉守高遠」の妻が記され、「正遠母」とある。同じく『太平記』巻第一六にみえる「和田五郎正隆」も同人の可能性があるという。武者所結番定文写の一番にみえる楠木帯刀橘正景も正成の一族である。同年五月の湊川合戦で、一族は戦死している。

玉櫛荘の住人橘正遠女（楠木正成の姉妹）が観阿弥清次の母であるという上嶋家文書の観世系図を正しいと結論する新史料は見出せないが、楠木正成が当地を根拠地にしていたという説は、摂津渡辺党と玉串荘・辛島荘

（牧）の関わり、大江御厨山本・河俣両執当職を相伝する河内国御家人水走氏が玉櫛荘の隣に位置し、南朝方として玉櫛荘内松高名・貞久名を安堵されたこと、また観心寺を根拠地にして赤坂城・千早城を根城にして戦い、旧大和川水系を自在に往復したであろう楠木氏の活躍を考えると、正しいと結論できる。

(2) 和泉国若松荘

一三三一年（元弘元）、楠木正成は後醍醐天皇が道祐に与えた和泉国若松荘（堺市南区和田・堺市西区菱木、旧大鳥郡上神谷《にわだに》村付近）に「悪党楠兵衛尉」として姿を現す。この一三三二年（正慶元）六月の大宰帥世良親王遺領臨川寺領等目録注進状案（『天』[33]）は、元弘の乱以前の正成の動向を物語る唯一の確実な史料といわれてきた。若松荘の領家職は亀山天皇女の昭慶門院憙子内親王が、一三二四年（元亨四）に亡くなったため、世良親王に譲られた。若松荘は領家一円の地で年貢は約三〇〇石であった。世良は一三三〇年（元徳二）九月一七日に亡くなり、その遺命により若松荘は臨川寺に寄進された。世良は後醍醐の皇子で、母は西園寺実俊（実兼の弟）女である。

さらに一三三一年（元徳三）二月一四日の後醍醐天皇綸旨によって、若松荘は内大臣僧正道祐に与えられた。道祐は村上源氏久我家の分家である中院家の出身で、内大臣通重（久我通親―通方―通成―通頼―通重）の子息である。ちなみに中院通成の弟雅家から北畠家は始まり、雅家の曾孫北畠親房は世良の乳父を勤めた[34]。中院家は代々大覚寺統に仕えた一族であった。道祐が若松荘の所有権を主張（競望）したのには、それなりの根拠があった。道祐が一三二一（元亨元）四月五日に、醍醐寺報恩院の門跡で後宇多上皇の信任が厚かった西南院大僧正道順の付法を受け、翌年道順の譲によって、後二条天皇（邦治、後醍醐の兄）皇子で醍醐寺遍智院宮聖尊法親王[35]が管領することになった報恩院とその所領、蓮蔵院とその所領を事実上管領することになったことは、これを確認した一三二二年（元亨二）後五月二六日の後宇多上皇の院宣が「内大臣法眼御房（道祐）」に宛てられている事実から分かる[36]。

道祐に与えられた若松荘については、臨川寺の訴えがあったため、一三三一年（元徳三）二月二五日に、後醍醐は綸旨を寺家に与えた。同年三月の後醍醐天皇書状案と綸旨案によれば、若松荘以下の世良親王の遺領一〇カ所の管領は懽子内親王に委ねられている（『天』一五・一六号）。懽子内親王は、後醍醐と嬉子（西園寺実兼女・礼成門院＝後京極院）との間に生まれ光厳天皇の妻となった、宣政門院である。後醍醐天皇は正中の変（一三二四年＝正中元）の失敗に懲りることなく倒幕計画を進めていたが、後醍醐側近の吉田定房の密告によってこれを察知した幕府は長崎高貞らを上洛させ、五月には日野俊基・文観・円観らを逮捕して鎌倉へ護送して取り調べた（元弘の変）。後醍醐天皇は八月二四日に京都を脱出して奈良に向かった。九月は幕府軍による笠置の天皇方攻撃の最中で、九月二〇日には幕府の奏請により、光厳天皇が即位し、後伏見上皇の院政が始まっている。同月二八日には笠置山が陥落した。

楠木正成は後醍醐天皇に呼応して若松荘を支配して兵糧米を集めようとしたのであるが、その風聞により、和泉国守護代が「彼跡」（悪党楠木正成の跡）と称して、九（八カ）月頃に年貢以下を収納し、当知行しているというのである。この一三三二年（正慶元）六月の大宰帥世良親王遺領臨川寺領等目録注進状案は、後醍醐天皇が倒幕挙兵計画に失敗し、同年三月隠岐に流罪となったのち、臨川寺が作成し、おそらく後伏見上皇に提出された文書の控えとみられる[38]。

問題は正成が若松荘にどのような権利を持っていたかである。豊田武は、若松荘が後醍醐天皇綸旨によって道祐[37]に与えられた一三三一年（元徳三）二月一四日より以前に、若松荘が正成の勢力範囲にあった可能性を指摘した[39]。若松荘に楠木氏の一族が住み、正成に内応したと述べたものであるが、その一族は橘姓和田氏で、河内・和泉の国境辺りから北西流する石津川上流域の上神谷《にわだに》（堺市南東部）が若松荘の一部に含まれ、和田に四條畷で楠木正行と共に戦死した和田新発智賢秀の墓と伝えるものがあることを根拠にした。この豊田説が事実かどうか、『泉州志』[40]以外の史料がないため確かめられないが、和田一族の祈願所という和田の多聞寺には、和田源秀（賢秀か）の持念仏という多聞天立像（平安時代後期）が伝わっている。一三五一年（正平六）から記された宮座帳の若松庄中村結鎮御頭次第によると、若松荘上条《かみじょう》（近世では豊田《とよだ》・片蔵《かたくら》・栂《とが》・釜室《かまむろ》・逆瀬川《さかせがわ》・田中《たなか》・富蔵《とみくら》・畑《はた》・鉢峯寺《はちがみねじ》の九カ村）では別宮八幡宮（桜井神社、堺市南区片蔵）を紐帯とした宮座の頭役を勤める惣荘的結合がみられ、下条《げじょう》（同和田《わだ》・大庭寺《おばでら》・太平寺《たいへいじ》・小代《こだい》の四カ村）の天神社（多治速比売神社）も同様と推定されている。[41]中世では各村（小村・垣内）に村の惣堂・村の鎮守がみられた。すなわち、泉州一帯にかけて惣荘的結合が村落結合と併合しており、惣のイニシアティブを握るのは有力な名主であるが、そのなかで最も勢いがあったのが、豊田にあった小谷氏（上神《にわ》氏）であることを指摘した。[42]楠木氏と当地の武士団との関係を問題にしなければならないという指摘は正しいと考える。

若松荘は現在の堺市南東部、上神谷にあった荘園で、和泉国御家人若松氏は当地を本拠とする。一二三五年（文暦二）閏六月、若松平太助清が幕府に身の安堵を申請し、一二五八年（正嘉二）三月、後嵯峨上皇の高野御幸の時、政所宿直の警護役を勤めた若松刑部丞代右衛門尉や、一二七二年（文永九）一〇月に和田修理亮と共に京都大番役を勤めた若松右衛門尉・同左衛門尉の名がみえる（『鎌』四七七六・八二〇一・一一一一五号）。この時、和泉国上方御家人は二〇人で、田数二町五反につき兵士一人の定めなので、若松右衛門尉は一一町九反につき兵士四人、若松左衛門尉は一二町五反につき兵士五人を負担している。和田修理亮（性蓮）は一七町九反につき兵士七人の負担であった。

ところが、若松氏は鎌倉時代末には悪党化し、一三二六（嘉暦元）から翌年にかけて、和泉国大鳥荘の悪党グループに同意した御家人若松源次入道・同子息源太・同源三・同御家人彦四郎宗貞以下数十人の悪党従類等が六波羅の使節と合戦をおこなった（『鎌』一九七二三号）。大鳥荘は現在の堺市鳳町を中心に堺市南西部と高石市北部を含む地域にあった。一三三〇年（元徳二）一〇月には、六波羅の使者が大鳥荘内に悪党が構えた城郭を破却し、悪党等の交名を召し進めている。それによると、大鳥荘の悪党帳本としてこの蜂起をリードした上村基宗を中心に、和泉国八田《はちた》荘（堺市中区八田寺町・平井付近）住人毛穴《けな》左衛門五郎以下輩や、基宗の伯父で河内国喜連（大阪市平野区）住人「輔房」・基宗従兄弟の河内国若江（東大阪市）住人左衛門三郎の名がみえ、基宗家人等を含めた上村一党だけで数百人が組織され、六波羅側の妨害をおこなった（『鎌』三一二四八・三一三一三号）。喜連は「木礼」「切」とも表記され、数千人が蜂起した摂津国長洲荘の悪党交名人「木礼成心」や天王寺合戦における正成与党の「切判官代」はその一族と思われる。[43]摂河泉に及ぶ悪党グループが介入していたから、若松氏も彼ら悪党グループと連携していたと思われる。私は一三三一年（元徳三・元弘元）九月に悪党楠木正成が若松荘に出現する条件として、幕府に敵対する若松氏の軍事行動、すなわち、若松氏の悪党化があったと考える。[44]

正成が若松荘にどのような権利を持っていたかという問題について、網野善彦も道祐と正成との関係を指摘し、正成が若松荘の代官職か下司職を持っていたのではないかと述べた。しかし、この説が成り立つためには、道祐と正成との関係を実証する必要がある。そのために、従来知られていなかった正成の新史料を検討したい。年未詳二月三日の楠正成進上状である。[45]隆誉宛に、杉原紙五束を仰せによって進上し見参の時を待つ、と記している。杉原紙は播磨国杉原荘（兵庫県多可郡杉原谷村、現加美町）を原産地とし、贈答によく用いられた。

隆誉の兄顕誉は、一三一七年（文保元）から一三一八年（文保二）まで東寺一長者を勤めて大僧正となり、仁和寺宝持院と号する人物である。[46]一三〇二年（正安四）三月に河内国金剛寺三綱等に下された仁和寺御室（門跡性仁法親王、父は後深草天皇）庁下文案に「権少僧都中納言僧都顕誉」として判を並べている。一三〇四年（嘉元二）と思われる後深草上皇葬礼奉行人等交名にも名がみえ、一三〇五年（嘉元三）に死去した亀山上皇の葬儀の御前僧のなかに、道順僧都と「顕誉法印」がみえる（『鎌』二〇九九八・二一八九五・二二二八七号）。この顕誉は、一三二二年（元亨二）正月の後宇多上皇院宣に「顕誉僧正状」とみえるのが最後の史料のようである（『鎌』二七九四九号）。

また、隆誉の従兄弟である藤原雅俊は、伏見・後二条・花園天皇の蔵人（頭）として綸旨や宣旨を奉り、とくに伏見上皇の院宣が多く残っている。雅俊が奉った文書は、一三二一年（元亨元）の後宇多上皇院宣案が最後で、雅俊は翌年没した（『公卿補任』）。顕誉と隆誉、さらに雅俊は、ほぼ同世代のはずである。楠木正成進上状は、正成が「悪党楠兵衛尉」として若松荘に登場する一三三一年（元弘元）より前で、おそらく一三二〇年代のものとしてよいと思う。重要なのは、隆誉が一三二〇年（元応二）正月、兄の前大僧正顕誉と大僧正道順が催した結縁灌頂の僧名一覧の八幡結縁灌頂僧交名に、「法眼道祐、権律師隆誉」と並んで記され、法印権大僧都道我の名もみえることである（『鎌』二七三六四号）。道順は一三一九年（元応元）に第五七代醍醐寺座主に就任したが、道順の法流血脈を嗣いだのが道祐と弘真（文観）で、道祐は一三三三年（元弘三）に第六三代醍醐寺座主、弘真（文観）は一三三四年（建武元）に第六四代座主に就いている[47]。また一三三五年（正中二）の後七日御修法請僧等交名にも、後醍醐天皇のために隆誉阿闍梨が「舎利守」で真言院後七日御修法を勤めている[48]（『鎌』二八九五一号）。

以上の実証によって、彼らが僧侶として極めて密接な間柄であり、亀山・後宇多天皇から、後二条天皇・後醍醐天皇に続く大覚寺統に貢献した人脈で、とりわけ後醍醐天皇の側近として活躍した事実を跡づけることができたと考える。新史料の楠正成進上状は、一三三二年（正慶元）六月の大宰帥世良親王遺領臨川寺領等目録注進状案より前の史料であり、正成と隆誉・顕誉、道祐との結びつきが、一三二〇年代には成立していたことを示している。仰せによって隆誉に杉原紙五束を贈った正成であるが、後醍醐天皇の仰せであった可能性も否定しきれない。いずれにせよ、正成は従来の定説よりずっと早くから後醍醐の側近としての人脈に属していたことになる。

ここまで論じてきたように、得宗被官楠木正成は一三二二年（元亨二）より後に後醍醐天皇の倒幕計画に加わっていったと考えられるから、この楠正成進上状は、正成が得宗被官から後醍醐天皇方へ転身したことを証明する重要史料なのである。

（3）和泉国和田荘と和田氏

鎌倉時代末期に楠木正成と関わりを持った武士団に、和泉国大鳥郡和田荘（堺市南区美木多上・檜尾、堺市西区菱木）の御家人で大中臣姓の和田氏がいる。和田荘は、平安時代末期に和田氏の祖先大中臣助正が河内国矢田部（現大阪市東住吉区）から和田郷に移り、和田郷上条・中条の地を中心に開発を進めたことに始まる。一二一四年（建保二）に助正の子助綱は和田上条・下条の地を金剛寺に寄進し、一二二二年（貞応元）には和田荘が成立したが、国衙による収公の圧力などにより、一二三二年（貞永元）、助綱の子助盛は当地を奈良春日社に寄進し、さらに興福寺大乗院へと伝領された。金剛寺は領主権を確保するために、一二四〇年（仁治元）に和田上条・中条を興福寺大乗院家に寄進した（『金』七四・六四号）。御家人としては、一二五八年（正嘉二）三月、和田左近太郎は後嵯峨上皇の高野御幸に警護役を勤め、一二七二年（文永九）、和田修理亮は田数一七町九反につき、兵士七人の負担で京都大番役を勤めている（『鎌』八二〇一・一一一一五号）。

和泉和田文書(49)には二通の譲状があり、和田氏の所領構造を比較・検討することができる。一二九四年（永仁二）の沙弥性蓮処分状（性蓮大間状）では性蓮（和田清遠の法名）嫡子助家と庶子一三人の分割相続であったが、一四六一年（寛正二）の和田盛助処分状では、嫡男太郎次郎（助直）の単独相続になっている。鎌倉時代に和田助家が相伝した所職所領には、上中条惣下司職をはじめとして、殿下御方案主職と殿下雑免、春日案主職と春日雑免がみえ、摂関家・春日社の荘支配の末端で、在地領主和田氏は支配をおこなっていたが、室町時代にはこれらの所職所領はみえない。室町時代に和田助直が相続した所職所領のなかで、河内国金太荘惣判官代職并長曾根郷郡司職は、鎌倉時代末期に和田氏が新しく獲得した所職で、河内国八上郡金太・長曾根両郷（堺市北区金岡町）を根拠地とする在庁・御家人の北（金太、伊賀）重康の妹と助家との間に生まれた助康（助泰）が、伯父重康の養子として一三二五年（正中二）に相続したものである（『鎌』二九〇四六号）。

この問題について事情を調べてみると、河内国八上郡金太・長曾根両郷在庁職以下屋敷名田等は、承久合戦後の一二四〇年（延応二）北刑部丞憲清が鎌倉幕府から安堵されて以来、憲俊・憲延・重康と四代相伝されてきたが、一三二三年（元亨三）、重康は弟政弘から所領を抵当に銭五貫文と鎧具足等を借り受けた。重康の弟政弘は、一三一八年（文保二）に河内教興寺領金太荘の収納使を任命された人物である（『鎌』二八五二八・五一九九〇号）。一三二五年（正中二）の重康置文案には、重康が病気のため弟政弘が代筆するとあるが、相続にはこの借銭問題が介在した。一三二三年九月一八日の重康具足用途借用状は、年内に具足用途五貫文を返進することを条件としている。この借銭等を返済すれば、政弘は関東御下文など重康の重要文書類を返却することになっていた。また、重康には助康のほかに子息彦王丸がいた。彦王丸はこの具足用途を理由に、一三二九年（元徳元）一〇月二五日に源政弘へ金太・長曾根両郷在庁職を渡しているが、同年一二月二八日には、親父重康譲状に任せ、助康の永代知行を認める申状を記している。同じ一二月二八日に、源政弘が金太・長曾根両郷在庁給を重代相伝として、実子がないため養子愛若丸に譲っているが、この愛若丸は、一二九八年（永仁六）の（和泉国御家人和田）愛王丸着到状から考慮して、和田（亮太郎）助康の可能性がある（『鎌』五二〇九八・五二一〇一・五二一〇二・一九七六六号）。源政弘はこの時点でも相続に関与しているが、結局は助康が在庁職（在庁給）を相続した。

それでは、楠木氏と大中臣姓和田氏との交渉は、いつ頃、どのように生じたのであろうか。後欠だが、一三三三年（正慶二）のものと分かる和泉国御家人和田助家代助泰申状をみると、一三三一年（元徳三）九月一四日・一〇月一七日・同一九日・同二〇日には、和田修理亮助家・助泰子参河房助真・親類大貳房明重らは、姻戚関係にある成田氏の一族、同国御家人成田又四郎入道と共に、楠木正成を楠木城（赤坂城）に攻め、助泰子参河房助真と親類大貳房明重が負傷して半死半生という被害をこうむっている。この時には、武家方の命令に忠実に従っているから、正成との同盟関係は表面に出ていない。それどころか、一三三三年になっても、一三三一年の楠木合戦の戦功について、和泉国守護代の実検に基づき恩賞を申請している（『鎌』三二八二八号）。

一三三一年（元弘元）一一月に下赤坂城が陥落したあと姿を消していた楠木正成は、一三三二年（元弘二）一一月には大塔宮護良親王[50]と連携して軍事活動を再開し、一二月に隅田荘（和歌山県橋本市付近）を攻撃して隅田一族とたびたび合戦に及んでいる[51]。一二月九日には金剛寺に自筆の書状を送っている。護良親王に進覧する祈禱巻数の礼状で、一三三三年（元弘三）二月二三日には、関東凶徒等（幕府方）が金剛寺に乱入し城郭を構え合戦するとの風聞について、金剛寺の衆徒に寺の防禦と戦勝の祈禱を命じている（『金』一一五〜一一七号）。楠木合戦注文によると、一三三二年（正慶元）一二月には下赤坂城陥落後占拠していた阿弖河（湯浅）孫六入道定仏（宗藤）以下八名の湯浅党を急襲し、降参させて生け捕り、味方につけている。

実は、一三一八年（文保二）二月に践祚した後醍醐天皇を中心とする討幕計画が密かに立てられるなかで、天皇は腹心の部下を各地に潜行させて味方を募っていたから、有力な和泉国御家人で摂関家や春日社の荘支配下にある和田氏に対して、宮方からの働きかけは再三おこなわれていたと推測される。金剛寺は一一七八年（治承二）に八条院祈願所に寄進されるが、この八条院領の荘園や祈願所は代々伝領されて、室町院領（後高倉院から式乾門院を経て後堀河天皇女の室町院に相伝された所領群）の一部とともに、大覚寺統の経済的基盤をなすことになった。一三〇八年（延慶元）、後宇多上皇は八条院領を昭慶門院憙子内親王に譲ったが、八条院領は同女院から後醍醐天皇に伝えられたから[52]、後醍醐天皇方と和田氏との間には密接な関係があったと考えられる[53]。

しかし、和田氏が後醍醐天皇方として行動するのは、一三三三年（正慶二・元弘三）四月八日の山城国下鳥羽の赤井河原における六波羅攻めの合戦が最初で、この時も和田助家本人は病気のためという理由で参陣せず、長男和田助康と数名の従者が、宮方（護良親王方）の催促に応じて出陣している。一方、和田助家と次男和田中次助秀らは、四月一四日・二〇日と六波羅の催促に応じて、千早城攻撃に参加している。一三三三年四月二一日の和田中次に宛てた感状（折紙）は、関東方の大将阿曾治時[54]が千早城の楠木氏を攻めた時、和田中次が「於茅破屋城北山、致野臥合戦、取頸了、尤神妙候」と、敵の首を取った戦功を賞している（和田文書）。助康は四月二七日に赤松勢が布陣する久我縄手で戦い、激戦の中で若党弥五郎・孫九郎が負傷している。四月二八日の大塔宮護良親王令旨は、和田助家子息助康の戦功を賞しているが、和田修理亮（助家）館に宛てられている。一三三三年五月に六波羅が陥落し、鎌倉幕府が滅亡すると、建武新政権の恩賞方奉行として畿内等を管掌したのは、名和長年や楠木正成らであった。同年八月には、雑訴決断所が増員され八番となったが、一番の五畿内の訴訟裁決に当たる所衆に正成もみえる（『大日』六―一―五七五・七五二）。

同年一〇月三日に和田助家と助康は上洛して馳参したことを奉行所に報告し、同月一八日に足利尊氏の承判を得ている（『鎌』三二六三〇号）。一一月、助康は和泉国御家人として河内国八上郡金太・長曾根両郷在庁職以下屋敷名田畠等の安堵を奉行所に申請した（『大日』六―一―二九八）。

元弘の頃、和泉国を管領していた知行国主は崇義院（護良親王の院号か）で、国司は日野朝光（日野資朝子息）、奉行は宰相入道某（護良親王家の家司）だったが、建武政権樹立後の一三三三年一一月以降、和泉国司は四条隆貞[55]で、目代は八木弥太郎入道法達[56]といい、和泉守護代大塚惟正と並んで、和泉における宮方軍を指揮する武将の一人であった。和泉守護は楠木正成で、河内国司と河内守護も兼ねていた。この八木氏は、和泉国和泉郡八木郷（岸和田市）を本貫とする和泉国下方の御家人であった。一二五八年（正嘉二）三月、後嵯峨上皇の高野御幸で政所（紀伊九度山慈尊院）宿直を勤めた国御家人三〇人のなかに、八木左衛門尉・同近藤左衛門尉・同弥平次太郎がみえる（『鎌』八二〇一号）。一三一三年（正和二）一二月二五日の六波羅御教書によると、御家人八木彦太郎以下輩が久米田寺辺で殺生禁断に違反し、僧侶に刃傷・打擲の狼藉に及んだ（『鎌』二五〇八八号）。ここにも和泉国御家人が悪党化して討幕運動に走るという過程がみえる。

建武新政権成立後、和泉国目代八木法達が、和田助家の所領を欠所として紀伊国の阿弖河（湯浅）孫六入道（定仏）に宛行うという事件が起きている。これは元弘の乱で和田助家が幕府方に参陣した事実を知る宮方が、所領を没収したものであろう。和田氏が後醍醐天皇綸旨によって和田荘惣下司職以下を安堵されるのは、一三三三年一二月で、一三三四年（元弘四・建武元）の楠木正成申状は、和田助家はたびたび莫大な兵糧米を沙汰し、楠木氏への忠勤を励んだと記している（『大日』六―一―三四〇～三四一・『鎌』三二八〇一・三二八三七号）。

前述した和田助康が伯父北重康から相続した河内国八上郡金太・長曾根両郷地域は河泉国境にあり、竹内街道と長尾街道とに挟まれた要衝の地である。この地域には河内守護所の支庁があったとされる。一三三三年正月一四日に、楠木正成が河州で合戦をおこなった時、追い落とされた人々として、「河内守護代在所丹南同国丹下、池尻、花田地頭俣野、和泉国守護、并田代、品河、成田以下地頭家人」が楠木合戦注文に記され、河内国丹南郡丹南郷（松原市・堺市美原区）を在所とする河内守護代がいたことが分かる。一三三五年八月に、和田助康の子助氏は、雑訴決断所が河内国衙に下した牒に従い、八幡宮領河内国楠葉荘内弥勒寺岡本雑掌田中陶清法印が訴えた河内国法明寺雑掌全成朝臣の濫妨を停止するよう楠木正成から命じられている。和田助氏は河内守護正成の守護代であった（『大日』六―二―五三四）[57]。覇権を握る以前から、河泉地帯の交通路を掌握していたと考えられる楠木氏との交渉は、和田氏がこの地域に進出した時に始まったと私は考える。一三三一年（元弘元）九月、和泉国若松荘に「悪党楠兵衛尉」が登場する頃には、和田氏と楠木氏との間には親密な関係が成立していたと推測されるが、和田氏は幕府方と宮方の双方に従軍し、一族が宮方に決着するのは、一三三三年（元弘三）四月下旬である。

和田助康が一三三三年一一月から一二月の飯盛城合戦や、一三三五年（建武二）末から翌年二月にかけて西坂本や鴨河原、また豊島河原における合戦で楠木正成方に従軍したことは、一三三六年（延元元）三月の正成の鄭重な承判が入った和田助康軍忠状が示している（真乗院文書、『大日』六―三―七五）[58]。これらの合戦で和田氏が受けた被害は、若党新三郎明宗が射殺され、助康舎弟仲次助秀と中間源内が負傷し、若党藤内兵衛尉助俊が討死したという甚大なもので、これらの忠勤に対する恩賞を申請したのである。

一四六一年（寛正二）一〇月の和田盛助処分状によると、和田氏は一二九四年（永仁二）一一月の沙弥性蓮処分状にはみえない所職を得ている（『鎌』一八六九一号）。婚姻を通じて獲得した河内国金太荘惣判官代職幷長曽根郷郡司職については前述したが、和泉近木郷十生長官職、あるいは和泉国大歌十生長官職は、一三三一年（元弘元）一一月三〇日の光厳天皇綸旨によって安堵されている。和田氏が後醍醐天皇綸旨によって大歌十生長官職を安堵されるのは、一三三五年（建武二）六月である（『大日』六―二―四三二）。

一三三六年（延元元）五月の湊川合戦で楠木正成一族が自刃したのち、和田修理亮入道（助家）は、一三三八年（延元三）一一月、一二月一日から同五日までの吉野殿総門大番役を勤仕するよう楠木（大塚）惟正から命じられた。一三四七年（正平二）一二月にも、北朝軍の渡辺への南下に対して、和田氏の元の里人・百姓なども「甲斐甲斐しい（しっかりしていて頼みにできるようなさまの）者」は皆徴発し、楯などの武器も数多く持たせて出兵するよう促している。楠木（大塚）惟正ら南朝軍は、天王寺に集合する手はずであった（『大日』六―五―一三三・六―一一―二五）。

このように、和田一族は配下の民衆も含めて南北朝の動乱に巻き込まれていった。楠木正行と実弟正時、さらに和田賢秀が戦死した四条畷の合戦の翌日、一三四八年（正平三）正月六日にも、南朝宮将軍と北畠親房は和田一族中に急ぎ馳参するよう命じている（『大日』六―一一―三三一）。和田助家子息助康は、四条畷にも出陣し、一三四七（正平二）八月から一三五二年（正平七）五月までたびたびの激戦を戦い、一三五二年二月には後村上天皇に供奉し住吉殿の大番役を勤め、六月にはこれまでの軍功を述べた軍忠状に楠木正儀の証判を得ているが、一二月に助氏が「亡父助康」と記し死去したことが分かる（『新修　大阪市史』史料編第三巻・『大日』六―一八―二三一）。

一三五〇年（正平五）一一月に、和田修理亮入道正円（助家）は、開発領主として重代相伝の和田荘上中条惣下司職以下を安堵されたが、和田上中条地頭職を拝領した上神源六兵衛尉範秀に替地を与え、自分に給わるよう南朝に申請した。前述したように、上神氏（小谷氏）は堺市の上神谷一帯を本拠とする和田氏の隣人で、一三三七年（延元二）に宮里城（大阪府和泉市）を攻撃する南朝軍に上神六郎兵衛尉範秀がみえ（『大日』六―四―二七九）、上神範秀は和田荘惣下司職を相伝する和田氏を脅かす存在となっていた。和田氏は一三五九年（正平一四・延文四）に和泉守護畠山国清に降伏し、翌年も国清と細川清氏指揮の幕府軍に属した。正平一統を経て和田氏が南朝に帰参するのは、楠木正儀が足利義満に降参した一三六九年（正平二四・応安二）である。一三七一年（建徳二）三月、後村上天皇は北朝軍の陣地となった河内国大庭関（大阪府守口市）に代わり中振（大阪府枚方市）を観心寺に与えたが、その指示は上神九郎左衛門尉に出されている。しかし、一三八〇年（康暦二）七月一七日、上神源三衛門尉・同弥四郎は和泉守護山名氏清と戦って討たれた（『観』七二号・『花営三代記』）。

一三七九年（正平二五）三月の和田左衛門蔵人助氏申状案により、一三五四年（正平九）二月二三日のものと分かる後欠（年欠）の沙弥正円譲状案では、参河房の坊領を除き所職所領は六人に分割され、修理進取り分のなかに和田上条地頭職と宇多荘（泉大津市）領家職が含まれる（『大日』六―二一―六四・六―一四―六六～七〇）。参河房とは一三三一（元徳三）九月の楠木合戦で負傷した助康子参河房助真である。また、和田氏は放光寺・蕨別所の俗別当職を持っていたが、善聖房分には放光寺真眼房本坊領分が含まれ、真眼房一期の後には進退するとみえる。[59]同じく、観聖房分には蕨別所上下の別当職并別当坊共が含まれる。中院坊主善聖房は、一三五四年（正平九）に金剛寺の一円知行となった和田荘領家職の所務を、三綱奉行のもとで請負っている（『金』一六四・一六六・一七五～一七八号）。南北朝の動乱期を生き抜いた和田氏の所領形態を示すものが、一四六一年（寛正二）の和田盛助処分状であった。

三　楠木正成と平野将監

新出の史料による新しい研究によって、楠木正成を支えた悪党平野将監入道の存在が重要となってきた。勝山清次編『南都寺院文書の世界』によって、京都大学所蔵東大寺宝珠院伝来文書が公開され、新しい歴史的事実が明らかにされたのである。[60]熊谷隆之による「摂津国長洲荘悪党と公武寺社」と、「摂津国長洲荘悪党関係史料」がそれで、「河内国平野将監入道・同舎弟次郎蔵人・同孫四郎・木礼（喜連）成心」が摂津国長洲荘を舞台に活躍するが、悪党平野将監入道は西園寺家の家人だと史料にみえるのである。

この平野将監入道とはどのような人物であろうか。平野一族が東大寺関係の史料に登場する事実から、江戸時代に編纂された『北条九代記』（巻第十二の十四）に、平野将監入道は「矢尾別当顕幸」の甥とする記述について、私は検討が必要になったと考える。「顕幸」は、一二九五年（永仁三）四月二四日の東大寺衆徒連署起請文に名前がみえ、一三一一年（延慶四）二月二五日の東大寺年預実玄文書・記録勘渡帳に「定詮得業与顕幸相論事一結」という項目がみえる通り、東大寺の寺僧である（『鎌』一八八一五・二四二三五号）。この定詮得業と顕幸の相論については、一三〇八年（徳治三）と推定できる四月一一日の東大寺政所返状案により、山城国賀茂荘荘官・百姓等が訴えた悪党問題についての武家（六波羅）の沙汰に関わるものと分かる（『鎌』二三二五三号）。

一二八九年（正応二）頃に出現する東大寺領賀茂荘（京都府木津川市加茂町）の悪党の活動は、一三一五年（正和四）に至るまで約三〇年に及ぶが、近隣の御室仁和寺領「大菜荘」にも住む悪党右衛門入道（源仏）が中心人物であった[61]。とくに、一三〇八年（徳治三）九月に注進された悪党交名九人の中に、「下笠間住」の「郷房顕幸」と「三位房」がみえることが注目される。この顕幸が前述の定詮得業と相論した人物である。賀茂荘に住む悪党は五人（源戒金伽羅兵衛入道・源仏右衛門入道と子息の慈法右衛門太郎入道・勢一右衛門尉・春日兵衛尉）で、顕幸は源戒の聟であった。この頃、東大寺領下笠間荘（奈良県宇陀市室生）内に賀茂荘の悪党が城郭を構えて狼藉を働いたというのも、下笠間荘に住む顕幸と三位房が与同していたからである。悪党九人中には、顕幸と同じ源戒聟で伊賀国御家人・石打荘住人の行直新平太や、大和国住人善宗も含まれていた[62]。

河内国の平野将監入道が顕幸の甥だという『北条九代記』の記述は、東大寺・興福寺・春日社等と密接な摂津国長洲荘の悪党等と、一二八五年（弘安八）頃から顕著となる山城・大和・伊賀の悪党等の動向を検討すると、むしろ両者を結びつけて考える方が自然だという意味で、説得力を持つ内容である。たとえば、一二八五年に興福寺は大がかりな悪党の調査を実施したが、春日社関係の文書には、この調査に関連する二七通余の某起請落書（神仏に誓う起請文の形式で書かれた投書）が残っている。その中に、「大和国福住前谷教信房ナラヒニ教念房オヤコノ人タチ」が、「僧国ノ悪人」としてたびたび出てくる（『鎌』一五五〇八号等）。後述するように、春日社散在神人の悪党教念房は長洲荘にも出現するから、両地域の悪党の結びつきが実証できるのである。

『尊卑分脈』によると、顕幸僧都の父は従五位上甲斐守藤原顕兼であるが、顕兼の父顕朝は、四条天皇から後嵯峨・後深草・亀山天皇に至るまでの間に宣旨・院宣や藤氏長者宣を奉じ、晩年には権大納言正二位に達している（『鎌』五五二一・八一四四・九一五二号等）。『公衡公記』第二によると、一三一五年（正和四）四月の如法経会で、顕幸の父「顕兼朝臣」が簞策を奏するなどして供奉したから、西園寺家の家人平野将監入道が顕幸の甥だという記述は、信憑性を持つと考えられる（『鎌』二五四八六・二五四九〇号）。西園寺公衡が仏眼法《ふつげん》（息災・降伏《ごうぶく》のための修法）を修めた一三一五年八月二六日には、顕誉権僧正（東寺四長者）の名もみえる。顕兼・顕幸父子や、第二節（2）で前述した後醍醐天皇の側近の顕誉・隆誉兄弟は、平安前期の公卿藤原高藤七代孫の藤原顕隆の子孫で、同じ一族である。『北条九代記』は平野将監入道を、楠木正成の養子、あるいは家臣とも記す。また、楠木正成方の八尾別当顕幸は、旧大和川の本流長瀬川の右岸沿いにある八尾城（大阪府八尾市）を拠城としたというが、一三三七年（建武四・延元二）七月には、河内国伊香賀郷（大阪府枚方市）地頭土屋宗直(63)等の北朝勢が八尾城に詰めて、南朝方の攻撃から防禦していた（『大日』六―四―二七三・『大阪府の地名Ⅱ』九九八頁）。

鎌倉末期の鴨御祖社領・東大寺領が交錯する尼崎地域をめぐって従来論じられてきたのは、東大寺の長洲荘支配を脅かした悪党教念・教性で、とくに教性は、赤松円心子息の長洲御厨執行範資や惣追補使貞範と共に番頭として名を連ね、また摂津国兵庫関の悪党交名にも登場するなど、当時の悪党を体現する人物として注目されてきた。新出の「宝珠院文書」には、新しく一三一〇年（延慶三）から一三一一年（応長元）までの春日社散在神人教念一党と、一三二八年（嘉暦三）から一三三一年（元徳三）の教性一党の関係史料が多数含まれている。なかでも注目されるのは、一三三〇年（元徳二）一〇月一三日から一三三一年（元徳三）八月に至る摂津国猪名荘悪党文書案（二点八通）で、摂津国尼崎住人教念(64)・江三入道（教性）以下の輩が海賊強盗殺害放火を犯し、これに大和国や河内国の多数の悪党人等が加勢して、一三三〇年九月二五日に寺家政所延福寺に打ち入って雑掌を追い出し城郭を構え、殺人・刃傷など悪行をおこなった事件において、「河内国平野将監入道・同舎弟次郎蔵人・同孫四郎・木礼（喜連）成心」や「渡辺豊前三郎左衛門入道・同甥源次・同舎弟等」の名がみえる事実である。

この渡辺豊前三郎左衛門入道について、生駒孝臣は、「豊前」が院下北面の家の満流渡辺氏の名乗りであることから、系図に「三郎左衛門尉」と記す渡辺持か、「左兵衛尉・惣官・出家」と記す兄弟の基ではないかとしている(65)。摂津渡辺党の一族と思われる渡辺源六が楠木正成軍に加わったことは前述したが、摂津の悪党グループ渡辺氏の人名が特定されたことは、重要である。

平野将監入道は西園寺家に候人（家人）であるという。東大寺側は、平野将監入道が教性と謀って長洲荘に乱入するとの情報を前もって察知し、峯僧正坊を介して平野将監方に申し入れたが、二万疋（二〇〇貫文）の銭貨を出したら乱入を思い止まると要求され、これを黙殺したため、乱入事件が起きたのだという。

熊谷隆之によると、峯僧正坊は『太平記』に峯僧正春雅、ないし峯僧正俊雅と記され、後醍醐天皇の外戚で、東南院僧正聖尋・小野僧正文観・蓮蔵院僧正道祐・浄土寺僧正忠円・法勝寺円観上人・西大寺知暁上人・大覚寺聖無動院僧正道我といった後醍醐天皇側近の人脈に属する人物である(66)。順徳上皇の子善統親王の子（猶子）宮僧正深恵の弟子で、一三二三年（元亨三）三月一五日、深恵から上桂荘（京都市右京区梅津と西京区上桂・桂上野）を譲られた東寺ゆかりの真言僧という（『鎌』二八三五五号）。上桂荘は一三一三年（正和二）に後宇多上皇から東寺に寄進され、東寺は一三一六年（正和五）に検注をおこなったが、この山城国上桂荘や拝師荘（京都市南区）、播磨国矢野荘（兵庫県相生市）などの東寺領荘園を再建したのは道我であった。道我は一三二〇年（元応二）正月に道順や顕誉が主催した八幡結縁灌頂にも名がみえる（『鎌』二七三六四号）。顕誉の弟隆誉に楠木正成が杉原紙を進上した事実については、前節で述べたところである。

西園寺家は平清盛が築いた日宋貿易のルートを継承して莫大な富を蓄積していた一族である。一二四二年（仁治三）には西園寺公経が派遣した貿易船が帰朝し、銅銭一〇万貫と水牛やしゃべる鳥などのさまざまな珍宝をもたらした[67]。西園寺家の所領や財産については、龍粛《りょうすすむ》の「西園寺家の興隆とその財力」と網野善彦の「西園寺家とその所領」があり、現在でも、この二論文が西園寺家研究の基礎である[68]。西園寺家の所領は知行国（若狭国・備前国・伊豆国・三河国・周防国・伊予国・肥前国を一時知行、鎌倉時代の知行国は三河国と伊予国）や、九州・瀬戸内海縁辺の諸荘、淀川・宇治川沿いの家領から成り、院の厩と左馬寮（牧）を掌握していた。本郷恵子が論じたように、海上交通の神として知られる筑前国宗像社にも支配の手を伸ばし、これらを基盤として、京都―瀬戸内海―九州とつながる所領群を編成し、対外貿易も含めた経済体制を整えていたのである。

西園寺公宗は鎌倉時代後期の政治家で、父は実衡、母は権大納言藤原為世女で、亀山天皇后である昭訓門院西園寺瑛子に仕えた春日局である。花園・後醍醐天皇の持明院・大覚寺両統に仕えた。公宗は量仁親王（光厳天皇）の春宮大夫となり、一三三〇年（元徳二）に権大納言に進んだ。この間、一三二六年（嘉暦元）に父実衡の死により関東申次となっている。一三三二年（元弘二）後醍醐天皇の隠岐遷幸の際、皇子たちは公宗の邸に預けられた。翌年、六波羅北方探題北条仲時らは近江に没落し、五辻宮（亀山天皇皇子守良親王）を奉じた山賊・困者《あぶれもの》などの軍勢に囲まれ、番場蓮華寺（滋賀県米原市）で主従四三二人が自害した。仲時が奉じた光厳天皇、後伏見・花園両上皇は捕らえられて京に送られ、供の日野資名らはここで出家した。この時、公宗は京に留まっていた。建武新政権が成立すると、権大納言中宮大夫・兵部卿を勤めたが、一方では北条高時の弟泰家を邸に匿って北条氏再興に備えた。一三三五年（建武二）後醍醐天皇暗殺を企て六月二二日に逮捕され、八月二日に誅殺された。

この西園寺公宗の家人平野将監入道は、『太平記』巻第六「赤坂合戦事付人見・本間抜懸事」によると、赤坂城城主として千早城主楠木正成と共闘した人物である[69]。楠木正成は金剛山の東麓下赤坂に構えた砦で、一三三一年（元弘元）九月から果敢に抵抗していたが、幕府の大軍によって下赤坂城は一〇月末に攻め落とされ、正成は姿を消した。一三三二年（正慶元）末、正成は再度挙兵する。楠木合戦注文によれば、翌一三三三年（正慶二）正月の天王寺合戦には、正成方に「平野但馬前司子息四人」が従軍し、正月一九日に四郎が天王寺で討死している。『太平記』巻第六によれば、翌二月、河内国の千早・赤坂両城に拠った正成軍は、幕府の大軍を迎え撃ち奮戦するが、赤坂城は水源を絶たれて落城する。城主平野将監入道は城兵全員を投降させ、二八二人が京都六波羅に送られたが、六条河原で残らず処刑されたという。楠木合戦注文では、大手本城平野将監入道はすでに三〇人余が降参し、このうち八人は逐電、あるいは生け捕られて自害し、落城したとある。楠木の舎弟も同じ城中にいたが、生死不明であると記している。一三三五年（建武二）二月、平野将監・野田四郎・楠木正成がそれぞれ書写した大般若経を葛井寺に奉納しているから、平野将監入道は生き残ったと思われる（葛井寺文書、葛井寺所蔵大般若経奥書）[70]。しかし、一三三五年八月に西園寺公宗は誅殺され、家人平野将監はこの事件に巻き込まれたと思われ、以後、史料にみえない[71]。

平野将監入道が西園寺公宗の家人で、楠木正成と同盟軍を構成していたとすれば、楠木正成と西園寺公宗も関係があったと考えられる。正成と西園寺家との関係については、楠木氏と観心寺との関係を通じて第一節で詳しく述べた。また、建武新政権成立後、楠木正成が西園寺家領の河内国新開荘を与えられている事実がある。

新開荘は河内郡の荘園で、現在の東大阪市中新開付近にあった。八八三年（元慶七）の観心寺勘録縁起資財帳で観心寺の諸荘のうち河内国一一処に含まれる新開荘は、河内国石川郡八荘のなかにあり、河内郡の新開荘と区別しなければならない（『観』三号）。新開荘・佐備荘は現在の大阪府富田林市佐備付近に比定され、いずれも八六九年（貞観一一）の民部省符によって施入された。史料がないため、その後の詳細は不明である。

河内郡の新開荘は『明月記』一二三五年（嘉禎元）正月条にみえ、一二八一年（弘安四）の関東御教書によると高野山金剛三昧院領である。新開荘が北条氏の所領であったことを明らかにしたのは石井進で、一二八一年（弘安四）三月二一日の金剛三昧院条々記録により、金剛三昧院領筑前国粥田荘（福岡県直方《のおがた》市付近）がモンゴル来襲という天下一同の大事のため、河内国新開荘と替えられたものであった。一三一五年（正和四）三月二五日の『公衡公記』には、西園寺家の責任で建設される富小路内裏造営の成就のため今月から祈禱を始めることと、入道殿（西園寺実兼）が新開荘をこの費用に充てることを記し、西園寺家領になっていた。(72)また、一三二二年（元亨二）八月一六日の西園寺実兼処分状には、河内国小高瀬荘と新開荘等を、大宮大納言季衡（公衡の庶兄、実は権大納言）に譲与している。(73)

北条泰家は北条高時の弟で、幕府滅亡後に時興と名前を変え、西園寺公宗邸に匿われていた。北条泰家を西園寺公宗が匿ったのは、鎌倉時代後半に関東申次として公武交渉の要にあり、摂関家をしのぐ勢威で、西国を中心に陸海上交通の要衝地を含む大規模な家領を保有していた西園寺家の立場を考えると、不可解ではない。鎌倉幕府の滅亡と後醍醐天皇の新政により、西園寺家の繁栄の基盤である関東申次は停止されたからである。暗殺計画を密告したのは、弟の公重である。

この事件については、『太平記』巻第一三の「北山殿謀反事」に詳しい記述があるが、『小槻匡遠日記』によると、一三三五年（建武二）六月二二日、謀反の疑いをかけられた西園寺公宗と日野資名・氏光父子の三名が逮捕され、また建仁寺前でも陰謀の輩が楠木正成・高師直の手によって捕えられた。小槻匡遠によると、「太上天皇」すなわち持明院統の後伏見上皇を奉じて、後醍醐に叛いたものであった。地方でも北条氏の関係者を擁立した反乱の企てが頻発していた。一三三四年（建武元）から三五年にかけて、奥州・関東・九州・また紀伊・長門・伊予などにおいて、大小の軍事的蜂起が起きている。建武政権は決して安定した基盤の上に立っていたわけではなかった。(74)

一三三五年七月一二日、西園寺公重に下された後醍醐天皇綸旨は、河内国新開荘を安堵している。建武新政権によって楠木正成は新開荘を与えられたが、西園寺家領新開荘を支配したものである。この時、西園寺家管領の荘のなかに、河内国河内郡新開荘・茨田郡池田荘がみえる。山城国紀伊郡鳥羽殿領・葛野郡桂新免・久世郡宇治真木島（槇島）等多くの重要な所領が、西園寺公重に安堵されている。湊川の合戦後の一三三六年（建武三）六月一五日に、足利尊氏は「（楠木）正成跡」の新開荘を東寺に寄進した。[75] しかし、同年一二月一九日に、尊氏の命令を受けた執事高師直が東寺領河内新開荘への方々の濫妨を停止するよう河内守護細川顕氏に命じているから、東寺の支配を阻む違乱があったことが分かる。一三三七年（建武四・延元二）六月一一日に、河内守護細川顕氏は、東寺領新開荘に兵糧米を課さないよう、守護代秋山四郎次郎に命じている。[76] 北朝方の武士が御祈禱料所としての東寺の権威を認めず兵糧米を譴責したものであるが、おそらく南朝方勢力も新開荘に違乱をおこなったのではないかと思われる。

この問題については、同様に楠木正成の所領であった河内国宇礼志荘の実例がある。同荘は河内国錦部郡にあった興福寺大乗院領の荘園で、現在の大阪府富田林市付近にあった。一一五二年（仁平二）と推定される七月六日の右少弁藤原資長書状に興福寺領とあるのが初見である（興福寺本信円筆因明四相違裏文書）。公文が注進した一二六三年（弘長三年）一二月日の河内国宇礼志荘所当注文によると、田畠総面積は合計三九町八段二一六歩であった（内閣文庫所蔵大乗院文書諸荘々文書案、『鎌』九〇三四号）。荘官としては、預所・下司・公文・職事がそれぞれ給田を与えられていたが、重要なのは、このなかの「河内宇礼志荘御荘所当雑事」を記した史料の裏に、楠判官ならびに地下荘官少々が湊川合戦で討たれたとあることである。これは大乗院の中綱朝舜から同じ大乗院中の一院と思われる禅南院に宛てた書状で、追って書きに正成一族二八人が自刃したと記す。南北朝末期の一三七四年（文中三）七月二〇日の南朝左中弁某が奉じた長慶天皇の白紙綸旨（『観』四五号）によって、甘幸跡の当荘公文職が観心寺の僧に与えられているのは、もともと当荘が観心寺と深い関係にあったからで、宇礼志荘は楠木氏の勢力下にあったため地下荘官が湊川合戦に参加して落命したのである、としたのは豊田武である。[77]

一三三八年（建武五・延元三）正月一〇日には、尊氏は河内国新開荘の代わりに備後国因島（広島県因島市）・摂津国美作荘を東寺に寄進している。同年、西園寺実俊（公宗と日野名子の子息）の訴えにより、新開荘は西園寺家に返還された。その後の新開荘については、年月日未詳の大聖寺殿塔頭長生院領所々目録事に、「一所　河内国新開之内新庄郷」とある（西園寺家文書）。大聖寺は京都市上京区御所八幡町にある尼門跡寺院である。元は後光厳天皇の有力な典侍であった岡松一品尼（無相定円尼）、日野宣子が室町御所（花の御所）の一角に開いた臨済宗寺院で、開基は西園寺実衡の孫女玉巌悟心尼、宣子は伯母にあたる。一三八二年（永徳二）六月一四日に宣子が亡くなり、法名は「大聖寺殿一品無相円公大禅定尼」とつけられた。日野資名女で『竹向が記』を遺した名子の妹宣子は西園寺実俊の側室で、後光厳天皇は宣子の息女を寵愛して、しばしば西園寺実俊の北山邸に通った。息女は延暦寺本覚院門跡聖助法親王の母で、龍洞庵主と呼ばれた。宣子のもう一人の息女は、右大臣九条忠基の妻となった。[78] この史料は、西園寺家領新開荘から分かれた新開新荘（若江郡、東大阪市新庄一帯か）が、大聖寺塔頭長生院領になったことを示している。[79]

一三三六年（建武三・延元元）の足利尊氏寄進状には、因島荘は北条泰家（相模左近大夫将監入道恵清）跡で、美作荘は安東平次右衛門入道（跡）と記されていた。安東平次右衛門入道は、鎌倉時代後期に西国で活躍した得宗被官安東蓮聖の嫡男助泰で、[80] 蓮聖は平右衛門入道が通称である。[81] 北条氏一門とそれに密着した西大寺律宗寺院を背景に、日本海や瀬戸内海水運など海上交通路支配、流通経済掌握の先兵としての役割を果たした重要人物であった。一三二九年（嘉暦四）六月一九日、京五条の屋形で九一歳か九二歳で死去したという。

この安東氏は得宗被官であった楠木氏と旧知の仲と考えていいだろう。北条泰家も西園寺公宗邸に匿われた事実を考えると、西園寺家と関わりを持つ楠木正成の敵とは断言できないであろう。正成は湊川合戦で後醍醐天皇に殉じるかたちで生涯を終えるが、このような正成の人脈を考えると、これまで歴史の表舞台にはみえてこなかった錯綜した現実の動向が、初めて理解できるのである。

おわりに

楠木正成のネットワークは、これまで主に論じられてきた後醍醐天皇方の人脈だけではなく、平野将監入道一族や渡辺党との結びつきが示すように、摂河泉をはじめ、畿内近国の悪党グループ、また、関東申次西園寺家につながる広範囲なものであった。最後に正成の一族について述べ、正成の所領についても補足しておきたい。

楠木氏の一族の大塚氏は、第二節で述べたように、主に和泉国を中心に活躍しており、大塚惟正は楠木正成が和泉守護を勤めていた時期の守護代で、同じく河内守護楠木正成の守護代であった和田助氏とは、ほぼ同格の位置にあった。和泉和田文書によると、一三三六年（建武三・延元元）五月二五日の兵庫湊川の戦いで、楠木一族・神宮寺新判官正房幷に八木弥太郎入道法達が、共に合戦の忠功を抽じたという（『大日』六―三―四一六）。『太平記』巻第一六には、楠木正成・正季兄弟が自刃する際に、「橋本八郎正員・宇佐美河内守正安・神宮寺太郎兵衛正師・和田五郎正隆」をはじめとして主立った一族が腹を切ったとある。

橋本氏は現在の貝塚市橋本町の出身だとされる。一三三六年九月七日、北朝軍畠山国清以下が八木城（岸和田市）に押し寄せた時、天王寺方面から八木城の救援に駆けつけた武将に、「楠木一族橋本九郎左衛門尉正茂」がいた（同二年三月の岸和田治氏軍忠状案、『大日』六―三―四一七）。一三六九年（正平二四）三月一八日に、金剛寺における濫妨狼藉を禁止する制札を掲げたのは橋本正高である（『金』一九二号）。一三七〇年（正平二五・建徳元）二月二七日、和泉国八田荘内利行富益名の遵行を橋本四郎左衛門尉に命じたのも、民部大輔（橋本正高）であった。同年一〇月二二日にも、民部大輔橋本正高は和泉国鳥取荘内山中関（阪南市鳥取中付近）について、長慶天皇綸旨に任せ支配の相違ないことを、観心寺寺僧中に宛て施行している（『観』六〇・六八号）。一三七九年（天授五・永和五）正月二二日、足利義満は紀伊守護山名義理・氏清・時義の三兄弟に橋本正督が拠る土丸城（泉佐野市）を攻撃させ、翌日には陥落させた。橋本民部大輔正督父子ら（橋本新判官・同雅楽助・同弥九郎）が和泉守護山名氏清に敗死するのは、一三八〇年（天授六・康暦二）七月一七日である。『花営三代記』七月二〇日条には、正督以下一〇人と捕手の名がみえる（『南北朝遺文　関東編』第六巻、三九八七号）。貝塚市南町の浄土宗上善寺には、橋本正督一族の過去帳が保管される。(82)

宇佐美氏については佐備（佐美）氏のことだという説がある。(83)しかし、二〇一二年（平成二四）に刊行された『橋本市史　古代・中世史料』に「脇家文書」が取り上げられ、宇佐美氏の詳細が明らかにされた。(84)脇氏は藤原氏姓の宇佐美氏で、伊豆の豪族であるが、鎌倉後期河内に、さらに正和年間（一三一二～一七）相賀荘に移ったという。宇佐美氏と並んで多く見える「花園侍従」が、花園荘（和歌山県花園市）を本拠とする坂上氏の出で、花園神宮寺との関係が深いことから、宇佐美氏が当地（相賀荘）を本拠に南朝に従ったことが解き明かされた。一三三三年（元弘三）六月四日の将軍護良親王下知状が、宮内丞（宇佐美）為成に和泉国上泉郷梨本里内黒鳥村（和泉市黒鳥町一帯）を宛行っているのが、その始まりである。

一三三四年（元弘四）の雑訴決断所沙汰定条書に、鎌倉将軍府で成良親王の御所を輪番で警護する関東廂番の四番にみえる宇佐美三河前司祐清も、「祐」を通字とする宇佐美氏の一族である（『鎌』三二八六五号）。「宇佐美系図」に「宇佐美河内守正安」はみえないが、宇佐美氏が楠木氏の配下で活躍したことは、護良親王との関係から考えて明瞭である。年未詳五月一五日の楠木正成書状は、宇佐美駿河守と楠木七郎に宛てられている。(85)一三五七年（正平一二）一〇月に後村上天皇から藤原祐興は左兵衛尉に任じられ、翌年六月一五日に綸旨が「宇佐美周防権守館」に下された。一三五九年（正平一四）一二月に周防権守藤原祐興は下野守に任じられ、兵庫允藤原祐俊は兵庫助になっている。一三六〇年（正平一五）二月に、宇佐美宮内大輔（為成）は、後村上天皇によって伊豆・常陸・美濃国各所の宇佐美日向入道跡・宇佐美河内八郎左衛門入道跡の地頭職を、勲功の賞として宛行われた。ほかに、一三六六年（正平二一）五月に宇佐美伊豆守が大和国宇多郡東郷若童丸跡半分を後村上天皇綸旨によって、一三七二年（文中元）一〇月に宇佐美下野守（祐興）が和泉国毛穴《けな》五郎兵衛尉跡（堺市）を長慶天皇綸旨によって、与えられている。

なお、佐備氏については、和田系図裏書文書にみえる。『東極雑記』は、赤坂の南に大ケ塚村があり、石川村があり、大塚氏や石川氏の興る所であると説く。石川氏については、清和源氏が石川荘（大阪府南河内郡河南町一帯）に土着した一族で、「楠木合戦注文」にも楠木正成軍の中に、「石川判官代跡代百余人」がみえるので正しい。[86]しかし、佐備氏や大塚氏についての説は確証を欠く。神宮寺氏や恩智氏は大阪府八尾市恩智に鎮座する河内国高安郡恩智神社との関係が密接であるという。ちなみに、神宮寺氏は恩智神社の供僧一族であるというし、恩智氏は恩智神社を氏神とするといわれ、付近の恩地城を根拠とし、建武年間に恩地左近（左近将監恩智満一）がここにあって、正成、のちには楠木正行に従ったという。同社は、枚岡神社が河内一宮であるのに対して河内二宮として信仰を集め、枚岡神社が「元春日社」といわれるのと同様に、「元春日」として春日大社・枚岡神社・恩智神社は神縁を結んでいた。これまでに述べたように、中河内地域を拠点としていた楠木氏と恩智神社が位置する南河内は、旧大和川水系を通じて直接結ばれ、楠木氏が根拠とした赤坂城・千早城は、大和国との国境を占める金剛山の山裾に位置していた。そのような地勢からみて、楠木氏が南河内に一族や拠点を持っていたことが理解できる。

次に楠木正成の所領について補足すると、摂津国昆陽野《こやの》荘がある。摂津国昆陽（野）荘は、川辺郡の荘園で、現在の兵庫県伊丹市のほぼ中央付近にあった。一三三三年（元弘三）の浄宝上人書状によると、本荘は鎌倉期に東西に分割され、西方は高野山安養院領、東方は後宇多院発願の槇尾山平等心王院（西明寺）領であった。これを建武政権下で楠木正成が賜ったことに対し、上人は返還を訴えている。

土佐国安芸荘は安芸郡の荘園で、現在の高知県安芸市付近にあった。安芸平野と安芸川上流周辺地域にあたる。一二五〇年（建長二）一一月の九条道家惣処分状が初見史料である。同年、道家女藤原全子に譲られたあと、一二八六年（弘安九）には二条家領となり、さらにそののち皇室領となった。西明寺文書の前後欠の書状によれば、この差出人とされる金剛頂寺の住持などを勤めた浄宝（頼堅）上人は、楠木正成の某荘荘務を改替するために当荘を正成に与えようとしており、「そま山ひろき」当荘は正成にとっても好都合とされている。この某荘が摂津昆陽荘で、安芸荘の杣山からの材木で摂津・河内の寺社の造営をおこなったと考えられる。

楠木氏が関係した所領は、西国だけではない。常陸国久慈西郡瓜連《うりつら》と出羽国屋代《やしろ》荘が正成の所領であった。出羽国屋代荘は置賜郡の荘園で、現在の山形県東置賜郡高畠町一帯に位置した。摂関家領荘園で、左大臣藤原頼長の『台記』一一五三年（仁平三）九月一四日条が初見史料である。保元の乱で敗死した頼長の所領は没収され、後白河天皇の後院領（皇室御領）となった。鎌倉期の地頭は政所別当大江広元で、次男時広（長井氏祖）に相伝されたが、元弘の乱で没収され、一三三四年（建武元）四月九日の後醍醐天皇綸旨によって地頭職は楠木正成に宛行われ、正成の代官が入ることになった(87)。また、一三三六年（延元元）二月六日、常陸守護佐竹貞義の子義冬と常陸国久慈西郡に戦い義冬を倒した、正成の代官左近蔵人正家なる者がみえる。正家は正成の弟ともいわれ、久慈郡（那珂郡）瓜連城を根拠地にしていた。佐竹幸乙丸や那珂一族が正家に加勢したという(88)。この地も北条氏の所領で、正成が建武政府から新恩としてもらった所であるという。このような東国に及ぶ正成一族の活動範囲は、得宗被官としての前身を考慮して初めて理解できるのである。

（1）「山椒大夫の原像」は『文学』二二巻二号に発表（一九五四年）、「散所――その発生と展開」は『史林』第三七巻六号に発表（一九五四年）。いずれも、のちに『古代国家の解体』（東京大学出版会、一九五五年）所収。
（2）黒田俊雄『歴史学の再生』校倉書房、一九八三年。のちに「楠木正成」「楠木正成の死」「楠木正成の再評価」の三編を合わせて「楠木正成」と改題し、『黒田俊雄著作集』第七巻（法藏館、一九九五年）に収録。
（3）網野善彦「楠木正成に関する一、二の問題」（『日本歴史』第二六四号、一九七〇年。のちに『悪党と海賊』法政大学出版局、一九九五年。また、『網野善彦著作集』第6巻、岩波書店、二〇〇七年、所収）。
（4）「得宗政権下の遠駿豆」（『静岡県史』通史編二、一九九七年）。
（5）三善為康の子息が行康・康光で、行康―行衡―長衡と続き、康光子息が康信・行倫・康清である。
（6）「続・関東御領考」（石井進編『中世の人と政治』吉川弘文館、一九八八年）。「得宗政権下の遠駿豆」（『静岡県史』通史編二、一九九七年）。
（7）中村直勝「東大寺領大部荘」（『歴史と地理』第二九巻三～六号、一九三二年。のちに中村直勝著作集第四巻『荘園の研究』淡交社、一九七八年、所収）。
（8）『小野市史』第一巻、四〇四頁（小西瑞恵執筆）参照。史料については、『小野市史』第四巻（史料編Ⅰ）所収「大部荘関係史料」の番号を「㊅番号」で表記する。
（9）鎌倉幕府の承認を得るのに一年四カ月かかり、一三一〇年（延慶三）八月二三日の六波羅施行状によって公武の両面にわたる東大寺への寄進手続きが完了した（『鎌』二三八四一・二四〇四七・二四四一九号、参照）。新城常三『中世水運史の研究』（塙書房、一九九四年）による。
（10）この輔得業は、東大寺領兵庫関誕生のため、「大輔五師御房」と共に貢献した「少輔得業御房」ではないかと考える。一三一一年（応長元）八月の如道中状案（『鎌』二四四一九号）参照。
（11）京尊については、一二二六年（嘉禄二）三月二二日に、京尊が金剛峯寺御荘内の田地一八〇歩を米六石で買得した高古貞近田地売券がある（『鎌』三四七七号）。
（12）私は『小野市史』において、讃岐公と石川玄観が同一人物である可能性を指摘したが、別人だと訂正したい。石川玄観は、のちに楠木正成軍に属した南河内の石川源氏の可能性が考えられる。

(13)『小野市史』第一巻、四一三～四一六頁（小西執筆）参照。
(14)網野註(3)前掲論文参照。
(15)吉川弘文館、二〇一一年。
(16)『越智家系譜』や越智氏については、『高取町史』（一九六四年）「第二章 大和武士の活躍」参照。
(17)小串範行については、伊藤邦彦「鎌倉時代の小串氏について」（『日本歴史』第六二五号、二〇〇〇年）が従来の小串氏研究を通覧し、在京人で六波羅探題北条常葉範貞と被官関係にあり、得宗被官ではないと結論する。また、一族の出自は上野国御家人で、承久の乱後近江・伊勢に進出するが、鎌倉末期には在京人、あるいは探題被官として活躍し、幕府滅亡後も出仕し奉公衆になるなど詳細を述べる。
(18)一三三三年（正慶二）閏二月の楠木合戦注文（『太平記』巻第六「楠出張天王寺事付隅田高橋幷宇都宮事」）。
(19)宮内庁書陵部所蔵文書、『岐阜県史　史料編　古代中世補遺　東京都』。
(20)『新修　大阪市史』第二巻（一九八八年）、三四五頁参照。
(21)第二部「第一章　中世畿内における武士の存在形態」の摂津渡辺党についての記述を参照されたい。
(22)渡辺惣官家文書は、広橋家所蔵、『大和下市史　資料編』（一九七四年）所収。
(23)『中外抄』『続古事談』。
(24)『九条家文書』一二二九六号。
(25)俊光の子息権中納言日野資朝は、後醍醐天皇に重用されて倒幕計画の中心人物として活躍し、日野俊基と共に一三二四年（正中元）正中の変で逮捕された。資朝は佐渡に流罪となり、俊基は許されたが、いずれも元弘の乱が起こった際に斬殺された。
(26)水走文書は江戸時代の写本で、東大阪市東石切町の千手寺所有、大阪歴史博物館寄託。
(27)枚岡市史編纂委員会編『枚岡市史』第三巻（一九六六年）史料編一、三九六・三九七頁。
(28)梅原猛『観阿弥と正成――うつぼ舟Ⅱ』角川学芸出版、二〇〇九年。
(29)『昭和の創作「伊賀観世系図」』ぺりかん社、二〇一〇年。
(30)本郷恵子『中世公家政権の研究』（東京大学出版会、一九九八年）二〇六頁。橘知宣に始まる橘氏の「知」を通字とする一流が、西園寺家の所領経営のエージェントの役割を果たしたと述べる。

(31) 同じ一三一一年（応長元）後六月二一日に、阿波国吉野河新関を停止すべきとの院宣が尚清法印の訴えを受けて出された（疋田家本『離』、伏見上皇院宣写）。

(32)『南北朝遺文』関東編第一巻、四四三号。

(33) 原田正俊編『天龍寺文書の研究』（思文閣出版、二〇一一年）所収、一七号文書。

(34) 世良親王の乳父（養育係）は北畠親房で、世良の死を悲しんで出家し政界を引退した。法名宗玄（のち覚空）である。出家の翌年に元弘の変が始まり、ついで建武新政となるが、親房はこの時期に表立って活躍していない。

(35) 小池勝也「鎌倉末期から南北朝期にかけての聖尊法親王の動向」（『鎌倉遺文研究』第三七号、二〇一六年四月）は、第五八代醍醐寺座主聖尊法親王の法脈と院家・院領や立場について詳細である。

(36)『大日本古文書　醍醐寺文書之二』二六五号の後宇多法皇院宣案。網野註(3)前掲論文参照。

(37) 道祐は文観を通じて後醍醐から厚い信頼を寄せられた側近で、のちに第六三代醍醐寺座主に任じられ、一三三四年（建武元）には東寺二長者に補された。建武新政権が崩壊し後醍醐が吉野に入った時、道祐はすべてを捨てて吉野の行宮に参住し、後醍醐の没後は隠遁したという。

(38) 中井裕子「世良親王遺領と臨川寺の創建」（註(33)前掲書所収）。

(39) 豊田武「元弘倒幕の諸勢力について」（『文化』三一巻一号、一九六七年。のちに豊田武著作集七巻『中世の政治と社会』吉川弘文館、一九八三年、所収）。

(40) 一七〇〇年（元禄一三）成立の『泉州志』に「楠左兵衛尉成康二男太郎親遠河内より移って、泉州和田村に住す。故に和田と号す。その子四郎高遠に嫁して正遠を生む」としている。なお、堺市南区和田の多聞寺（高野山真言宗）については、『上神谷《にわたに》下条《げじょう》・陶器地区の美術工芸』（堺市教育委員会、一九九五年）参照。

(41) 当社には一六九一年（元禄四）の渡辺主殿領分寺社改帳（池田家文書）により、一五一八年（永正一五）からの「宮座入之記録」が存在していたと分かる。この宮座はいわゆる上神谷若松荘下条の四カ村を氏子圏としていた（註(40)『上神谷下条・陶器地区の美術工芸』）。

(42) 小谷氏は三代政有の時の一二三一年（寛喜三）小谷城を築き、九代則常の時、一族を率いて笠置に馳せ参じて戦死、その子左近将監常信らが諸所の合戦で戦功を立て、一一代常儀は建武年間に栂に西山城を築いたという（井守国俊編輯「上神谷史抄」泉ヶ丘町史編纂委員会、一九五五年）。豊田の小谷家は東と西に分かれるが、東小谷家の小谷城郷土館は近世以降の文化財を多く所蔵する（『上神谷上条・美木多地区の美術工芸』堺市教育委員会、一九九八年）。

(43) 堀内和明「河内三善氏の和泉へのまなざし」（泉佐野の歴史と今を知る会編『地域論集Ⅴ　南北朝内乱と和泉』、二〇一五年）。大鳥荘の悪党については、黒川光子「和泉国における南北朝内乱――大番舎人と悪党の関係を中心に――」（『ヒストリア』第七三号、一九七六年）、小泉宜右『悪党』（吉川弘文館、二〇一四年、一九八一年初刊）参照。

(44) 一四一六年（応永二三）三月二八日、河内水走氏の近隣の国人（私市忠宗・辻忠世・若松長興・向兼直・長尾行通・小山行憲）六人が、水走氏の当知行・不知行注文を保証した連署請文写がある（水走文書）。若松長興は国人領主として健在であった。

(45) 久曽神昇編『湖山集』汲古書院、一九九五年。「湖山集」は江戸時代中期に滋賀県金剛輪寺で編纂され、のちに室町時代以後のものを割愛して平安・鎌倉時代の逸品を蒐補した「古筆手鑑」である。

(46) 以下、『尊卑分脈』第二篇、一一八～一一九頁参照。顕誉・隆誉の父は正四位下宮内卿藤原顕相だが、顕誉の父は伯父正三位権中納言雅藤とする。雅藤は一三〇八年（徳治三）五月一八日に六一歳で薨去した。隆誉の従兄弟である雅藤子息が蔵人頭雅俊であるが、その兄弟教雅は顕誉僧正弟子とある。

(47) 石田浩子「醍醐寺地蔵院親玄の関東下向」（『ヒストリア』第一九〇号、二〇〇四年）の図参照。

(48) 御修法は天皇の身体安穏と国家の安泰・繁栄を祈って、毎年一月八日から七日間、宮中真言院でおこなわれた真言宗の重要な儀式で、元日から七日までの節会の後の、七日間の修法から「後七日」といい、「真言院御修法」ともいう。同年八月に東寺一長者となる光誉（安祥寺）を導師としていた。

(49) 奈良市在住の池田宏氏所有の和泉和田文書は、一九九四年（平成六）年度に京都府立山城郷土資料館に寄託された。田中淳一郎「和泉国和田文書目録」（『山城郷土資料館報』第一三号、一九九五年）参照。従来からの『群書類従』巻一七八―一四四～一六五の「和田文書」「和田系図裏書」も参照。さらに、註(43)『地域論集Ⅴ　南北朝内乱と和泉』所収の井田寿邦編「史料篇　和田文書・和田関連文書」（論考「古文書に探る和田家の人々」を付す）は和田氏の史料を網羅して検討し、「和泉国の在地領主和田氏の展開」は和田氏について論述する。

(50) 森茂暁によれば、大塔宮令旨の初見は、『花園天皇宸記』一三三二年（元弘二）六月六日条にみえる熊野山より執進した令旨である（「大塔宮護良親王令旨について」〈小川信編『中世古文書の世界』吉川弘文館、一九九一年〉。のちに森茂暁『中世日本の政治と文化』思文閣出版、二〇〇六年、所収）。同論文内大塔宮令旨六三点の一覧表の四七番にこの脇家文書がある。

(51) 一三三二年（正慶元）一二月五・一九日の隅田一族中宛六波羅軍勢催促状・六波羅感状（『橋本市史　古代・中世史料』、二〇一二年）。

(52) 建武新政権成立後、後醍醐天皇が最も崇敬した東寺法務僧正弘真（文観）は、一三三五年（建武二）三月に東寺一長者に任じられた。同年一二月、後醍醐天皇と弘真が金剛寺本尊として仏舎利五粒を施入するなど、金剛寺とは深く結ばれていた（『金』一三五・一三六号）。一三三八年（延元三・暦応元）七月に、後醍醐天皇は和田荘領家職を金剛寺寺僧中に支配させた（『金』一四四・一四五号）。

(53) 和田氏が南朝に帰属した理由に、八条院領を伝領した後醍醐天皇と金剛寺との関係をあげる見解は、すでに飯倉晴武「畿内在地領主の一考察――和泉国和田氏の場合――」にみえる（『書陵部紀要』一五、一九六三年。のちに飯倉晴武『日本中世の政治と史料』吉川弘文館、二〇〇三年、所収）。

(54) 北条氏系図は治時を、時頼―遠江守宗時―遠江守時守―阿曾治時（時治）とする。なお、一三三三年（正慶二・元弘三）五月二九日の隅田三郎左衛門尉（忠長）宛阿曾時治宛行状（『鎌』三二二二〇号・『橋本市史　古代・中世史料』、二〇一二年）参照。

(55) 和田文書に、護良側近の一人四条隆貞が袖判を据えた一三三三年（元弘三）一二月二七日の和泉国宣（『大日』六―一―三四〇）が存在することから、和泉国は少なくともこの時までは護良の知行国だという。森註(50)前掲論文参照。

(56) 八木法達については、堀内和明「八木弥太郎法達の系譜と位置」（註(43)前掲書所収）が詳細である。

(57) 『石清水八幡宮八幡宮史』史料第五輯（続群書類従完成会、一九三五年初版）二五九頁以降参照。助康が亡くなった後の一三五二年（正平七）一二月、南朝河内守楠木正儀は和田蔵人助氏に金太郷惣判官代職・長曾根郷司職を安堵した。翌年七月一九日に楠木正儀の国宣が出された。同年八月一九日、正儀はこれに対する違乱を橋本五郎左衛門尉に停止させているが、一三五四年（正平九）三月に河内国一在庁古市（伊賀）憲康が惣判官代職金田長曾根郡司書生以下所職の安堵を河内国守正儀に訴えた（『大日』六―一八―二三〇〜二三三・七七一〜七七三）。古市憲康は北（伊賀）重康の一族であるが、和田助氏の支配は覆せなかったと思われる。

(58) 佐藤進一『［新版］古文書学入門』（法政大学出版局、一九九七年初版）二三七・二四三頁参照。

(59) 放光寺（高野山真言宗）は堺市南区美木多上一七七。蕨別所も中世和田荘に属し、現在の堺市南区別所にあたる。蕨別所俗別当職を和田氏が支配した初見は、一三三三年（元弘三）一二月二七日の後醍醐天皇綸旨で、一三七五年（永和元）七月の蕨別所公文大中臣助明等文書紛失状によると、蕨別所法蔵寺・法華寺は近衛家の御願寺で、寺領は代々の御祈禱所であった。この紛失状には、公文助明・惣下司大中臣助氏・地頭藤原秀督・領家金剛寺・公文阿闍梨憲範がみえる（奥野家文書、『和泉市史』第一巻、一九六五年）。

(60) 勝山清次編『南都寺院文書の世界』思文閣出版、二〇〇七年。

(61) 『城陽市史』第三巻（一九九九年）の七二九〜七三四頁（とくに東大寺西室雑掌重言上状案、東大寺文書第一回採訪三）参照。賀茂荘については、阿部猛『中世日本荘園史の研究』（大原新生社、一九六七年）、『加茂町史　第一巻　古代・中世編』（一九八八年）、渡邊浩史「流通路支配と悪党――東大寺領山城国賀茂庄の悪党――」（『年報　中世史研究』第一六号、一九九一年）参照。賀茂荘悪党の初見史料である一二八九年（正応二）三月一〇日の六波羅請文案に、「賀茂庄悪党」としてみえる右衛門入道は「大菜庄住人」でもあった（『東大寺未成巻文書』一―一二―三、東大寺図書館架蔵）。この大菜荘は、一一四一年（永治元）一一月二一日の東大寺公文所陳状案にみえる大菜《おおなぎ》来荘（大棗《おおなつめ》荘）である（『平』六―二四五三号）。

(62) 大安寺領石打荘（大和国添上郡、奈良市月ヶ瀬付近）については、『春日大社文書』第二巻（吉川弘文館、一九八一年）四三一・五六四号参照。西田友広「大和国の廿人の悪党と興福寺・幕府――西大寺所蔵『大乗入道次第科分』紙背文書から――」の表「大和国の地頭関連史料（稿）」に五六四号がみえる（『古文書研究』第五九号、二〇〇四年）。

(63) 土屋宗直については、『門真市史　第二巻』一八三〜一九〇頁（小西執筆、一九九二年）参照。八尾城の旧跡付近との説もある常光寺（八尾市本町五丁目）本堂横の墓地に、一三三八年（延元三）当地で病死したという八尾別当権僧正顕幸の墓がある。

(64) 櫻井彦によると、教念は正安年中（一二九九〜一三〇二年）に長洲荘の開発田をめぐって鴨社と相論になったが、教念の主張は退けられた。教念は権利を主張し続け、東大寺側から下作人の身で興福寺の寄人と号し開発田を寄進し、東大寺側から「強盗人教念法師」と非難された。さらに春日神人教念は、一三〇七年（徳治二）京都八坂法観寺の造営費用として摂津国三カ所（一洲・兵庫・渡辺）津料（目銭）が勧進上人釈運に宛てられた際、現地で目銭徴収の実務に当たり、一三一〇年（延慶三）守護代を打擲刃傷する事件を起こしている（櫻井彦「悪党教念と「八坂目銭」」〈悪党研究会編『中世荘園の基層』岩田書院、二〇一三年〉）。

(65) 生駒孝臣「中世前期の畿内武士と公家社会――鎌倉後期の摂河泉武士の事例を中心に――」（『ヒストリア』第二〇三号〈二〇〇六年度大会特集号〉、二〇〇七年。のちに生駒孝臣『中世の畿内武士団と公武政権』戎光祥出版、二〇一四年、所収）。

(66) 『太平記』巻第一一には、峯僧正俊雅を後醍醐天皇の母方の親戚と記し、同じく巻第二五の註では五辻忠継―経氏―俊雅で忠継の孫、実は経氏の弟宗親の子とする。叔母にあたる忠子は後宇多院妃で後醍醐天皇の母の談天門院とする（日本古典文学大系『太平記』〈岩波書店、一九六〇・六一年初版〉一の三七七頁・二の四四八頁参照）。

(67) 網野善彦「中世前期の瀬戸内海交通」（海と列島文化九『瀬戸内の海人文化』小学館、一九九一年）、本郷恵子『京・鎌倉　ふたつの王権』（全集日本の歴史第六巻、小学館、二〇〇八年）。

(68) 龍粛『鎌倉時代　下』春秋社、一九五七年。網野善彦「西園寺家とその所領」（『国史学』第一四六号、一九九二年）。

(69) 『太平記』巻第八の赤松勢が六波羅勢を破った一三三三年（元弘三）三月一一日の瀬河宿（大阪府箕面市瀬川、西国街道の一駅）の合戦に、平野伊勢前司（公郷）がみえ、『日本古典文学大系　太平記一』は名を公郷とする。岡見正雄・兵藤裕己は播磨国明石郡平野荘（明石市内、実は神戸市西区平野町地域付近）出身の武士とするが、検討を要する。勝尾寺も、赤松方の二条殿法印御房（殿法印良忠、関白二条良実の孫で大塔宮の執事）の手の者、渡辺源内左衛門尉覚に兵糧二〇俵を送り瀬川宿で受け渡した（『鎌』三二四三六号、元弘三年七月、勝尾寺住侶等申状案）。

(70) 『藤井寺市史』第四巻史料編二下、一九八五年。『新修　大阪市史』史料編第三巻中世Ⅱ、二〇〇九年。

(71) 戦国期に自治都市平野で、「平野殿」と称される杭全神社神主坂上氏の平野甚三郎が三好長慶の重臣松永久秀から平野内中野分を宛行われ、松永久秀配下の本庄加賀守・松永孫六に実行を命じている。一五五二年（天文二一）一二月一九日の松永久秀書状（『戦』一巻三五〇・三五一号）。天野忠幸『戦国期三好政権の研究』二五三頁参照。

(72) 本郷恵子『中世公家政権の研究』（東京大学出版会、一九九八年）二九八頁参照。
(73) 公宗の伯父の大宮入道右大臣季衡は、一三四六年（貞和二）五月二五日、五八歳で死去した（『竹向記』）。
(74) 新田一郎『太平記の時代』（日本の歴史一一、講談社、二〇〇一年）一〇二頁。
(75) 中院具光申状（『寝屋川市史　三』〈二〇〇五年〉一五五号）。足利尊氏寄進状案（同書一五八号）。
(76) 執事高師直奉書（『寝屋川市史　三』一六一号）。河内守護細川顕氏書下（同書、一六二号）。
(77) 「元弘倒幕の諸勢力について」と「湊川合戦の一史料」（豊田武著作集七巻『中世の政治と社会』吉川弘文館、一九八三年。後者の発表は一九三五年）。
(78) 今枝愛真『中世禅宗史の研究』（東京大学出版会、一九七〇年）「第三節　足利義満の相国寺創建　二　義満と日野宣子との関係」。また、大塚実忠「岡松一品のこと」（『禅文化研究所紀要』第二六号〈永島福太郎先生卒寿記念論集〉、二〇〇二年）、東京藝術大学大学美術館の展示カタログ『尼門跡寺院の世界』（二〇〇九年）参照。九条忠基は関白氏長者九条経教（後報恩院）の子息で、一三七五〜七九年（永和元〜康暦元）に関白を勤めた。
(79) 一二八八年（弘安一一）に、尼如観（有栖川尼御前）が新開新荘下司職・下司名田を栂尾（高山寺）に寄進した（『鎌』一六四八二・一六五七四・一六五七五号）。一三一七年（文保元）の山城高山寺文書に「新開新庄郷内都賀尾田伍段」がみえ、鎮守春日社と共に西園寺家の帰依が篤い栂尾高山寺の下司給田五段が新庄郷内にあった（『鎌』二六三八四・二六三八七号）。
(80) 安東蓮聖と嫡男平右衛門尉助泰が連署した一三〇二年（正安四）八月一二日の「書下」が和泉久米田寺文書にある（『鎌』二一一八九号）。
(81) 得宗被官安東蓮聖（一二三九〜一三二九年）は、一二六二年（弘長二）、西大寺叡尊のもとへ北条時頼の使者として赴いた。律宗寺院久米田寺を再興し、叡尊の高弟行円房顕尊を初代住持として招聘し、顕尊（福泊島勧進上人）の檀那であった。一三〇〇年（正安二）に顕尊が没すると、播磨福泊の築港事業を受け継いで、一三〇二年（乾元元）に福泊（兵庫県姫路市的形町）を完成させた。太田順三「「得宗被官」安東蓮聖再考」（悪党研究会編『悪党と内乱』岩田書院、二〇〇五年）は、国際関係を視野に入れて蓮聖を再評価すべきだと論じる。
(82) 『貝塚市史三　史料』、一九五八年初版。

(83)『東極雑記』によるか(『大日』六―三―四五〇参照)。佐備氏についても同じ項目に記す。
(84)脇家文書は隅田党関係文書を集録した『高野山文書』第一〇巻(高野山文書刊行会編、一九三六年)に収録されたが、脇氏は隅田党ではない。
(85)成簣堂文庫蔵「宇佐美文書写」(『成簣堂古文書目録』、一九三六年)三九一頁参照。
(86)西岡虎之助「石川荘の成立と河内源氏の発展」(『荘園史の研究』下巻一、岩波書店、一九三一年)。小西瑞恵「河内源氏の形成と展開――河内国石川荘を中心に――」(『大阪樟蔭女子大学論集』第一八号、一九八一年)。『日本荘園大辞典』(東京堂出版、一九九七年)の河内国石川荘(小西執筆)参照。
(87)東京大学文学部所蔵由良文書(『南北朝遺文　関東編』第一巻、七五号)。
(88)『大日』六―一三―六三・六四。正家は、このあと京都に帰り、河内に退去したらしい。一三四八年(正平三・貞和四)正月五日、高師直・同師泰軍と四条畷で戦い、楠木正行と共に戦死した。

第三章　東大寺領播磨国大部荘についての一考察

はじめに

大部荘とは、播磨国加東郡にあった東大寺領荘園で、加古川中流左岸の兵庫県小野市地域に位置していた。その成立の起源を求めると、一一四七年（久安三）に、東大寺領垂水（現神戸市垂水区）・粟生・赤穂（兵庫県赤穂市の千種川河口付近）三荘の替え地として、大部郷の田地・荒野一処を立券して成立し[1]（大二〇九、応保二年五月一日の官宣旨案、東南院文書）、一一五七年（保元二）八月の東大寺領播磨国荘園文書目録（大二〇八）にみえる荘名が初見とされるが、一一五三年（仁平三）頃、播磨知行国主藤原忠実が垂水荘など三カ荘を寺家の所領として、国衙に大部荘を収公するよう命じたため、ふたたび国衙が支配するようになった。『吾妻鏡』一一八八年（文治四）六月四日条に載る五月一二日付の後白河法皇院宣には、「播磨国（梶原）景時知行所々事」として、賀茂郡の「福田庄・西下郷・大部郷」がみえ、景時（の郎従等か）の違乱の停止を命じている（大二一六）。しかし、治承・寿永の内乱後、兵火で焼失した東大寺の再建のため、大勧進職となった俊乗房重源が後白河法皇に申請して、大部荘は宋人大工陳和卿に与えられ、陳和卿が東大寺に寄進し、重源が開発することになった。一一九二年（建久三）八月二五日の官宣旨案によると、一一四七年の宣旨に則って、東大寺領大部荘の四至「東限大墓、西限賀古川、南限河内村、北限南条」を確定し、朽ち損じた牓示（荘域を示す杭などのしるし）を新しく建てることを命じている(六)二一七、浄土寺文書)。この時の荘域は、東が浄土寺のある浄谷町付近、西は加古川、南の河内村が、『播磨風土記』にいう河内里と関係があるところから山田町の住吉神社付近と推定される。北限の南条は、一四七八年(文明一〇)に「播州福田保南条」とみえ、古川町の東条川を越えた付近と考えられ(「政所賦銘引付」同年九月三〇日条)、ほぼ現在の小野市の主要な地域を占めていた。

以後の大部荘は、東大寺の重要な荘園として中世を通じて存在し、豊臣秀吉の時代まで存続した。その歴史をたどると、鎌倉初期の重源による播磨別所浄土堂(浄土寺)の建立と荘園の開発、地頭や悪党の非法跳梁、荘園を直接支配した荘官としての公文一族の公文職相続の争論、百姓等の農業経営の展開、惣と土一揆など、中世社会の歴史を明確に示す典型的な寺領荘園であり、史料も豊富に残されているためか、最近とくに研究が進展している[2]。私は、たびたび大部荘について論じてきたが、これまでに述べる機会がなかった大部荘の諸問題についての検討をおこない、さらに研究が進展するための問題提起にしたいと考える。

一　大部荘の開発と支配地域について

最近の荘園研究は非常に精緻になっており、主要な荘園については長い時間をかけた網羅的・組織的な現地調査が実施されてきている。大部荘についても例外ではなく、大部荘の荘域中心部の圃場整備事業を前にして、小野市教育委員会が主体となり、京都大学文学研究科大山喬平教授(当時)を委員長とする大部荘調査委員会が組織され、一九八九年(昭和六三)より多数の調査員や調査補助員の協力を得て、「大部荘遺跡詳細分布調査」が実施された。その成果として、『播磨国大部荘現況調査報告書』Ⅰ～Ⅶ(一九九一～九八年)が刊行されている。ほぼ同時期に筑波大学中世史研究会も現地調査をおこなっており、その記録は、「播磨国大部荘第一回現地調査の記録」(一九九〇年＝平成二年)から「播磨国大部荘第六回現地調査の記録」(一九九五年＝平成七年)まで、筑波大学日本史談話会編集・発行の『日本史学集録』（第一〇号・第一一／一二号・第一四号・第一六号〜第一八号）に収録されている。この現地調査の成果も、苅米一志「荘園村落における寺社と宗教構造――播磨国大部荘を素材として――」などに結実している。また「大部荘遺跡詳細分布調査」と関連して、服部英雄「調査研究の方法　一　現地調査と荘園の復原」のうち、「2　荘園景観の遡及的復原法――播磨国大部荘を素材として――」（『講座日本荘園史1　荘園入門』）や、橋本道範「播磨国大部荘」（石井進編『中世のムラ――景観は語りかける』）および、川端新「Ⅰ　荘園の開発」「解説　播磨国大部荘の開発と水利」（『荘園を読む・歩く――畿内近国の荘園――』）が発表されている。

これらの悉皆的な現地調査の成果は、大部荘を研究しようとする際に前提となるものなので、次にそれぞれ具体的に成果を検討する。

（1）　服部英雄「荘園景観の遡及的復原法――播磨国大部荘を素材として――」

大部荘故地は巨視的にいって次の四つの地形に区分されるとする。

①標高二七メートル前後、近世の新田村である住永（敷地新田）が位置する低位河岸平野、加古川水面との比高差は約四メートル。

②高田、敷地、王子、葉多、久茂、下大部、片山等大部荘公文方の主要集落が立地する標高三三〜三四メートルの中位河岸段丘で、加古川との比高差は約一〇メートル。

③鹿野、小野町、黒川等が立地する標高四七メートル以上、東方の山際まで広範に拡がる高位河岸段丘で、中世には鹿野ヶ原と呼ばれた一帯。

④東方丘陵とその間に形成された谷水田で、重源が建立した浄土寺のある浄谷等集落。

また用水関係については、大部荘域の基幹用水である王子大池（一六二四年＝元和一〇年造成、谷水と万勝寺川上流の堰から引いた水路＝長尾溝または殿溝、によって集水）と、寺井（取水源は東条川最末の取水堰・乙井と、旱魃時に利用される加古川本流の大日堰＝現在は廃止）を検討し、寺井は『加東郡誌』のいう鎌倉初期創設説は採用しがたく、小野藩による近世初頭の工事に起源を持つと断定している。

さらに中世的景観の復原をおこない、四〇点近くある大部荘の名寄帳、内検帳類で、中世の耕地状況を復原している。そのなかには、中世文書にみえる池・溝・井料等も含まれる。

また高位段丘において、とくに黒川の二郎丸、鹿野の秋長などは、一二六七年（文永四）の大部荘損毛注文㊅二五二、大部荘早田損亡坪付注進状（後欠））にみえる二郎丸名、秋永名と一致する名地名で、中世名主屋敷を示唆する地名として貴重であることを解明している。

（2）　橋本道範「播磨国大部荘」

次のように、水利システムの概観をおこなっている。

(a)段丘面上や段丘崖下の湧水を利用したもの
(b)段丘面先端の谷上の地形をたくみに利用して築かれた溜池によるもの——浄谷面・小野面
(c)下刻した河川の上流より取水する長距離用水路によるもの
(d)余水を受けるために段丘面先端以外の場所に築かれた溜池。葉多面・沖積平野は、(a)(b)(c)のいずれも大切。

また、鹿野原の開発について、重源の再開発が北の福田保との相論を惹起していることから、加古川・東条川より取水する水利の再編、すなわち葉多面の再開発を伴っていた可能性を指摘する。最大の特徴は小野面への着目で、浄土寺山・高塚山よりの天水を浄谷面先端でいかに効率よく集水するかが、そのポイントだとする。北池を見下ろす位置に別所は設定され、「別所敷地之内」として「常々荒野」「鹿野原（小野面）」の開発が、貧富の差を超えて結集した二〇〇名を超える人々によって担われたのではないかと推論している。史料は、「浄土寺木造阿弥陀如来立像銘」（『兵庫県史　史料編中世四』所収の「造像銘・棟札等」）である。さらに、重源死後の一二〇七年（建永二）に、結縁者の一人王久清が東大寺東南院院主定範より公文職に補任されたことを指摘している（㊅二二九、大部荘公文職補任状案）。原方と里方の地域については、一五二一年（永正一八）四月二一日の大部荘百姓等連署請文により、原方＝鹿野原村――浄谷・黒川・中島・広渡（元は土橋）、里方＝古河（古川）・高田・鹿野・敷地・王子・畑（葉多）・雲（久茂）村・下大部・片山、としている（㊅五九九）。

（3）川端新「I　荘園の開発」「解説　播磨国大部荘の開発と水利」

高位・中位・低位の三つの段丘面を指摘している。

中世史料によると、大部荘は大きく原方（中位段丘面）・里方（低位段丘面）の両地域に分かれる。重源が着目したのは、未開の山野の鹿野原（原方）であった。中・高位段丘面の村々（現在の浄谷・黒川・中島・広渡）は今でも原田と通称され、重源による「原田八十町」（八十八町とも）の開発伝承が残るとして、浄土寺の南西にある地蔵池に関する言い伝え（別名濁り池、原田八十町を一夜にして開墾した上人さんが鍬を洗った所で、重源の忌日である六月四日の早朝だけは澄む）や、地蔵池の北にある北池のほとりには、近年まで鞍掛松があったことを記す（『大部荘現況調査報告書』Ⅲを参照）。史料は、一一九七年（建久八）六月一五日の重源譲状案（㊅二二四）、一三七二年（応安五）八月一一日付の浄土寺縁起などである（㊅四四六）。

以上の成果の総括を試みると、川端新が述べているように、大部荘の諸地域についての分類は錯綜している。

高位・中位・低位の河岸段丘の各地域に加え、低位平野と浄土寺の山麓部をどのように分類するかによって、諸説には微妙な違いがある。しかし、立荘直後の重源による原田＝鹿野原の開発とその地域や、里方の地域については、ほぼ一致している。大部荘の寺社と宗教構造を分析した苅米一志「荘園村落における寺社と宗教構造——播磨国大部荘を素材として——」も、重源の別所と鹿野原の開発と、王子権現の氏子圏と開発の意義を明らかにしている。すなわち、原方と里方の宗教構造は、前者が浄土寺鎮守八幡宮の氏子圏、後者が王子熊野権現（現小野市王子町の熊野神社）の氏子圏というように、異なった宗教構造を示し、それは大部荘の開発と密接に関連しているというのである。この原方と里方については、川端新が橋本道範の分析を参照しながら、それぞれ中位段丘面と低位段丘面にあたると総括している。このような妥当と思われる川端新の見解にも、一つだけ問題点がある。それは、上方・下方と原方・里方とを区別して、上方・下方とは水利体系による地域圏だとしている点である。そうだとすれば、それはどのような水利体系なのであろうか。それについては、これからの検討課題としているので、明確ではない。しかし、私は、公文職には「上公文職」と「下方公文職」があり、後者は「当庄里方一方公文職」とみえる「里方」と一致すると考えられるところから、大部荘では、「里方」が「下方」、「原方」が「上方」だと考える(3)。

また、水利関係については、服部英雄の仕事や、橋本道範や川端新の仕事によって、ほぼ明らかになってきたと思う。問題となるのは、服部英雄が寺井の鎌倉初期創設説を否定し、小野藩による近世初頭の工事に起源を持つとしている点である。片岡正光「加古川流域における井堰の起源——大部庄寺井堰の場合」も、寺井の創設時期を検討した結果、基本的には服部説と同じく寺井堰の小野藩による創設を明らかにし、寛文年間（一六六一～七三年）に時期を限定している。しかし、この問題については、川端新も簡単に触れているように、神生昭夫「中世荘園遺跡の研究（1）」が、内検帳にみえる「道陸溝狭間《とうろくみぞはざま》」が、一二世紀後半に造られた寺井溝と溝池尻の分流とが合流する付近であることを述べているし、川端自身も中世史料にみえる荘園地名「イオダ」が「公文方伊王名」にあたるという事実から、寺井の中世創設説を主張している。この問題については、より慎重な検討が必要であろうが、以上の片岡や川端による実証をみるだけでも、寺井の近世創設説には無理があると考えざるをえない。私は早くに「播磨国大部荘の農民」で、東大寺領としての立荘後に浄土寺周辺の浄谷・黒川・中島・土橋（現広渡町）の地域が、原方（後の原田）として開発されたことを実証し、室町時代の史料にみえる浄谷南池の存在に注目した。寺井についても、鎌倉時代の開発に由来する可能性が大きいと思うので、寺井の鎌倉時代初期起源説に与したい。大部荘の開発は、重源による播磨別所を中核とした大部荘鹿野原の開発と東南院への寄進、重源の弟子である預所観阿・如阿の開発、開発と密接に関わった当地の久清王の公文職就任という過程を経ておこなわれたのである。

二　荘園領主東大寺の支配の変遷

荘園領主である東大寺の研究史は膨大である。最近のもので中世に限ったものとしては、永村眞や稲葉伸道、久野修義の研究がある。(4) 例えば、永村眞は、中世東大寺の形成過程について、東大寺別当・政所の成立から変容、「院家」の創設と発展、寺内僧団の形成と年預五師を論じ、中世東大寺の再建活動や中世東大寺の諸階層と教学活動、東大寺油倉の成立とその経済諸活動などについて、詳細に論じている。播磨国大部荘の支配については、鎌倉時代は東南院を領家とし、寺家に対しては諸米を負担する寺領として存続したとし、大部荘公文職が任命され荘経営に当たるとともに、預所も任命されたが、活動については不明であるとする。(5) さらに、一三三八年（建武五・延元三）に領家職は東南院から惣寺に避出され、南北朝時代は年預所による直接経営がおこなわれたこと、また大部荘は領家方・地頭方に分かれ、東大寺が領家方を、山門法華堂が地頭方を保有したこと、その後、公文豊福次郎則光による押領を経て、領家職は惣寺から勧進方へ避出され、油倉が戒壇院長老（大勧進職）のもと領家職の実務を果たしたことを解明し、一四三〇年（永享二）の足利義教御判御教書により、大部荘が東大寺八幡宮領とされても、油倉が継続して荘経営に関与したことを明らかにしている。

鎌倉時代の大部荘の支配については、すでに、一九七六年（昭和五一）に稲葉伸道が、大部荘の荘務権が一二九五年（永仁三）に惣寺に移った事実を述べ、「惣寺とは、政所系列に対する学侶・衆徒・堂衆など、東大寺僧集団全体を指す言葉」としている(6)。久野は稲葉の仕事を引用して、大部荘などの荘務権が、尊勝院・東南院・西室より惣寺に移動したことを述べている(7)。永村も、のちに稲葉説を採用して見解を訂正している。そこで、関連史料を引用して大部荘の荘務権の移動をまとめると、次のようになる。

①一一九二年（建久三）九月二七日の造東大寺大勧進重源下文案（(大)二一九）

荘内の別所に建立された浄土堂を中心として開発が進められる。大部荘の形成。

②一一九七年（建久八）六月一五日の重源譲状案（(大)二二四）

大部荘と荘内別所は、東南院院主定範（含阿弥陀仏）に譲られる。寺家に対しては、最勝講等分加分米・八幡宮法華八講米・顕密供米等を負担。

③一二〇七年（建永二）正月の大部荘公文職補任状案（(大)二二九）

大部荘公文職が任命される。

④東大寺文書出納日記によると、一二三一年（寛喜三）にはおそらく惣寺に去り出された（(大)二三六）。しかし、すぐ西室院に戻されたらしく、一二六六年（文永三）までには、西室院から東南院の聖実僧正に譲られた（(大)二七三）。一二九五年（永仁三）閏二月の大部荘百姓等言上状によると、領家は「前領家」（東南院）から「寺家」（惣寺）に移っている。その後、一三〇七年（徳治二）頃にはふたたび東南院の管領となり

㊅三一七)、一三二一年(元亨二)には惣寺へ(㊅三五五)、一三二七年(嘉暦二)七月には東南院へ(㊅三五六)、建武元年分東大寺文書勘渡帳に「一通　自東南院大部庄避状　奉行永厳法橋」とあることから、一三三四年(建武元)には最終的に惣寺の管領となる(㊅三八三)。永村は東南院と惣寺の荘務の相違について触れている。

⑤南北朝時代以降、領家方と地頭方に分かれ、荘域も二分され、東大寺が領家方、山門法華堂(8)が地頭方を保有した。

⑥一三七九年(康暦元)五月八日の大部荘公文職補任状案によると、惣寺から「勧進方」(大勧進職)への「避出」を経て、油倉が領家職の実務を果たすことになった(㊅四四八)。

このように、大部荘の経営の変遷については、重源による大部荘の開発と東南院支配→東南院・西室院・惣寺の間の移動→惣寺→油倉ということになる。大部荘の領家職は東南院から惣寺に避出され、以後、南北朝時代を通じて年預所による直接経営がおこなわれたが、最終的に油倉が領家職の実務を果たしている。

以上の荘務権の移動のなかで、検討しなければならないのは、⑤の領家方と地頭方の問題である。確かに南北朝時代に大部荘は領家方と地頭方に分かれたが、地頭方がそのまま存続しえたとは考えられない。なぜならば、地頭方は南北朝時代に領家方に編入されたと推定できるからである。一三六四年(貞治三)一二月の大部荘年貢算用状に「地頭門田四町二段三十代元五町　残川成」とみえ、地頭領の中核であるはずの地頭の門田が、ここでは領家方に含まれている(㊅四四三)。

鎌倉時代の大部荘地頭は、兄弟の下村地頭と坂部地頭に分かれていた。このうち下村については、大部荘下方百姓等連署起請文にみえる「下方」と同じ「里方」にあたると考えられる(㊅三〇七)。また、大部荘雑掌某重申状案(後欠)に、「当庄坂部・種村・南村地頭代」がみえるところから、坂部(村)・種村・南村の三つの地名は、ほぼ同地域を指したと思われるが（(大)二九七）、室町時代の土地台帳に記載された耕地片の地字に、種村・南村がみえる。これらは小野市内の古川町・鹿野町・葉多町のどれかの地域ではないかと思われる。室町時代の大部荘領家方の耕地の地字に、かつての地頭方に属したものが含まれる事実も、地頭方が領家方へ編入されたことを示している。

　実は地頭領の変遷を考えるためには、鎌倉時代末から南北朝時代にわたる有名な大部荘の公文職争論を検討しなければならない。公文王氏一族の未亡人覚性と息子の未亡人性阿との争論のなかで、一三四六年（貞和二）五月の比丘尼覚心重申状案に、覚性の娘覚心の夫佐谷六郎左衛門尉政尊が謀反人になった事実が述べられている。佐谷氏は北条氏一族の佐介氏に仕える被官で、鎌倉幕府の滅亡と建武新政権の興亡というめまぐるしい播磨の政治的軍事的変転と、それに引き続く南北朝の動乱のなかで、謀反人とされたものと考えられるが（(大)四一三）、一三四六年六月・七月の大部荘公文性阿申状は、佐谷政尊は守護方に対する謀叛の罪科で逐電し、所職名田畠等、すなわち大部荘地頭職以下を残らず収公され、子息余類等の在所を捜索し逮捕するようにとの命令が出されたといっている。また、妻覚心も謀叛与同の罪科により逐電し、その所職名田等、すなわち下方一方公文職等は残らず収公されたとしている（(大)四二四・四二五）。このように地頭佐谷政尊の欠所地として没収された所職名田畠等は、守護一族の宇野孫二郎に給せられたが、東大寺が進止権を主張し、守護方がそれを認め、下方一方公文職は返却された。没収された大部荘地頭領は、この際、山門法華堂に与えられ、大部荘地頭方になったと推測される。

　一三四九年（貞和五）四月四日の室町幕府引付頭人上杉重能奉書案によると、山門東法花堂領播磨国大部荘地頭方雑掌が、往古用水（六ヶ井《ろくかゆ》）を切り落とすという乱暴をおこなっているが、おそらく佐谷政尊や守護方の動向と関係があると思われる（(大)四二八）。このような事件を雑掌が引き起こした地頭方の地域は、水利の条件からみて古川（小野市古川町、東条川が加古川に流れ込む地域一帯）ではないかと考えられ、ほかに鹿野や葉多の一部が地頭方であったと想定できる。一方、一三二三年（元亨三）七月五日の六波羅御教書案に、「播磨国窪木地頭白井八郎以下輩」が寺領大部荘に打ち入ったことがみえる（㊅三四四）。窪木は現在の小野市久保木町にあたり、大部荘の北端に位置するが、大部荘に打ち入り年貢を横領し、狼藉をおこなったため、東大寺から訴えられている。一三二二年（元亨二）一〇月の東大寺衆徒等申状案には、「坂部村地頭」と「鹿野村地頭代白井八郎定胤」がみえ、白井八郎は窪木地頭と鹿野村地頭代を兼任していた（㊅三三四）。これによると、鹿野村地頭が下村地頭であったことになるが、現在の小野市鹿野町は大部荘領家方の中心となる地域であったから、ここでは地頭方の地域を断定せず、領家方と地頭方が鹿野で入り組んでいたと考えておきたい。

なぜ山門法華堂領になった大部荘地頭方が、分散するような事態が生じたのだろうか。一二九九年（永仁七）の東大寺衆徒重申状案に、「大部庄内下村地頭岸野妙真」がみえるが（㊅二九五）、貞和年間（一三四五〜五〇年）の大部荘悪党交名注文にみえる「岸野次郎兵衛入道、同彦次郎」が子孫で、但馬の住人である（㊅四二九）。ここでは、大部荘地頭方の荘園領主山門東法華堂が、鎌倉時代の下村地頭の子孫を悪党の一味として糾弾しているのであり、室町幕府を巻き込んだ荘園領主と悪党勢力との激烈な政治的軍事的闘争があったと想定される。詳しい経過は史料にみえないが、このような背景のもとで、地頭方は分散し、ついに地頭門田が東大寺の領家方に編入されたのではないかと考える。

三　大部荘の悪党について

悪党とは何かという問いに対して、私は小泉宜右《よしあき》による超時代的悪党（社会的落伍者――平安時代末から近世の江戸時代までみられる悪人・悪者ないしその集団のこと――）と、一二七八年（弘安元）頃から出現する歴史的な意味を持った新興勢力としての悪党に分類する説を、現在でも妥当だと考えている(9)。最近の悪党論については、渡邊浩史《ひろちか》が、悪党の学説整理をおこなっている(10)。それによると悪党研究は、一九六〇年代までを「古典的研究史」、一九七〇年代以降を「新動向」とする。前者は石母田正以来の領主制理論の中での位置づけ（あるいは非領主制理論の中での位置づけ）によっているという。一九七〇年代以降、領主制理論の急激な衰退により悪党研究も激減し、この時期の研究としては山陰加春夫・新井孝重らを数えるだけであったが、一九八〇年代以降、渡邊浩史・櫻井彦《よしお》・小林一岳・海津一朗らの若手研究者が登場した。特筆されるのは、荘園領主が悪党に対応するための支配機構の再編がみられることで、その一例が東大寺における領家職の惣寺集中だという。また、同じく渡邊浩史の「悪党大勧進円瑜《えんゆ》」は、一三一〇年（延慶三）一二月、兵庫関で悪党事件が最初に起きたことについて考察する。東大寺第一八代大勧進職円瑜が帳本で、周防国と同時であり、結果として大勧進職を解任され、一三一五年（正和四）の悪党事件を迎えたのだという。

確かに渡邊が説く通り、円瑜をめぐるこのような事件は、石母田正以来の領主制理論では、とうてい解けない。そして、悪党に対する荘園領主側の対応を東大寺における領家職の惣寺集中に求めたことは、一二九五年（永仁三）閏二月の大部荘百姓等申状案が記すように、大部荘への悪党乱入事件と軌を一にして荘務権が東南院から寺家（惣寺）に移っていることから明白である（(大)二七三）。

この悪党の乱入事件は、従来から永仁年間（一二九三～九九年）に起きたと考えられてきた。すでに『小野市史　本文編Ⅰ』（二〇〇一年＝平成一三年）で述べたように、新しい史料の発見により、この事件は一二九二年（正応五）六月に遡ることが初めて明らかになった。この有名な事件は、志染保雑掌繁昌が大勢の悪党を率い荘内に乱入したもので、一二九五年（永仁三）正月の大部荘百姓等重申状によって知られてきた（(大)二六八・二六九）。その中では、これまで荘家は安穏で土民は豊饒であり、農業に専念できたが、近年雑掌讃岐公・河内楠入道・宗円房らが大部荘を知行した時に、種々の非法をおこない無理矢理の沙汰に及んだために御領が衰弊しているところに、繁昌が雑掌を交替した時、荘家を追捕し、米穀資財や牛馬を奪取し百姓妻子を絡め取り、責め殺すぞと脅迫して銭貨を押し取ったと記されている。

新発見の鹿野原方両公文久光王・沙弥円戒請文によると、一二九二年（正応五）六月二九日に地頭代が夜討ちのために殺害され、地頭政所が焼き払われた。そして後六月三日に預所政所と近辺の在家等が焼失したという（㊅二五九）。同年一二月の大部荘地頭代重申状は、大部荘雑掌石河玄観らが長年非法を重ねてきたとして、雑掌の悪行の究明を訴えている（㊅二六二）。地頭代は左衛門某で、雑掌代と思われるのが宗円である。これによると、雑掌と地頭との長年の争いがあったと思われる。六月二九日に地頭代が夜討ちされ、地頭政所が焼き払われたのは、雑掌石河玄観の代官宗円らの仕業であり、報復として、後六月三日に預所政所と近辺の在家等が焼き払われたものである。一二九二年に出現する悪党については、「讃岐公知行之刻、宗円房・河内栖（楠カ）入道等、非法張行之間、訴申之処」（㊅二七三）とあり、河内楠入道・讃岐公・宗円房三人は共同した行動をとっている。雑掌として讃岐公と石川玄観の両名がみえるが、讃岐公から玄観に荘務が引き継がれたのかもしれない。

河内楠入道に最初に言及した中村直勝以来、河内楠入道は楠木正成の父か、その一族だろうと考えられてきた。これを全面的に否定する見解[11]も出ているが、河内の楠木氏を否定する説は、現在でも説得力を持っていないと思う[12]。

前述した悪党大勧進円瑜の存在が示すように、東大寺にとって、一三〇八年（延慶元）に東大寺に寄進された兵庫関からの収入が、しだいに諸荘園からの年貢に劣らぬ重要なものになってきていた。年貢から交通税への東大寺の収入源の転換を早くに指摘したのは竹内理三[13]であるが、東大寺の重要な諸荘園からの年貢物が瀬戸内海の水上交通によって運搬された事実を考えるならば、年貢収入と交通税の収入は、相互に密接にからんでいたとするのが妥当であろう。これは大部荘についても例外ではない。そして、渡邊浩史が指摘しているように、東南院は元弘の変において後醍醐天皇が東大寺を頼った時、唯一、後醍醐側についた勢力であり、網野善彦が、悪党円瑜は後醍醐天皇の信任厚い僧の一人で、楠木河内入道が雑掌を勤めた大部荘が一二九五年（永仁三）以前に東南院領だったことから、楠木氏と後醍醐天皇とを媒介する契機の一つであったと述べていること[14]は、重要である。元弘の変の際、後醍醐天皇の挙兵と軌を一にして悪党楠木正成が河泉地方で挙兵したのは、歴史的な事実である。このような後醍醐天皇・悪党円瑜・悪党楠木正成という人脈を考えるならば、大部荘の悪党が河内の楠木氏であると考えることによって、歴史の一断面がさらに理解しやすくなったと思われる。

四　大部荘と水上交通

大部荘からの年貢公事物等は、どのような経路と手段で南都奈良まで運送されたのだろうか。この問題について、全般的な考察をおこなっているのは、新城常三『中世水運史の研究』である。新城が大部荘について指摘しているのは、およそ四点である。

第一に、大部荘と魚住泊との関係を明らかにして、大部荘の倉敷地としていること（同書一一三頁）。一二〇三年（建仁三）に、東大寺俊乗房重源は幕府に対し、大部荘幷に魚住泊に守護使が乱入したことについて停止を訴えていることから、魚住泊が大部荘と共に、重源ないし東大寺と何らかの所領的関係にあったとしているのである（同書一四九頁）。第二に、大部荘の年貢米の輸送は海路が一般であるが、一二六八年（文永五）には期限付きの節供米や五斗という少量のためか人夫や馬で送られ、その後、一三四一年（暦応四）にも御供運送の馬が丹波宮田で押取されているのは、大部荘が播磨東部の内陸荘園で京・奈良と比較的陸路が便利なためだとしていること（同書三三六頁）。第三に、南北朝時代の瀬戸内荘園の運賃は、大部荘の場合、年貢物の二五パーセントであったとしていること（同書三五六頁）。第四に、応仁の乱後、大部荘の年貢はすべて貨幣化されるが、それらは多く堺に入り東大寺に納入されており、着荷港が兵庫より堺に転換したと述べていること、である（同書七四〇頁）。

これらの指摘のうち、第一については、私はまったく同感であり、すでに『小野市史　本文篇Ⅰ』で、指摘を生かした著述をおこなっている。しかし、大部荘の水上交通については、その後の新しい指摘もあるので、補足をしておきたい。

まず魚住泊（明石市大久保町の江井ケ島港）を大部荘の倉敷地とする見解については、長谷川敦史「播磨国大部荘における悪党についての一考察――垂水繁昌を中心として――」が、山陽道に面した賀古川宿（加古川市）と高砂（高砂市）について述べ、とくに、賀古川宿の南方、播磨灘に面した加古川左岸の河口にあり「播磨五泊」の一つとされた高砂との、大部荘の交通に占める重要性を指摘している。

この播磨高砂については、新城も触れているが（同書二九三頁）、中央貴紳に有名であったとしながら、大部荘との関係については、まったく論じていない。賀古川宿は鎌倉時代に播磨守護所が置かれ、高砂は播磨守護所の外港的港湾として重要な役割を果たしていた事実は、長谷川敦史の指摘の通りである。私も大部荘をめぐる水上交通を論じ、加古川水運の重要性を述べているが、史料的に高砂と大部荘との関わりは実証できない。したがって、加古川水運に占める高砂の重要性については認めるとしても、大部荘と魚住泊との密接な関係について、結論が変わるとは思えない。南無阿弥陀仏作善集で晩年の俊乗房重源が回顧しているように、重源は行基が築いたという魚住泊の修築を試みている（㊅二一二七）。少なくとも、鎌倉時代においては、重源ゆかりの魚住泊が大部荘の倉敷地としての位置を占めていたと考える。

中世の高砂津については、一一〇二年（康和四）八月四日の丹波国司下文にその名が見え（『東寺百合文書』）、高倉上皇が安芸国厳島神社参詣のために、一一八〇年（治承四）三月二一日に高砂泊に到着したが、港が浅瀬であるために「端舟《はしぶね》」に輿を載せて上陸したという記録がある（「高倉院厳島御幸記」）。この頃から浅瀬であったことが分かるが、しだいに砂州の発達で港の機能が失われたため、姫路藩主池田輝政は元は加古川河口左岸にあった港を、一六〇一年（慶長六）に加古川右岸に移して町の建設をおこなった。中世の高砂津と近世の高砂湊とでは位置が異なることは、長谷川論文も明記している通りである。

第二の大部荘の年貢の輸送ルートであるが、新城説の説く通り、内陸部を運送した例も出てくる。しかし、この内陸部の交通路は、鎌倉時代後半以降には播磨の悪党勢力が跋扈した地域であり、それほど安全な輸送路ではなかった。一三四一年（暦応四）二月八日の年預五師顕寛書状案によれば、大部荘百姓等が東大寺八幡宮へ御供物を運送していた馬が、御家人門野という名字も知られていない者に、近衛家領丹波国宮田荘（兵庫県篠山市付近）で押し取られている（(大)四一一）。大部荘の史料に瀬戸内海の水上交通に関係したものが比較的多くみられるのは、交通の安全のために、東大寺が便宜上兵庫関を所有していたということもあり、一種の縄張ともいうべき水路を通じた運送がおこなわれたからであると考える。

第三の運賃が年貢の二五パーセントであるという説であるが、新城説が根拠にしている一三四〇年（暦応三）一二月の大部荘内検目録に、「参拾石　切符　七石伍斗算師得分　伍石　田見得分　已上肆拾弐石五斗　運賃拾石六斗二升五合」とみえ（(大)四〇九）、ここでは確かに二五パーセントであるが、一三三七年（建武四）の大部荘内検目録（後欠）によると、運賃は大豆で納められる「色代」分を除いて計算して、「切符」について運賃が二三パーセント、「算師得分」が二三パーセント、「田見得分」が二五・六パーセント強である（(大)三九三）。結論としては、運賃は運送米の二三～二五パーセントであると考えられる。

第四に、新城は、応仁の乱後、大部荘の年貢がすべて貨幣化され、兵庫に代わって堺が年貢の着荷港になると指摘しているが、大部荘の銭納については、早くに赤松俊秀が論じた「播磨国大部庄の銭納の史料」がある。これによれば、一二九九年（正安元）六月二五日の僧貞玄起請文によって、大部荘の年貢が銭納され、銭をもって米を買い入れ、それを寺納することが通例であったとされている（(大)二九八）。この場合は、貞玄が神人らのたっての願いで換米しない銭のままで年貢を受け取り、現米の受取を発行した後で、年貢を受け取る給主も貞玄も神人に換米を要求したが、神人は実行するどころか三月になって受取を呈示して拒否した。その時にはすでに米価は高騰していたため多大な損失が生じ、責任を問われた貞玄が起請文を提出したのであった。赤松は、鎌倉時代から大部荘の年貢は銭納されていたが、銭を受け取らずに換米する必要があったところに、当時の経済の発達状態が示されていると論じた。したがって、年貢算用帳などの史料に年貢米を納入したと記載されていても、実際には銭納であり、東大寺に納入する際に換米する必要があったことになる。

このような銭納が一時的であったという反論には、一三四〇年（暦応三）一一月の大部荘年貢算用状に、二五貫四〇〇文が代米四一石一斗九升八合八勺であるという和市《わし》（米と銭の売買の交換比率）が記録されている事実が証明になる（(大)四〇八）。この時の和市は、一〇〇文別一斗三升弱から一斗六升二合強であった。応仁の乱後ではなく、遅くとも一四世紀には銭納が恒常的になっていた。一三二九年（嘉暦四）五月七日の摂津兵庫関方借物注文に、大部荘未進分の質として合計六貫文がみえることも、大部荘の年貢の銭納を示している（(大)三六六）。

応仁の乱後、大部荘の年貢が堺を着荷港としたことについては、新城説が述べている通りである。一五三七年（天文六）六月一七日の大部荘未進年貢算用状に、「申歳未進分奈良着分」として五貫文がみえ、このうち「兵庫へ礼遣候」「堺之宿へ礼遣申候」として、それぞれ一〇〇文ずつがあるところから、この銭の運送者は、兵庫を経て、堺より奈良に入ったことが明らかであるというものである（(大)六〇二）。応仁の乱を契機に、兵庫に代わり堺が遣明船の発着港になったことはよく知られているが、堺商人の瀬戸内海を中心にした交易活動は一五世紀から一六世紀に最盛期を迎えた。国際港湾都市としての堺と堺商人の活躍については、別に詳しく述べたことがある。[15]貿易商人や問屋商人としてだけではなく、為替業務や高利貸しを営む金融業者というのが、代表的な堺商人の存在形態であった。都市堺の繁栄は、水上交通のみではなく、堺を中心に発達した陸路にも拠っており、堺と奈良とは縦横に発達した交通路によって緊密に結ばれていたのである。

おわりに

最近までの研究史を繙きながら、大部荘の開発と地域・東大寺の支配の変遷・大部荘の悪党・大部荘と水上交通という四つの問題を検討し、それぞれ新しい歴史事実を実証することができた。大部荘については、最近とくに綿密な現地調査を通じた研究が進められ、中世に遡る地域の歴史が具体的に明らかになっている。しかし、寺井の創設など、まだ見解が分かれる問題も残されている。本章で提起した諸問題や、それについて実証した成果を基礎として、さらに大部荘の研究を進めていきたいと考える。

（1）㊅は、小西瑞恵「大部荘関係史料」（『小野市史』第四巻〈小野市、一九九七年〉、史料編Ⅰ）の略号で、史料番号は二〇八～六二八である。なお、大部荘の成立については、久安三年以前の一〇世紀初めに東大寺領として開発されていたが、国衙に収公されたとする東郷松郎「東大寺領播磨国大部荘と浄土寺」（『播磨国の古社寺と荘園』）と、神生昭夫「加東郡の条里制と東大寺領大部荘の起源」（『播磨小野史談』第七号）がある。

（2）本章では、出典の記述を簡略にしたので、研究史については、以下を参照されたい。

【大部荘の研究論文・参考文献】

A　研究論文その他

①中村直勝「東大寺領大部荘」（『歴史と地理』第二九巻三～六号、一九三二年。のちに同『荘園の研究』星野書店、一

九三九年。および『中村直勝著作集　第四巻』淡交社、一九七八年、所収)。
②石田善人「室町時代の農民生活について――南北朝内乱の成果――」(『日本史研究』第二七号、一九五六年。のちに同『中世村落と仏教』思文閣出版、一九九六年、所収)。
③岡本道夫「播磨国大部庄に関する一考察」(『兵庫史学』第一九号、一九五九年)。
④大石直正「播磨国大部庄における惣と土一揆」(『文化』第二四巻二号、一九六〇年)。
⑤東郷松郎「東大寺領播磨国大部荘と浄土寺――その成立と鎌倉時代における二、三の問題――」(『神戸商大論集』四五号、一九六二年。のちに同『播磨国の古社寺と荘園』しんこう出版、一九八八年、所収)。
⑥赤松俊秀「歴史断章　播磨国大部庄の銭納の史料」(『兵庫史学』第二七号、一九六一年)。
⑦小西瑞恵「播磨国大部荘の農民」(『日本史研究』第九八号、一九六八年)。
⑧小西瑞恵「享徳三年の大部庄土一揆について」(『兵庫史学』第六五号、一九七四年)。
⑨神生昭夫「加東郡の条里制と東大寺領大部庄の起源」(『播磨小野史談』第七号、小野の歴史を知る会、一九八六年)。
⑩坂田大爾「東播磨における悪党の質的転換について――東大寺領大部荘を中心として――」(『歴史研究』第三三九号、新人物往来社、一九八九年)。
⑪服部英雄「調査研究の方法　一　現地調査と荘園の復原」のうち「2　荘園景観の遡及的復原法――播磨国大部荘を素材として――」(『講座日本荘園史1　荘園入門』吉川弘文館、一九八九年)。
⑫石田善人「解説　播磨国大部荘」(『兵庫県史　史料編中世五』一九九〇年、八九八~九〇八頁)。
⑬梶木良夫「播磨国大部荘の公文職争論」(『兵庫県の歴史』第二八号、一九九二年)。
⑭片岡正光「加古川流域における井堰の起源――大部庄寺井堰の場合」(『論集　東播磨研究(6)』、東播磨地域調査学会、一九九二年)。
⑮仁木宏「播磨国大部荘の調査について」(『日本歴史』第五四〇号、一九九三年)。
⑯苅米一志「荘園村落における寺社と宗教構造――播磨国大部荘を素材として――」(『年報日本史叢　一九九三』、一九九三年)。
⑰橋本道範「播磨国大部荘」(石井進編『中世のムラ――景観は語りかける』東京大学出版会、一九九五年)。

⑱川端新「Ⅰ　荘園の開発」「解説　播磨国大部荘の開発と水利」（京都大学文学部博物館図録第七冊『荘園を読む・歩く――畿内・近国の荘園――』思文閣出版、一九九六年。なお、後者は川端『荘園成立史の研究』思文閣出版、二〇〇〇年、所収）。
⑲長谷川敦史「播磨国大部荘における悪党についての一考察――垂水繁昌を中心として――」（『海南史学』第三七号、一九九九年）。
⑳元木泰雄・小西瑞恵・野田泰三「第四章　中世の小野」（『小野市史』第一巻、小野市、二〇〇一年）。
㉑佐藤和彦「内乱期社会と悪党問題――東大寺領大部荘・東寺領矢野荘を事例に――」（悪党研究会編『悪党と内乱』岩田書院、二〇〇五年）。

B　参考文献

①西岡虎之助「荘園における倉庫の経営と港湾の発達との関係」（『史学雑誌』第四四巻四・五・七号、一九三三年。のちに同『荘園史の研究』上巻、岩波書店、一九五三年、所収）。
②竹内理三『日本上代寺院経済史の研究』・『寺領荘園の研究』（大岡山書店、一九三四年。畝傍書房、一九四二年。のちに『竹内理三著作集』第二巻・第三巻、角川書店、一九九九年、所収）。
③宝月圭吾『中世潅漑史の研究』畝傍書店、一九四三年。
④林屋辰三郎「散所　その発生と展開――古代末期の基本的課題――」（『古代国家の解体』東京大学出版会、一九五五年。のちに『日本史論聚三　変革の道程』岩波書店、一九八八年、所収）。
⑤水野恭一郎「守護赤松氏の領国支配と嘉吉の変」「鎌倉末期山陽道地方の在地領主――元弘の乱を中心に――」（『史林』第四二巻二号、一九五九年。『岡山大学法文学部学術紀要』一九号、一九六四年。のちに『武家時代の政治と文化』創元社、一九七五年、所収）。
⑥水野恭一郎「赤松氏再興をめぐる二・三の問題」（読史会創立五十年記念『国史論集』一九五九年。のちに補訂して『武家社会の歴史像』国書刊行会、一九八三年、所収）。
⑦石田善人「荘園史の研究（二）――特に兵庫県下の荘園を中心に――」（『兵庫史学』二四号、一九六〇年）。
⑧岸田裕之「守護赤松氏の播磨国支配の発展と国衙」（『史学研究』第一〇四・一〇五号、一九六八年。のちに『大名領

国の構成的展開』吉川弘文館、一九八三年、所収)。
⑨高坂好『赤松円心・満祐』吉川弘文館、一九七〇年。
⑩伊藤邦彦「播磨守護赤松氏の〈領国〉支配」(『歴史学研究』第三九五号、一九七三年)。
⑪筧雅博「続・関東御領考」(石井進編『中世の人と政治』吉川弘文館、一九八八年)。
⑫大石雅章「比丘尼御所と室町幕府——尼五山通玄寺を中心にして——」(『日本史研究』第三三五号、一九九〇年。のちに『日本中世社会と寺院』清文堂出版、二〇〇四年、所収)。
⑬高坂好『中世播磨と赤松氏』臨川書店、一九九一年。
⑭神生昭夫「中世荘園遺跡の研究(1)〜(3)」(『播磨小野史談』第一六号〜第一八号、小野の歴史を知る会、一九九一〜九二年)。
⑮新城常三『中世水運史の研究』塙書房、一九九四年。
⑯馬田綾子「赤松則尚の挙兵——応仁の乱前史の一齣——」(大山喬平教授退官記念会編『日本国家の史的特質　古代・中世』思文閣出版、一九九七年)。
⑰渡邊大門「東播守護代別所則治の権力形成過程について」(『地方史研究』二七二号、一九九八年。のちに『戦国期赤松氏の研究』岩田書院、二〇一〇年、所収)。
⑱依藤保「赤松円心私論——悪党的商人像見直しのためのノート——」(『歴史と神戸』第二二四号、二〇〇一年)。
⑲大山喬平「歴史叙述としての「峯相記」」(『日本史研究』第四七三号、二〇〇二年)。
⑳遠藤基郎「鎌倉中期の東大寺」(『論集　鎌倉期の東大寺復興——重源上人とその周辺——』ザ・グレイトブッダ・シンポジウム論集第五号、東大寺・法藏館、二〇〇七年)。
㉑三輪眞嗣「鎌倉期における重源系荘園の経営と請負——預所から雑掌へ——」(『鎌倉遺文研究』第三五号、吉川弘文館、二〇一五年)。
(3)　一三一四年(正和三)六月一七日の大部荘公文職補任状案(㊀二五一七一)、一三一六年(正和五)三月一七日の大部荘公文職補任状案(㊀二五八〇一)、一三二二年(元亨二)九月の大部荘公文尼覚性訴状(㊀二八二二二)、一二九九年(正安元)七月の大部荘下方百姓等連署起請文(㊀二〇一七)、参照。

（4）永村眞『中世東大寺の組織と経営』塙書房、一九八九年。稲葉伸道『中世寺院の権力構造』岩波書店、一九九七年。久野修義『日本中世の寺院と社会』塙書房、一九九九年。

（5）大部荘領家職は、重源ののち、東南院から西室院へと伝領され、後高倉院政期、西室院定誉の時に、北白川院女房治部卿局に預所職が与えられた。しかし、預所治部卿局は年貢を怠捍したため預所職の罷免要求の強訴となり、一二三一年（寛喜三）、朝廷は東大寺の要求を認め預所職を停止した（註(2)B⑳の遠藤論文参照。㊅二三五・二三六・二三九・二四〇・二四二）。

（6）稲葉伸道「中世東大寺寺院構造研究序説」（『年報　中世史研究』創刊号）。のちに註(4)前掲『中世寺院の権力構造』所収。

（7）三輪眞嗣は、鎌倉中期の西室による荘園経営を検討して荘園経営能力を持った西室の重要性を指摘した遠藤基郎を評価した（註(2)B㉑論文）。遠藤基郎論文は註(2)B⑳「鎌倉中期の東大寺」。

（8）法華三昧を修する道場、八一二年（弘仁三）最澄が比叡山東塔に建てたのが最初である。

（9）『悪党』教育社歴史新書、一九八一年。新井孝重の解説付きの再刊は、吉川弘文館、二〇一四年。

（10）「荘園公領制と悪党」（悪党研究会編『悪党の中世』岩田書院、一九九八年）。

（11）註(2)A⑩の坂田大爾論文参照。

（12）楠木正成については、第二部「第二章　悪党楠木正成のネットワーク」で詳しく論じている。

（13）『寺領荘園の研究』（竹内理三著作集第三巻、角川書店、一九九九年）二五一～二七四頁参照。

（14）網野善彦「文永以後新関停止令について」（『悪党と海賊』法政大学出版局、一九九五年）

（15）小西瑞恵『中世都市共同体の研究』（思文閣出版、二〇〇〇年）「第三章　戦国都市堺の形成と自治」参照。

第三部

都市と女性・キリスト教

第一章　「鉢かづき」と販女《ひさめ》——女性史からみた御伽草子——

はじめに

御伽草子は南北朝時代から江戸時代初期にかけて制作された短編の物語である。広義には室町時代を中心に制作された草子類を指し、狭義には江戸時代中期に刊行された「御伽文庫」、すなわち大坂心斎橋順慶町の書肆柏原屋渋川清右衛門が叢書のかたちで刊行した「文正草子」以下「酒呑童子」までの絵入り刊本二三編を指す。国文学界では、狭義のいわゆる渋川版を御伽草子と呼ぶ傾向が強いようであり、室町時代に制作された御伽草子については、これと区別して室町物語・室町時代物語などの名称で呼ぶことが多い。

御伽草子について論じてきたのは、国語学・国文学の分野に属する研究者だけではない。日本史をはじめ、民俗学・美術史・芸能史といった歴史学の分野も研究の進展に深く関わってきた。かつての中世史研究にとって、御伽草子は欠くことのできない重要な素材・史料であったのである。中世史研究者が御伽草子について論じる機会が、なぜ少なくなったのかについては、ここでは問わない。しかし最近ではふたたび、中世史の側から御伽草子について論じる仕事も提起され、注目すべき成果を上げている(1)。

御伽草子については、海外の研究者による仕事も忘れてはならない。これには御伽草子と一体のものである奈良絵本が、海外に流出しているという事情も影響している。一九七八年（昭和五三）夏、奈良絵本国際研究会議がロンドン・ダブリン・ニューヨークの各地で、ついで翌一九七九年（昭和五四）夏には、東京・京都で開催された。(2)この研究会議の議長を務めたバーバラ・ルーシュがおこなった講演「奈良絵本と貴賤文学――国民性のルーツを求めて――」(3)によれば、紫式部から井原西鶴までの五〇〇年間は、ふつういわれるような空白ではなく、中世小説・御伽草子・奈良絵本の中に日本人の創造性の一つが見えるという。彼女は、奈良絵本の世界には日本人の国民性のルーツがある、とまで断言している。また、一九九四年（平成六）に発表された「熊楠とお伽草子、そしてジェンダー」(4)において、バーバラ・ルーシュはこうもいっている。「江戸文学では私の見るところ、大部分の女主人公は型にはまっており、それは男の想像の産物なのです。しかし、中世の物語の女たちは、しばしば江戸時代の物語の女たちよりよほど現実の女たちに近くみえます」。ルーシュが論じてきた御伽草子論には、最初から女性史・女性学の視点が取り入れられていたが、ここでも、御伽草子研究にジェンダーという視点が必要だと指摘しているのである。

戦後の女性史研究が、一九八〇年代以後、新しい段階を迎えたことは、衆目の一致するところであり、上野千鶴子はこれを〈女性史の確立期、そしてジェンダー史へ〉と捉えている。(5)ジェンダー史からみた御伽草子研究は、これ以後、進展したのだろうか。『ジェンダーの日本史』と題された研究書がすでに刊行され、これとは別に、女性史からみた御伽草子についての論文も発表されているが、まだ十分であるとはいえないと思う。(6)この章においてて私が試みたいと思うのは、以上に述べたような諸先学の研究に導かれた御伽草子論であり、扱う素材は「鉢かづき」である。

一　日本中世史からみた御伽草子

御伽草子をめぐる研究史については、市古貞次や赤井達郎、徳田和夫らによるまとめがあり、(7)一九八五年（昭和六〇）以前の研究史については、すでによく知られているところである。ここでは、日本中世史からみた分析視角にのみ留意して研究史を振り返っておきたい。徳田和夫や赤井達郎が述べているように、文学史や美術史の研究に大きな影響を与えたのは、林屋辰三郎「郷村制成立期における町衆文化」(8)であった。

南北朝の内乱から応仁文明の乱にかけての間に、畿内近国を中心とした先進地域では封建的小農民によって郷村制が打ち立てられ、自治的村落としての惣が村内の行政もおこなうようになっていた。都市においても、京都では応仁の乱の廃墟の中から地域的団結としての「町」が作られ、町組に発展した。このような新しい町に生活する住民たちを、当時の日記記録が記したように「町衆」と呼び、商手工業者を主体とする新興階級としての都市民が、この時期の芸術ないし文化の発展を担ったというのが林屋説である。たとえば、能および狂言もこの時期に勧進興行が「町能」化し、風流も踊へと発展し、大乱によって一時中絶した祇園会も一五〇〇年（明応九）に町衆の祭礼として再興された。『閑吟集』や室町時代小歌集、隆達小歌集などの歌謡と並んで、この時代の小説である御伽草子は、旧貴族と都市民の両方に地盤があるが、旧貴族が零落公家衆であり、町衆とその生活を共にする者であったことを考えるならば、この両方の地盤は具体的には町を中心とする地域的集団生活であり、御伽草子は町衆の文化的所産であるというのである(9)。

この林屋説が発表されたのは一九五一年（昭和二六）であり、それ以後、町衆文化論は御伽草子の文化的背景についての定説というべき位置にあったと思われるが、発表から二十数年を経て、バーバラ・ルーシュによる批判を受けた。「中世の遊行芸能者と国民文学の形成」(10)において、バーバラ・ルーシュは一四世紀から一六世紀における室町小説の理解を妨げる要因として、エリート主義とその逆の立場をあげている。前者は宮廷および将軍家の範囲外で発展した中世文学を軽視あるいは無視する傾向のことであり、中世において能と和歌・連歌以外には文学的価値を認めようとしないことであるという。このいわゆるエリート主義と同時に、室町時代の文学を下剋上文学ないし庶民的文学と呼ぶ立場も批判されている。すなわち、文学の庶民化という概念にも欠点があるという。それは実際に見出される文学の変革過程を明確にするよりも、かえって曖昧にしてしまうおそれがあるという。このような立場から、室町文化全体は新しく形成された町衆と呼ばれる階級によって創られたという林屋説は、示唆に富み日本中世史に新しい突破口を開いたが、中世文学の分野では、どちらかというと充分とはいえないとされる。というのは、主として町衆が文学の創造者であったという証拠をみつけることが難しいからである。すなわち、御伽草子の作者が町衆であるという実証はできないのである。

バーバラ・ルーシュが典拠としている市古貞次によれば、作者を推定すべき些細の資料を有する作品はわずかに三、四篇であり、作者が確実なのは一篇のみであるという。それは前田家の「天筆和合楽地福皆円満筆結の物語」という異類物で、文末の記述から作者が石井康長で、彼が出家した一四八〇年（文明一二）、正月の手すさびに成ったことが分かる（尊経閣文庫蔵）。この石井康長は、土岐・佐々木等室町幕府関係の諸家の紋様を集録した「見聞諸家紋」の最後に彼の名と紋所がみえるところから、おそらく幕府に仕え、かなりの地位にあった被官と推測され、評定所などの書記であったのではなかろうかとされている[11]。バーバラ・ルーシュは、石井康長は「元武士であった僧で、町衆であったかどうかわからない」。また、作者について、かなり確実な推測ができる場合でも、彼らのほとんどは町の住人ではないと結論している。

また、中世文学の中心的な原動力は運命であり、上層部へ上がっていこうとする野心ではなかった。つまり、室町文学の心髄は時代にふさわしい秩序の回復であり、下剋上ではなかった。多くの史料によって町衆が京都に集中した演芸や書籍業を熱心に支持したこと、また文芸の享受者として彼らは積極的な観賞者であり、パトロンであり買い手であったことが分かっているが、町衆が本当に中世文学の中心的な創造者であったかどうか、まだ疑わしい点があるとして、御伽草子は漂泊の宗教的・世俗的芸人たちの手になったものであると、ルーシュは主張する。その芸人には次の二つのタイプがあった。第一のタイプは「絵解き」と呼ばれた男女の芸人たち（絵解法師・熊野比丘尼）であり、第二のタイプは琵琶法師と瞽女《ごぜ》である（図1・2参照）。

このルーシュの論文は、一九七三年（昭和四八）の夏、京都の相国寺で開催された室町時代を主題とする研究集会で発表されたもので、この発表に引き続いておこなわれた討議は、ルーシュはもちろん、北川忠彦・秋山光和・杉山博・赤松俊秀・林屋辰三郎が参加して発言するという豪華なものであった。

討議では、秋山光和が、熊野比丘尼が絵草子を持って歩いてお護りのように配ったというルーシュの考えを面白いと評価しながら、熊野比丘尼が絵草紙の制作者であったとはいえないので、作り手のことを解明する必要があると述べている。また、絵草子のスタイルには幅があり、一つは土佐系統、もう一つは奈良絵の絵仏師の崩れ、さらに一六世紀になると絵屋が出てきて扇絵や一般の絵を供給するが、この絵屋が絵を描いた可能性もあり、絵画史の上では、桃山から江戸にかけての種々の絵画、たとえば宗達・光琳につながる装飾画家、浮世絵につながる風俗画家を生み出す基になり、過渡期とみることができると総括している。林屋辰三郎も、御伽草子という文学ないし文化の場を、町衆という地域的集団によって説明せざるをえないという主張を繰り返しながら、ルーシュの主張が否定されてしまうというわけではないと発言している。ルーシュは林屋説に対して、批判ではなく町衆という概念は立派であり、それを他の学者が恣意的に借用しすぎるのであり、その結果は満足のゆくものではないと答えている。

以上から理解できるのは、御伽草子という室町時代を中心とする文学・文化の重要性と、それを担った人々の多様性であり、林屋の町衆文化論もルーシュの漂泊の宗教的・世俗的芸人説も包括して問題を検討しなければならないということである。

それでは、御伽草子についての現在の一般的な見解はどのようなものであろうか。要約するのは難しいが、た

図1　琵琶法師

『群書類従』雑部より。

図2　瞽女

『人倫訓蒙図彙』より。

図3　『松崎天神縁起』巻6

防府天満宮所蔵。

図4　『一遍聖絵』巻6

中央公論社『続日本絵巻大成16』。

図5　『一遍聖人絵伝』巻4と拡大図

前田育徳会所蔵。保立『物語の中世』による。

とえば最新の徳田和夫編『お伽草子事典』[12]では、松浪久子による「民間伝承」の項目に、室町時代に昔話が栄えた理由として都鄙の交流があげられ、諸国一見の僧、行商人、琵琶法師、山伏・修験者、傀儡師、遊女、唱門師、聖、絵解き（熊野比丘尼）、歩き巫女などの人々の運ぶ口承文芸が都の口承文芸の世界を豊富にしたことや、室町時代の文化がもはや公家だけの世界では成り立たず、しだいに連歌・立花・茶道・造園といった芸術的な才能を持った庶民たちが活躍を始めるようになったことが述べられている。いわゆる町衆文化論は、このような歴史的背景の分析において健在であり、漂泊の宗教的・世俗的芸人たちが果たした役割を重視するバーバラ・ルーシュ説も充分に評価されているとみることができる。

御伽草子研究は周期的な盛り上がりをみせながら進展してきた。長期的にみれば、中世文学・室町時代文学としての御伽草子の歴史的および文学史的重要性に対する認識は、全体として深まってきたと考えられる。林屋辰三郎のあと、日本中世史の側から御伽草子について積極的な提言をおこなってきたのは、黒田日出男である。絵巻物や絵図、また屏風絵などの絵画史料を素材とした中世史の新しい分野の開拓者としての黒田日出男については、すでに広く知られているところである。御伽草子についても、一九八六年（昭和六一）の「物くさ太郎の着物と髻」[13]や、一九八九年（平成元）の「動物は時代のシンボル　御伽草子の世界と史実」[14]などを発表し、佐藤正英・古橋信孝との共編である『御伽草子　物語・思想・絵画』では、三人の対談「御伽草子を読む」に加えて、「御伽草子の絵画コード論――挿絵の世界をも読むために――」[15]を著している。後者は渋川版御伽草子の全挿絵二一七図を素材に、挿絵の分類や、コードとしての雲・霞、建物・室内空間と人との位置関係、主人公と文様・紋様、樹木と草花、異国・異界のコードなどを分析したもので、渋川版に限定されているが、御伽草子の挿絵の読み方をコード論（記号論）として初めて叙述したものであった。以後も、黒田は御伽草子について旺盛な発言を続けている[16]。

また、伊東正子は、「御伽草子絵についての一考察――『花鳥風月』の服飾描写――」[17]において、黒田日出男の絵画史料論および絵画コード論を受けて、御伽草子『花鳥風月』の諸伝本を素材に、公家衆・女房衆・従者たちの絵を分析し、この奈良絵本の絵の筆者は、画風や泥絵具から市井の職人絵師と考えられると論じている。奈良絵本の挿絵に描かれた公家階級の人々の服装は、直衣あるいは直衣布袴姿、小袿姿であり、上杉本『洛中洛外図』の二条殿の邸宅内に描かれた二条殿や女房の絵と同様に、平安時代の貴族のイメージで描かれており、中世末から近世初期の公家たちが実際に日常着ている服飾とは隔たりがあった。これに対し、従者たちの素襖・打掛・小袖・肩衣袴姿は、同時代の武家や一般庶民の人々の服飾である。伊東は、奈良絵本の筆者である職人絵師が描いた挿絵には、一般庶民がさまざまな身分や職業の人々に対して持つイメージがそのまま投影されているといってよい、と結論している。伊東説のように、奈良絵本が市井の職人絵師を筆者とすることが実証できるならば、林屋辰三郎が提起した町衆文化論は、新たな研究段階を迎えたことになる[18]。

また、同じく早くから絵画史料を駆使した論文を発表してきた保立道久が、民話という分析視角から、御伽草子についての新しい仕事を発表している[19]。それは、「桃太郎」や「ものぐさ太郎」および「鉢かづき」についての分析であり、この章でも、とくに「鉢かづき」を中心に詳しく取り上げて検討したい。

二　「鉢かづき」の物語と由来

「鉢かづき」は、渋川版と呼ばれる絵入り刊本「御伽文庫」二三篇のうち、二番目に収められている物語である。室町時代の成立と考えられるが、作者は不明である[20]。物語は次のようなものである（図6～9参照）。

河内国の交野の辺りの備中守さねたかという長者が、長谷寺の観音から姫君を一人授けられた。この姫が一三歳になった時、母は風邪をこじらせて病気にかかり、姫の頭に手箱を載せ、その上に肩が隠れるほどの鉢をかぶ

図6

継母と娘、鉢かづき。

図7

身投げした鉢かづきを、河岸に投げ上げる舟人。

図8

宰相殿と鉢かづき。

図9

鉢が落ちて宝物が現れる。

大阪府立大学学術情報センター図書館所蔵「鉢かづき」(奈良絵本)より。

せて死んだ。父はその鉢を取ろうとするが、頭に吸い着いて取ることができない。後添いの継母に憎まれ、「かたわもの」といじめられ、その讒言によって帷子《かたびら》一つで野に捨てられた姫は、足にまかせて迷い歩き、川へ身を投げるが、鉢が水に浮いたため漁師に助けられる。里人から化物とあざけられながら、国司の山蔭三位中将のもとに身を寄せ、能がないといわれて下人《げにん》として湯殿の火を焚かされるうちに、中将殿の四番目の御子宰相殿の御曹司に見初められ、深い契りを結ぶ。宰相殿の母はこれを知り、公達の嫁くらべをして恥をかかせようとするので、宰相殿と鉢かづきは家を出ようとするが、その時、頭上の鉢がかっぱと前に落ち、数々の宝物がこぼれ出て、姫は美しい姿を現す。うるわしく着飾った姫は三人の嫁御前と共に嫁くらべに臨み、和歌・管絃や書などをみごとに披露したので、宰相殿も喜び面目を施す。宰相殿の両親にも認められた姫は、家の跡継ぎとなった宰相殿の御所に移り住む。一門を率いて宰相殿が長谷の観音に詣でると、修行者となり果てて来合わせた父と再会、一門は共に栄えた。

いうまでもないが、「鉢かづき」の「かづき」は、すっぽりと頭にかぶるという意味の「被《かず》く」から来ている。また、帷子《かたびら》とは夏の着物の一種をいうが、のちには裏のない単物《ひとえもの》（一重《ひとえ》の麻衣《あさきぬ》）を指すようになった。保立道久は、「鉢かづき」が、上着としての小袖と下着としての紅袴を着用する貴族身分の女性とは異なる賤しい身分（乞食・非人）に落ちたことを示すと述べている。死者に着せる死装束《しにしょうぞく》としての経帷子《きょうかたびら》が、鎌倉時代頃から真言宗で始まったことを想起するならば、彼女は死出の旅装束で放逐されたとも考えられる。

「鉢かつぎ」物語を世界に広く分布するシンデレラ物語の一種であるとしたのは、民俗学者柳田国男であった。「我々の昔話の中でも、特に外國に於ける斯道の學者を感動せしむべきものは、英國でいふシンドレラ、グリム童話の灰かつぎ姫、日本で糠福《ぬかふく》・米福《こめふく》などと呼んで居る物語であつた」と述べている。[21] ここで柳田国男が触れている糠福・米福の物語とは、次のようなものである。母親が二人の娘を山へ栗拾いにやって、継子の姉にはわざと底の抜けた古袋を持たせ、栗を持って帰らない姉に難題を出し、妹には姉の袋からこぼれ落ちる栗を拾わせて楽をさせる。山に取り残された姉娘がすべてを失って泣いていると、「山姥《やまうば》」が登場し、姉娘を憐れんで、不思議な衣裳「姥皮《うばがわ》」を貸してくれる。娘はそれを着ると醜い老婆になるが、脱げば美しい娘に戻り、それを盗み見た長者の息子に見初められて幸せな人生を過ごす。柳田によれば、この「姥皮」はシンデレラ物語の中に共通して現れるもので、ドイツではアルレライラウフ（千枚皮）、フランスではポーダァヌ（驢馬の皮）、イギリスではキャッツスキン（猫の皮）などといわれる。また、ドイツのグリム研究者たちが日本の類話として採録しているのは、御伽草子の鉢かつぎ姫だけであるともいっている。

柳田国男以来、「鉢かづき」はシンデレラ物語の一種という、昔話ないし民話における位置を獲得した。しかし、シンデレラ物語というのはヨーロッパ的分類であるせいか、国文学者である市古貞次は、「公家小説」(22)の中に継子《ままこ》いじめの物語を入れ、そこに『落窪物語』や『住吉物語』を置き、『住吉物語』系に「ふせやの物語」「美人くらべ」『秋月物語』などをあげ、民間説話ないし伝説から生まれたと考えられるものに「鉢かづき」「うばかは」「花世の姫」の三篇などをあげた。「鉢かづき」のこの位置づけは、以後の定説となったようであり、祐野《すけの》隆三は「鉢かづき――継子いじめの一典型」という短い解説で、市古説を引用しながら、この三篇はそれぞれ共通した多くの点を持っていると述べ、次のように作品論的アプローチをおこなっている。(23)

第一に、舞台が京都ではなく河内・尾張・駿河の諸地方で、人物は公家でなく地方の豪族である。

第二に、姫が観音と何らかの関係を持っている。

第三に、三篇共に「鉢」「姥皮」「姥衣」といった護身道具が、姫の危機を救ったり、また幸運を招く役割を果たしたりしている。

第四に、いずれも火焚きとなってその家の息子に見出され、契りを結ぶ。

第五に、結婚に至るまでの過程の中に嫁くらべ・嫁見参があり、しかるのちに男の親に認められ、幸福な結婚生活に入ることができる。

祐野は、平安・鎌倉時代の物語読者が公家階級の人々であったのとは異なり、御伽草子の読者は広範な階層の人々で、教養も低く、安易に読めるものを要求したとする。内容や素材が一般化し多様化するとともに、類型化も免れなかったという。第一の舞台が京都ではなく地方であるというのは、公家の生活や京都の生活に興味の中心がなかったからである。平安朝的継子物語に飽き足りなくなっていた読者の興味は、むしろ継子に対する救済心や同情心に移り、第五の嫁くらべという趣向を生み、第二の日頃信仰する観音の御利益を説くという利生譚を描くことになったという。すなわち、御伽草子の継子物語は、継子いじめを描くことが主題ではなく、継子いじめは一つの過程であり、悲惨な状況から脱出し、苦境の中から立ち上がる一人の人間の姿を説話伝説を通して描き、観音の御利益を描いたものであるという。

しかし、三篇に共通してみられる五点のうち、祐野が説明しているのは以上の三点だけである。しかも、三点のうちの第一についても、「鉢かづき」の流布本にはあてはまるが、異本ともいうべき御巫本系統の「鉢かづき」は、摂津国（河内国の誤り）交野から物語が始まるとはいえ、主な舞台は都である。

異本では、摂津国交野に住む摂津守清原ゆきかたが北の方との間に子がないため、夫婦そろって清水寺に参籠し、お告げによって大和の長谷寺に詣でるという設定になっている。そこで女子を授けるとの夢想を得、さらに鉢と箱を賜った。やがて美しい姫が生まれたが、七歳の時に母が死去し、その折に観音の指示によって姫にかぶらせた鉢と箱が取れなくなってしまった。継母の讒言によって鉢かづき姫は京の四条の辻に捨てられ、関白の屋敷に召され火焚きとして奉仕するうちに、関白の嫡子中将と契りを結ぶ。関白は姫を淀川に投げ捨てさせるが舟人に引き上げられ、探しに来た中将に連れ戻される。以下の梗概は、ほぼ流布本と同じであるが、御巫本系統には父との再会場面がない。

この御巫本系統は都を舞台に設定し、観音の霊験をとりわけ強調するという特徴を持っている。これについては、松本隆信《りゅうしん》が流布本系統の物語を独自に改作したものであろうと推測し、金光桂子も御巫本系統の方が後出のものであるという意見である。御巫本系統は少数で特殊なものであり、石川透が同一工房で作られた可能性も提示しているから、地方を舞台に設定する流布本系統が本来のかたちであろう。(24) したがって、都と地方との口承文芸の交流のなかから、読者の需要に応じて、京都や公家の生活を採り入れた「鉢かづき」物語が制作されたということになる。このように、流布本系統と御巫本系統では、京都や公家の生活に対する位置づけが異なるが、私は、それがただちに第一の共通点を否定することにはならないと思う。

次に、第三の「鉢」「姥皮」「姥衣」という共通点については、どうであろうか。柳田国男は、「あまりに趣向を好んで「姥皮」の素朴な古着を今はみることも無いやうな木の刳鉢に取替へた為に、手桶バケツの中で育つた新しい娘には聴いても胸の上に畫を描いてみることが出來なくなつた」と述べている。すなわち、「姥皮」から「鉢」への変更を、後になって付加された人工的な飾り物と考えた。保立道久は、柳田にとって口頭伝承の中に広く存在する「姥皮」伝承に民話の「原型」を探索することこそが重要であったとして、この「原型」探索という方法を批判している。(25)

かつて市古貞次は、『中世小説の研究』の中で、この鉢について、時が来るまで女の操を守るために一種のタブーとして考え出されたことであると説いた。保立道久も、「鉢かつぎ」の意味するものは、その秘面性であり、実母が亡くなる時に一三歳の姫君に「鉢」をかぶせたのは、成人式の年齢を迎え結婚可能年令に達した娘を守ろうとしたためであり、自分の亡き後の娘の不幸を予感して、一七～一八歳まで男を近づけないようにするためであったと述べた。娘の処女性を守るためには、秘面性が必要であったという。確かに一三歳は娘が成人式である裳着《もぎ》(26)を迎える時期であり、上流階級で年頃の娘が素顔をさらして他人（男性）と会うのは避けるべきことであった。姫には結婚相手が決まっていなかったため、裳着も迎えていなかった。母親の遺志とはいえ、鉢をかぶることによって、彼女は一時的に異性と結婚を拒否することになったのである。現に、流布本の「鉢かづき」では、湯殿の奉行（役人）が火焚きとなった彼女に興味を持つが、彼女の異形さと笑われ者としての立場にためらって、近づけないままに終わっている。このような観点からみれば、異本ともいうべき御巫本系統では、姫が七歳の時に実母が死亡するという設定になっていて、結婚前の娘が面（美貌）を隠さなければならないという必然性が認められない。この異本系統では、長谷寺観音の指示で姫に箱と鉢が被せられることになっていて、箱と鉢自体、観音から与えられたものであった。ここでも霊験譚としての性格が濃厚で、姫の恋愛と結婚という主題はそれほど強調されていない。

しかし、柳田国男がすでに問題にしているように、「鉢」と「姥皮」「姥衣」では、かなり形態と機能が違うのではなかろうか。「姥皮」「姥衣」なら姫は老婆に変身できるが、「鉢」を被っても変身するわけではない。たとえ肩まですっぽり被さったとはいえ、容貌の気配や体つき・手足の美しさは隠しようもないのである。渋川版（流布本）では、河内国司山蔭三位中将の四番目の御子である宰相殿御曹子は、湯殿で鉢かづきの声の優しさ、手足の美しさに惹かれ、近くで御覧になって、「かほどにもの弱く、愛敬《あいぎやう》世にすぐれ、美しき人はいまだ見ず」と見初めるのである。「うばかは」や「花世の姫」では、それぞれ「姥皮」や「姥衣」を着た姫は醜悪な姥（老婆）になり、それを取った時に、姫の美貌を覗き見た近江国佐々木民部たかきよの子息十郎たかよしや、中納言の子息宰相に見初められるという設定になっていて、明らかに異なっている。

この点を岡田啓助は、前述の市古貞次説や、「鉢かづき」の鉢は水の神としての河童の皿と大した違いはないとする折口信夫説を引きながら、次のように説明している(27)。「鉢かづき」では、鉢と箱を区別している。嫁くらべの当日、まず鉢が前に落ちるが、金銀財宝や嫁入り衣装が出てくるのは箱からであり、この箱は、乙姫が浦島太郎に与えた不老不死の箱や「米福粟福」で継子が山姥からもらった嫁入り衣装の出る箱と同じように、異常な威力を具備している。鉢については、鉢を姫がかぶるというよりは、鉢に姫を籠らせる状態も想像されるが、これは元来、鉢のような円形の容器には神聖なものが宿るという、古代の人たちの発想が秘められているのではないか。これらの鉢に対する説明は、従来の定説ともいうべき内容であるが、現段階では、充分に納得できるとは思えない。古代の人たちの発想を何よりも尊重したはずの（原型志向の）柳田国男自身が、「姥皮」「姥衣」という古着が原型で、鉢は新しい人工的な趣向だと述べているではないか。

このことを、「鉢かづき」を論じる民俗学者や国文学者は、なぜか忘れているようである。また、御伽草子の継子物において、主人公（姫）が湯殿の火焚きになるという第四の共通点については、家の火所である竈に祭られる神である竈神《かまどかみ》信仰との関わりが指摘されている。(28) 竈神は嫁入りの際に女性がまず拝むべき神であり、女性にとっては主婦権を象徴するものであったという。また竈神は女神で、醜悪な容貌をしているともいわれる。しかし、「鉢かづき」は湯殿の火焚きをする下人（非人）になるのであり、ただちに火焚きが竈神との関連を意味し、姫の結婚への伏線であるのかどうかは疑問である。

したがって、第三の鉢の問題と、第四の姫が湯殿の火焚きとなるという点について、ここでさらに検討しなければならない。これらの問題について、保立道久が「秘面の女と『鉢かつぎ』のテーマ」で提起している新しい視点からの説を、次に検討したい。

三　「鉢かづき」物語の誕生

保立道久は、まず女性の姿形と外歩きについて、街頭での「女捕《めとり》」「辻捕」をめぐる笠松宏至と網野善彦との議論を紹介することから、分析を始めている。ジェンダー史を問題にする前に歴史家のジェンダー意識を問題にしなければならない、という現状を理解してもらうために、少し長くなるが、この議論の内容を紹介しておきたい。この問題での基本的な史料は、第一に『御成敗式目』第三四条の「道路の辻において女を捕ふる事、御家人においては百箇日の間、出仕を止むべし。郎従以下に至っては、大将家の御時の例に任せて、片方の鬢髪《びんぱつ》を剃り除くべきなり。ただし、法師の罪科においては、その時に当たりて斟酌《しんしゃく》せらるべし」（道路の辻において、女を襲い捕えたものは、御家人なら百日の出仕停止、郎従以下の身分の者は、頼朝の先例にならって、片方の頭髪を剃り落とす刑に処す。ただし、法師の刑は、犯罪発生時点で斟酌してきめよ）であり、第二に御伽草子『物ぐさ太郎』の次の一節「辻捕とは、男もつれず、輿車《こしくるま》にも乗らぬ女房の、みめよき、わが目にかかるをとる事、天下の御ゆるしにて有なり」（男も連れず、輿にも乗らぬ美しい女房を捕らえるのは、「辻どり」と称して天下の御ゆるしである）である。ここでは便宜上、『御成敗式目』第三四条を史料Aと呼び、『物ぐさ太郎』の一節を史料Bと呼ぶ。

保立の要約をそのまま引用するならば、まず笠松宏至は、史料Aについて、「女捕」が一種の軽犯罪として刑事事件になるかならないかの境界的な性格を持っているとした。そして、史料Bによって、「少なくとも公法上は妻帯を認められていない僧侶、それも法師と呼ばれる下級の僧侶たちが、この「天下の御ゆるし」を楯にして「辻での女捕り」に性の「ハケ口」を求めることが多く、俗人の場合よりもさらにそれを容認する慣習があったのかも知れない」と述べた(29)。これを受けて、網野善彦は、絵巻物には女性たちが軽装のまま積極的に「一人旅」に出る姿がしばしば描かれているとし、中世では、このように一人で道を行く女性は、身体的安全のために、望まれれば自らの性を解放することを「当然」の「身の処し方」としており、それは宣教師の報告書に、「日本の女性は処女の純潔を少しも重んじない(30)」といわれるような性的倫理と結びついているとまで論じたのである(31)。笠松・網野の見解は、男性である保立にとっても「相当ショッキングなもの」であり、とくに網野の見解について、厳しい批判がおこなわれている。すなわち、網野説は都市の街頭、「辻」という社会的な場における男と女の直接に動物的・暴力的な関係のあり方を前面に押し出すものとなっており、しかも、それを中世女性の性的倫理のあり方と結びつけていると。

網野善彦の見解は、ごく最近まで、強姦事件の被害者である女性が、被害を訴えた警察や裁判所で、強姦ではなく合意の上での和姦だろうと一方的に決めつけられたり、強姦だと認められた場合でも隙があったからだろうなどと責任を追求されて、再度深く傷つく被害（これをセカンド・レイプと呼ぶ）を受けるのが常だったという事実を思い起こさせる。この議論を振り返るたびに、日本社会における女性差別意識の根深さを痛感する。それが、どれほど女性についての無理解や誤断を生み、歴史家の目を曇らせていることであろうか。

中世社会において、「女捕」「辻捕」が存在したという事実を否定するわけではない。二一世紀の今日でも、真っ昼間の街頭から女性が拉致されたり誘拐されたりするのが、日本社会の現実である。そのような目立つ事件が、記事や記録として格別後世に伝えられやすいという事情も、中世と変わらない。中世の警察状態では、犯人を逮捕する確率も低かったと想像されるから、男性が犯罪を起こす件数も多かったであろう。しかし、史料Aでも犯罪として罰則規定が記されているのであり、御家人の一〇〇日間の出仕停止や郎従の頭髪片剃りという刑罰が、それほど軽いかどうか判断に苦しむ。よく知られているように、史料Aは式目三四条の「他人の妻を密懐する罪科の事」の後半部分であり、前半部分は、人妻と密通したものは、強姦・和姦を問わず、所領半分を没収したうえ、（無期限に）出仕を停止する、となっている。所領のないものは遠流《おんる》で、女も同罪であった。刑罰が軽いかどうかは、相対的な比較の問題であり、密通に比べれば、確かに軽い。問題は法師の場合であるが、ここでの「斟酌」が法師の罪科を手加減し緩めるものだという笠松宏至の実証は、鎌倉後期の訴訟手続解説書『沙汰未練書』が刑事事件になるかならないか、その境界的な犯罪の一つにあげていることと、史料Bによっている。しかし、笠松自身が引用しているように、ここでの斟酌を「単に考慮する」意と解する『清原宣賢式目抄』という注釈書もあり、それには「法師ならば打おけ（ゆるせ）という義ではない」と明確に書かれているのであるから、主な論拠は史料Bということになろう。史料Aよりずっと後世のもので、中世法ではなく中世小説の一節である史料Bを使用する場合には、一定の手続きが必要である。

実は、当時の社会においては、本夫の自宅における姦夫の殺害行為を容認する観念が社会的に支持され、この観念と関わりなく制定された式目三四条の密懐法は、現実には限られた基盤しか持ちえなかったことを、すでに勝俣鎮夫が明らかにしている(32)。とすれば、「女捕」「辻捕」についても、当時の社会的な慣習とは関わりなく立法された可能性がある。保立は、両氏の議論の延長線上で見解を述べており、史料Bでの「辻捕」の場が「清水の辻」で、平安時代から神託によって女と男が結ばれる場所となっていたという特別な条件を背景とした誇張と解釈している。「女捕」は、ある場合には、特殊な求愛の形でもあったという(33)。

五条の因幡堂が本尊薬師如来に妻乞いの願掛け（「申し妻」）をして妻を授かる場であったことは、狂言『因幡堂』などで周知の事実であるが、因幡堂の辻も同様であったという。保立は、一般に都市の道路の辻において「女捕」「辻捕」がおこなわれ、男の手前勝手な理屈であるが、清水や因幡堂の辻といった宗教的環境がある場合には、とくに通用しやすかったと述べている。上述の見解に比べれば、一応の説得力がある。しかし、以上の議論の根拠自体が危うく、このような結論を導くことは難しい。笠松宏至と網野善彦の見解については、当然ながら女性の性的自己決定権は中世にはなかったのかという根本的な批判が出され、また一人旅そのものがきわめて例外的で、基本的には連れや従者と一緒だったことなどが指摘されている(34)。

保立は「女捕」「辻捕」に関連して、「被衣——日本のチャドル」を検討し、秘面・秘髪の風習が貴族的な文化を表現していること、それが基本的には家父長制の歴史的な社会関係と深く関わるものであったことを述べている。フェミニズム的に言い換えれば、現代でも女性が秘面・秘髪して外出するイスラム圏の一部におけるような世界が存在するが、それは女性の人権が男性によって抑圧された家父長制社会の風習である、という意味である。また、「髪着こむ（髪を着物の背中にたくしこむ）」（三二四頁図3・4参照）と「頭に物を載せること」（図5右参照）が、秘面・秘髪の姿の対極に存在する中世の庶民女性の姿態であることを明らかにしたうえで、このような庶民女性に対する「女捕」は、確実に「市の平和」に反する罪科として追求されただろうと述べている点は、働く庶民の女性の社会的役割を考える場合に重要であり、問題の本質を突いている。つまり、女性が露面・露髪して市で働くことのできる自由と平和は、保障されていた。

　さらに注目されるのは、保立道久が御伽草子「鉢かづき」が成立する背景としての山蔭中将伝説について、黒嶋敏を引きながら論じていることである。[35] 山蔭中将とは、九世紀に清和天皇の蔵人頭を勤めた藤原山蔭のことで、室町時代には中央貴族としては断絶していたが、藤原山蔭の孫の時姫が藤原兼家（道長の父）の妻となり、娘の上東門院（東三条院の誤り）詮子が一条天皇を産んで「国母《こくも》」となったのをはじめ、以後の山蔭流藤原氏は、「国母＝日本の母の母」の家柄、グレートマザーの家柄であったため、一つの神話的・説話的意味を持ったというのである。これに加えて保立は、平安時代以来、この家系の者が天皇（王）の湯殿（沐浴）への神聖な身体的奉仕を職務とする蔵人であったことを、「鉢かづき」物語のプロット成立の背景と考え、「鉢かづき」姫が「交野」の人であるのは、山蔭中将伝説にふさわしい「交野少将物語」の由来があるためであり、内容は不明だが、それはおそらく、『竹取物語』に類する天女譚でなかったかと述べている。この物語は王権神話との関連性なしには解けないということになる。

　実は、枚方丘陵南部に位置するかつての寝屋村（現在の寝屋川市寝屋・明徳一―二丁目）には、備中守藤原実高の没落をめぐる寝屋長者伝説があり、寝屋川市役所には、「河内国交野郡寝屋長者鉢記」という旧水本村所蔵の写本が保存されている。長者屋敷跡や、寝屋長者が信仰したという浄土宗紫金山西蓮寺《さいれん》観音堂の木像十一面観音、浄土真宗本願寺派紫雲山正法寺《しょうぼう》の地蔵尊も残っている。地蔵尊は一六八九年（元禄二）に制作されたものとされるが、このような長者伝説が旧跡や文化財と結びついて存在することが注目される。松本隆信は、寝屋長者伝説を、御伽草子「鉢かづき」の文献が逆に伝説化したものとしたが、寝屋川市役所蔵本を検討した鈴木弘道は、この「寝屋長者鉢かづき」こそ、寝屋長者伝説という民間伝承を受け継いだものとしている。(36) 御伽草子「鉢かづき」については、このような本も考慮して、物語の構造を考える必要があると思われる。

この寝屋川市役所本は全七巻にわたり、流布本が二巻であるのに比べてはるかに長い。これによると、藤原実高は一二七九（弘安二）年頃の人で、北面の武士の格式を持つとされる（『寝屋川市誌』、一九六六年）。また、奥方は津の国鳴海の里に住む蘆屋長者（蘆屋長太夫）の息女で照見といい、子のない実高夫婦は初瀬寺（長谷寺）観音に祈願して一女（初瀬姫）を授かるが、この子が一四歳の時に鉄鉢を頭の上に着せよ、という夢告を得るという筋立てになっている。ここでこの本について詳しく検討することはできないが、「鉢かづき」の異本である御巫本系統で交野長者備中守実高が「摂津交野」とされているのは、「摂津蘆屋長者」が登場するこの本と何らかの関わりがあるのかもしれないと思う。

また鈴木説では、寝屋川市内の寝屋神社（元は寝屋村産土神《うぶすなかみ》の八幡宮）・打上《うちあげ》神社（元は打上村産土神の高良《こうら》大明神社）の各摂社や国守《くにもり》神社（元は燈油《とゆ》村産土神の八幡宮）の若宮に水神が祀られていることと、姫が水仕女になることとの関わりが指摘されている。寝屋長者（交野長者）は山林田畑数知れず、奥方の父摂津蘆屋長者も田畑数知れず、大船持ちであったが、永正（一五〇四～二一年）頃海賊となった甥鳴海太郎の悪事のために家名が断絶したとされる箇所に、旧淀川水系と旧大和川水系の間に位置し、大阪湾から瀬戸内海へのルートと近い北河内の地理的条件が反映されているとみて、私は興味を覚える。

これまでみたところによって、「鉢かづき」物語誕生の歴史的・文化的背景は、ほぼ明らかになってきたと思われる。御伽草子「鉢かづき」は、一見単純な物語でありながら、その背景には王権神話をはじめ多様な物語群が存在し、当時の多くの読者を夢中にさせる魅力を備えた諸要素によって構成されていたのである。

おわりに

自立した女性像が一般的でなかった中世社会において、女性の幸福は男性に依存するという、家と婚姻の枠を越えられない女性観のあり方は止むを得ないものであった。しかし、御伽草子が形作られた室町時代、一方では、狂言や職人歌合に女性が生き生きと働く姿が描写され、自己主張の強い「わわしい」女性像が登場するのに比較すると、御伽草子「鉢かづき」は、一人の女性の過酷な運命とそこからの脱出を、あまりにも非現実的に物語化している。彼女の不幸も幸福も、また、すべて観音の御加護によるように描かれている。しかし、そこに中世特有の宗教的世界観のみを見出すのは間違っている。都市や市場で働く多数の販女たちは、顔を覆わず、頭上には商品や道具を載せて運搬していた。そのような場所には、市女笠を被り壺装束を着けた秘面・秘髪の女性も買物のため多数出入りしていた。両者の交流と混在という坩堝の中から、「鉢かづき」物語は紡ぎ出されたように思われてならない。

「鉢かづき」の挿絵（奈良絵本）は、貴族的な登場人物を主役として描かれているが、その描写は平安時代の貴族のイメージに拠っていることから、挿絵を描いたのは市井の職人絵師であったと思われ、同時代の『七十一番職人歌合』に描写されているような諸国一見の僧、行商人、琵琶法師、山伏・修験者、傀儡師、遊女、唱門師、聖、絵解き（熊野比丘尼）、歩き巫女といった人々が、御伽草子の生成と流通に関係していたと思われる。その意味で、奈良絵本のフィクションとしての女性像は、ノンフィクションとしての「職人」にみられるような庶民の女性像と一対のものであると考えなければならない。

販女が営業用の商品や道具を頭に乗せているのと同様に、鉢は中世の庶民女性の頭上運搬と関係がある。保立道久は、販女の頭上運搬について述べながら、鉢は中世から近世にかけて乞食の持ち物であったから、乞食のための道具を頭に癒着させたことにより、「鉢かづき」は乞食・非人身分に陥ってしまったのであるとした。交野の備中守さねたかという長者にとって、「鉢かづき」は娘が「かたわもの」になったというだけではなく、販女や乞食・非人のような賤しい身分に陥り、受領名が示す豪族ないし中下流貴族としての家の身分を外れたことを意味したと思われる。

しかし、この鉢は、草子を読む人々にとっては、決して否定的な道具として描かれているわけではない。鉢が外れると、箱から金銀財宝があふれ出すという場面には、室町時代の現世利益的な価値観が確かに表現されている。経済的繁栄への希求は、現代社会だけの現象ではない。都市や商業が発達した室町時代には、人々も富と現世利益を追求していた。狂言の「夷大黒」「夷毘沙門」などにみられるように、福徳授与の信仰が広まっていた。いわゆる七福神信仰である。(37)しかし、まだ明確ではないものの、御伽草子の現世利益というテーマの彼方に、女性が家と婚姻に束縛されていく道筋が垣間見える。恐ろしくも悲惨な境遇を体験した「鉢かづき」も、心優しく富に恵まれた貴公子と結ばれることによって、すべての不幸と差別を捨象した。物語の最後は、山蔭中将と備中守実高の家の末永い繁栄を言祝《ことほ》いで結ばれる。御伽草子は荒唐無稽な物語を面白おかしく語り、読者を喜ばせるが、とくに女性や子供を相手に繰り返し絵解きされ読み解かれた、庶民教育の物語であったことも、忘れてはならない。(38)

〔付記〕　本章は、二〇〇三年一一月一五日に大阪府立文化情報センターでおこなわれた「公開講座フェスタ」での公開講座「『鉢かづき』と販女《ひさめ》」のために準備したものを基にしている。

（1）　黒田日出男や保立道久による仕事が代表的なものであるが、詳細については個々に後述する。
（2）　会議の成果として刊行されたのが、奈良絵本国際研究会議編の『御伽草子の世界』（三省堂、一九八二年）と、『在外奈良絵本』（角川書店、一九八一年）である。
（3）　奈良絵本国際研究会議編『御伽草子の世界』（三省堂、一九八二年）。のちにバーバラ・ルーシュ『もうひとつの中世像　比丘尼・お伽草子・来世』思文閣出版、一九九三年、所収。
（4）　『国文学』第三九巻一号「特集　お伽草子　文字と絵と物語と」（学燈社、一九九四年）。
（5）　中世女性史の研究史については、黒田弘子『女性からみた中世社会と法』（校倉書房、二〇〇二年）の「付論Ⅰ　中世女性史研究のあゆみ」が、女性史研究の現在を詳しく述べている。戦後の女性史研究は、一九八〇年代に第三期を迎え、現在は第四期に入っているとする。たとえば、黒田弘子が属する総合女性史研究会（女性史総合研究会のいったんの解散後、再編成された新組織で、現在の代表は西村汎子）は、二〇〇一年三月の大会で、「性差をどうとらえるか――ジェンダー概念と女性史」を大会テーマに据えている。
（6）　脇田晴子／S・B・ハンレー編『ジェンダーの日本史』上・下（東京大学出版会、一九九四・一九九五年初版）には、御伽草子を主題にした論文は掲載されていない。また、女性史総合研究会編『日本女性史研究文献目録　Ⅳ一九九二―一九九六』では、「Ⅳ中世」の「六　物語の女性像」の項目に、御伽草子を対象とした論文があげられているが、女性史研究者の仕事として、伊東正子「御伽草子絵についての一考察――『花鳥風月』の服飾描写――」（『民衆史研究』第四四号、一九九二年）、西村汎子による「中世小説に見る女性観――『あきみち』の場合――」「お伽草子『さいき』の妻の自立的な夫婦観――二人妻説話の一類型としての」（『白梅学園短期大学紀要・人文社会科学編』二九・三〇、一九九三・九四年）があるほかは、黒田日出男『歴史としての御伽草子』（ぺりかん社、一九九六年）のみである。
（7）　市古貞次「御伽草子研究史」・赤井達郎「奈良絵本研究史」（奈良絵本国際研究会議編『御伽草子の世界』三省堂、一九八二年）、徳田和夫「お伽草子研究の来歴と今日」（『お伽草子研究』三弥井書店、一九八八年）などを参照。

（8）『日本史研究』第一四号（一九五一年）、のちに林屋辰三郎『中世文化の基調』岩波書店、一九五三年。また、林屋辰三郎『日本史論聚四　近世の黎明』岩波書店、一九八八年、所収。
（9）林屋辰三郎は御伽草子の支持者層についての見解として、民衆文化とする一般的見解、南北朝内乱を中心とする封建革命の文化的所産で、農民的基礎をもって成立したとする松本新八郎説、天皇・皇族・後宮の女官・公家・武家の上層ら当時一流の王朝的教養人が自らも読み、またその周辺の文学愛好者たちのためにも斡旋の労を取ったとする近藤忠義説をあげている。つまり一つは民衆的なものとし、もう一つは貴族的なものとした。ただし、御伽草子に農民の革命的伝統を見出すことはできないと、松本説は否定している。貴族的なものとする近藤説については、その素材や構想が大部分東西の古典に依拠している点と、その叙述が王朝文学に由来する点からみて、古典的教養を持つ旧貴族の参加については異論がないとする。すなわち、近藤説と民衆文化説を総括するかたちで、町衆の文化的所産としたのである。
（10）豊田武／ジョン・ホール編『室町時代——その社会と文化』吉川弘文館、一九七六年。のちにバーバラ・ルーシュ註（3）前掲書所収。
（11）市古貞次『中世小説の研究』（岩波書店、一九五五年初版）三八八頁以降参照。
（12）東京堂出版、二〇〇二年初版。
（13）黒田日出男『姿としぐさの中世史』平凡社、一九八六年。
（14）『週間朝日百科日本の歴史別冊　歴史の読み方一〇　史実と架空の世界』朝日新聞社、一九八九年。のちに『歴史としての御伽草子』ぺりかん社、一九九六年、所収。
（15）ぺりかん社、一九九〇年。
（16）黒田日出男・千野香織・徳田和夫の座談会「お伽草子のパラレル・ワールド」（『国文学』第三九巻一号「特集　お伽草子　文字と絵と物語と」学燈社、一九九四年）。黒田日出男『歴史としての御伽草子』（ぺりかん社、一九九六年初版）、ほか。
（17）『民衆史研究』第四四号、一九九二年。
（18）石川透によれば、元禄期の『鉢かづき』と『伊勢物語』『笠間長者鶴亀物語』は、本文・挿絵ともに、「居初《いそめ》つな」という女性が書いたことが分かった。また、彼女を作者とする大量の作品が発見されつつあるという。居初氏は近江国堅田（大津市）を本拠とする一族で、一六九五年（元禄八）に京都の書肆文松屋次郎兵衛のもと、彼女が「女実語教・童子教」の書画を担当したという版本も発見されている。居初つなの往来物の版元は、ほとんど京都にあるという。日本最初の女性絵本作家の発見である（二〇一三年六月一六日、東大阪市民美術センターでの『奈良絵本・絵巻の美』展における石川透の記念講演「奈良絵本・絵巻の世界」および同展展示解説による）。また、石川透『入門　奈良絵本・絵巻』（思文閣出版、二〇一〇年）参照。

(19)『物語の中世──神話・説話・民話の歴史学』（東京大学出版会、一九九八年）の「第一〇章　秘面の女と『鉢かつぎ』のテーマ」参照。以後の論述では、保立道久の仕事は、とくに断らないかぎり、この論文による。この論文は、最初一九八七年に発表されたが、この著書では全面的に改稿・追補のうえ収録されているので、新稿として扱う。

(20)「鉢かづき」には、多くの写本や刊本が伝存しているが、大半は渋川版「御伽文庫」所収本とほぼ一致する内容を持ち、本文の上でもさほど大きな差はないとされる。しかし、御巫清勇氏旧蔵本や、角屋保存会蔵本、石川透氏蔵本、および京都大学総合人間学部図書館蔵「むろまちものがたり」の奈良絵本は、異本といってよいほどの特色がうかがえ、御巫本系統とされる（金光桂子「『はちかづき』解題」〈『京都大学蔵　むろまちものがたり一〇』臨川書店、二〇〇一年〉）。

(21)「桃太郎の誕生」（『定本柳田国男集（新装版）』第八巻、筑摩書房、一九六九年）七頁。これは一九三〇年（昭和五）の「桃太郎の話をきく会」における講演で、一九三三年に三省堂から刊行された。引用した著書は、一九四二年の三省堂改版を原本としている。なお、柳田国男は、西欧のシンデレラ物語に触発され、御伽草子「鉢かづき」に注目して民間伝承・昔話との関連性を検討したが、御伽草子のなかでの「鉢かづき」と「花世の姫」「うばかは」との共通性については、まだ認識していなかった。

(22)市古貞次は、中世小説の分類として、公家小説・僧侶小説（宗教小説）・武家小説・庶民小説・異国小説・異類小説の六タイプをあげ、さらにそれぞれを細かく分類した。『中世小説の研究』（岩波書店、一九五五年初版）参照。

(23)『国文学』第二二巻一六号「御伽草子の世界」特集号（学燈社、一九七七年）。

(24)註(20)参照。「鉢かづき」の諸本については、松本隆信「増訂室町時代物語類現存本簡明目録」（奈良絵本国際研究会議編『御伽草子の世界』三省堂、一九八二年）参照。なお、岡田啓助は「鉢かづき」の本文の種類を、版本系と古写本系に大別している。古写本としては、赤木文庫蔵本・慶應義塾図書館蔵本・小野幸氏蔵本の三本があり、これらの本文は版本系統の本文よりも古態を伝え、とくに後半において版本より描写が詳細であるとする（「『鉢かづき』本文の異同」〈『帝京大学文学部紀要』一七号、一九八五年〉）。

(25) 柳田の引用文は、「笑はれ聟」（『定本柳田国男集（新装版）』第六巻、筑摩書房、一九六八年）三〇六頁。保立道久の柳田国男批判は、日本中世史を専門とする歴史家として必然的な性質のものであるが、保立はまた日本民俗学のよき理解者でもある（保立註(19)前掲書所収「補論　歴史学にとっての柳田国男」参照）。

(26) 裳着は平安朝の宮廷貴族社会でおこなわれた通過儀礼の一つで、女子が成人して初めて衣裳を着ける儀式をいう。「着《ちゃく》（著）裳《も》」とも呼ぶ。年齢はだいたい一二～一四歳ぐらいでおこなわれ、配偶者の決まった時、または見込みのある時におこなうことが多く、これによって結婚の資格を獲得したことを意味する。裳の腰を結ぶ腰結《こしゆい》の役、髪を結い上げる結髻《けっけい》・理髪の役があり、腰結は元服の加冠と同じく最も重要視され、尊属または徳望のある高貴な人を選んで、あらかじめ依頼しておく。皇女の場合は天皇自ら結ぶこともあった。儀式は夜間におこなわれた。裳は後腰に付けられたプリーツ入りの華麗な飾り布のことである。

(27) 乾克己ほか編『日本伝奇伝説大事典』（角川書店、一九八六年初版）の「鉢かづき」の項目を参照。

(28) 例えば、『お伽草子事典』の「花世の姫」参照。

(29) 「式目はやさしいか」（笠松宏至『法と言葉の中世史』、平凡社、一九八四年）。

(30) ルイス・フロイス著／岡田章雄訳注『ヨーロッパ文化と日本文化』（岩波文庫、一九九一年）、あるいは、松田毅一／E・ヨリッセン著『フロイスの日本覚書――日本とヨーロッパの風習の違い――』（中公新書、一九八三年）。

(31) 「童形・鹿杖・門前」（網野善彦『異形の王権』平凡社、一九八六年）、あるいは、「中世における女性の旅をめぐって」（『交通史研究』第三〇号）参照。

(32) 日本思想大系二一『中世政治社会思想　上』（岩波書店、一九七二年初版）四三五～四三六頁の補注参照。勝俣鎮夫は、姦夫がすべて殺されたというわけではなく、現実的解決の手段としては、当事者間の内済による解決方法も多くとられたことが推定しうるとしている（「中世武家密懐法の展開」〈『史学雑誌』第八一巻六号、一九七二年〉。のちに勝俣鎮夫『戦国法成立史論』東京大学出版会、一九七九年、所収）。

(33) 最近、保立道久は最晩年の石母田正が日本の未開性について「私は未開社会を尊敬しております」と述べた真意と、この見解を引き継いだのは網野善彦であるという、注目すべき意見を述べている(「「社会構成論と東アジア」再考」〈『歴史学研究』七八〇号、二〇〇三年〉)。したがって、この女性史をめぐる見解も、日本社会の未開性がはらむ「ふるいもの」すなわち、正義感の不在や呪術性などといった否定的な側面を意識して書かれたものかもしれない。しかし、石母田正が女性史そのものに否定的であったことも忘れてはならない。

(34) 黒田弘子『女性からみた中世社会と法』(校倉書房、二〇〇二年)五二頁参照。

(35) 黒嶋敏「伊達氏由緒と藤原山蔭」(『日本歴史』第五九四号、一九九七年)。

(36) 鈴木宏道「御伽草子「鉢かづき」の変装趣向とその原拠」「寝屋川市役所蔵本「河内国交野郡寝屋長者鉢記」構想論——御伽草子「鉢かづき」との異同を中心として——」(『奈良大学紀要』第四・五号、一九七五・七六年)。『日本歴史地名大系二八 大阪府の地名Ⅱ』(平凡社、一九八六年)八八三頁には、万治二年(一六五九)松会堂蔵板写本「寝屋長者鉢かづき」は、万治元年(一六五八)頃には長者屋敷の形は残っていたと記しているとする。「寝屋長者鉢かづき」全七巻の末尾には、確かにこの松会堂蔵板を写したとあるが、鈴木論文の前者は、この市役所蔵本の形態を調査すると、「河内国交野郡寝屋長者鉢記」とあり、当地の民間伝承が御伽草子「鉢かづき」の元であるとする。なお、松会《しょうかい》版《ばん》とは、江戸長谷川町の書肆松会市郎兵衛が出版した本のことで、確かに万治二年に「鉢かづき」を上梓している(筑波大学所蔵)。

(37) 七福神の信仰については、早くに豊田武が「中世の都市と宗教」(豊田武著作集第七巻『中世の政治と社会』吉川弘文館、一九八三年。初出は一九四八年)の中でさまざまな実例をあげている。

(38) 渋川版は、書肆自ら、「古来のおもしろい草子の集成」で「甚だめでたい草子」であり、女子の身を修める便りとなり、読んで有益なものとしている。登場人物・作者および絵解きや語り手・享受者など、どれをとっても、女性を離れては考えられないのが、御伽草子の世界である。

第二章　中世都市の女性とジェンダー

はじめに

日本の中世社会で都市の女性たちは、どう暮らし、どう働いていたのだろうか。かつての中世史研究ではとても答えが出せないと思われていたこのような問題に対しても、近年の女性史研究は答えられるようになってきた。たとえば、岡野治子編『女と男の時空――日本女性史再考　Ⅲ女と男の乱――中世』(1)を例にあげよう。この長いタイトルの本は、フランスの新しい歴史学の潮流であるアナール派の西欧女性史(2)を受けて刊行された女性史シリーズ（全六巻・別巻一）の一冊である。これまでも、個別的に、あるいはシリーズとして、このような問題意識による著書や論文が発表されてきたが、この本では多様な研究テーマに基づいて、多数の研究者が中世の女性史について論じている。このような研究成果が重ねられていくならば、新しい歴史事実が次々に明らかにされていくとともに、いずれは歴史学の全体像そのものが書き換えられていくだろうと私は考える。本章では、古文書・狂言・職人歌合などを通じて、女性たちの活躍の実態を解き明かし、ジェンダー（社会的・文化的に作られた性別や性差）のあり方について論じていきたい。

一　職人歌合にみえる都市の女性

都市で働く民衆が姿をみせるのは、大阪四天王寺に伝来した平安時代後期（一二世紀中葉）の『扇面法華経冊子』（扇面古写経）である。『国史大辞典』八巻に収められた図版の解説によると、市店の並ぶまちの賑わいを描いた法華経巻七扇六・一一には、市店で栗・茄子・柿・瓜などの青果や干し魚・布地・細帯などを売る女性たちと、溝を隔てた道を、市女笠壺装束で、あるいは頭上に衣類を載せて通る女性たちの姿が描かれている。法華経巻一扇七には、紅葉を賞でる華やかな袙《あこめ》姿の女房たちの向こうで、一心に栗を拾う女（賤女《しずめ》）たちが描かれ、市店で売られている栗はこのように収穫されたことを示唆するかのようである。鎌倉時代になると、働く民衆は絵巻に描かれることが多くなるが、まとまって出現するのは職人歌合（職人尽絵）(3)においてである。「職人」とは、一般には手工業者や技術者など特別な技能を持つ人をいう。平安期には職能に即したさまざまな「道」が出現し、鍛冶・鋳物師や遊芸人などが「道々輩《みちみちのともがら》」と呼ばれるようになっていた。中世の「職人」はその「道々輩」とほぼ同義語で、芸能（特別な才能や技能）を身につけた者という広い意味である。

中世の職人たちは座(4)を作り、貴族や寺社などの本所に属し身分を保障されて働いていた。また供御人（中世、天皇が用いる品物や食料を貢納した人や集団）として官衙に属し、生魚・野菜・酒麹・檜物・鋳物などを貢納し、課役免除や営業権などの特権を与えられ、鋳物師のように全国を渡り歩く職人も多くいた。職人歌合に登場する職人については、画像のほかに、詠歌・判詞・画中詞に見える語彙から、彼らの出身地・居住地などが明らかにされている。

岩崎佳枝によると、職人たちは山城地方（洛中・洛外）に集中して住んでおり、近江・伊勢・大和地方の職人もいた。居住地を限定できない「無縁・公界」、主として雑芸人やいわゆる聖層に属する職人も、『七十一番職人歌合』の中で三十数種に達するという(5)。新日本古典文学大系『七十一番職人歌合　新撰狂歌集　古今夷曲集』の巻末に収められた職人歌合研究会による「職種一覧」には、その職人の本所や職人が成立する歴史的経緯につい

て詳しく解説され、研究史の水準の高さを示している。(6)

職人の研究史のなかでまだ検討が充分でない問題は、女性の職人の社会的位置やジェンダーのあり方だと私は考えている。『七十一番職人歌合』(以下、『七十一番』と略記する)には、一四二種の職人が登場する。その男女の比率は、判別がつきにくいものもあるが、一応、男性の職人が一〇八種、女性の職人が三四種ということになる。網野善彦が述べているように、女性が二四パーセント、約四分の一を占めていることは、注目すべき重要な事実である。(7)このような職人を描いた絵画史料は、日本だけに残されているわけではない。ヨーロッパには、ドイツのフランクフルトで一五六八年に出版された『西洋職人づくし』(ヨースト・アマン版、ハンス・ザックス詩)があり、「教皇」から「がらくた売り」まで一一四種の身分と手職を収めている。しかし、このなかで女性の職人は「オルガンひき」と「歌手」だけである。(8)ほかの手職に女性が描かれていても、木版画や詩の主役が男性であることから、補助的な役割にあったと思われる。『七十一番』と『西洋職人づくし』はよく比較されるが、両者のジェンダーのあり方は異なるのである。しかし、それは本当に事実であったのか。女性の職人が実在しても、故意か無意識かは別にして取り上げないという、作者の差別意識(ジェンダー意識)を示すものなのか、それともドイツにおける女性労働の実情をそのまま示すものなのか。この問題については、のちに詳しく検討したいが、フランソワ・イシェ著(蔵持不三也訳)『絵解き　中世のヨーロッパ』(9)には、中世の経済で重要な位置を占めていた繊維産業における女性労働が指摘されている。さまざまな図像は、織物工程における女性の重要な役割、とくに機織りと紡糸作業を描いているし、刺繍やボンネット(縁なし帽)をはじめとするかぶり物づくりも女性たちの仕事であり、なかには名声を博す女性刺繍人もいたという。したがって、『西洋職人づくし』のみでこの問題を検討するのは、史料的に不充分なのである。

比較史的な視点による考察は後述することとして、日本の『七十一番』に登場する女性職人についての研究内容を次に検討していきたい。後藤紀彦は、『七十一番』の女性職人三四種を、髪・かぶり物・眉・業態などにより以下の四グループに分けて一覧している[10]。

(1)広い意味の芸能や宗教に携わる女性たち（九種、持者を入れると一〇種）
くせまゐ舞（曲舞々）四八番右・しらひやうし（白拍子）四八番左・かんなき（巫）六二番右・女めくら二五番左・にしう（尼衆）六七番右・ひくに（比丘尼）六七番左・つし君（辻子君）三〇番右・たち君（立君）三〇番左・すあひ（牙儈、牙婆）四一番左・（地しゃ（持者）六一番）

(2)かぶり物をつけぬ女性たち（七種）
おひうり（帯売）一四番左・たき物うり（薫物売）六〇番左・白い物うり（白粉売）一四番右・あふきうり（扇売）一三番右・はたおり（機織）四番右・くみし（組師）五一番右・ぬい物し（縫物師）五一番左

(3)かぶり物をした本眉の女性たちのうち、食物を販売する女性（九種）
さかつくり（酒作）五番右・まめうり（豆売）三五番右・こめうり（米売）三五番左・いおうり（魚売）一五番右・かうちうり（麹売）三八番右・もちゐうり（餅売）七番右・心ふとうり（心太売）七一番右・さうめんうり（素麵売）三七番右・たうふうり（豆腐売）三七番左

(4)桂包をした本眉の女性たちのうち、食物以外の販売にたずさわる女性（九種）
たゝう紙うり（畳紙売）五二番右・をはらめ（大原女）九番右・とうしみうり（灯心売）四〇番左・ひきれうり（挽入売）一七番左・へにとき（紅粉解）三三番左・わたうり（綿売）五九番右・白ぬのうり（白布売）五八番左・すりし（摺師）五二番左・こうかき（紺掻）四番左

以上の形態的な分類は興味深いものがあるが、さらに実態を検討していきたい。鈴木敦子は、「女商人の活動と女性の地位――中世後期を軸に――」[11]の中で、『七十一番』を基本史料として、都市（京都）に生きる女性の商人・職人について論じている。

最初に引用されているのは、狂言「連雀」である。新市が開かれるのを待って女商人が夜が明けるまでひと眠りをしている間に、男の商人がやって来てこの女商人の前に陣取ってしまい、目が覚めた女商人と新市の一の棚（市場での販売権が永く保証される）をめぐって争いとなる。市の代官が登場して両人のなかに入り、勝負で決着を付けるようにという。腕押し、脛押《すねお》し、そして相撲をとった結果は女商人の勝ちとなる、という狂言である。

この女商人は、一人住まいの酒売りである。女性の酒売は古くは『日本霊異記』（に見える「田中真人広虫女」）をはじめ、狂言「伯母酒」「川原太郎」等にあるので、普段にみられる光景であったろうという。また、『北野神社文書』の中の応永年間（一三九四～一四二八年）に作成された洛中洛外酒屋名簿に「正阿尼」「けい志ゆん」「木春」「法性尼」「浄春」の女性名がみられるという。酒屋数三四七軒のうちの五軒であるが、ほかにも酒屋の営業権を自らが獲得して経営に乗り出す女性の存在が指摘できる（『北野天満宮史料　古文書』所収、応永三二・三三年の酒屋名簿と応永二六年の出口ゑん請状）。

酒造業を女性が営む例は、京都西郊の天王山麓にある都市山崎（京都府乙訓郡大山崎町・大阪府三島郡島本町）でもみられる。一三八一年（永徳元）一二月一三日、聖誉なる人物が山崎辻保南頬の家屋屋敷幷土蔵酒壺等を藤原氏女に売却している（『東寺百合文書』ヨ）。彼女は山崎で酒造業を経営し、土蔵（土倉）として高利貸・金融業も兼ねたと思われる(12)。山崎は平安時代から水陸交通の要衝として発達し、早くから酒造業が営まれていた。淀川を隔てた対岸男山の石清水八幡宮に属した大山崎神人の居住地として、京都をはじめ西日本の荏胡麻油を独占的に商った油商人の町として著名である。鎌倉時代には、京都と西宮（兵庫県西宮市）を結ぶ西国街道（播磨大路）に沿って発達した両側町を区切る街区として一一の保が成立した。辻保はその保の一つである。

『七十一番』では、七番左に油売があり、右の女性の餅売と並んでいる。この餅売は、『福富草紙』（一五世紀）に描かれているような農作業の傍ら餅を搗いて副業とした者ではなく、山城・京都の餅座の一員であったろうという（永正九年川端家伝蔵文書）。一三七六年（永和二）に新しく住京神人として認められた京都に居住して店舗を営む油商人六四人の名簿には、明確に女性だと認められる名前はない。しかし、女性の油売はいた。一五八三年（天正一一）一一月に中村売子弥次郎と母が座法に背き処分されている（京都所司代前田玄以下知状写）[14]。弥次郎と母が違反したのは、石清水八幡宮住京神人の油座の座法であるため、洛中洛外の油商売をめぐって、山崎中村保売子の権益と住京神人の権益が衝突したのではないかと考えられる。山崎から京都への行商人は、一三九六年（応永三）一〇月、山崎溝口保の二郎が、京都九条にある東寺内（境内）は商人通行禁止という室町幕府侍所の制札を知らずに通り、今後は決して通らないという請文（命令内容の履行を約諾した文書）を出している例がある（『東寺百合文書』さ）[15]。『七十一番』に、油売は山崎から通う行商人として描かれている通りである。

[13]

岩崎佳枝は、「『職人歌合』に見る職人の実像――『三十二番職人歌合』『七十一番職人歌合』を中心に――」[16]の中で、女性職人について論じている。なかでも、『七十一番』四番左「紺掻」（藍染めの職人）は『東北院職人歌合』（十二番本）にもみえ、『三十二番職人歌合』（以下、『三十二番』と略記する）の九番右「張殿」と同様に女工所（染殿）に所属する一員で、画中詞の「ただ一入《ひとしお》染めよと仰せらるる」は貴族からの下命の染めであろうとしていることが注目される。岩崎佳枝によれば、『三十二番』は、二七番左「農人」と二五番左「表補絵師」、また二〇番右「石切」の述懐歌などから、一四九四（明応三）年の成立で、文明から明応にわたる山城土一揆という動乱の時代背景のもとで制作されたという。『七十一番』については、一五〇〇年（明応九）末から翌年の初めには成立していたとする。『七十一番』の絵師は『三十二番』と同様に土佐光信、詞書の筆者は東坊城和長、画中詞の作者は『三十二番』の詠者の一人である三条西実隆と推定している。このような作者たちから考慮されば、「紺掻」の女工所（染殿）所属説は妥当な結論といえよう。

なお、岩崎佳枝は、なぜ貴族が「職人」に成り代わって歌を詠んだのかという「素朴な疑問」が今もって残されると述べている。この疑問については、岩崎自身が提案している貴賤の持つ意味合いを、今一度「職人歌合」を洗い直して検討し、さらに中世文学作品の中に採り出す作業に、問題解決の糸口を見出すことも必要であろう。しかし、私は当時の社会の歴史的条件にこそ、問題解決の道が開けていると考える。具体的にいうと、『三十二番』の作者である三条西実隆や東坊城和長は、どのような貴族であったかということである。実は彼らは、職人と身近なところに生活基盤を置いていた。

三条西家は室町時代後半に西園寺家と共同所領を支配し、淀魚市（京都市伏見区）や桂新免（京都市西京区）の収益、美豆御牧（京都市伏見区）・会賀牧（大阪府藤井寺市・羽曳野市・松原市）からの収益、青苧座をはじめとする苧課役徴収権等を持っていた[17]。『実隆公記』には、家領三栖荘や天王寺の青苧座など、家領や本所権からの収入が記される。第一部「第二章　都市大山崎と散所」で述べたが、淀魚市について、『実隆公記』一四九九年（明応八）三月一六日条に、東坊城和長（大蔵卿・権大納言、正二位）の被官滝口山守二郎左衛門尉某が西岡寺戸（京都府向日市寺戸町）の塩公事代官を希望し、実隆はこれを補任したことがみえる。一五〇七年（永正四）九月九日条には、淀魚市座の公用銭加増に関して、三条西実隆と交渉する「河原崎石見守」がみえる。この河原崎石見守は淀郷の殿原衆（地下侍衆）で、京・大山崎・八幡などで多角的な同族経営をおこなっていた石清水八幡宮神人の河原崎一族であった[18]。

『七十一番』の一五番右の「魚売」は、古くから六角町生魚供御人として知られている。史料によれば、一一九二年（建久三）、近江国粟津橋本供御人が六角町に四宇の売買屋（店棚）を持つことを認められ「六角町四宇供御人」となり、山城国美豆御牧供御人も今町で生魚を売買して「今町供御人」と呼ばれるようになった。一三〇六年（嘉元四）九月の蔵人所牒に「四宇供御人は皆、女商人なり」とあるように、魚売はおそらくみな女性であったと考えられている（京都大学文学部国史学研究室所蔵文書）。桂供御人（鵜飼）の女性、桂女も鎌倉期には鮎を売っていた。一五二九年（享禄二）一二月一四日の室町幕府奉行人奉書は、粟津橋本供御人と振売、六角町・今町等の商人が進止（自由に支配）している洛中洛外魚物商売について、正当性を持たない非分の輩が供御人の権益を侵すことを停止し、供御人の特権を保証している。

以上の検討から、『七十一番』の女性職人は当時の社会の現実を表現しており、職種は限定されるものの、働く女性職人・商人は社会で活躍していたことが分かる。職種が限定される代わりに、むしろ特定の職種では女性が仕事を独占していたと考えられるのである。

二　中世ヨーロッパの女性職人・商人

ヨーロッパにおける職人の伝統は、ローマ時代の手工業者の組織であるコレギウムと、初期中世の修道院や宮廷における技術者養成機関に遡る(19)。

都市が成立すると、この二つの手工業者の伝統は、都市内に生まれた手工業者層のなかに流れ込んでいった。都市の手工業者身分は親方・職人・徒弟の三つの階層（徒弟制度）に区分され、この三者を「職人」と総称する。親方が構成する手工業組合（ギルド、とくに手工業者のギルドを「ツンフト」と呼ぶ）は相互扶助をおこなう兄弟団として組織されていた反面、親方は職人・徒弟に対して家父長的支配を行使していた。中世都市における手工業親方は市民権を持つ自由民であった点が、それ以前の修道院や宮廷の職人と異なる。しかし、職人と徒弟は市民権がなく、親方の家に住込みで働くのが原則であった。職人や徒弟は親方の家に同居し、結婚して一家をかまえることも認められていなかった。都市人口の増大とともに徒弟や職人の数も増加していったが、親方株の数は定められており、親方になれない職人の数が増大してゆき、大きな問題となった。そこで一定の期間職人として勤めた者が親方に作品を提出し、審査に合格した者は、組合加入金その他を支払って、やっと親方になれるという道がつけられるようになった。しかし親方株が限定されていたため親方の子弟がまず優先され、一般の職人には親方への道は遠かった。

以上のようなヨーロッパにおける職人の歴史について概観したのは、ヨーロッパの中世社会における女性職人・商人の問題を追求したいからである。ドイツ史の阿部謹也による婦人の地位についての解説をまず検討しよう。

中世においては「婦人は公衆の前では沈黙を守る」という原則があり、ギルド（ツンフト）においても原則として婦人は親方になれなかった。しかし、たとえば一二二六年のバーゼルの毛皮匠のツンフトには、明らかに婦人も加わっていたことが確認されているし、一二七六年のアウクスブルクでは、男女の別なく手工業に携わることができると定められている。一三九七年のケルンの紡糸業のツンフトにおいては、婦人の徒弟期間が四年と定められていたし、婦人の親方もいた。このほかに絹織物業にも婦人の親方がいた。いうまでもなく親方である夫が死去した場合、多くのツンフトにおいて未亡人が職人を使って親方の職に留まることが認められていた。

しかしながら他方において、婦人労働を明らかに禁止しているツンフトもあった。たとえば、一三七八年のケルンのフェルト帽製造業においては、「親方の妻も娘も本来男性のものであるこの手工業に従事してはならない」と定めている。一四九四年には同じケルンの甲冑製造業も婦人労働を全面的に禁止している。このような事例は一五世紀末になると多くのギルドやツンフトにみられるようになる。これらの禁令は、一方でそれまで婦人労働が認められていたことをも物語っているが、一五世紀以降、婦人労働が徐々に排除されていった経過を具体的に示している。

一八～一九世紀に「営業の自由」の原則が導入されてギルドは解体されていくが、同じ頃に婦人労働もふたたび認められるようになる。ギルド（ツンフト）の解体後も、親方・職人・徒弟の三区分の型と精神は今日に至るまで生き残り、モノを造る職人の養成過程のなかで、古来の伝統を今日に伝えているという。

一九七〇年代から、ヨーロッパでは女性学や女性史研究が盛んになった。最近ではヨーロッパ中世の女性史に関する研究書が日本語に翻訳されることも多く、個々の論文についての情報収集はまだ難しいとしても、代表的な研究書の内容を検討することができる[20]。そのなかで、顕著な成果を上げているのが、エーリカ・ウイッツ著『中世都市の女性たち』[21]であると思うので、次に取り上げておきたい。

「第二章　女商人《あきんど》、その他いろいろな取引を行う女性たち」によると、都市の女性が最も早くから強力、かつ持続的に経済強化に寄与したのは、商業と金融の分野であった。

一三世紀になると、早くもイタリアの公証人名簿の中に、遠隔地商業を営む女性をみることができる。少し遅れてフランスの同種の名簿の中にもこの種の女性の名がみつかる。彼女たちはその財産を商社に投資し、出資者または商品提供者として商売に加わった。一四・一五世紀になると商取引に関わる女性の記録が増える。夫の共同経営者である妻がヨーロッパ中の町でみられ、両替商も女性の手中にあった。また、小売、小商いをする都市の女性もみられた。商業と金融に携わる女性は、たいへん早くから都市法による承認を受けていた。

「第三章　手仕事、その他町の仕事に従事する女性たち」では、職人として働く女性について、ルイ九世（一二二六～七〇）の命によって、国王つき裁判官エティエンヌ・ボワローが一二七〇年に編集・校訂した『諸職名鑑』（リーヴル・ド・メティエ。パリにある一〇〇の職人同業組合で誓約実行された慣行を集めたもの）や徴税簿によって論じている。パリでも女性しかおこなわない最も古くからある職業に、亜麻や麻を打ったり梳《す》く仕事があげられる。一五世紀後半までパリで盛んな絹織物業では、いくつかの大きな組合が女性の手に握られていた。

袋物製造工は女性ばかりの組合であった。また、男女混成組合も多かった。

このほか多くの職種が寡婦に親方の権利を許していた。三二一の商工業職種のうち、一〇八は親方の寡婦、自立した女性親方、親方の妻、女性職人、修行中の少女といった身分の女性の参加を予定していたという。また、宮廷御用達職に関わる地位の高い女性もいた。英国では、親方の妻かその女中でもない限り、仕事への女性の参加は厳しく禁じられていた。商工業ではないが、旅館・飲食業や医療と福祉の仕事、教育、都市の公務にも女性の参加がみられる。

芸能に生きる女性として、挿絵画家らも活躍していた。前節で述べた『西洋職人づくし』にみえる女性職人の「オルガン弾き」と「歌手」は、この「芸能に生きる女性」という項目に位置づけられるのである。

地域や時代によりさまざまな事例があるが、中世のヨーロッパ社会では、女性の商人や職人が仕事をしていた。寡婦が夫の家業を継ぐことが認められていたこと、夫と共同経営する妻も多かったこと、商業や金融業を中心として多くの女性が自ら事業を経営したり労働したりしていたこと、が確認できた。それでは、なぜ『西洋職人づくし』には、二人の女性音楽家しか主人公として取り上げられなかったのだろうか。前に触れた阿部謹也によれば、ヨーロッパでは一五世紀からギルドやツンフトにより婦人労働（女性労働）が徐々に排除されていき、その後、「営業の自由」の原則が導入されてギルドやツンフトが解体していく一八〜一九世紀に、ふたたび婦人労働（女性労働）は認められるようになるという。この説によると、『西洋職人づくし』が出版されたのは一五六八年であるから、女性労働が排除されている社会環境であるということで一応の説明がつくが、それは、はたして正しいのだろうか。

これについては、近江吉明が紹介しているR・ペルヌーの『中世を生きぬく女たち』(22)が参考となろう。ジャンヌ・ダルク裁判記録の研究で著名なR・ペルヌーは、原題を『カテドラルの時代の女たち』というこの代表的な著作の中で、フランス中世期における女性の地位の変化を全体史的にながめている。それによると、女性の地位はカテドラルの時代を境に、それ以前と以後に分けられる。「女性の地位の頂点は封建時代（一〇世紀から一三世紀末まで）」であり、「女性の影響力は一三世紀に続く二世紀の間に、急速に衰えていった。（中略）この時代（一四世紀と一五世紀）を通じて人びとの考えは変化し、とくに女性に対する見方に変化がみられる」という。この変化の要因を彼女はブルジョワ階級の台頭に結びつけていて、ここに彼女の研究の最大の特徴があるように思うと、総括されている。

しかし、前節で検討したように、日本では、女性職人・商人が一六世紀初頭に成立した『七十一番』に多数出現する。この問題を、日本とヨーロッパにおける女性の社会的地位の変化という視点から、さらに検討してみたい。

三　女性の社会的地位の変化について

戦後の日本史学では、古代史を中心に、戸籍が作られた奈良時代から家父長的な家族が確立していたという見解が主流になっていた。しかし、一九七〇年代の後半頃から高群逸枝の女性史・婚姻史の成果が再評価されるようになり、女性史研究が盛んになってきた。高群逸枝の考え方は、もともと家父長的な家族が古代からあったのではなく、日本の家族の実態には母系制の特質がみられたというものである。女性のもとに男性が通って婚姻関係を結び、そこで生まれた子どもは女性が育てるという実態からみて、決して家父長制支配が当初から確立していたのではなく、原始以来の母系制の伝統が非常に強力に作用していたとしている。古代では女性の地位が低かったわけではなく、さまざまな面で男性に劣らないくらい高かったが、一四世紀、南北朝の動乱頃から女性の社会的な地位が低落し、男性の支配が確立していったという。この高群説は、現在に至るまで大きな影響を及ぼしてきた。

網野善彦は、古代の女性史を代表する関口裕子や服藤早苗の考え方に対して、次のように批判した。「これらの考え方は、基本的な点で、いままでの学界の主流の見方に対しては批判的ではあると思います。しかし全体としてみると、有名な「元始、女性は太陽であった」という平塚らいてうの言葉にみられるように、時代が遡れば遡るほど、女性は高い地位を保持していたのが、時代が下るとともに、階級社会の進展とともに女性の地位が次第に低落していくという通俗的な考え方に、広い意味では依拠しているといわざるを得ないと思います」[23]。これらの考え方に対して、網野善彦は「商業・金融の分野での女性の役割」「養蚕と女性」「女性による生産物の売買」などの項目で「女性の社会的役割の大きさ」について述べている。

問題を整理してみると、次のようになる。高群説の影響が強い前近代の女性史では、時代が下れば下るほど女性の社会的地位が低くなるという逆転した歴史像が描かれがちであった。なぜ女性の社会的地位は低くなったのか。これまで、女性の男性に対する隷属が決定的になる契機は、社会の中での基本的な生産、農業生産から女性が脱落していったことにあるとされてきた。それにより、女性は農業生産の基盤である土地・田畠に対する財産権を失い、イエが成立し家父長制が確立していくと、女性は家事労働や農業の補助的な労働の役割しか与えられず、財産権は家父長である男性の手に掌握されていったというのが、これまでの女性史の見方であった。しかし、いうまでもなく、女性は、養蚕業をはじめ酒つくり・土器づくり・織物の生産などを担い、商業・金融の分野でも活躍してきた。中世の荘園の土地台帳には、後家を除けば、女性が田畠の農業経営者として記載されることはなかったが、平安後期から鎌倉期にかけての田畠・屋地の売券に女性が現れる比率は、一般的に高かった。中世後期になっても、都市や貨幣経済が発達した都市的な場では、屋地や茶園・塩田など不動産の所有者として女性が土地売券などに出現する。このような新しい視点で検討すると、女性の社会的地位は決して低下していないのである。

それでは、次に中世から近世社会に至る女性の社会的地位は、どのように変化していったのだろうか。江戸時代になると、女性の社会的地位は中世よりさらに低くなると指摘されている。網野善彦も、『無縁・公界・楽』(24)において、江戸後期には、遊女の世界に即して「公界」が「苦界」に変化すると、女性の社会的地位の低下について象徴的に記述していた。前述した『女性の社会的地位再考』では、自らの女性史に対する理解を先に進めたと評価できる網野であるが、近世の女性の社会的地位について再考したとは思えない。

すでに林玲子によって指摘されているように、現在でも高校日本史の教科書で江戸時代に登場する女性はほとんどいない。一四代将軍徳川家茂妻和宮や出雲阿国が登場する教科書は多いが、あまりにも登場する女性が少ないのである。これまで近世が女性史の暗黒時代と考えられてきたのも無理はない。しかし、最近では研究動向も変化し(25)、近世の女性史として、多くの女性の生涯と業績が研究されるようになってきた。

庶民への初等教育にあたって、女性には女子教訓書としての『女大学』が使用され、女性に男性への隷属を説いたのは事実である(26)。しかし、それ以前の中世社会では、女性への教育自体が一部の支配階級（公家や武家）や豪商などの恵まれた女性にしかおこなわれなかった。庶民への教育が寺子屋などで実施されるほど、近世の生活水準・文化水準が相対的に進化してきた事実も認めなければならない。江戸時代に広く行きわたった儒教的・封建的な女性像・女性観への教化は、確かに女性の人間性を奪う教育といえるが、私たちが現代に伝えられたこのような封建的・儒教的な史料や作品に眼を覆われてきた面もあるのではないか。中世都市の女性たちの活躍にみるように、近世の女性たちもさまざまな場で活躍してきたことが分かっている。とかく興味本位に取り上げられがちな大奥の女性たちも、将軍とその家族（御台所・将軍生母・子女）に付けられた幕府女中たちと共に、江戸時代の職業婦人といえる存在であった。また、夫婦を基本とする農家経営では、男女共に農作業に従事した。山村や養蚕農家でも、労働や経営に女性が大きな役割を果たしていた。木綿機織りに代表される女性奉公人たちも、江戸時代の民衆史を構成する重要なテーマとなっている。

おわりに

江戸時代における女性商人として有名なのは、三井越後屋初代高利の母珠法（宝）であろう。伊勢国丹羽の商家永井家から三井高俊に嫁した彼女は、浪人して松阪の町人となった夫が遊び人で商売に身を入れなかったので、質・酒・味噌などを商う家業の中心になって働いた。珠法が三〇歳余の時、夫高俊が死亡したため、四男四女の母として子供を育てながら経営者としての才能を発揮し、江戸における呉服店越後屋が発展する基礎を固めた。彼女は一六七六年（昭和四）に八七歳で没しているが、三井高利の成功も彼女の存在に依るところが大きかったという。[27]このような女性経営者はほかにも例があり、女性が活躍しない江戸時代という理解がいかに偏っているかを示している。

明治維新による文明開化の変革によって、欧米から人間解放・女性解放の思想がもたらされたという事実に変わりはないが、それ以前の日本の女性が自立した人間としての自覚を持たなかったとは、とうてい考えられない。[28]中世・近世から近代を結ぶ新しい女性史の構築が、何よりも今必要とされているのである。

〔付記〕　本章は、二〇〇九年一一月一六日に大阪府立文化情報センターでおこなわれた「公開講座フェスタ」での講座「中世都市の女性とジェンダー」の原稿に加筆したものである。

（1）　藤原書店、一九九六年。

（2）　G・デュビー、M・ペロー監修の西洋女性史『女の歴史』全五巻、藤原書店、一九九四～二〇〇一年。

（3）各種の職人の生態を一括して描いた絵。職人の絵がまとまって描かれるのは鎌倉時代の『東北院職人歌合』からである。これは、職人を左右おのおの五番に分けて歌を番わせ、判者によって勝を決する歌合の形式をとり、和歌の間に職人を描く。『鶴岡放生会職人歌合』も鎌倉時代のものと考えられる。室町時代になると『三十二番職人歌合』や『七十一番職人歌合』が現れ、描かれる職人数は急激に増加する。これは手工業の発達、貨幣流通の増大、都市の勃興等による職業分化をよく反映している。職人の表現も座像から立像へ、静態から動態へと、伝統的な歌仙像から離脱して生態の活写がみられるようになる。

（4）中世、本所に所属して特権を与えられた商工業者・交通運輸業者などの集団。朝廷を本所とする四府駕輿丁座、祇園社の材木座・綿座、北野社の酒麹座、石清水八幡宮の大山崎油座などが著名である。

（5）岩崎佳枝『職人歌合――中世の職人群像――』平凡社、一九八七年。

（6）『七十一番職人歌合』新日本古典文学大系六一、岩波書店、一九九三年。以下の論述ではとくに付記しない場合、『七十一番』はこれによる。

（7）網野善彦『職人歌合』岩波書店、一九九二年。

（8）岩崎美術社、一九七〇年。小野忠重解題による。鈴や針を作る職人の手伝いに女性がみえる（註（7）前掲書参照）。

（9）原書房、二〇〇三年。

（10）『週刊朝日百科日本の歴史三　中世Ⅰ―三　遊女・傀儡・白拍子』朝日新聞社、一九八六年。

（11）鈴木敦子「女商人の活動と女性の地位――中世後期を軸に――」（『女と男の時空　日本女性史再考Ⅲ　女と男の乱――中世――』藤原書店、一九九五年。のちに改稿して、『日本中世社会の流通構造』〈校倉書房、二〇〇〇年〉第一部「第五章　中世後期の経済発展と女性の地位」）。

（12）小西瑞恵「中世都市共同体の構造的特質」（『中世都市共同体の研究』思文閣出版、二〇〇〇年）八五～八六頁参照。論文の初出は一九七七年。

（13）「離宮八幡宮文書」三九号の大山崎住京新加神人等被放札注文（『島本町史　史料篇』一九七六年、『大山崎町史　史料編』一九八一年）。

（14）「折紙跡書」（『大日』一一―五）。

(15) 一四一九年（応永二六）二月、周防国美和荘兼行名（山口県光市）の年貢が上進された際、馬の賃として西宮より東寺まで四一〇文が山崎で支払われている（周防国美和荘兼行名年貢請取雑用帳、『教王護国寺文書』）。西国街道を西宮から京都東寺まで馬で上洛したことが分かる。

(16)『歴史と民俗』二四号（神奈川大学、二〇〇八年）四七～六九頁。

(17) 小野晃嗣「卸売市場としての淀魚市の発達」（『日本中世商業史の研究』法政大学出版局、一九八九年）や、乾奈保子「室町後期公家経済の一考察」（『年報　中世史研究』第五号、一九八〇年）。

(18) 鍛代敏雄『戦国期の石清水と本願寺――都市と交通の視座――』（法藏館、二〇〇八年）七〇～七一頁参照。

(19)『世界大百科事典』第二版、平凡社。

(20) 近江吉明「フランスにおける中世女性史研究の動向」（『歴史評論』第五八八号、一九九九年）を参照。都市史については、年二回発行される『比較都市史研究』を通じて研究動向について情報を得ることができるが、主に日本人の論文が掲載されているのは、いうまでもない。

(21) 高津春久訳、講談社、一九九三年。訳者によると、エーリカ・ウイツはドイツのザクセンに生まれ、ヨーロッパ中世史を専門とする。長年マグデブルク教育大学の歴史学の教授を務め、一九八三年から九一年までＤＤＲ科学アカデミー共同研究者の地位にあった。これまでに旧東独地域の中世都市またはハンザ同盟都市を対象として、そこに住んだ市民、とりわけ女性の仕事と生活を詳細に調べた多数の論文を発表している。

(22) 福本秀子訳『中世を生きぬく女たち』白水社、一九八八年初版。近江吉明の紹介については、註(18)参照。また、レジーヌ・ペルヌー／マリ＝ヴェロニック・クラン著、福本直之訳『ジャンヌ・ダルク』東京書籍、一九九二年初版。

(23) 神奈川大学評論ブックレット『女性の社会的地位再考』（御茶の水書房、一九九九年）九頁。

(24) 平凡社、一九七八年。『増補　無縁・公界・楽』（平凡社ライブラリー、一九九六年）二九四頁参照。

(25) 林玲子編『女性の近世』（『日本の近世』一五巻、中央公論社、一九九三年）ほか。

(26) いわゆる「女大学」（『女大学宝箱』）の原型は、貝原益軒の晩年（一七一〇年＝宝永七）の著作で、のちに大坂で出版された『和俗童子訓』の「女子を教ゆる法」である。しかし、『女大学宝箱』は頭書きに「賤の女の手業」として女性が携わる諸仕事を提示していた。総合女性史研究会編『史料にみる日本女性のあゆみ』（吉川弘文館、二〇〇〇年）

一〇九頁参照。

(27)　註(26)前掲『史料にみる日本女性のあゆみ』、林玲子編『商人の活動』(「日本の近世」五巻、中央公論社、一九九二年)。

(28)　武家女性只野真葛（工藤平助の娘あや子）が一八一七年（文化一四）に著した「独考《ひとりかんがえ》」には、ヨーロッパ世界を認識し幕藩制社会を厳しく批判した例などがあげられる（関民子『江戸後期の女性たち』〈亜紀書房、一九八〇年〉・『只野真葛』〈吉川弘文館、二〇〇八年〉)。

第三章　一六世紀の都市におけるキリシタン女性
――日比屋モニカと細川ガラシャ――

はじめに

一五四九年八月一五日（天文一八年七月二二日）、フランシスコ・ザビエルが日本人アンジロウ（パウロ）の案内で鹿児島に上陸し、九月二九日には伊集院で領主島津貴久に会って宣教の許可を得た。これ以後、日本でキリスト教の布教が始まったのである。(1)ザビエル以後、日本各地の都市を拠点にした伝道を通じて、キリスト教徒はしだいに増加し、宣教師たちが布教した地域も、九州地方から全国に拡大していった。一五五〇年（天文一九）の七月と八月の二回、ザビエルは鹿児島から平戸へ出発、領主松浦隆信に歓迎され、宣教の許可を得た。一〇月末に都に向けて平戸を出発し、海路博多、陸路黒崎、関門海峡・下関を経て一一月初旬に山口に着いた。街頭で説教し、領主大内義隆との会見を許されている。一二月一七日には都へ出発し、瀬戸内海の便船に乗ってザビエルが堺港に着いたのは、一五五一年（天文二〇）一月中旬だった。(2)堺の町でクドウ（クンド）という商人の屋敷に客人として迎えられたが、この人物の息子は、のちに堺のキリシタンの中心となる有名な豪商・貿易商人日比屋了桂である。(3)都市堺と宣教師たちとの交流は、このようにして始まった。

イエズス会が把握した人数によると、一五九八年（慶長三）に日本のキリシタンは三〇万人に及んだという。この数字の信憑性はともかく、急激にキリシタンが増加していった事実を示す資料として参考になる。キリスト教伝道の過程で、宣教師たちは決して順境にあったわけではない。異国人と異教に対する一般の日本人の差別・反発や迫害は、最初から多かった。しかし、織田信長が宣教師たちに好意的であった例が示すように、一部の日本人は積極的にこれを受容した。事態が大きく変わるのは、一五八七年（天正一五）に秀吉がバテレン追放令を発布してからで、一五九六年（慶長元）の長崎における二六聖人殉教にみるように、キリシタンに対する厳しい弾圧と迫害の歴史が始まる。

一　堺と日比屋モニカ

（1）　堺と日比屋了桂

中世の国際的な港湾都市堺について、イエズス会の宣教師ガスパル・ヴィレラが「堺は日本のベニスである」と述べた記録は、日本史の教科書にも掲載され、よく知られている。ヴィレラが堺を訪れたのは、ザビエルの遺志を継いだものであった。ルイス・フロイスの『日本史』によれば、トルレス神父とヴィレラ神父が日本人教徒二人と都の比叡山に向かったのは、一五五九年（永禄二）である。[4]

彼らは大友義鎮（宗麟）の領国豊後府内（大分県大分市）から堺まで船に乗って来たのだが、豊後から乗り合わせた堺生まれの教養ある婦人が、室津から堺に至るまでの間に彼らの教えを受けてキリスト教徒になった。同船中の日本人たちは彼女の意志を捨てさせようと努力したが、それに失敗すると、彼女が宣教師と結婚すると言いがかりを浴びせたうえ、一行に飲み水も与えずにいろいろと苦しめたという。当時の一般の日本人の反応とはそのようなものであった。豊後から四四日を経て堺に上陸した一行を、かの婦人（洗礼名ウルスラ）は海岸沿いの義兄弟の貧しい家に連れて行った。また、一行は堺を見物中に偶然山口から来た教徒と出会い、彼の案内で別の家でいっそう手厚いもてなしを受け、数人に説教をおこなったが、目的は比叡山にあったため、堺には三日しか留まれなかったという。しかし、この際にヴィレラ神父は実力者三好長慶や松永久秀と親交を結び、一五五九年（永禄二）一二月中旬頃、仏僧栄源庵のとりなしで妙覚寺に第一三代将軍足利義輝を訪問した。翌一五六〇年（永禄三）には、ふたたび将軍義輝との謁見がかなえられ、夏頃には、布教の許可も得ることができたが、それは幕府政所執事伊勢貞孝の尽力によるもので、大友義鎮（宗麟）が親しい伊勢貞孝にヴィレラ神父を紹介して庇護を頼んだことによるものであった。フロイスの『日本史』（註(4)の『完訳フロイス日本史』第三巻五畿内編Ⅰ、八一頁）に記された三カ条の制札は、『室町家御内書案』に収められたキリシタン国僧伴阿天連を保護する禁制のことである。(5)

ヴィレラ神父がふたたび堺を訪問するのは、一五六一年（永禄四）から翌年にかけてであり、この時は日向殿(6)の紹介で日比屋了桂の櫛屋町の家に滞在している。日比屋了桂の子には、モニカ・サビナ・アガタの三人の娘と、一番幼くしてヴィレラ神父に一三歳の時洗礼を受けたというヴィセンテ了荷がいた。次のヴィレラ神父の堺訪問は、一五六三年（永禄六）年と一五六五年（永禄八）で、いずれも日比屋了桂のもとに匿われ、保護を受けた。了桂は商人なので、中国船が入港する下《しも》（九州）地方に行かなければならなかったから、了桂の留守中は多少心配であったという。日比屋了桂が洗礼を受け、ディオゴ（了五）を名乗るのは、一五六四年（永禄七）である。

翌一五六五年、フロイスとルイス・デ・アルメイダは豊後から四〇日間かけて堺に着いたが、堺に着く前の晩に、彼らは堺が焼けるのをみた。この火災で焼けた家は約一〇〇〇戸であった。港が嵐だったので、了桂が大きいボートを出して迎えてくれた。彼らはまっすぐ彼の家に向かい、非常に美しくて新しい家（別荘、離座敷）に宿泊したが、了桂の妻や息子・娘たち家族も親切にもてなした。アルメイダは都に出発するつもりであったが、旅の疲労と寒さのため急病で倒れた。しかし、ディオゴ了桂がキリシタンの医師を呼んで二五日間に及ぶ看病によって、ようやく回復したのである。

（2）　モニカの結婚と死

このデイオゴ了桂の長女がモニカである。日比屋モニカについては、早くに岡田章雄が「堺の聖女」(7)を著して詳しく紹介している。残念ながら、典拠とされた史料が注記されていないが、今ではルイス・フロイス『日本史』（同前書、二六二～二六六頁）が参照できる。アルメイダが療養の日々を送っていると、ある日一六歳のモニカが侍女一人を連れて来て、アルメイダに次のように告白した。父了桂が母の弟（モニカの叔父）と結婚させようとしているが、彼女は結婚を避けるため髪を下ろそうと決意したというのである。了桂の妻は堺の商人茜屋の出身で、熱烈な一向宗の信者であった。モニカはアルメイダが父を説得するよう頼みに来たのである。

アルメイダは、次の日、了桂に会ってモニカの気持ちを伝え、この二人の結婚は思いとどまった方がいいと説得した。まず相手は一向宗の信者であり、また叔父と姪の間柄であることも感心できない。次にモニカ自身に結婚の意志がないのに、ただ親同士が決めたことだからというだけの理由で強制することは慎まなくてはならない、と。これに対して了桂は、以下のように答えた。二人は幼なじみで兄妹のように暮らしていたこともあるので親同士で許嫁に決めたが、それは一般の慣習にならっただけである。相手は妻の実家茜屋の後継ぎで、しきりに先方が輿入れを急ぐので、相手の宗札が将来キリシタンになることもあろうかとも思い、つい承諾を与えたが、このような結婚が神の教えに背くことになるのなら、相手は面目を失い自分は約束を破るというつらい立場に陥るが、あえて婚約を破棄する。このように、日比屋了桂の決断によって、モニカの自由な意志と信仰は守られたのである。

ところでこの宗札については、これまでに種々検討されてきたが、一五六四年（永禄七）二月二一日に天王寺屋津田宗及が堺の町の有力者を招いて開いた茶会（「助五郎町振舞」）に出席した「宗札」であることが間違いないから、この頃から堺の有力者であった。

アルメイダを堺に残して上京したフロイスは、ヴィレラをはじめ多くの信者の歓迎を受けていた。それから二週間ほどして、フロイスとヴィレラは輿を連ねて将軍足利義輝の許を訪れて年賀の挨拶を述べ、大きなガラスの鏡や南蛮帽子、琥珀や麝香、竹の杖などを進物として贈った。しかし、これから数カ月後の一五六五年六月一七日（永禄八年五月一九日）、松永久秀・三好義継らの陰謀のため将軍義輝は殺され、武衛陣御所は灰燼に帰し、京都の町は大混乱に陥った。さらに三好三人衆と松永久秀の対立から戦乱は摂河泉に波及していった。保守勢力の策謀によって、一五六五年七月三一日（永禄八年七月五日）に正親町《おおぎまち》天皇の朝廷から「だいうす追払」（宣教師の都からの追放）が布告されたため、フロイスとヴィレラは堺に逃れた。今度も了桂は宣教師たちを保護したが、彼らは、了桂邸と同じ町筋の五軒ほど隔てた先にある家の裏手の狭苦しい納屋を、月二クルザード[8]の約束で借り入れた。窓がないので昼間でも暗く、雨漏りがひどく、湿気のために臭気が満ちて、ねずみが暴れ回るという、とても住むに堪えないような場所だったため、二人の神父はたちまち病気になって苦しんだが、モニカはここに通ってミサに列し、説教を聞き、告解をおこなった。モニカの母の実家にあたる茜屋もその町筋にあった。

叔父の宗札は彼女をあきらめきれずにいたので、彼女を奪おうと企んだが、了桂はそれに気づいて茜屋の前を通らなくてもすむように、モニカが屋敷の横手にある小さな門から神父たちのいる納屋に通うようにした。ところが、ある朝、手違いからこの門が開かなかったので、モニカが数人の侍女と共に表通りに出て茜屋の前を通りかかったところ、待ち構えていた数人の若い男たちがモニカを捕らえて家の奥座敷に連れ込み、監禁してしまった。堺の町は一触即発の緊張に包まれた。了桂は力づくで娘を奪い返そうとしたが、上手くいかなかったため、宗札の父ソーセイ（奈良屋宗井）を人質に取って交渉の手段にした。一〇日ほどモニカは宗札に監禁されていたが、どのような脅迫にも屈せず、いざとなれば死を選ぶ覚悟を示していた。両家の間で協議が重ねられ、宗札をキリシタンに改宗させて二人を結婚させるのがいいという結論に達した。そのように両家の間で和解が成立したため、宗札はモニカを両親のもとに送り届け、宗井も無事解放され、宗札はほどなく洗礼を受けてルカスの霊名をもらい、モニカとルカスは神の前で正式に結婚した。このような経緯があったとはいえ、夫婦は仲睦まじく六〜七年の間に娘と息子を授かった。この間、一五六八年（永禄一一）には織田信長が足利義昭を奉じて上洛し、堺を直轄地としていた。出産がモニカの体力を奪い、産褥熱のためか彼女は死の床についた。彼女は異教徒である母からの食事を拒んだため、母もキリシタンに改宗しイネスと名乗った(9)。モニカが死んだのは一五七七年（天正五）で、母の改宗の二〇日ほど後であったという。

（3）その後の日比屋了桂一族

このルカス宗札は、一五八六年（天正一四）一一月二二日、大坂で磔刑に処せられた。この事件については、J・L・Alvarez-Taladriz「堺の日比屋家に関する一五八六年の新史料」が詳しく述べている(10)。同年六月頃、日比屋了桂の弟ガスパールが兄弟や親族たちを招いておこなった茶会のあと、ディオゴ了桂の弟トーアンが、ルカス宗札の弟リョーカンに刺し殺された。ガスパールは兄トーアンの死を見て声を立て、リョーカンを取り押さえようとしたが、逆に殺されてしまった。この騒動にガスパールの下僕たちが駆けつけて下手人リョーカンに傷を負わせたが、リョーカンは素早く自死してしまった。あまりのことに、同席していたルカス宗札と隣人道察(11)は悲嘆に暮れて自宅に戻った。

当時、堺は関白秀吉の直轄地で、支配する政所代官（堺奉行）はジョーチン小西立佐（小西行長の父）と石田三成であった。石田三成は、亡くなった了桂の弟二人（トーアンとガスパール）と下手人リョーカンの親族を捕縛し、同時にルカス宗札と隣人道察を逮捕して、財産を没収してしまった。道察と故人三人の妻たちは、堺の政所と役人たちに多額の身代金を払い助命嘆願を始めた。一方、ルカス宗札は、殺人犯リョーカンの兄というだけで、自らも妻も四人の子供たちも捕縛され、堺から大坂へ連行された。

日比屋了桂は、二人の弟を失い娘婿宗札は捕えられ、娘サビナと四人の孫は死を宣告されるという突然の不幸に見舞われた。彼は妻イネスを堺に残し、四男ヴィセンテ了荷および他の家族と大坂に赴き、イエズス会の教会に身を寄せた。オルガンチーノ神父と明石の領主ジュスト高山右近らがルカスたちを救うために奔走した。たまたま、ジュスト右近が秀吉とその茶の湯の師匠千宗易を自宅に招いたので、その茶会の席上で、右近と宗易はルカスに罪が無いことを秀吉に述べた。これを聞いた秀吉は悩んで、二人にその話をするなと命じたという。ちょうど大坂に来た徳川家康の使者（一五八六年〈天正一四〉六月三〇日、家康から秀吉の妹旭姫との結婚を報告するために派遣された榊原康政）も、茶の師匠である宗易とこの問題の解決に尽力したが、うまくいかなかった。[12] 使者はまた、秀吉の妻の北政所にも話したが、彼女は問題が難しいとみて口を出さなかった。

アグスチーノ弥九郎[13]（小西弥九郎行長。小西立佐の子息）は、三カ国の領主で秀吉の養女（前田利家の四女。秀吉の側室加賀殿まあ姫の妹）と結婚している八郎（備前・備中・美作国の領主宇喜多秀家）殿の乳母の所へ話しに行った。乳母は秀吉に道理を説き、秀吉はルカスの家族の命を助けることにした。堺政所が用意して大坂に運ばれた十字架は六つだったが、ルカスだけが処刑されたのである。

一五八六年一一月二二日にルカスが処刑された午後、ルカスの家族は日比屋了桂に引き渡された。これは北政所と宇喜多秀家夫人の粘り強い交渉が功を奏したからである。小島屋道察は茶会用の名品二点を持っていたが、秀吉に両方とも取り上げられた。ルカス宗札が父奈良屋宗井から遺された、八〇〇クルザード以上の価値があるという茶会用の玉礀の水墨画「枯木」も、秀吉のものとなった。一五九三年（文禄二）七月七日、肥前名護屋で秀吉が中国の使節を招いた茶会で、この「枯木」が使用されている。

ルカス宗札の長男アグスチンは、叔父のヴィンセンテ了荷と共に朝鮮の役に加わり、戦死した。了桂については、一六〇〇年（慶長五）まで消息が分かるが、以後、一族は衰亡していったと思われる。

二　大坂と細川ガラシャ

（1）明智光秀と娘玉

細川ガラシャは一六世紀の畿内キリシタンの代表的な人物で、高山右近と並び称せられる象徴的存在である。(14)明智光秀の三女玉が、織田信長の媒酌により細川藤孝の長男忠興と結婚したのは、一五七八年（天正六）であった。婚礼は細川氏の居城山城勝龍寺城（京都府長岡京市）で執りおこなわれ、ここが新居になった。一六歳で結ばれた二人の新婚生活は、翌年には長女お長《ちょう》が誕生し、その翌年には長男忠隆が誕生するという順調なすべり出しで、一五八〇年（天正八）に藤孝が信長に丹後領主を任じられると、忠興と玉夫妻も丹後宮津城（京都府宮津市）に住むことになった。

史上あまりにも有名な本能寺の変が起こったのは、一五八二年六月二一日（天正一〇年六月二日）早朝で、明智光秀が京都本能寺に主君信長を急襲し、信長は自死した。また、二条御所にいた信長の長男信忠も攻撃されて自死した。ここでは、本能寺の変についての詳しい経過や、なぜ光秀が反乱を起こしたのかという理由については問わないことにする。乱後、光秀は居城坂本城に入り、五日には安土城に入った。朝廷は光秀に対して吉田兼見を勅使として派遣し、七日には安土城で光秀と対面して進物や巻子を贈っている。光秀は朝廷や寺社に銀子を贈り、九日には入京して細川藤孝・忠興父子に書状で味方に付くよう促したが、親友藤孝は信長の喪に服して動かず、忠興に家督を譲って出家してしまった。光秀は味方を得られず、備中高松城（岡山市）を水攻めして毛利軍と対峙していた羽柴秀吉が急いで帰って来るという、いわゆる「中国大返し」によって、予想外の不利な立場に置かれることになった。秀吉は一五八三年（天正一〇）六月七日には姫路城に入り、味方となる勢力を増やしていった。一三日には天王山のもとで山崎の合戦が行われ、敗れた光秀は翌日小栗栖《おぐるす》（京都市伏見区）で土民に殺された。謀反人の娘となった玉を、細川忠興は山深い味土野《みどの》の地（京丹後市弥栄《やさか》町）に送って幽閉した。

（2）細川ガラシャと清原マリア

玉の幽閉は二年に及んだが、秀吉に許されて忠興と復縁し、大坂玉造の細川屋敷（大阪市中央区）に移った。以後、彼女は同地で亡くなるまでの一六年間、ほとんど外出しなかったという。夫忠興から外出することを禁じられていたのである。彼女は夫との間に三男三女をもうけたが、史料の語るところによると、夫婦関係は円満とはいいがたい複雑な様相を示している。明智光秀の娘という境遇が彼女の立場を孤立させたことは当然であるが、光秀の盟友・親友ともいえる舅藤孝が父光秀を見捨てたことや、彼女が味土野に幽閉されている間に忠興が側室を持ったことも、彼女の自尊心を傷つけたと思われる。父の謀反のためとはいえ、玉は両親や姉夫婦（長姉と義兄明智秀満）ら親族を失い[15]、生き残ったのである。彼女はしだいに信仰に心の平安を求めていくことになるが、信仰のきっかけとなったのは、忠興の友人で摂津高槻城主のキリシタン大名高山右近であった。夫を通じて聞くキリスト教の教義に関心を持ち、忠興が秀吉に従って九州に出陣中の一五八七年（天正一五）に大坂天満にあったイエズス会の教会を訪れた。この時はお忍びで身分を明かすことができなかったため、セスペデス神父から洗礼を受けることはできなかった。イエズス会士たちは、彼女を秀吉の側室の一人ではないかと怪しみ、後をつけて、細川家の者であることを知ったという。玉は侍女頭（玉の親友であり、キリスト者の娘である小侍従清原[16]）を教会に派遣し、そのマリアから洗礼を受けて、ガラシャとなった。「ガラシャ」という霊名は神の恩寵という意味である。

この清原マリアについては、歴史的に重要な人物であったことが明らかになっている。彼女は儒学者清原宣賢の孫清原枝賢《しげかた》（頼賢）の娘で、正親町《おおぎまち》天皇の後宮女房として伊予局を勤めた女性である。彼女が伊予局として後宮に入ったのは、一五五八年（永禄元年）九月二六日である。清原枝賢の父清原良雄（業賢）の姉妹智積院は室町幕府第一一代将軍足利義晴の側室である。細川藤孝は一五三四年（天文三）に三淵晴員の次男として京都東山岡崎（京都市左京区）に誕生したが、母は清原宣賢の娘とされ、この智積院の子息であるという。藤孝には将軍義晴の落胤説さえある。清原マリアが玉に仕えることになったのは、彼女が細川藤孝の従兄弟にあたる清原枝賢の娘で、後宮にも出仕した経験があるという経歴からであった。

立花京子は、清原枝賢や吉田兼右（吉田兼見の父）を、潜在キリシタンだったと述べている。確かに、一五六三年七月六日（永禄六年六月一六日）に来日したルイス・フロイスは、ヴィレラ神父から松永久秀の友人結城山城守忠正と大外記清原枝賢、高山飛驒守（高山右近の父）が洗礼を受けたのは同年の頃であると、『日本史』に記している。(17) 結城忠正の洗礼名はアンリケ、高山飛驒守はダリオである。吉田家は神道の中心にあったが、吉田兼見についても、一五六九年（永禄一二年）に「南蛮水滴」（南蛮渡来のガラス製の水差し）を贈られたことについての小田原の北条氏康からの礼状が現存するから、少なくとも南蛮勢力と親しかった事実は否定できないという。したがって、一五八七年（天正一五）に玉が受洗したのは、一五六三年（永禄六）に受洗した清原枝賢の娘おいとが侍女頭であったという背景を無視しては考えられない。マリアがいつ洗礼を受けたのか断定できないが、父や高山家の影響もあり、マリアは玉の信仰を導くことになったと考えられる。皮肉にも一五八七年七月二五日（天正一五年六月一九日）、秀吉は、九州征伐の帰途、博多に近い筥崎に滞在中にバテレン追放令を出していた。(18)

ガラシャの子供たちについても、詳細に検討されてきた。キリシタンになった子女としては、洗礼を受けた順に、次男興秋・次女多羅・長女お長が知られている。

んだ。

（3）ガラシャの死と細川家

細川忠興は秀吉のキリシタン追放令後、玉の侍女数人を含む家中のキリシタンを追放した。この年の終わりにガラシャがセスペデス神父に宛てた手紙が残っていて、宣教師たちは国外退去せよという秀吉の命令にもかかわらず、イエズス会士たちが日本を離れないと決心したことへの喜びと感謝、自らの信仰心と殉教の覚悟を述べている。ガラシャはイエズス会士との日本語の書簡にラテン文字（ローマ字）を使い、キリスト教学や異文化を学んだ。

細川ガラシャの死は、意外に早く訪れた。秀吉は一五九八年（慶長三）に亡くなったが、一五九三年（文禄二）に生まれた秀頼はまだ幼かったので、徳川家康・前田利家・毛利輝元・上杉景勝・宇喜多秀家の五大老と石田三成以下の五奉行に豊臣家の運命を託した。その石田三成と徳川家康が争うことになった。一六〇〇年（慶長五）、細川忠興が家康に従い東北の上杉景勝征伐のため出陣中に、石田三成が、大坂に居住する大名の妻子を大坂城内に人質に取ろうと計画した。三成が最初に人質に取ろうとしたのが、大坂城南の玉造の細川屋敷にいた細川ガラシャであった。彼女は三成側の軍勢に屋敷を囲まれると、長男忠隆の妻（前田利家の次女）や侍女たちを逃がし、自らは細川家の家老小笠原少斎秀清の手にかかって潔く死を迎えた。小笠原少斎以下の家臣たちが火を放って切腹し細川屋敷は炎上したため、三成側の軍勢は空しく退き、この人質計画は失敗した。

ガラシャの死については、『細川家記』や生き残った侍女がのちに証言した「霜女覚書」が残されている。[19] かつて細川屋敷があった敷地は現在は公園となり、その一画にカトリック玉造教会が建っている。この教会入口前には、高山右近と細川ガラシャの石像が飾られ、大聖堂内部正面の壁全面に、堂本印象画伯が描いた「栄光の聖母マリア」が掛けられている。その聖母マリアの足もとに描きこまれているのが、高山右近と白百合を捧げ持つガラシャである。また、ガラシャが細川屋敷で死を迎える場面を描いた絵も掲げられている。

細川屋敷の跡としては、井戸が残されているだけである。そこには、「越中井」という題字と、「散りぬべき時知りてこそ世の中の　花も人なれ人も人なれ」というガラシャの辞世の句を刻んだ徳富蘇峰による碑が建っている。

ガラシャの遺骨は、オルガンチーノ神父が堺のキリシタン墓地に葬ったというが、大坂に帰った細川忠興は、ガラシャのために盛大なキリシタンの葬儀をおこなって、崇禅寺（大阪市東淀川区）に改葬した。法名は秀林院である。ガラシャと忠興との間に生まれた六人の子女のうち、次女多羅は大分県臼杵市の臼杵城主稲葉一通と結婚し、長女お長も兵庫県豊岡市の但馬出石城主前野和泉守長重の後妻になり、生涯信仰を守ったようである。三女お万はガラシャが死ぬ二年前に生まれており、洗礼は受けていなかったと思われる。彼女は一六一五年（元和元）に公卿中納言烏丸光賢に嫁いだ。長男忠隆はキリシタンではなかったようであるが、ガラシャの勧めとはいえ、妻が隣の宇喜多秀家（夫人は妹であった）の屋敷に逃げたため、忠興からとがめられて廃嫡の処分を受けた。次男興秋は洗礼を受けていたため家を継げず消息を絶った。のちに豊臣秀頼に仕え、大坂夏の陣でも勇敢に戦って生き残ったが、父忠興は興秋を許さなかった。興秋は自死を拒んだため殺されたという。細川家の嫡子となったのは三男の忠利であった。この忠利が生まれたのは、一五八六年（天正一四）で、忠興は一六〇四年（慶長九）には彼を後継者に定めている。忠利は将軍秀忠の養女千代姫と結婚した。忠興と忠利はガラシャの影響か、宣教師やキリシタンには好意的であったが[20]、一六一八年（元和四）以後は弾圧政策に転じている。

三　女性史からみたガラシャとモニカ

一五四九年（天文一八）のフランシスコ・ザビエルの日本布教から一六三八年（寛永一五）の宣教師追放までの約一世紀間を、日本キリスト教史では「キリシタン世紀」と呼んでいる。本章で取り上げたモニカとガラシャは、いわゆるキリシタン世紀における代表的なキリシタン女性である。とくにガラシャは、一五八八年にルイス・フロイスの書簡が彼女の信仰について記し、一五九〇年にはそれがドイツ語に訳されていたという。ガラシャは同時代に宣教師たちによってヨーロッパに伝えられ、一七世紀のヨーロッパでガラシャの名はよく知られていたが、その後は忘れられた。最近明らかにされた事実によれば、一六九八年にウイーンのイエズス会の劇場が、ガラシャに関するオペラを上演し、オーストリアのハプスブルグ王朝の皇帝レオポルド一世は、家族や客たちと共に劇を楽しんだという(21)。

エリザベート・ゴスマンによるガラシャ論は、ヨーロッパと日本という違いがあるにもかかわらず、家父長制に基づく男性社会が作り上げた理想的女性像として彼女が描かれてきたことを指摘している。日本人のガラシャ観は、自己犠牲的で夫に貞節な愛情深い良妻賢母型の女性であり、彼女の最期は細川家のために殉じるという政治的配慮に基づいていたというが(22)、儒教的イメージに影響された見方である。ヨーロッパ的（キリスト教的）ガラシャ観も、自己犠牲に殉じた信仰深い美徳に富む女性像であり、彼女の最期は真理（神）に捧げられたというものである。いずれも人間ガラシャを充分には捉えきっていない。

エリザベート・ゴスマンが述べているように、ガラシャと同じ時代のヨーロッパには、イタリアの詩人ルクレティア・マリネラ（一五七一～一六五三）や、モデラータ・フォンテ（一五五五～九二）らの女性作家がいて、男性による女性観を否定し、独立した人間としての彼女らの体験を証言し、著名な哲学者に対してさえ、彼らの描く否定的女性像を批判している。ガラシャを同時代のヨーロッパの自立的な女性作家と同様に捉え、苦悩に満ちた人生を意志強く生き抜いた自立心に富む人間として理解することに賛意を表したい。

ガラシャの強固な自我を示すエピソードは、いくつか示すことができる。本能寺の変後、味土野に護送される際に、細川家のために自害を勧める家臣もいたというが、彼女は決して死を選ばなかった。また、ガラシャは父光秀に父の反乱を責める書簡を送ったという。一般には、細川家からそのような内容を強制されて書いたとされるが、自分の不幸は父のせいだと考えたのは本心ではないか。『綿考輯録』に載せられた有名なエピソードもある。ある日忠興と玉が食事中に、たまたま庭で木に登って作業していた植木職人が玉の顔を見た。忠興は激怒して職人を斬殺し、その首を玉の脇に置いたが、玉は顔色も変えず食事を続けたという。忠興が呆れて「おまえは蛇か」というと、玉は「罪もない職人を殺すというのは、まさに鬼の仕業でしょう。鬼の女房には蛇がふさわしいでしょう」と答えたという。この話はガラシャ悪女説の根拠となっているが、もし事実であるとすれば、忠興が野蛮な一面を持つ専制的な武将で、玉を熱愛するというよりも、嫉妬深く独占欲の強い夫であったことを証明する事実であり、むしろガラシャの冷静沈着さを評価すべきであろう。

同様に、日比屋モニカについても、家父長制に基づく男性社会が作り上げた理想的女性像という鋳型から外した人間像を検討したい。第一に、日比屋了桂が洗礼を受けたのは、南蛮貿易を営む貿易商人・豪商としての立場からいって、ごく自然な成り行きであった。大航海時代のヨーロッパ諸国の先陣を切ったポルトガルは、イエズス会宣教師の布教を通じて東アジアに進出し、南蛮貿易を展開していったからである[23]。

モニカについては、詳しく述べたように、本人が望まぬ結婚問題についての悩みをアルメイダに打ち明けていた。父了桂は洗礼を受けたとはいえ、当時の社会慣習に何の疑念も持たず、娘モニカを妻の弟で熱心な一向宗信者である宗札と結婚させようとしていた。彼女の自主的な願いを受けとめて了桂を説得したのはアルメイダであり、ひとまず、彼女の意志は認められたのである。しかし、宗札はモニカをあきらめきれず、実力行使で彼女を奪い取るという強引きわまりない行動に出た。了桂はいうまでもなく、宗札も堺の指導的な位置にある有力者・豪商であった。その言動は国際的な港湾都市堺の命運を左右しかねないほどの重要性を持っていたはずである。いかにも軽挙妄動というしかない宗札のふるまいであり、この非常識さは、宗札の弟リョーカンにも通じる。モニカの奪取事件が起こった時に、了桂は堺の町に迷惑が及ぶのを恐れて、宗札の受洗とモニカとの結婚というかたちで解決に導いた。結果的には、モニカの自由な意志は無視されたのである。二人の結婚生活は円満であったとされるが、二子を出産したモニカは病没したから、彼女が満ち足りていたのかどうかは分からない。彼女が母を受洗させたというのが事実ならば、信仰を貫いたのは本当であろう。了桂はモニカの死後、ルカス宗札と次女サビナを結婚させた。しかし、宗札の弟リョーカンが犯した殺人によって、日比屋家は財産を没収され衰亡していったから、結末は悲惨であった。

おわりに

一六世紀に生きた都市のキリシタン女性の生涯を考察して、彼女たちがどのような社会状況を生き抜こうとしたかを検討してきた。日本とヨーロッパの女性を比較したルイス・フロイスによれば、当時の日本女性の社会的地位は、ヨーロッパに比べて決して低くなかった(24)。問題は主要な宗教であった仏教で、変成男子《へんじょうなんし》こそ女性が極楽往生できる唯一の道であるという説が浸透していたことにあると考える。女身を転じ男子に身を変えることによって、初めて女性は浄土に迎えられるのである。女性であるだけで穢れた存在であるとする露骨な差別的女性観は、平安時代末に成立した『梁塵秘抄』の歌謡「女人に五つの障りあり　無垢の浄土は疎《うと》けれど　蓮華し濁りに開くれば　龍女も仏に成りにけり」が象徴している。その根拠は、『法華経』第一二章の提婆達多本《だいばだったほん》で、「五つの障り」のほかに、女身は垢で汚れていて仏になる器ではないと述べられ、次に、理知的な龍女が男子に姿を変えることによって成仏できたという場面が描かれている。また、儒教では、「三従五障」の女性観が定着していった(25)。近世に支配的となる女訓書の「三従の道」は、女性は幼い時は父に、嫁しては夫に、老いては子（長男）に従えという教えである。

キリスト教における聖母マリア信仰は、女性に純潔と神聖な母性を強いるもので、家父長的な男性社会が理想とする女性像そのものである。その女性像からはみ出る女性には、厳しい差別と偏見が待ち受けていた。しかし、仏教や儒教で露骨になっていった女性差別観に比べれば、理想の女性像を崇拝するキリスト教が男性社会の束縛から逃れる可能性を持つとして受容されても不思議ではない。カトリック社会の一夫一婦制という結婚制度が、一夫多妻制がありふれたものであった日本社会で、自覚的な女性に受け入れられたことも、キリスト教の魅力としてあげられよう。また、ガラシャのような教養ある上流社会の女性にとって、ヨーロッパの進んだ外来文化が大きな魅力となったことは、いくら強調してもしすぎではない。その一方で、都市の下層民の生活の悲惨さも、宣教師たちによって具体的に記述されている[26]。キリスト教の慈善的社会救済事業も、キリスト教が受け入れられる理由となった。このような女性史的視点は、従来の都市史で検討が充分ではなかったと思われるので、今後とも解明を続ける必要がある。

女性史からみたガラシャとモニカの生涯は、今から四〇〇年ほど前の日本社会で苦闘した自覚的な都市の女性群像として、現在でも深い興味と感動を与えてくれるのである。

（1）一五四九年（天文一八）一一月五日、ゴアのイエズス会員に宛てた鹿児島からのザビエル書簡（河野純徳訳『聖フランシスコ・ザビエル全書簡』平凡社、一九八五年）。ザビエルについての事績は、基本的にこれによる。

（2）ザビエルは堺を日本で最も富裕な港であるとし、そこへは日本中の銀や金の大部分が集まってきているから、もしも神の聖旨ならば、物質的に莫大な利益となる商館を設けようと提案している（一五四九年一一月五日、マラッカのドン・ペドロ・ダ・シルヴァに宛てた鹿児島よりのザビエル書簡）。

（3）日比屋了桂一族については、松田毅一『近世初期日本関係　南蛮史料の研究』（風間書房、一九六七年）の「第五章代表的キリシタン伝の補足的研究」第二節の「日比屋了桂一族」が詳しい。了桂の父は、クドウやクンドではなく、福田とされる。なお、初出は註(13)の松田論文である。

(4)「神父」は"Padre"の訳語である。松田毅一・川崎桃太訳『完訳フロイス日本史』(全一二巻、中央公論社、一九七七~八〇年)の凡例五にあるように、「司祭」もしくは「伴天連」をあてるという考え方もあるが、一般的な「神父」を使用する。

(5)松田毅一『近世初期日本関係南蛮史料の研究』(風間書房、一九六七年)、三九六~四〇三頁参照。

(6)この日向殿は、『天王寺屋会記』永禄七年(一五六四)八月一四日・一三日にみえる「日向」・「宮王日向」の可能性が高い。日向は大小路町南北老若との茶会に出席しており、堺の有力者と思われる。なお、『天王寺屋会記』は『茶道古典全集』第七巻(淡交新社、一九五九年)所収。

(7)岡田章雄「堺の聖女」は、高柳光寿博士頌寿記念会編『戦乱と人物』(吉川弘文館、一九六八年)所収。これより前に、助野健太郎「堺の切支丹日比屋了慶とその家族」(『日本歴史』第五九号、一九五三年、五四~五七頁)がある。

(8)クルザードはポルトガルの金貨で、日本の銀一〇匁という。フロイスは四三クルザードが天正黄金一枚としている。松田註(5)前掲書、五六九頁参照。

(9)岡田章雄は、ルイス・フロイスの『日本史』にそう記されるが、このエピソードには作為がうかがわれるとしている。註(7)前掲書参照。しかし、日比谷了珪の妻は、一般にイネスとして知られる。

(10)キリシタン文化研究会編『キリシタン研究』第八輯、吉川弘文館、一九六三年、所収。

(11)小島屋道察については、『天王寺屋会記』一五六四年(永禄七年八月一四日)に、念仏寺で道察が茶会を開き、「大小路町　南北老若幷日向」が出席している。堺の有力者で茶人として知られていた。

(12)日比屋了桂の娘サビナはモニカの妹で、姉が亡くなったあと義兄宗札と結婚した。

(13)小西アグスチーノ行長の兄小西清兵衛ベント如清は、日比屋了桂の娘アガタと結婚していた。松田毅一「小西立佐・日比屋了桂一族に就いて」(『日本歴史』第一二七号、一九五九年)八七頁参照。また、小西ベント如清とアガタとの間に生まれた娘マルタは、キリシタン大名有馬プロタジオ晴信の長男ミゲル直純と結婚したが、のちに直純が棄教した際に離婚した。有馬直純が再婚したのは、徳川家康の養女で曾孫の国姫である。小西瑞恵「埋もれた十字架――天正遣欧使節と黄金の十字架――」(『大阪樟蔭女子大学論集』第四四号、二〇〇七年、第三部第四章)参照。

(14)　細川ガラシャについての書籍や論文は多いが、上総英郎編『細川ガラシャのすべて』（新人物往来社、一九九四年）が参考になる。ガラシャの信仰を示す書簡は外国語で伝わっているため、より厳密な史料批判を経ているという意味で、ヨハネス・ラウレス「細川家のキリシタン」（『キリシタン研究』第四輯、一九五七年）や、エリザベート・ゴスマン「キリスト教と女性――ヨーロッパの視点と日本の視点――」の「Ⅰ　ガラシャ細川玉の実像と虚像」（『女と男の時空日本女性史再考　Ⅲ　女と男の乱――中世――』藤原書店、一九九六年）が重要である。

(15)　一五八二年一一月五日（天正一〇年一〇月三日）のルイス・フロイスの書簡によれば、坂本城落城の際、明智の二子はそこで死んだという。系図が信用できないので、光秀の息子はこの二人と考えられる。『津田宗及茶湯日記』の一五八一年（天正九）四月一二日に、長岡与一郎（細川忠興）が振舞いをした時の人数の中に、「惟任日向守殿父子三人」とあるのが、これを実証する。高柳光寿『明智光秀』（吉川弘文館、一九五八年）二六三～二八五頁参照。また、『茶道古典全集』第七巻参照。

(16)　エリザベート・ゴスマン註(14)の前掲「ガラシャ細川玉の実像と虚像」、一二六頁参照。

(17)　立花京子『信長と十字架』（集英社新書、二〇〇四年）八七頁参照。修道士ファン・フェルナンデスの一五六四年一〇月九日付の平戸発信の書簡にも、忠正と枝賢が洗礼を受けたことが記されている。

(18)　秀吉の伴天連追放令については、平戸市の松浦史料博物館に五カ条の写しが存在する。それによると、日本は神国だからキリシタン国より邪法を授けるべきでないとして、二〇日以内に伴天連は帰国するよう命じている。ただし、黒船（商売船）の儀は別で、仏法を妨げない輩については、商人はもちろん誰でもキリシタン国から往還するのは構わないとしている。

(19)　『細川家記』は『綿考輯録』として刊行されている。「霜女覚書」は、ガラシャの侍女霜が一六四八年（慶安元）に書いた記録である。自筆本は細川家にあり、『細川家記』に写しを納める。

(20)　細川藤孝（幽斎）の妻は沼田光兼の娘で、須磨の方といい、一六一八年（元和四）に七七歳で亡くなったが、霊名をドンナ・マリアという。また、忠興の弟興元も、高山右近の感化で一五九五年に洗礼を受けた。細川家はキリシタンとの関わりが深いが、本章では必要な範囲で取り上げた。

(21)　エリザベート・ゴスマンによる。註(14)前掲「ガラシャ細川玉の実像と虚像」。

(22) 田端泰子「戦国期の「家」と女性――細川ガラシャの役割――」(京都橘女子大学女性歴史文化研究所編『京都の女性史』思文閣出版、二〇〇二年)。

(23) 当時、ポルトガル国王は日本に宣教師を派遣し、その生活費を支出することが義務になっていた。宣教師たちは南蛮船に乗って来日し、南蛮船も日本の事情に詳しい宣教師のいる所に入港した。松田註(5)前掲書、五六九頁参照。

(24) 日本の夫婦別財についての記述がある。一方、ヨーロッパでは女性はどこでも望みの教会に入って行くことができるが、日本の異教の女性は、いくつかの女人禁制の寺院には入ることができないとあるのは、高野山、比叡山等のことか。松田毅一／E・ヨリッセン『フロイスの日本覚書――日本とヨーロッパの風習の違い――』(中公新書七〇七、一九八三年)、ルイス・フロイス著／岡田章雄訳注『ヨーロッパ文化と日本文化』(岩波文庫、一九九一年)。

(25) 総合女性史研究会編『史料にみる日本女性のあゆみ』吉川弘文館、二〇〇〇年、六八～七一頁参照。

(26) 都市史ではないが、三浦圭一「下剋上の時代の一側面――嬰児殺害・一色田・散所――」(『中世民衆生活史の研究』思文閣出版、一九八一年)が、フロイスにより都市問題について論じる。

第四章　埋《うず》もれた十字架——天正遣欧使節と黄金の十字架——

はじめに

大阪中津にある南蛮文化館には、優美な装飾を伴った黄金の十字架（二二金）が保存されている（図1）。この十字架は南蛮文化館開設以来の所蔵品であるが、一般にはまだ広く知られることもなく、現在に至っている(1)。北村芳郎館長の解説が、この十字架の由来と歴史を語ってくれる(2)。一九五一年（昭和二六）二月に原城本丸跡（長崎県南島原市南有馬町）から「南有馬の一農婦によって発掘されるまで三百年以上の長い間地中に人知れず埋没していた」この「黄金の十字架」（縦四・八、横三・二センチメートル）は、「金線を縒り合わせて造られていて下部が球型になった籠状筒型で、その形状からキリストの磔刑に用いられた聖木十字架の一片がこの中に納められていたものと云われる」。一五八二年（天正一〇）日本を出発した伊東マンショらの遣欧少年使節は、フィリップ二世やローマ教皇（グレゴリオ一三世と次のシスト五世）に拝謁して、一五九〇年（天正一八）、帰国した。有馬の聖堂で教皇からキリシタン大名有馬晴信（プロタジオ）に賜った品々の授与式がおこなわれた際、巡察師アレッサンド

図1　黄金の十字架
（原城址より発掘）

ロ・ヴァリニャーノから聖十字架が晴信の胸に掛けられたが、まさにその十字架であろうという（人名の表記は、原文のまま）。

結論から先にいえば、この北村芳郎説について、私も賛成するものである。以下の叙述においても、「黄金の十字架」という通称で呼ぶことにしたいが、これは普通の十字架ではない。本来は下部の籠状の部分に聖木を納めたのであり、胸に掛けるために造られたものとはいえないが、後述する史料では、有馬の聖堂における儀式で、最初は祭壇に飾られていて、次には鎖を付けて有馬晴信の胸に掛けられている。(3)

十字架の由来についての北村説は明らかであると思うが、一方では謎も多く残されている。黄金の十字架が発見された際の状況や、なぜこの十字架が島原の乱の舞台となった原城跡に埋もれていたのかについて、これまで明らかにされていないからである。近年、原城跡については本格的な学術調査も継続して実施されている。発掘調査の成果なども併せて、これらの問題を検討し、歴史の真相に迫ってみたいと考える。

一　黄金の十字架の発見

一九九八年（平成一〇）一〇月に南有馬町で、島原の乱・原城落城三六〇年のシンポジウム「原城発掘」が開催された時（一日目は台風来襲のため中止）、これに合わせて原城文化センターで特別展が開かれ、黄金の十字架も一日だけ公開された。(4)この十字架が南蛮文化館を離れたのは開設以来初めてで、南有馬町に里帰りしたのもこの時一度きりである。行き帰りは、パトカーに大切に乗せられての行程であったという。(5)

私は二〇〇五年（平成一七）一〇月中旬に島原半島の南西部に位置する南有馬町（現在は南島原市南有馬町）を訪れ、十字架が発見された時の聞き取り調査をおこなった。その結果、南有馬町教育委員会の松本慎二氏のご協力によって、発見者の氏名を明らかにすることができた。発見者は小淵かづさんで、すでに死去されているが、長男小淵英哉氏が北九州市に、甥の小淵三男氏が南有馬町に在住している。とくに発見当時小淵かづさんの近くにいた小淵三男氏から、詳細な話を聞くことができた。発見したのは、原城本丸跡の小淵家の段々畑であったという。発見場所も、今回初めて確定されたので、図示するところである（図2）。

発見された当時は大きなニュースになったと思われるが、当時の記録は入手できなかった。地元のラジオ局で放送された時も、ご本人の代わりに夫清久氏が出演したという。発見後、長崎市の博物館に寄託されていたが、その後小淵家に戻り、必要があって（薬代のために）中学校の理科の教師に売却され、その教師から南蛮文化館の開設を控えた北村芳郎夫妻の手に渡った。交渉先には、東京国立博物館や神戸市立博物館もあったという。この十字架を見せられた北村夫妻は、即座に入手する決意をされたという。当初から、この十字架を南蛮文化館のシンボルにしたいと考えていたと、二〇〇五年（平成一七）一一月三日に直接にうかがった。

すでに述べたように、この黄金の十字架は、天正遣欧使節がローマ教皇から託されて日本に持ち帰り、キリシタン大名の有馬晴信に贈ったものであるという。天正遣欧使節とは、一五八二年（天正一〇）に九州の三人のキリシタン大名がローマに送った四人の少年使節である。彼らが出発した時の年齢が一三歳くらいだったことから、少年使節といわれている。ただし、当時の日本では、一五・一六歳くらいが成人とされ、成人儀式（元服・加冠）を一二〜一五・一六歳におこなっていたので、現代から思うほど（年端もいかない少年を、というほど）幼いわけではなく、非常識でもない。むしろ、長い年月を要する旅行期間と、日本とはまったく別世界への旅立ちであることを考えれば、成長途上にある純真無垢な少年たちを使節に選んだ派遣者の意図は、容易に理解できるであろう。

この天正遣欧使節を発案したのは、イエズス会巡察師ヴァリニャーノで、彼の強い指導力によってこの大事業が推進、実行されたとされる。豊後の大友義鎮（宗麟）、肥前の有馬晴信、大村純忠の三人のキリシタン大名が、

図２　黄金の十字架　発掘現場（原城本丸跡空撮）

これに応じて教皇に四少年の使節を派遣したのである。ヴァリニャーノ自身は、インドのゴアに拠点を置いて活躍していたが、日本からインド・ローマへの帰還にあたり、急遽日本人キリシタンのローマ派遣を計画したものだという。そして、有馬のセミナリヨ（神学校）に学んでいた少年四名、正使に伊東マンショと千々石《ちぢわ》ミゲル、副使に原マルチノと中浦ジュリアンが選ばれて一五八二年（天正一〇）二月に長崎を出帆し、ゴア・リスボン・マドリード・フィレンツェを経て一五八五年二月にローマ入りし、教皇グレゴリウス一三世に拝謁した。グレゴリウス一三世は現在の「グレゴリオ暦」を採用したことで著名な教皇である。教皇の死に際し使節はその葬儀に参列し、のち新教皇シクストゥス五世にも拝謁して、その戴冠式にも参列した(6)。

四使節は所期の目的を達し、印刷機を持参して九〇年七月長崎に帰着し、翌年、インド副王使節の肩書のヴァリニャーノに同行して、聚楽第で豊臣秀吉に拝謁した。同年彼らはイエズス会に入り、のち退会した千々石ミゲル以外の三人は共に司祭に叙階された。

ところで、二〇〇五年（平成一七）一一月一七日の朝日新聞夕刊によると、織田信長の命で描かれ、天正遣欧使節などの手を経てローマ教皇グレゴリウス一三世に献上されたという「安土城之図」（狩野永徳筆の屏風絵）を探しに、滋賀県安土町（現在は近江八幡市）の津村孝司町長がローマに出かけ、教皇（法王）のベネディクト一六世に謁見した。安土城は一五七九年（天正七）に琵琶湖を望む安土山に完成した。五層七階の天主（天守閣）を誇ったが、一五八二年（天正一〇）六月二日の本能寺の変のあと、築城から三年で炎上した。この屏風絵が見つかれば、焼失した安土城の全容を知ることができるため、たいへん大きな成果になるが、結果的には未発見のまま終わった。しかし、これとは別に、遣欧使節の代表伊東マンショの可能性の高い肖像画と、少年使節の教育係だったメスキータ神父と思われる肖像画二枚を、グレゴリウス一三世の子孫が所有していることが分かったという（一一月二九日の朝日新聞）。保管していたのはローマ在住のパオロ・フランチェスコ・ボンコンパーニ・ルドビジ侯爵で、グレゴリウス一三世（在位一五七二〜八五年）が聖職者になる前にもうけた息子の子孫であり、邸宅の古い本に挟まっていたという。

「マンティオ師　ブンゴの王の使節　ローマ法王グレゴリウス一三世、一五八五年」などと書かれた、襟付きの服の上に和服を着た少年が、豊後のキリシタン大名大友宗麟の名代だったマンショとみられる。四人の少年使節とメスキータ修道士の肖像画は、京都大学付属図書館蔵の一五八六年のドイツの新聞に載ったものが知られる。実は少年使節とメスキータ師の肖像画のうち、最も信憑性が高いのは、ミラノで彼らに会い描写したウルバーノ・モンテのスケッチで、これらは現今、ミラノのアンブロシアーナ図書館の古記録のなかに含まれる[7]。

以上述べたように、現在は天正遣欧使節がローマに持参した安土城の屏風絵が話題になっているが、ここで取り上げるのは、少年使節が日本にもたらした黄金の十字架である。彼らが長崎に帰ってきたのは、一五九〇年（天正一八）七月であった。彼らのために有馬の聖堂で開催された歓迎式の記録が、ダニエルロ・バルトリ編の『耶蘇会史』（『大日』第十一編別巻　天正遣欧使節関係史料）にあるので、以下に引用する。遣欧の八年半の間に、大友宗麟と大村純忠は亡くなり、有馬晴信だけが存命であった。大村喜前《よしあき》は大村純忠の嫡子である。

Ⅰ「使節等有馬晴信、大村喜前《よしあき》ニ謁シ、教皇ヨリノ賜物ヲ呈ス」

「賜物は祭壇の上側の、美麗に覆われたる卓上に置かれたり、銀の鞘に黄金の飾を施したる剣一振と、悉く宝石にて飾りたる帽子一箇なり、祭壇の上には、金象眼を施し、十字架の形をなしたる聖匣に、キリストの十字架の聖木の一片を納めたるを置きたり、ヴァリニャニは、教皇シスト五世より当地のパードレ等に賜はりたる金襴のピヴィアレに着替へ、祭壇に昇る階段の上に坐し、祭儀に與る人々はその両翼に二列に連りたり」

Ⅱ「この時四人の青年使節等ヨーロッパの服を着け、宛も今到着したるかの如く、姿を現したり、（中略）使節等は賜物を載せたる卓子の方に進み、ドン・ミゲルは抜放ちたる剣を執り、ドン・マルチノは鞘を手にし、ドン・マンショは帽子を、ドン・ジュリヤンは開きたる書翰を持ちてヴァリニャニの側に立ちたり、しかして王はその足下に跪きたり、ヴァリニャニは、執事が祭壇の上よりとりたる、十字架の聖木を納めし聖匣を、その手より受取り、これを王に示し、その頭上に載せ、次いでこれに接吻せしめ、美しき黄金の鎖を以てその頸に懸けたり、次に剣を交付せしが、王は信仰擁護のためにこれを用ひんと欲する證として、少しくこれを振りたり、最後に帽子を頭に載せ、先づ三種の賜物の総てに対し、次にその各に対して、ローマの儀礼書よりとりたる祈禱の言葉を述べたり」（傍線部は筆者）

ヨーロッパ式に叙述されているが、ここにみえる王が有馬晴信である。ドン・ミゲルは千々石ミゲル、ドン・マルチノは原マルチノ、ドン・ジュリアンは中浦ジュリアン、ドン・マンショが伊東マンショである。この日本文には、イタリア語の原文が付けられている。イタリア語に堪能な知人に教示を求めたところ、(8) Ⅰの下線部は「祭壇の上には、七宝を施した黄金の貴重な聖遺物入れ（それは同時に十字架でもある）に納めた、キリストの十字架の聖なる木片があった」であり、Ⅱの下線部は「助祭はそれら（の贈り物）を手に取り、祭壇の上に運んだ。彼はまず木片を収めた聖遺物入れを親愛なる王に示してから、つぎにそれを頭上に置き、彼に接吻させ、そして持っていた美しい黄金の鎖とともに彼の頸にかけた」という訳文になった。ちなみに、『大日本史料』の翻訳は、たいへん見事なものであるという。「聖匣」という表現のためか、南蛮文化館の黄金の十字架とは別物であるという解釈も聞くが、以上の訳文からも明らかなように、有馬晴信に贈られたのは、黄金の貴重な聖遺物入れ（それは同時に十字架でもある）であり、鎖を付ければ頸に掛けられる黄金の十字架でもあったことになる。

結論として、この十字架の形をした聖遺物入れ（reliquiario）は、南蛮文化館所蔵の黄金の十字架に間違いないと考える。それでは次に、この十字架がなぜ原城本丸跡から発見されたのかという問題について、その後の有馬晴信と黄金の十字架の運命をたどっていきたい。

二　栖雲寺蔵「伝虚空蔵菩薩画像」と有馬晴信

有馬晴信と黄金の十字架については、もう一点、まことに珍しい画像が、山梨県の旧東山梨郡大和村天目山栖雲寺に保存されている。当地は二〇〇五年（平成一七）一一月に勝沼町・塩山市と合併して甲州市大和町となったが、一九八二年（昭和五七）に大和村の有形文化財に指定された「伝虚空蔵菩薩画像」（絹本着色一幅、縦一五三・三、横五八・七センチメートル）がそれである（図3）。画像の胸部に黄金の十字架が描写されているところから、有馬晴信の遺品、あるいは肖像画と言い伝えられてきたが、二〇一三年（平成二五）七月に山梨県の文化財指定品にもなり、「十字架捧持マニ像」という名称に変更されるに至った[9]。なぜ九州から遠く離れた当地に、有馬晴信に関わる画像が伝存されてきたのかについては、次に述べる通りである。

図3　十字架捧持マニ像（山梨県　天目山栖雲寺所蔵）

有馬晴信は肥前国有馬（長崎県島原半島高来郡）の領主であり、日野江城（南島原市北有馬町）の城主であった。原城（南有馬町）はのちに築かれた城（一五九九～一六〇四年＝慶長四～九）[10]で、有明海の島原湾と橘湾に三方を囲まれた断崖上に築かれ、橘湾側の西方だけがややなだらかに降る地形である。ここに一五六二年（永禄五）口之津（南島原市口之津町）を開港したのは晴信の父義貞（もと義直）である。一五六三年（永禄六）、義貞の弟で大村家を嗣いだ純忠が、日本最初のキリシタン大名になった（ドン・バルトロメウ）。義貞は大村純忠を通じてイエズス会に宣教師の派遣を請うたため、同年ルイス・アルメイダが島原から口之津に入り、約半年伝道し、二五〇名に洗礼を授けた。一五七六年（天正四）、義貞は口之津でガスパル・コエリヨから洗礼を受けて「ドン・アンドレ」の名を与えられ、夫人もこれに続いたが、同年、義貞は死去した。晴信は義貞の次男で、兄義純の死により一五七一年（元亀二）に家督を嗣いだが、後見役であった父の死後も、仏教に固執して入信せず、キリシタンを迫害していた。一五七九年（天正七）、イエズス会巡察師アレッサンドロ・ヴァリニャーノが、日本での布教を視察・指導するため、中国マカオからの定期船で口之津に上陸し、当地の教会で日本在住の宣教師会議を開いた。晴信がヴァリニャーノや叔父大村純忠に強く勧められて入信したのは、翌一五八〇年（天正八）三月である。当時、晴信は龍造寺隆信の脅威にさらされていたため、イエズス会から多くの食糧・武器・弾薬の援助を受ける必要があったからだとされる。ヴァリニャーノが洗礼を施して、「ドン・プロタジオ」の名が与えられた[11]。以後の敬虔なキリシタン大名としての晴信については、天正遣欧使節の派遣やイエズス会への浦上の所領寄進などが証明している。

藩主としての有馬晴信は、秀吉の九州平定後、文禄慶長の役にも出陣し軍功を立てた。一六〇〇年（慶長五）の関ヶ原の戦いでは、東軍（徳川家康）側に属して生き残り、朱印船貿易も許可され、東南アジアに雄飛したが、一六〇八年（慶長一三）、家康の命で伽羅香木購入のためチャンパ（占城。現ヴエトナム領）に派遣された晴信の船がマカオに寄港し越年した際、乗組員とポルトガル人との間に騒乱が起き、晴信の家臣五人が殺された。この報復のため、晴信は一六〇九年（慶長一四）、長崎に入港したポルトガル船を爆沈し、幕府に忠節を示している。しかし、一六一二（慶長一七）年に、岡本大八事件[12]と呼ばれる奸計に陥って、身を滅ぼした。岡本大八は家康の側近本多正純の与力で、キリシタン（洗礼名パウロ）であったが、有馬晴信に恩賞を斡旋すると持ちかけて多額の金品を詐取したという事件である。晴信は、いわば詐欺にあった被害者であり、岡本大八を訴え出たが、取り調べのなかで多額の金品を贈ったことが問題とされて贈収賄事件となり、元は長崎奉行長谷川藤広の部下であった岡本大八に、長崎奉行暗殺を企てたと陥れられたのである。結局、晴信は領地を追われ、一六一二年（慶長一七）三月一八日、大久保石見守長安に預けられたが、同行を許された妻ジュスタと家臣三五名と共に甲斐国（山梨県）都留郡谷村城主の鳥居土佐守成次（元忠の子）の領内、大和村丸林に謫居の身となり、同年五月六日、死を命ぜられた。キリシタンのため、自刃せずに家臣の手で刑死したという（『日本西教史』下巻）。しかし、有馬家は廃絶しなかった。嫡子直純の妻は、徳川家康が愛して養女とした曾孫国姫であったゆえである。(13)

次に問題としたいのは、栖雲寺蔵「伝虚空蔵菩薩画像」の歴史的評価と位置づけである。美術史家泉武夫による「景教聖像の可能性――栖雲寺蔵伝虚空蔵画像について――」という論文を紹介したい。(14)

泉武夫は、この作品の形式・表現法がまさしく仏画そのものに他ならないことを詳しく分析したうえで、尊像の持物である華台上十字型は仏教には類例のない形を持ち、もちろん虚空蔵菩薩のいかなる図像にもあてはまらないため、仏教以外の類例を求めざるをえないことになるが、それは景教関係の遺品中にみられる十字架型であるとする。「唐時代に中国に伝わったネストリウス派キリスト教は、エフェソスの公会議で異端とされ追放された。しかしペルシアを経由して唐に伝えられ、景教として認知された。武宗の仏教禁圧の折にそのあおりで大分衰えたが、かろうじて元時代末まで命脈を保っていたとされる」と論じて、佐伯好郎『景教の研究』(15)を参照している。また、近年の中国側の研究でも揚州や泉州出土の景教碑が紹介され、元時代の江南におけるキリスト教流布の状況が明らかにされつつあるという。

佐伯好郎『景教の研究』には、石碑・墓石などに残された多数の十字架型が収録されているが、これを受けた江上波夫は、アジアの景教関係遺物、ことに墓石を含む石彫品にみられる「十字架図紋」を整理して、大きく中国式と西方式の二種に分類している。中国式の特色は蓮弁・蓮台があることで、西方式の特色は宝玉飾があることだという。蓮華を思わせる華台上に十字架を安置することは、すでに唐の「大秦景教流行中国碑」（七八一年）から始まっており、中国式が仏教美術の構想を借用したことは疑いないという。

泉武夫が本作品との比較で重要視するのは、泉州水陸寺内墓石の十字架型と泉州発見の十字石である。前者は、華台上に剣先型の十字架を置いている点で中国式に類似し、後者は剣先型十字架の別の類例であるとともに、その下の有翼天使の持物がまた華台上十字架である点で、きわめて近いものがあるという。さまざまな事例を踏まえ、本作品の尊像の持物は中国風にアレンジされた十字架であり、本画像は景教の聖像を描いたものと考えざるをえないというのが、泉の結論であった。

泉の論証は、ほかにも大和文華館本六道絵との関連や栖雲寺本の尊格についてなど多岐にわたるが、この画像が元代末の一四世紀に中国で作成されたものであり、有馬晴信の遺品として栖雲寺に伝存されたものであること、ほぼ完全な形で伝わる景教本尊像としては現存唯一と目される作品であるという結論が最も重要であると考える。

泉武夫の実証によって、この画像が有馬晴信の肖像画ではないこと、したがって、画像に描かれた黄金の十字架が、ローマ教皇から託されて天正遣欧使節が日本に持ち帰った黄金の十字架とは別のものであることは、ほぼ明らかになった。しかし、泉も栖雲寺蔵の景教尊像は有馬晴信の遺品であるとしている。入手時期についても検討しているが[16]、私はさらに、大村氏がイエズス会に所領を寄進したため、当時日本で唯一のキリスト教会領都市として国際貿易上繁栄していた長崎や有馬領口之津が果たした役割の大きさを付け加えておきたい。中国における景教は、明時代には徹底的に弾圧されて姿を消したというのが定説であるが、すでに参照したように、江南地方を中心に元末まで景教徒が存在していたとすれば、景教の作品が秘かに伝存されていても不思議ではない。マカオを重要な基地として一六世紀後半に布教したイエズス会宣教師や、アジアで広く活躍した貿易商人らを通じて、この作品は日本にもたらされ、有馬晴信の手に入ったと推測される。晴信自身がこの画像の歴史的・宗教的意味をどこまで正確に理解していたかは分からないが、黄金の十字架が描かれているところから、ローマ教皇から贈られた黄金の十字架（聖遺物入れ）と同様、貴重な宝物として秘蔵したことであろう。晴信没後、画像の由来は忘れられていったと思われる。箱蓋の表には「虚空蔵幅　天目山寶物」と墨書されているが、江戸時代にキリスト教が厳禁されたことから、長年開かずの箱として栖雲寺に保存され、戦後になってようやく陽の目をみることになった。本画像の美術史的重要性は無論のこと、歴史的な重要性は計り知れないと考える。

　さらに、泉武夫は最新の論文でこれまでの見解に訂正を加えた。吉田豊・古川攝一編『中国江南マニ教絵画研究』[17]「第三部　研究編」の「一　栖雲寺の画像をめぐって」によると、前稿以後、本画像がメトロポリタン美術館での二〇一〇年特別展覧会に出品された際、同美術館によって修理され、二〇一三年（平成二五）七月に山梨県の文化財指定品にもなり、「十字架捧持マニ像」という名称に変更されるに至った。しかし、新稿でも便宜上「栖雲寺像」と呼ばれているので、私もその名称で論じたい。泉武夫の結論は、栖雲寺像はマニ教を背景とした「イエス仏像」とみる見解である。詳細は前掲書に譲りたいが、持物として景教風の十字架をなぜ取り入れたのか、という問題を繰り返し問い、景教寺院は「十字寺」と呼称されていたように、十字型図紋が景教のシンボルとされていたことは想像にかたくないが、当時の江南における宗教事情、すなわち、宋から元にかけての江南における諸異教は仏教や道教などの外皮をまとい、元時代の景教徒を意味する「也里可温」の中には、マニ教徒も含まれていたといった事情に、解答を求めている。「也里可温」、すなわちエルケウン（erke'un）は、元代にキリスト教徒を称した語で、元来は景教徒を指した。「也里克温」「世立喬」とも表記されるという。

　このように、栖雲寺像がマニ教という文化的背景のもとで中国において制作された「イエス仏像」である事実が、国際的な学術交流による検討過程で明らかになってきた。また、栖雲寺像（「イエス仏像」）の両肩両膝の位置に四人の少年らしい画像が認められ、これまで遣欧使節を表すといわれてきた。しかし、栖雲寺像が有馬晴信の肖像画ではないことが明確になったため、改めて少年らしい画像について説明する必要が生じたが、泉武夫も「宝冠をつけた人物の顔」については「書き判」と呼んで保留し、未解決の問題として残されてきた。前掲の『中国江南マニ教絵画研究』「第三部　研究編」の古川攝一「二　江南マニ教絵画の図像と表現」によれば、トルファン出土のマニ教絵画断片に残されたセグメンタ（英語ではセグメント segment、分割された切片。マニ教絵画では貼り付けられた図像を指す）には、女性像の頭部が表される例があり、栖雲寺像の両脇と両膝頭の四カ所に表されたセグメンタに宝冠を被った人物の頭部が認められる点と共通するという。マニ教絵画の図像表現であるという方向で、問題が解決に導かれることになったと考えられる。

三　島原の乱と黄金の十字架——おわりに——

藩主有馬直純が島原を去って二〇年後、大規模なキリスト教徒の反乱が原城跡を舞台に起こった。史上有名な島原の乱、天草の乱である。[18] この乱の「キリシタン陣中旗」が、原城からの分捕品として鍋島大膳家に伝わって残っている[19]（重要文化財）。長崎県南島原市南有馬町の原城跡では、一九九四年から毎年発掘調査が実施され、大量のキリシタン関係遺物が出土している。それは、主として十字架やメダイ（ポルトガル語でメダルのこと）、ロザリオ（同、ローマ教会の数珠のこと）の珠である。そのほかに、多量に出土したのは陶磁器類である。中国、朝鮮、東南アジア、日本各地からと広範囲に及び、そのうち主要なものは中国製である。[20]

この十字架のなかで一番多いのは、鉛製の十字架で、島原の乱の時に、籠城中の一揆軍が火縄銃の玉を溶かして作ったと考えられている。また、縦が約七センチメートルで本体は箱形で表裏面に受難の道具の図柄が描かれている、青銅の十字架も出土した。メダイはすべて青銅製で、ロザリオの珠は青、緑、白などの色のガラス製である。このような遺物の一部は、南有馬町の原城文化センター（現在は［資料館］有馬キリシタン遺産記念館）に展示されているので、直接みることができる。

最後に、どうして原城本丸跡からこの黄金の十字架が発見されたのかという最大の疑問に戻って考えてみよう。この黄金の十字架は、ローマ教皇から有馬晴信に贈られたものであった。有馬晴信には敬虔なキリシタン大名としての顔とは別に、藩主として政治家としての顔があり、彼がどこまでキリスト教を信仰し続けたかは明確ではないが、嫡子直純を一五八六年（天正一四）に産んだ妻（大村純忠女、ルチアか）が逝去したあと、ふたたび迎えた妻が[21]、一五九九年（慶長四）にヴァリニャーノから有馬で洗礼を受けたといわれるので、一六一二年（慶長一七）に死去するまで信仰を棄てていなかったと思われる。岡本大八に陥れられ配流の身となったが、配流先では、妻ジュスタと共に神に祈る毎日であったと思われる。有馬晴信が刑死したあと、おそらく妻ジュスタは晴信の遺品を携えて、島原の地に帰ったことと思われる。あるいは、家臣の誰かが、遺品の黄金の十字架を有馬に持ち帰ったのかもしれない。それからほぼ四半世紀後、島原の乱が起こった時、ジュスタか、家臣か、あるいは、この十字架を秘かに伝えられた当地のキリスト教徒の誰かが、島原の乱で殉教したのであろうと、今は想像するしかない。ちなみにこの十字架が発見された場所付近からは、陶磁器類は発掘されたが、遺骨は出ていないそうである。

天正遣欧使節が日本に帰国した一五九〇年（天正一八）から数えれば、今年は四二六年になる。四〇〇年以上も前に、ローマから海を渡って日本にもたらされ、栄光と悲運の生涯を送ったキリシタン大名有馬晴信の身近にあり、その後、島原の乱で三万人近い人々が死を迎えた原城跡に長く埋もれるという数奇な運命をたどった黄金の十字架は、今なお謎を秘めたまま、一六世紀から一七世紀における歴史の真実を私たちに語りかけている。

〔付記〕　本章は、二〇〇五年一二月一七日に大阪樟蔭女子大学公開講座（日本文化史学科主催）として開催した「埋もれた十字架――天正遣欧使節と黄金の十字架――」の原稿を基に、その後の新しい知見を加えてまとめたものである。山梨県甲州市大和町栖雲寺蔵「伝虚空蔵菩薩画像」については、泉武夫氏の論文に基づき、景教聖像（現在は、十字架棒持マニ像）であることを書き加えたが、基本的な論旨は変わっていない。南蛮文化館蔵黄金の十字架と栖雲寺蔵景教聖像はいずれも稀有の文化財であり、共に有馬晴信の遺品として現代に伝わる奇跡を思うとまことに感慨深く、その歴史的重要性について改めて強調しておきたい。

（1）　松田毅一著『南蛮巡礼』（朝日新聞社、一九六七年）口絵の白黒写真で紹介された以外は、ほとんど取り上げられていない。

（2）　北村芳郎解説『南蛮美術Ⅰ』南蛮文化館、一九六八年。

（3）　「使節等有馬晴信、大村喜前ニ謁シ、教皇ヨリノ賜物ヲ呈ス」（「ダニエルロ・バルトリ編耶蘇会史」〈『大日』別編天正遣欧使節関係史料、所収〉）。

（4）　このシンポジウムについては、石井進・服部英雄編『原城発掘』（新人物往来社、二〇〇〇年）を参照されたい。

（5）　九州国立博物館開館四周年記念特別展覧会でも、「悲劇の黄金十字架」として展示された。図録『古代九州の国宝』（二〇〇九年）参照。

（6）　遣使の目的は、教皇に東洋の新しいキリスト教徒を披露し、キリスト教世界の現状と偉容、キリスト教諸王侯の広大尊貴さと権威、壮大豪華な諸建造物などを使節に見聞させ、使節を通じて日本人に知らせ、布教活動の一助とするため、またイエズス会の日本布教における実績をローマ教会とヨーロッパ世界に強く印象づけ、これによって教皇から日本布教に対する物心両面の援助を得ようとするためであった（『世界大百科事典』の五野井隆史執筆「天正遣欧使節」）。

（7）　『週間朝日百科　日本の歴史二五　キリシタンと南蛮文化』（一九八六年）参照。二〇一四年（平成二六）、イタリア・ミラノのトリヴルツィオ財団が新発見の「伊東マンショの肖像画」の存在を論文で発表し、これがルネッサンス期ヴエネツィア派の大画家ヤコポ・ティントレットの息子ドメニコ・ティントレット（一五六〇～一六三五年）の描いた少年使節であることが確認された。二〇一六年（平成二八）、日伊国交樹立一五〇周年を記念して、世界で初めて日本

（東京国立博物館）で公開された。

（8）大阪市立大学文学部教授ピエール・ラヴェル氏による。厳密には、ラヴェル氏がイタリア語をフランス語訳したものを、同大学名誉教授小西嘉幸が日本語訳した。なお、若桑みどり『クアトロ・ラガッツィ――天正少年使節と世界帝国――』（集英社、二〇〇三年）では、この黄金の十字架について、「その日、祭壇の上には、七宝で飾った金の十字架のなかに納められている聖十字架の木片が飾られ、四人の使節は教皇からもらった美しい衣服を着けて並んだ」「ヴァリニャーノは（中略）聖十字架と帽子と剣を晴信に架けていった」（四八三頁）と記している。

（9）大和村教育委員会編『大和村の文化財』大和村役場、二〇〇三年。

（10）千田嘉博「城郭史上の原城」（『原城発掘』新人物往来社、二〇〇〇年）参照。

（11）野村義文『キリシタン大名有馬晴信』（新波書房、一九八二年）、吉永正春『九州のキリシタン大名』（海鳥社、二〇〇四年）参照。

（12）一六一二年（慶長一六）、大八は下獄し、晴信の長崎奉行長谷川左兵衛謀殺の企てを訴えて対決した。結局、晴信は改易・甲州配流後に死を賜り、大八は駿府阿倍河原で火刑に処せられた。家康はこの事件を契機にしてキリスト教に対する禁圧の姿勢を明確にし、駿府・江戸・京都に禁教令を発令した。駿府家臣団のキリシタン検索を実施して、直臣と侍女十数名を摘発・追放し、この旨を諸大名に通達した。これは単なる贈収賄事件にとどまらず、封建的主従関係の根幹である所領問題が取引の対象とされ、将軍の代理人ともいうべき長崎奉行が西国大名の謀殺の対象となった点で、重要な意味を持っていた（『世界大百科事典』の五野井執筆「岡本大八事件」）。

（13）国姫は、織田信長の娘徳姫と家康・築山殿の長子信康との間に生まれた娘（次女）と、本多忠政との間に生まれ、初め堀忠俊と結婚したが、夫が家中内紛の不始末で流罪になったため離縁し、駿府城に引き取られていた。一方、有馬晴信・直純父子は関ヶ原の戦いののち大坂に上り、家康から本領島原四万石を安堵され、当時一五歳だった直純は家康の側で近習として仕えることになった。晴信のポルトガル船爆沈後、一六一〇年（慶長一五）に直純は国姫を正室に迎えたが、その際、数子をもうけた妻（小西行長の姪。行長の兄ベント小西如清とデイオゴ日比屋了珪女アガタが両親、洗礼名マルタ）を離縁している。直純は父晴信の死後、島原四万石を受け継いだが、自らキリスト教を棄て、キリシタンを弾圧した。一六一四年（慶長一九）日向延岡藩（宮崎県延岡市）五万三千石の藩主になり、島原の乱では松平信綱に従って功労を収めた。その子康純を経て、清純（もと永純）の時、百姓の逃散事件のため、一六九二年（元禄五）、越後糸魚川領主に減封。一六九五年（元禄八）に越前三郡五万石の丸岡（福井県丸岡町）藩主となり、以後、有馬家は丸岡藩主として幕末に至る。なお、小西行長関係略系図については、鳥津亮二『小西行長』（八木書店、二〇一〇年）を参照。

(14)『国華』第一三三〇号（二〇〇六年）。私は二〇〇五年八月、泉武夫・万里夫妻と栖雲寺に調査に赴いた。泉武夫氏の論考については、『国華』発行前に内容を知ることができた。

(15)東方文化学院東方研究所、一九三五年。

(16)フロイス『日本史』に、当時、中国からキリスト教関係の品がもたらされていた事実が記されていることから、晴信がいずれかの時点でこの作品を入手し、甲斐にもたらしたと考えるのが妥当だろうとする。

(17)臨川書店、二〇一五年初版。

(18)江戸初期の一六三七〜三八年（寛永一四〜一五）に肥前島原藩と同国唐津藩の飛地肥後天草の農民が、益田時貞（天草四郎）を首領に、キリシタン信仰を旗印として起こした百姓一揆。領主松倉・寺沢両氏の重税に加えて凶作が相次ぎ、一〇月二五日島原半島南部に起こった一揆は、翌二六日、島原城を猛攻した。二七日には有明海を挟んだ天草大矢野島（現熊本県上天草市大矢野町）でも蜂起し、島原勢と合流して城代三宅藤兵衛を敗死させ、富岡城を囲み（一一月一九〜二三日）落城寸前になった。最初、九州諸藩は傍観的であったが、事態を重視した幕府は板倉重昌を上使とし、佐賀・久留米・柳河の三藩に出動を命じた。彼らが島原に到着する一二月五日の直前、かなりの村々は領主側に転じたが、島原南部諸村と天草の一部の老幼男女二万数千人は、旧領主有馬氏の原城に立て籠もり、一二月一〇日以降、一揆の第二段階を迎える。板倉重昌が一六三八年元旦討死した直後の一月四日に着陣した上使松平信綱は、総勢十数万で充分な陣地構築と兵粮攻めに転じた。城内の結束は固かったが、ついに二月二七・二八日の総攻撃で全員殺害された。幕府側も死者二千余、負傷一万人以上を数えた。こののち、幕府はポルトガル貿易禁止（一六三九年＝寛永一六）など、鎖国政策を大きく進めた。

(19)『原色日本の美術二〇　南蛮美術と洋風画』（小学館、一九七〇年初版）参照。「天草四郎陣中旗」として熊本県天草市（本渡市）立天草切支丹館に、レプリカが展示されている。

(20)　註(10)前掲『原城発掘』や、長崎県南有馬町教育委員会編『原城跡Ⅱ（南有馬町文化財調査報告書　第三集）』（二〇〇四年）を参照。

(21)　公開講座では、野村義文説などにより、内大臣・右大臣菊亭晴季女としたが、中山親綱女とする渡辺武説もある。彼女は菊亭季持に嫁したが、一五九六年（文禄五）夫が病死したため、一五九九年（慶長四）小西行長の媒酌で晴信と再婚し、二男二女に恵まれた。しかし、晴信の死後、息子二人は直純の命で殺されたという（「キリシタン大名有馬晴信の生涯」〈旧大和村の資料による〉、一九八四年）。一方、晴信女について、「菊亭季持の室のち離婚」とする森山恒雄説もある（『藩史大事典　第七巻　九州編』「日之江藩」〈雄山閣、一九八八年〉所収）。『尊卑分脈』に、権大納言中山親綱女が「季持卿室」とあり、権中納言従二位季持は菊亭晴季の子息で、一五九六年に二二歳で亡くなっているので、渡辺説が正しいと結論する（近藤敏孝編『宮廷公家系図集覧』東京堂出版、一九九四年）。

あとがき

ようやく長年目指していた第二論文集を、上梓できることになった。最初の論文集『中世都市共同体の研究』（学位論文）を刊行したのは二〇〇〇年（平成一二）であったから、一六年間も掛かったことになる。ここに収めた論考の多くは、大阪樟蔭女子大学学芸学部での勤務の間に、毎年、大学論集や紀要に発表した論文をもとにしているが、今回新しく書き下ろした論考などに充分な時間を割けるようになったのは、定年を迎えてからのことである。大山崎や堺についての新稿や悪党楠木正成論によって、これまで疑問として抱えてきた自らの懸案の課題を、何とか解くことができたのではないかと考えている。

この一六年間に新しい研究者が多く輩出し、新しく公表された史料も数多い。今回、新しい研究成果や新史料については可能な限り取り入れて改稿したため、最初に発表した論文とはまったく内容が異なる論考も含まれる（第一部「第三章　中世都市の保について」や、第二部「第一章　中世畿内における武士の存在形態」）。その点を御了承願いたいと思う。他の論文については、現在の新しい研究成果を書き加える形にとどめているが、内容の変化は少なくない。

前回と同様に思文閣出版から著書を出版することができたが、最初に企画を担当された原宏一氏や、編集を担当された三浦泰保氏には、たいへんお世話になった。ここに御礼の言葉を記したい。さらに、個人的な事柄ではあるが、この三月で仏文学者の嘉幸との結婚も金婚式を迎える。二人共に本に囲まれた毎日を送っているので、結婚生活五〇周年の記念として、私の第二論文集を夫嘉幸に贈りたいと思う。

二〇一七年（平成二九）一月

小西瑞恵

初出一覧

第一部　中世都市論——大山崎と堺を中心に——

第一章　都市大山崎の歴史的位置　『大阪樟蔭女子大学論集』（以下『論集』）第三九号、二〇〇二年（平成一四）

第二章　都市大山崎と散所　新稿

第三章　中世都市の保について　『論集』第三八号、二〇〇一年（平成一三）、全面改稿

第四章　堺荘と西園寺家　『大阪樟蔭女子大学研究紀要』第三巻、二〇一三年（平成二五）

第二部　畿内近国の荘園と武士団

第一章　中世畿内における武士の存在形態——摂津渡辺党と河内水走氏、山城槇島氏・狛氏——

原題は「摂津渡辺党と山城槇島氏・狛氏——中世の武士論についての覚え書き——」

『論集』第四二号、二〇〇五年（平成一七）、全面改稿

第二章　悪党楠木正成のネットワーク　新稿

第三章　東大寺領播磨国大部荘についての一考察　『論集』第四〇号、二〇〇三年（平成一五）

第三部　都市と女性・キリスト教

第一章　『鉢かづき』と販女——女性史からみた御伽草子——　『論集』第四一号、二〇〇四年（平成一六）

第二章　中世都市の女性とジェンダー　『論集』第四七号、二〇一〇年（平成二二）

第三章　一六世紀の都市におけるキリシタン女性——日比屋モニカと細川ガラシャ——　『論集』第四六号、二〇〇九年（平成二一）

第四章　埋もれた十字架——天正遣欧使節と黄金の十字架——　『論集』第四四号、二〇〇七年（平成一九）

索　引

〔　〕内に氏などを補足した

【人　名】

あ

い

す

せ

そ

た

へ

ほ

ま

み

む

め・も

ろ・わ

【事　項】

あ

◎著者略歴◎

小西瑞恵（こにし・みずえ）

1942年三重県生まれ．1965年京都大学文学部卒業，1967年同文学研究科修士課程修了（国史学専攻），博士（文学）．昭和薬科大学助手・講師を経て，1980～2013年まで大阪樟蔭女子大学学芸学部講師・助教授・教授．

〔主著〕

『中世都市共同体の研究』（思文閣出版，2000年）．

〔共編著〕

『門真市史』第2巻（1992年），『小野市史』第4巻（1998年），同第1巻（2001年）など．

日本《にほん》中世《ちゅうせい》の民衆《みんしゅう》・都市《とし》・農村《のうそん》

2017（平成29）年2月28日発行

著　者　小西瑞恵

発行者　田中　大

発行所　株式会社　思文閣出版

〒605-0089 京都市東山区元町355

電話 075-533-6860（代表）

印　刷
製　本　株式会社 図書印刷 同朋舎

ISBN978-4-7842-1880-6　C3021